高等学校教育技术学专业精品教材

丛书主编◎武法提

在线学习支持服务理论与方法

ONLINE LEARNING SUPPORT SERVICE
THEORY AND METHOD

李爽◎编著

北京师范大学出版集团
BEIJING NORMAL UNIVERSITY PUBLISHING GROUP
北京师范大学出版社

图书在版编目(CIP)数据

在线学习支持服务理论与方法/李爽编著 .— 北京：北京师范大学出版社，2021.9

高等学校教育技术学专业精品教材

ISBN 978-7-303-26518-3

Ⅰ.①在… Ⅱ.①李… Ⅲ.①网络教育—高等学校—教材 Ⅳ.①G434

中国版本图书馆 CIP 数据核字(2020)第 225883 号

营销中心电话 010-58802135 010-58802786

北师大出版社教师教育分社微信公众号 京师教师教育

ZAIXIAN XUEXI ZHICHI FUWU LILUN YU FANGFA

出版发行：北京师范大学出版社 www.bnup.com

北京市西城区新街口外大街 12—3 号

邮政编码：100088

印 刷：北京溢漾印刷有限公司

经 销：全国新华书店

开 本：787 mm × 1092 mm 1/16

印 张：21.5

字 数：400 千字

版 次：2021 年 9 月第 1 版

印 次：2021 年 9 月第 1 次印刷

定 价：62.00 元

策划编辑：王剑虹 责任编辑：陈佳宵 钱君陶

美术编辑：焦 丽 装帧设计：焦 丽

责任校对：丁念慈 责任印制：马 洁

丛书编委会

序 言

教育技术学作为兼具“教育”与“技术”基因的学科，经过几十年的发展已逐渐壮大，学科研究范畴不断拓宽，学科体系日益兼容扩展，学科实践开始引领与推动我国教育现代化进程。在教育系统结构性变革的大趋势之下，迎面而来的各类新技术、新观念、新手段承载着人们对智能教育、未来学校、教学方式与学习方式变革的思考，使我国教育技术学科呈现出令人鼓舞的愿景与良好的发展势头。

教育技术学通过设计、开发、利用、管理、评价有合适技术支持的教育过程与教育资源，来促进学习并提高绩效的理论与实践。以教育信息化全面推动教育现代化是教育技术学专业的历史使命和时代担当。构建具有中国特色、国际领先水准的教育信息化理论体系，以信息技术融合各学科的教学过程，用大数据技术驱动教育科研精准化，用人工智能技术破解教育实践中的各种难题，是推动教育深化改革，创新传统教育生态，塑造信息时代全新教育系统，实现教育现代化的必由之路。当前，教育信息化已进入 2.0 时代，“互联网＋教育”和“人工智能＋教育”正在快速扩展，各个学科在人才培养、理论创新和实践引领上都需要更进一步，以便建成具有国际领先水平的一流学科，这既是我们一代代教育技术学人孜孜以求的目标，也对当前我国的教育技术学科赋予了全新使命和更高的要求。

学科概念体系的建立是教育技术学发展的命脉。“器而后有形，形而后有上。”长期以来，技术的工具理性同样制约着教育技术学的发展，体现在教育技术本身对“规律”的揭示不足，教育技术之“常”往往被人们忽略，新兴技术环境下的“信息化教学创新理论与实践”还未能充分体现，教育技术人才培养与就业趋势依然存在忧患。教育领域的“技术问题”不可能仅用技术手段或操作方式来解决。因而，教育技术的学科思维理应成为教育发展的关键点，这是学科发展之“道”的体现。

在新时代背景下，教育技术学亟须对本学科内涵的本质展开追问，从教育教学问题的解决中寻求建树。在确立学科内涵的同时，也应重视学科研究的跨领域视角，体现人才培养的多元特色与特征。“高等学校教育技术学专业精品教材”正是在这样的思想指导之下，立足于教育技术学专业开展人才培养的时代需求和北京师范大学教育技术学院人才培养实践的经验总结。这套教材以提升问题解决能力为导向，设计了面向教育产品研发、企业绩效培训、信息技术教育等不同领域，涵盖理论基础、基本原理和设计、技术、开发等多个层面的教材体系，从而实现“学与教、理论与技术并驾齐驱，寻求教育技术学科的内涵发展”。

本套教材共包括29本著作，整体上遵循历史与逻辑相结合、理论与实践相结合、问题与项目相结合的编写原则，在考察信息技术与教育深度融合实践中遇到的一系列重大理论问题的基础上，探讨在教育信息化理论创新方面的突破。本套教材由北京师范大学教育技术学院具有深厚研究基础和教学经验的中青年教师团队执笔，拥有高度的学术价值。本套教材的出版，对于我国教育技术学专业人才培养具有重要的现实意义和深远影响。总体来看，本套教材具有以下四个方面的特色。

一、着眼基本原理问题，注重学科思维培养

以原理式思维深挖教育技术的学科特质，回归学科本体，是教育技术学发展的根基。在这方面，北京师范大学教育技术研究团队做出了卓越的贡献：经过20多年的实践探索自主创新而形成的“中国特色信息化教学创新理论”，由六大核心理论支撑，前四项是创造性思维理论、新型建构主义理论、深层次整合理论、新型学教并重教学设计。本套教材吸纳了上述研究成果，既有教育的理论，又有技术的理论，更有信息技术和课程深度融合的内涵梳理，力求将领域知识的发展历史、来龙去脉说清楚，并在历史叙述中深入分析、评述，将演变逻辑阐述清楚。

二、立足教育技术理论的实际应用，提升学习者设计能力

教育技术学作为信息技术课程人才培养的依托，应在实践中创造学科人才的新流向。在教育信息化2.0时代，“构建教育新生态”成为教育的核心目标。与之对应，本套教材将信息技术重塑教育生态的设计能力作为学科培养的重要内容。设计能力包括技术支持的学与教的设计、以技术作为教学内容的设计，以及为重塑教育生态格局而进行的学与教设计等方面的能力，涵盖了以混合教学设计、数字教师、设计能力为核心的创新设计和开发能力的培养。本套教材借鉴了认知心理学领域的理论和实践，开发了合作性的课程项目，进行了数字环境下的学习体验设计，以便为学习者创造有意义、有价值的在线学习体验。

本套教材兼顾不同价值观的理论基础对实践进行具体指导，重点破解不同价值观的理论基础如何指导“用技术的手段解决教育教学重难点”的问题，较好地体现了知识体系中经典和前沿的结合，以及学生综合素质与创新型人才培养的结合。教材内容体现时代担当与社会责任，重视新知识的比例，案例丰富、新颖，覆盖不同的教育场景，力求以先进的教育观念为指导，科学地运用先进技术引领现代社会发展。

三、着眼课堂教学结构变革，拓展跨学科生长点

教育系统结构性变革要通过“课堂教学结构的变革”来落实。这套教材体现出了教育技术学科自身特色，配套了精品数字化教材，为重点内容提供了数字资源。教材设计之初考虑如何在混合学习环境下实施教学，考虑到对讲授教学、翻转课堂、自主学习的支持，提供了对应的场景化案例、相关工具与资源，以支撑学生的自主学习、协作探究、深层次意义建构和情感的体验与内化。

进入 21 世纪，跨学科已成为技术创新周期的组成部分，弥合了研究、工业和教育之间的差距。教育技术学的跨学科研究已经逐渐成为学术界的共识，也成为学科人才培养的未来趋势。教材内容强化了以脑科学、学习科学为理论框架的跨学科研究，以期从心理、生理及行为的综合视角对人类如何学习进行探索，从而寻找到促进和改善学习活动的方式与方法。当前，学习者的学习方式也正在逐渐适应智能时代发展的新诉求。虚拟现实教育应用、人工智能教育应用、教育数据挖掘与学习分析等内容充分体现了我们对学科跨界融合趋势的充分思考。

四、“知、行、创”合一，体现国际一流水准

教材体系体现了跨学科人才培养的多样性，并考虑到了学科教育、教育技术、心理学、计算机科学的协同项目设计，在原有人才培养目标的基础上，进一步提升可迁移能力与创造能力，从而实现“知、行、创”三者合一。教材内容将理论讲解与案例分析相结合，加大笔墨分析理论对案例设计、开发的具体指导。这体现在以下三个方面：一是能力指向，教材内容注重问题解决，培养学生识别问题、分析需求、设计方案、开发原型、形成产品的能力；二是项目承载，教材设计了不同教育实际场景的综合项目，力求利用协同式项目研究培养学生将理论知识综合应用于问题解决的能力；三是将工程系统思维与学科结合，引入“信息架构师”体系，探索基于实践场域的创新应用与服务。

未来的时代是新兴技术与教育教学深度融合创新的时代。以云计算、大数据、物联网、虚拟现实、人工智能为代表的新一代信息技术给教育信息化注入的新活力，正在深刻改变着教育服务模式和资源配置方式，“信息技术与学科教学深度融合”已成为当前教育技术学科内涵的基本特征。“高等学校教育技术学专业精品教材”从当前信息化教学模式层面的问题出发，寻求技术支撑教与学的关键要点。我们相信，这套教材有助于读者了解当前教育技术学的研究趋势，也有助于读者掌握教育技术学的研究方法与范式，帮助读者开阔视野，催生国内高水平教育技术研究与实践，在理论和实践两个层面肩负起时代重任。对于中国教育技术学科将能够立足本土需要，彰显后发优势，逐步成为中国特色、国际水准的学科体系，我们亦有充分的依据和信心。

“高等学校教育技术学专业精品教材”涵盖了教育技术学的热点领域，包括专业基础、原理性课程、设计类课程、开发类课程与应用类课程5个部分。教材体系完善、内容新颖、案例翔实，不仅适合教育技术学的本科生、研究生、研究者和教师阅读，也适合教育学、心理学、信息科学等的研究者与专业技术人员查阅与参考。

本套教材历时三年终于问世，北京师范大学教育技术学院的中青年专家团队付出了大量的时间与精力，教材主编武法提教授统筹了丛书的策划并对编写方案做了大量的论证，北京师范大学出版社王剑虹女士为教材的出版付出了大量心血，在此对这些贡献者致以深深的谢意！

何克抗

武法提

前　言

自 MOOC 浪潮席卷全球以来，在线教育对传统教育系统的冲击与变革力量便逐渐彰显出来。2020 年新冠肺炎疫情期间，全国应急式的线上教育实践更加速了互联网与教育系统的深度融合进程，在线教育成为疫情后各级各类教育的新常态，在线教育与传统学校教育及各种线下教育方式的融合推动了教育服务流程、教育服务分工乃至整个服务供给体系的开放与变革，与社会系统更加融合的新型教育服务生态开始形成。

本教材的编著正值这样一个史无前例的教育变革时期。各类学校与校外培训机构对学习者的个性化学习与发展需求都更加关注，相关教育创新层出不穷。而学习支持服务在当前追求教育获得感和个性化教育需求的教育变革时代备受关注，不再只是远程教育院校的专有实践，而是成为各类教育创新实践中的重要构成。实践中的学习支持服务实践不断通过理念创新、技术创新、方法创新、机制创新等方式刷新着人们对学习支持服务内涵与外延的认知。随着 2020 年人力资源和社会保障部发布的在线学习服务师(4—13—99—02)职业认证机制与人才培养体系的全面构建，相信学习支持服务实践又将进入一个崭新的发展阶段。因此，本教材所呈现的某些学习支持服务相关概念、理论与技术可能会存在一些局限。希望教师和学习者在使用和学习本教材时能够认识到学习支持服务实践正在处于这样一个快速发展和不断演变的发展阶段，在学习中能够结合大教育变革的背景，密切关注学习支持服务的实践与理论发展动态，通过调查、讨论与反思，与时俱进地理解和发展本教材的有关内容。

从早期关注远程学习支持服务转向对在线学习支持服务相关理论与实践的梳理与介绍，本教材的编著历经了一个漫长的过程。本教材的最终完成与出版离不开我的导师、同事、同行与学生们的支持。在这里需要特别感谢陈丽教授对本教材的指导与帮助，她的建议和学术观点为本教材的撰写提供了重要的方向和理论支撑。接下来，需要感谢参与本书早期版本和当前版本资料搜集整理、书稿撰写、统稿和校稿的同行与学生们：感谢国家开放大学的崔乃鹏老师，他参与了本教材学习支持服务管理与评估章节有关内容的撰写，为教材提供了国家开放大学相关实践的宝贵资料；感谢我的学生张艳霞、李梦蕾、黄治霞、唐雪萍，他们参与了教材第二章、第三章、第四章和第六章相关内容的资料搜集与撰写工作。感谢黄治霞、孙靖淇、陈佳琪三位同学在书稿统稿、校稿、数字化资源制作中的辛勤付出。此外，也感谢为本教材提供实践案例支持的奥鹏教育的同行。最后，由衷感谢北京师范大学教育技术学院武法提院长、吴娟老师等同事对教材撰写的大力支持，由衷感谢北京师范大学出版社王剑虹老师、本教材责任编辑钱君陶老师在教材编辑和出版方面的辛苦工作与鼎力支持！

最后，希望本教材为专业学习者和相关从业者了解学习支持服务实践推开一扇窗，让更多同行与实践者关注和参与致力于学生个性化学习与发展的在线学习支持服务实践。

李　爽

本书使用指南

课程背景

2012年，全球MOOC(Massive Open Online Course，即大规模开放在线课程)浪潮有力推动了在线教育的蓬勃发展，在线教育从最初的高等教育领域向基础教育、学前教育、职业教育、成人教育等教育领域全面渗透，从学历教育领域拓展到非学历教育领域，成为人们获得教育机会、学习发展的重要途径。因此，在线教育的基本理论、实践形态、方法与技术成为高校教育技术等教育相关专业学生需要了解和掌握的重要专业知识。

在线学习者学习支持服务的理论与实践是在线教育理论与实践知识的重要构成。学习支持服务是远程教育的独特实践创新，学习支持系统与课程系统是远程教育系统的两大功能子系统。随着远程教育进入注重个性化教育服务需求的在线教育发展阶段，学习支持服务的重要性更加突出，是在线教育课程产品适应个性化需求的重要保障，也成为在线教育质量的重要体现。因此，以学习者为中心的支持服务观，以及学习支持服务的基本理论与实践知识和技能也成为在线教育从业者的重要能力构成。在线学习支持服务的理念、基本理论与方法，对于从事教育领域工作的高校相关教育专业学生认识在线教育的基本特征、规律以及开展在线教育相关工作都非常重要。

在线学习支持服务的理论与实践课便是在上述背景和需求下开设的。课程既可以作为高校教育技术学、在线教育相关专业本科生的专业选修课，也可以作为教育相关专业的专业选修课或在线教育相关领域从业人员的职业培训基础课程。

教材建设

在线学习支持服务属于新兴实践领域，在线学习支持服务理论与方法课是教育技术学专业课程体系为适应新时期教育变革需求新建的课程。目前，国内缺乏在线学习支持服务的针对性教材，相关专业书籍也整体较少。国内介绍学习支持服务较有影响力的教材有丁兴富(2001)编著的《远程教育学》和陈丽(2004)主编的《远程教育学基础》，但是两本教材都只是将学习支持服务作为一个章节内容，内容涉及高等远程教育领域学习支持的起源、定义和基本实践方法，因为篇幅限制，没有整合丰富的学习支持服务实践方法和案例，又因为编写年代较早，所以也没有整合近十年来在线学习支持服务的最新发展情况。国内已出版的一些学习支持服务专业书籍主要以高等远程教育的学习支持服务实践为研究对象，如刘永权译的辛普森(2013)著作《远程教育学生支持服务的理论与实践》、周蔚(2005)的《现代远程教育的学习支持服务》、张伟远(2005)的《现代远程教育的管理与学习支持：张伟远研究论文续集》等。随着在线教育及其相关技术的发展，少数专著开始关注网络环境下学习支持服务的创新方法与技术，如张剑平(2010)的《网络学习及其适应性学习支持系统研究》、李爽(2016)的《基于学习分析的在线学生支持》。在这些专著中，学习支持的理念与技术已不再局限于高等远程教育领域，而应用在更多在线教育情境中。

本教材在分析与吸纳国内外有关学习支持服务的相关教材与著作的基础上，根据教育技术相关专业人才培养需求和课程教学需求，整合国内外在线学习支持服务最新发展理论与实践创新成果编著而成。教材有机整合了教育技术学本科生专业必修课《远程教育基本原理》和远程教育专业硕士学位专业必修课《在线学习支持服务理论与实践》的学习支持服务相关理论、技术方法与案例，并汲取了北京师范大学陈丽教授主持的cMOOC课程《"互联网+教育"：理论与实践的对话》中关于互联网教育先进理念、教育服务创新实践方法和案例。

本教材兼顾了高校教育技术学、在线教育、教育学相关专业本科生的知识基础与专业学习需求，通过对"互联网+"教育变革背景下在线教育实践中学习支持服务理论与实践方法进行系统梳理，一方面整合了远程教育领域学习支持服务的历史沿革、基本理论与典型方法，以期让学生从中认识在线学习支持服务对学习支持服务传统的继承与发展；另一方面吸纳了近几年在线教育支持服务的先进理念、创新实践与新兴技术，旨在让学生了解和掌握"互联网+"时代在线教育服务的新理念、新需求、新方法与新技术，及其对传统学习支持服务的挑战与影响。

尽管在线学习支持服务源自远程教育领域的学生支持服务实践，但是当前，学习支持服务已经不再局限于服务学历教育项目的学习，而是面向更灵活、多样化的在线学习需求，学习支持服务的内涵、理论、服务内容、服务模式、服务技术、服务标准都已经发生变化，并仍然在不断演变与发展。本教材吸纳了这些演变与创新，期望学习者能以一种发展的视角认识正处于教育变革时期的在线学习支持服务理论与实践。

目　录

第一章

在线学习支持服务的基本概念与理论

本章概述

在线教育在经历 MOOC 浪潮后，从早期大规模课程建设热潮逐渐进入关注教育质量与市场需求的理性发展阶段。远程学习支持服务的概念与理论是随着实践者对远程教学过程与远程教育服务质量的反思而逐渐形成与完善的。在线学习支持是在线学习情景下的远程学习支持服务，面对日益激烈的教育市场竞争，在线学习支持服务受到在线教育机构史无前例的关注，成为其打造教育品牌、提升竞争力的重要手段。给学生提供有支持的在线学习目前已经成为在线教育系统的必然选择与重要责任，也是远程教育“以学生为中心”教育理念的重要体现。

本章主要为你介绍在线学习支持服务的基本概念与理论。本章分为学习支持服务理念与概念的提出、在线学习支持的定义与要素、在线学习支持的理论基础三个小节，我们将从远程学习支持实践的萌芽谈起，引领你循序渐进地理解远程学习支持服务理念与概念的提出、定义与要素、理论基础，从而为你认识与理解多样化的在线学习支持服务实践形式与技术方法奠定坚实的基础。

章结构图

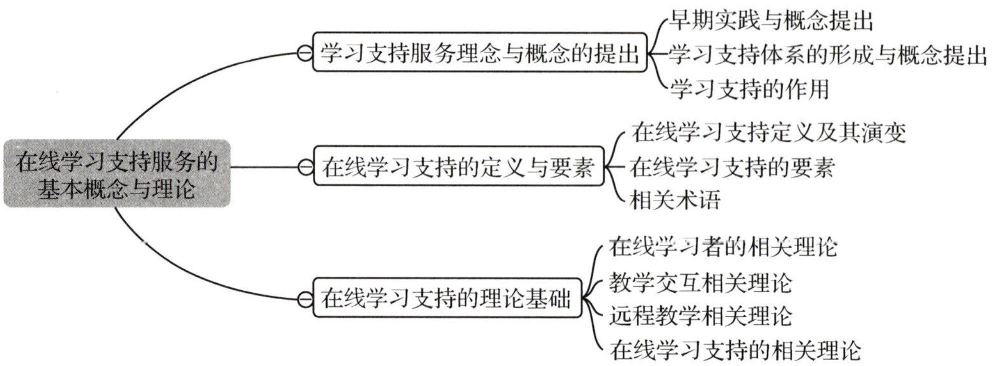

学习目标

1. 能够简述在线学习支持服务的早期实践形式。
2. 能够简述在线教育中的学习支持服务的意义与作用。
3. 能够阐述学习支持定义的演变历程。
4. 能够阐述在线学习支持的内涵。
5. 能够阐述在线学习支持的要素。
6. 能够简述在线学习支持服务相关术语的定义及其区别。
7. 能够列举五个在线学习支持的相关理论。
8. 能够简述至少三个在线学习支持的相关理论。
9. 能够列举至少三个学习支持领域的知名学者及其主要理论贡献。
10. 能够理解在线学习支持对于在线教育教学的重要性。

第一节　学习支持服务理念与概念的提出

在远程教育实践中，支持学生的学习是现代远程教育最初实践的基本构成。本节内容将会为你梳理早期远程教育中学习支持服务的实践，帮助你认识学习支持服务理念的起源与发展历程，进而理解在线学习支持服务的重要作用。

小节目标

1. 能够简述在线学习支持服务的早期实践形式。
2. 能够描述学习支持概念的提出背景与提出者。
3. 能够简述英国开放大学早期关于学习支持的实践探索。
4. 能够简述学习支持对于教学、学生、在线教育机构与系统等方面的作用。

一、早期实践与概念提出

(一)学生支持的实践萌芽

根据英国远程教育专家贝纳雷特·罗宾逊(Bernadette Robinson)考证,在1978年以前,尚没有正式的文献记载关于远程教育学生支持问题的分析和研究,也没有"学生支持"的概念,并且在1977年英国开放大学出版的《英国开放大学简程》中也未出现"支持服务"这样的术语。然而,远程学生支持服务的实践却是现代远程教育最初实践模式的基本构成。

1844年,英国的艾萨克·皮特曼(Issac Pitman)抓住了邮政服务系统发展带来的创新教育方式的机会,开始利用邮政系统实施函授速记课程。艾伦·泰特(Alan Tait)指出,皮特曼的函授课程已经整合了具有支持服务色彩的人际互动元素(Tait,2004),他通过给学生发送学习材料教授学生速记的方法,并布置练习任务,学生将完成的练习通过信件发给教师,教师对练习情况进行评价并及时用信件方式反馈给学生。在这个基于书信往来的教学互动过程中,远程学生支持服务最初的实践形式初见端倪,即教师与学生之间通过书信的双向互动,学生根据教师要求完成并提交作业,教师批改作业并反馈给学生。

这一时期,在欧洲很多国家,同样受益于邮政系统与铁路的发展而开展的函授教育中的学生支持都表现为教师与学生借助邮政系统进行以作业为主要形式的教学交互。尽管远程教育已经经历了从函授教育到多媒体远程教育再到开放与远程教育的发展,但是无论双向通信方式如何变化,这种基于作业的师生间的双向交流始终都是学生支持的重要组成,对于保障远程教学过程与质量具有重要作用。早期的学生支持服务活动的实践为后来学生支持服务体系的形成提供了重要基础,并逐渐体现出学生支持与其他远程教育活动所不同的特征。早期实践的经验表明在远程学习活动中需要给学生提供支持与辅导,及时的学生支持对于时空分离下的教与学至关重要,而给学生提供直接的人际反馈是学生支持服务活动的基本特征之一(Tait,2004)。

(二)伦敦校外学位制与学习支持

另一个推动学生支持服务实践发展的重要历史事件是1858年伦敦大学开始提供校

外学位制。伦敦大学的校外学位制给校外学生提供进修课程的机会，学生不在伦敦也可以修读伦敦大学的某些课程，并参与伦敦大学的有关考试。当时世界各地有相当数量的人群修读伦敦大学的这些校外课程。在该模式中，并没有之前函授教育提供的作业反馈系统，只给学生提供了一个课程大纲和参加考试的机会。学生注册入学后，非常希望获得一些导学支持，帮助他们掌握有关学习材料。很快，一些营利性质的函授学院就注意到学生的这些需求，开始面向校外学位制的学生提供辅导与帮助。尽管许多这样的函授学院只是利用这样的商机谋取利益，而并没有专注于给学生提供优质的辅导，但也有相当一部分的函授学院确实给学生提供了非常有价值的支持，如基于班级的地方教学指导和远程学习系统等，帮助学生准备伦敦校外学位制的考试(Tait，2004)。其中，威廉·布里格斯(William Briggs)在1887年创立的伦敦大学函授学院是较为突出的代表，学院为不在伦敦大学校内修读课程的学生提供支持，这些支持除了通过邮件方式提供导学外，还在伦敦和剑桥两地设立日间和夜间面授教室、短期的住宿式进修班，并提供特别设计制作的学习指南(De Salvo，2002)。据记载，1887—1931年，39 326名学生在伦敦大学函授学院的支持下通过了伦敦大学的考试，其中10 000名学生取得学士甚至硕士学位(De Salvo，2002)。由此，我们可以说布里格斯创新了当时的现代远程教育的学习支持实践，且取得很好的效果。

二、学习支持体系的形成与概念提出

(一)英国开放大学对学生支持的早期探索

皮特曼的函授教学实践与为学生提供大学校外学位考试辅导的函授学院的实践已经证明，给学生提供学习反馈与辅导是远程教育系统必不可少的构成部分。但是，早期的现代远程教育办学机构更关注如何利用通信技术传递与呈现教学，忽略了学生在学习教学资料过程中对教师辅导与问题反馈的需求，从而影响了其学习效果与完成率。改革前的南非大学就是典型的例子。

成立于1946年的南非大学是世界上第一所专门为远程学生设立的大学(Tait，2004)。与国内很多大学不同，南非大学并没有受制于政府当时正在实施的种族隔离制度，而是为大量黑人学生和有色族裔学生提供学习机会，这样的开放教育创举在当时受到人们的尊敬。然而，在此之后，南非大学却暴露出一些问题，其学生学习的完成率和通过率都比较低。其中较为重要的问题就是学校提供的学习支持严重不足，缺乏地区学习中心网络。当时南非大学仅有的学生支持是允许学生在上午九点到下午一点拨打中部的电话来获得咨询。而在当时的南非，拥有电话的学生非常少，因此这样的支持几乎等于没有支持。这一时期南非大学失败的教训给我们提供了一个重要经验，即缺乏充分学生支持的远程教育系统必将面临危险。

1969年成立的英国开放大学(Open University of United Kingdom，OUUK)有力推动了学习支持系统的完善。英国开放大学在建校之初就面临着社会对函授教育的偏见与质疑，当时的《泰晤士报》曾攻击英国开放大学函授教育的淘汰率，它引证了芝加哥实验的例子，在800万人口中有53 000人参加学分课程的函授学习，其中仅有0.2%的学生取得了学位，另有2%的学生取得了或多或少的学分(黄清云，2000)。在这样的背景下，英国开放大学更加重视学生支持服务体系的构建。在其建校理念中，学生支持并不是一个独立和额外的学校服务，而是学生学业活动以及课程教学不可分割的一部分(Tait，2004)。

在英国开放大学学生支持服务系统早期设计中，有两个非常关键的人物，他们分别是罗伯特·比弗斯(Robert Beevers)和大卫·西沃特(David Sewart)。比弗斯是英国开放大学地区辅导服务部的主任，负责对英国开放大学学生支持相关行政人员与工作人员的管理，包括学习中心、地区中心、学术人员、学生咨询师和顾问等。比弗斯曾经担任过牛津学校督导，深受英国成人教育传统的影响，尤其是牛津大学和剑桥大学个别化的指导传统的影响，非常重视对学生的个别化支持。他要求开放大学的品行导师与学术导师给予学生牧师式的持续关怀。比弗斯在与其同事共同设计的咨询系统中，就试图以学生为中心，为其提供尽量个别化的课程学习指导。

英国开放大学从1971年开始推行的“导师制”就基于这样的理念构建起来，后来“导师制”成为英国开放大学学生支持服务的特色(Tait，1998)。所谓导师制，是指开放大学等远程教育机构在远程学习者入学初期给其分派一名导学教师，帮助其适应远程学习，并在其就读期间为其提供个别化学术辅导的制度。导师制有效确保了导学与支持的连续性。为确保导师制的落实与效果，开放大学在其建设的260个学习中心都提供导学服务，13个地区管理中心也提供有关支持。此外，开放大学还规定了导学教师负责指导与批改作业的学生不超过25个，以保证工作的质量。导师制一直持续到1997年。

英国开放大学还聘请了大量兼职辅导教师，他们通过函授方式开展教学辅导并评价学生，他们需要对学生课程学习50%的绩效给出评价结果。这种对学生作业的个别化反馈对于学生的智力发展很重要，还有助于支持学生树立学习信心和调控学习进度。辅导教师都是本地聘请的，他们提供面对面的辅导，并且回应学生的电话咨询。这些辅导教师的职能直到现在还保留着。

然而，早期开放大学的重心仍然放在课程学习包的设计与开发上。实践证明，仅仅依靠课程学习包与导师制是不能保证完成率与成功率的，本就处于教育机会获取弱势地位的远程学习者们还需要更多的关注与支持。充分认识到这一点后，英国开放大学逐渐将对学生在就读期间的支持放置到更加重要的地位，并开始探索学生支持服务的各种有效策略与系统构建，最终形成初步的学生支持服务体系建设原则（Tait，2004）：

- 提供个性化的支持。
- 提供当地的支持。
- 在学习中心给学生提供社会性学习的机会。
- 在为期一周的暑期学校中提供住宿服务以促进学生对学校归属感的形成。
- 定期评估辅导教师教学与支持服务职能的实现情况。
- 对学生就读英国开放大学期间的整个学业生涯给予持续的关注。

（二）“学生支持”概念的正式提出

1978年，英国开放大学的大卫·西沃特教授，也就是我们前面所提到的影响OUUK学生支持服务系统构建的第二个关键人物，在德国哈根远程大学发表了《远程学习系统对学生的持续关注》一文，正式提出“学生支持”（student support）概念（Sewart，1978）。该文被认为是西方学者关于学生支持服务的第一篇系统论述，它在远程教育的学术与实践领域引起极大反响（武丽志、丁新，2008）。在这篇文章中，西沃特阐述了学生支持服务的重要作用，并积极倡导工业化的远程教育必须重视对人的服务。这一观点将学生支持从最初的教学与学习需求拓展到对学生更全方位的服务上。后来，他进一步完善他关于学生支持服务的理论，提出学生支持具有服务业的特征（见本章第二节）。也许正是受西沃特关于学生支持是对人的服务这一观点的影响，OUUK之后的学生支持活动不仅仅是为了留住学生和推进学业进步，更多体现出学校对学生道义上的关怀。表面上看，OUUK的学生支持主要体现在认知、情感和系统管理三个领域，但是实际上，它是在承担对远程学习基础上成人学习者的社会责任和道德责任的背景下进行设计与规划的。

1983年，西沃特与基更、霍姆伯格合编的《远程教育：国际展望》一书中，第一次将“学生支持服务”与“媒体选择：新的通信技术”以及“课程开发”并列为远程教与学的核心内容。这是其学生支持服务思想的又一标志性发展。在该书的“学生支持服务”一章中，收录了西沃特等人撰写的论述英国开放大学远程教学和学生学习支持服务的文章。自此之后，学生支持服务与课程设计开发系统并列成为远程教育系统的两大核心子系统，学生支持服务的内涵与外延也在人们对远程学习过程与条件的不断认识、远程教学理念与理论的演进以及双向通信技术的发展中逐渐丰富与完善起来，形成远程教育一种特有的实践形式。

三、学生支持的作用

学生支持对于在线教育系统尤为重要，这是因为在线教育给学习者提供了获得教育机会的可能，但是只有给学生提供学生支持才能确保这些机会让学生最终获得优质教育。接下来，我们将从教学、学习者、在线教育机构、在线教育系统四个方面的需求，分析在线学生支持的必要性与重要性。

(一)教学的需求

从教与学的层面来看，学生支持是在线教学的第二个阶段，是实现远程教学因材施教、促进社会性知识建构、支持个性化学习不可缺少的教学环节。无论是怎样的教学活动，教师与学生的交互活动都是最根本的组成，如果缺乏师生的互动，那么无法将其定义为教学活动。在远程教学中，教师与学生是准时空分离的，其教学活动也因为师生的交互方式不同而被划分为两个阶段。第一个阶段的教学发生在教师撰写或编制在线教学材料的过程中，教师假设一个处于平均水平的学生对象，通过虚拟会谈的方式与学生进行互动，这个阶段发生在课程最初的开发环节。第二个阶段的教学发生在学生拿到课程材料进行学习的过程中，无论课程如何考虑学生的需求与困难，都很难预设所有学生在学习中何时遇到什么样的问题。因此，通过与学生的互动指导帮助其理解课程材料非常重要。此外，在这个阶段，远程教育课程组通过赋予地方辅导教师一定的教学自主权，支持辅导教师根据自己学生的需求进行因材施教，从而弥补面对大规模学习者很难开展个性化教学的不足。上述在第二个阶段发生的教学活动就是第一、二代远程教育中学生支持在课程背景下的关键活动。

网络教学中，两个新的趋势使得课程中的学生支持变得更为重要。第一个趋势是社会建构主义和联通主义等强调社会性互动与社会性知识建构的学习理论成为越来越多网络教育课程的理论基础。第二个趋势是“以学生为中心”的教育理念逐渐成为远程在线教学的核心教育理念，这需要大量的人际互动与社会性支持网络支撑对学生需求的挖掘和响应，并促进更多学习投入。这两个趋势体现了在线教学更加注重师生与生生的人际互动，人际互动成为学习的重要构成，是影响学习过程与结果的关键因素。开展和促进人际互动的学生支持则成为在线教学的更加核心的环节。

(二)学习者的需求

从学习者的层面来看，学生支持是帮助学习者解决学业问题、克服学业障碍、获得情感支持，从而完成并取得学业成功的重要活动。实践表明，远程学习者在获取教育机会方面通常是处于劣势的弱势群体，他们在学习时间、学习条件、学习能力等方面存在一定的困难，使得他们无法选择传统学校和面授教育。实践也早已证明，远程教育系统的学生在获得学习成就方面需要比传统学校学生更多的能力准备与投入，而实际上大部分学习者并没有做好远程学习的准备。这对于本就处于劣势的远程学习者而言是非常大的挑战，且容易产生远程学习方式所引起的各种消极情绪，如孤独感、缺乏归属感、不自信等。上述因素将导致他们在学习中会遇到比传统学校和面授教育受教育者更多的困难和障碍，如紧张且容易冲突的学习时间、恶劣的学习条件、沉重的学习经济负担、拙劣的学习技能、容易动摇的学习动机、严重不足的学习自信等。远程教育系统如果希望确保学生能够把握好这样的教育机会，获得能力与素质的提高，那么必须在学生学业过程中为其提供适当的支持服务。

在学生支持不充分的情况下，面临各种困难与障碍的远程学习者必将产生消极的学习体验，不断累积的消极体验使其最终选择辍学或学习失败。格伦尼在反思远程教育的高辍学率与低通过率时指出：许多远程高等和中等教育的学习者们在远程教育学校的学习体验非常消极。他们认为，远程教育学校运作不力，教师与学生是疏远的，忽略对他们的激励，具有一定的独裁性。死记硬背是他们主要的学习形式。此外，潜在学习者往往都缺乏基本的学习技能，整体上并没有做好远程学习的准备(Tait，1996)。

由上可知，在线学习者比传统学校和面授教育项目中的学生更需要学生支持，这些学生支持不仅包括课程学习所需的认知支持，而且包括情感、学习技能与系统等方面的支持，如消除在线学习所带来的消极情绪、激励学习动机，帮助学生适应新的学习方式，支持学生提升时间管理、基于技术的认知与交流等技能，帮助学生充分利用学校提供的资源与服务支持他们学业的成功。

(三)在线教育机构的需求

从在线教育机构的层面来看，学生支持是在线教育院校彰显其教育服务质量、提升市场竞争力的重要途径，同时也是在线教育院校建设教育文化品牌，增强学生归属感、凝聚力和用户黏性的有效方式。

尽管英国开放大学等少数开放大学已经证明远程教育能够培养社会所需要的优质人才，但是社会大众对于教师与学生时空分离情况下的教育仍然存在怀疑与偏见。此外，尽管远程教育几十年来迅猛发展，但是当今新网络环境下的在线教育仍未能摆脱高辍学率的痼疾。因此，在线教育机构的教育质量和效果一直未能获得社会的真正认可。奥蒙德·辛普森(Ormond Simpson)对传统高校和远程高校毕业率的对比分析显示，远程高校的毕业率远远低于传统高校(Simpson，2013)。其中被分析的开放大学包括英国开放大学、阿萨巴斯卡大学等知名远程高校。英国开放大学的毕业率只有22%，是传统高校的1/4左右。其他远程高校更糟糕，一些院校同期毕业率仅为个位数，如阿萨巴斯卡大学的毕业率只有5.3%，南非大学的毕业率是6%。如此之低的毕业率让相当一部分学习者望而却步，也更增加了大家对远程教育质量的质疑。

在这种情况下，在线教育机构若要彰显其教育服务质量，提升其竞争力，就需要借鉴服务业的成功经验与方法，将学生当作顾客，从学生的需求出发，提供比传统高校更周到的学生支持服务，让学生获得可支持的优质教育资源，在促进学生学业成功的同时提升学生的学习满意度，进而建立自己的教育服务口碑与品牌。

此外，文化与传统是在线教育院校和机构教育品牌的重要组成部分，也是增强学校学生归属感、凝聚力和用户黏性的关键因素。在线教育院校和机构需要与学生一起建设机构、项目或课程产品的教育文化与传统，学生支持就承担了这一职能。学生支持在促进文化建设方面的工作包括给学生提供人文关怀、提升学生的学校归属感与主人翁意识、广泛建立学生间的联系、激励和支持学生的自组织活动等。

(四)在线教育系统的需求

在线教育系统与传统学校教育系统相比，主要特征之一是其教育服务具有更强的灵活性与开放性，从而为教育弱势群体提供了获得教育的机会。这些群体在获得教育机会的能力、时间、资金等方面会处于劣势，除了需要更灵活开放的教育机会之外，在学习过程中也需要更多的关怀与支持。在线教育系统的这种社会分工使其必须肩负起对处于教育劣势地位的学习者提供道义援助的责任，帮助其获得相对公平的学习机会与学业成功。就像医生遵守希波克拉底誓言对病患负责一样，在线教育机构承诺要对在线学习者负责，不会因为他们在受教育方面处于劣势而嫌弃和遗弃他们，给予其传统教育机构无法给予的人文关怀与道义援助，帮助其克服在受教育中的各种障碍，顺利完成学业。

实际上，每个在线教育系统对学生支持服务的需求体现了两种不同的教育哲学的平衡。第一种哲学是将学生通过努力获得成功看作教育价值的一部分，提倡学生对自己的学习负责；第二种哲学是认为院校应该担负起帮助学生取得成功的责任，因此将学生的失败看作院校的失败，而不是学生自身的失败。西沃特认为，这两种哲学观点处于一个连续谱系的两个端点，基于第一种教育哲学的教育系统具有更多制造业的特征，而基于第二种教育哲学的教育系统则具有更多服务业的特征。

实践中，在线教育系统并不是在上述两个端点进行选择，而是在这两个端点间寻求一个平衡点来定位自己的学生支持服务。可是，选择一个合适的平衡点并不容易，因为这类教育系统的目标不能简单地定义为确保所有学生获得成功。虽然在学生支持服务上的投入越多，成功率就越高，但是这不是一个线性方程，支持的水平超过了一定的点，学生成功率曲线就会平缓下来。因此，在线教育院校需要在“哪些支持服务是必要的”以及“可以接受的淘汰率水平是什么”这两者之间做出总体的判断与决策。这一决策既要建立在院校办学的教育哲学基础之上，又要依赖对院校总成本的整体把握以及对生产和服务活动成本的合理分配。

第二节　在线学习支持的定义与要素

在线学习支持是从学生支持概念中衍生出来的概念，而学生支持是一个构成要素无限多的实践(武丽志、丁新，2008)，小到给学生发学习提醒短信，大到部署地方学习中心工作，既包括解答学生课程问题的学术辅导，又包括帮助学生应对家庭、工作方面学习障碍的非学术支持，这些都可以归入学生支持的范畴。而随着机构的定位、服务目标、服务模式、教学理念等因素的变化，学生支持的特征、功能也可能会发生变化。因此，给出学生支持定义来清晰界定学生支持的实践范畴往往比较困难(奥蒙德·辛普森，2013)。文献已有关于“学生支持”的定义及其具体要素，体现了学者们在特定远程教育实践背景下对学生支持实践核心特征与功能的理解。本节将从在线学生支持定义的发展与演变历程梳理相应时期的定义，并尝试给出“互联网＋”新时代背景下的在线学习支持的定义，解释和阐述在线学习支持的要素组成与相关术语。

小节目标

1. 能够简述人们关于学习支持内涵认识的变化。
2. 能够阐述在线学习支持的内涵。
3. 能够阐述在线学习支持的要素组成。
4. 能够简述在线学生支持相关术语的内涵及其区别。
5. 能够简述网络时代学生支持呈现的一些新特征。

一、在线学习支持定义及其演变

在线学习支持是远程教育学生支持实践在网络时代的发展，是教育机构为促进学生学习以计算机网络为主要媒介向学生提供的各类支持服务的统称。因此，定义在线学习支持需要梳理和理解其内涵及发展演变。学生支持是一个相当宽泛的概念，其活动形式无限多，因此给学生支持下定义是非常复杂的事情(奥蒙德·辛普森，2013)。文献关于“学生支持”的定义也不尽相同，相关定义体现了学者们从不同视角对各种远程教育情景下学生支持实践的归纳与提炼。下面我们通过介绍与解读大卫·西沃特、艾伦·泰特、玛丽·索普(Mary Thorpe)、丁兴富等学者所提出的经典定义，来尝试理解学生支持的内涵及其随着在线教育实践背景下学习支持定义的演变。

(一)学生支持定义及其演变

1. 帮助学生利用机构资源的手段

1993年，大卫·西沃特在《开放学习》(*Open Learning*)发表的文章中最早给出了“学生支持”的定义。西沃特将学生支持定义为一种手段，通过这种手段，学习者可以充分利用远程教育机构提供的各项资源与服务(Sewart，1993)。西沃特在文中指出，与采用制造业管理模式的课程开发子系统不同，学生支持是一种服务产业，应遵循服务产业的大多数普遍原则。在西沃特的定义中，学生支持被看做是远程教育系统和学生之间的中介，学生支持部门与人员应使用学生的语言向其解释远程教育系统中各种复杂的材料和程序。西沃特认为学生支持实践的构成要素是无限的(Sewart，1993)，因此他并没有在定义中描述支持服务的工作形式。但是他指出了学生支持实践具有服务业的特征，这一特征对之后的在线学生支持服务的实践工作具有非常重要的指导意义。

2. 辅助课程学习的并行子系统

1995年，英国开放大学艾伦·泰特结合英国开放大学实践，从描述学生支持工作的角度对学生支持进行了定义：学生支持这个术语被用来描述远程教育系统为促进学生学习大规模生产学习材料所提供的补充活动，这些活动是远程教育系统的重要构成。在远程教育系统中那些取代传统讲授的教学传播方式，如印刷课程材料、电视和广播节目、计算机程序等都为学生提供了社会性互动与地方性支持，考虑到成本效益，他们都采用一种中心支持的方式。开放与远程学习中的学生支持包括辅导(包括面授辅导以及通过函授、电话或者其他电子通信方式的辅导)、咨询、学习中心体系、通过电视或广播的交互教学及其他活动。这些活动都更关注对个体学习或小组学习的促进与支持，而相比之下，大规模生产的课程材料则并没有特别关注学生的差异(Anderson，2004)。

在上述定义中，泰特认为学生支持是远程教育系统促进与支持具有不同学习兴趣与基础的学生(包括个体和小组)学习标准化课程的重要途径，是弥补远程教育标准化课程可能忽略学生个性化需求与差异的重要教育活动。泰特认为远程教育系统不能缺失教育系统中人际互动、注重对话与社区等人文传统，以往研究已经表明这些人文传统在培养个体发展方面非常重要(Lunneborg，1994；Lunneborg，1997 Cited in Thorpe，2002)。泰特的定义归纳了在以大规模开发印刷材料为主的第二代开放与远程教育系统中主要的学生支持服务活动。然而，这个定义作为学生支持的定义仍然具有其局限，因为它并没有统摄在线学习支持的活动(Anderson，2004)。

英国开放大学另一位致力于学生支持服务理论与实践探索的学者和实践专家辛普

森基于他对学生支持实践的反思，也给出了一个广泛的学生支持定义。他将学生支持定义为课程材料开发之外支持学生学习过程的其他所有措施，并将学生支持活动归纳为学术型支持和非学术型支持两种类型的支持(Simpson，2002)。虽然辛普森并不认为“学术型”与“非学术型”是描述两类活动最合适的术语，但是他认为没有比这两个术语更好的术语(Simpson，2013)。加拿大学者特里·安德森(Terry Anderson)认为，辛普森在学术性支持定义中将界定课程边界与解释课程作为学生支持活动是不合适的，在他看来这是包含在学习材料设计中的，而不是辅导教师的职责(Anderson，2004)。此外，辛普森与泰特一样，主要是对第二代远程教育中的学生支持活动下定义。由于第二代远程教育使用的是预先开发出来的材料，而在线学习则更依赖于人际交互定义课程内容与概念，泰特与辛普森关于学生支持的定义都未能全面涵盖在线学习中学生支持的特征。

3. 对学生需求的响应系统

索普较早对在线学习情境下的学生支持进行了思考。在对在线学习系统分析的基础上，她对学生支持的定义进行了重构。索普认为，以计算机为媒介的通信(Computer-Mediated Communication，CMC)和网络将挑战我们最初对学生支持概念的理解(Thorpe，2002)。与泰特(Tait，2000)相似，她采用了工作定义的方法，将学生支持定义为在学习过程前、过程中和过程后，能够对已知的学生个体或小组做出响应的所有元素(Thorpe，2002)。在这个定义中，索普肯定了学生支持的交互本质，同时指出在线学习过程中学生支持与课程开发之间的边界逐渐模糊。索普还指出，学生在两种背景下需要支持。第一种背景是在远程教育院校系统中学习，学生们需要了解他们在课程学习前、学习过程中和完成学习后能够获得学校的哪些支持，如学校提供哪些奖学金和助学金、在选课时是否能获得帮助等。第二种背景是在他们所学习的课程中，学生们需要了解如怎样更好地完成某个作业、如何与其他学生联系、如何与其他学生一起工作、如何理解课程材料中的意义等。

安德森也对网络教学中的学生支持进行了定义，他认为学生支持是教育中对已知的学生个体或小组做出反应的所有活动和元素，这些活动和元素被用来支持学生在学习过程中的认知、情感和系统方面需求。安德森指出，远程教育系统中的学生支持活动包括教学与辅导、建议与咨询、信息与行政管理。

丁兴富作为我国较早关注学生支持相关理论研究的学者，在2001年出版的《远程教育学》一书中给出的学生学习支持服务的定义如下：学生学习支持服务是远程教学院校及其代表教师等为远程学生提供的以师生或学生之间人际面授和基于技术媒体的双向通信交流为主的各种信息的、资源的、人员的和设施的支持服务的总和，其目的在于指导、帮助和促进学生的自主学习，提高远程学习的质量和效果(丁兴富，2001)。

索普、安德森和丁兴富三位学者关于“学生支持”的定义都强调了学生支持的交互特征和服务多样性，且都不再像泰特和辛普森那样强调学生支持与课程开发之间的明确界限，三者的定义都可以归纳到对学生需求的响应系统上。此外，三个定义并没有强调学生支持与课程两个子系统之间的边界，索普认为二者的边界在网络时代因一些建构主义课程的出现而变得更加模糊。实际上，课程的生成性特征以及各种依赖师生在课程教学过程中不断互动和创造的课程教学模式的出现与普及，使得学习支持与课程教学逐渐融合。曾经将学生支持定义为为促进学生学习大规模开发课程材料的泰特，也在近几年指出在网络时代重构学生支持实践的重要性：我们必须重新评估主要以地理因素为组织原则的第二代远程教育学生支持服务的提供方式，以便运用信息通信技术对学生支持服务和课程建设以及课程考核重新进行一体化设计。把学习资源和学生支持服务看作不同子系统的传统远程教育理论必须予以修订。一体化设计学生支持服务、课程建设和考核势在必行，这是一项令人兴奋、富有创新的任务。由此可见，未来学生支持服务质量的提高有赖于把这项工作跟课程建设和考核结合在一起，有赖于在学习设计这个更大的理论框架下进行谋划(艾伦·泰特、肖俊洪，2014)。

综上，通过对已有的学生支持定义中关于学生支持实践的本质特征与功能进行反思与总结，我们尝试对学生支持进行定义：学生支持是远程教育机构在远程学习者就读期间为促进学生的远程自主学习、提升教育效果与服务质量，对已知学生个体、学生小组和学生社群的认知、情感与系统需求做出响应的所有元素(李爽，2016)。

(二)在线学习支持的定义

回顾上述关于学生支持的经典定义会发现，已有定义都扎根于独立形态的远程教育实践，这与相关定义产生时期远程学习主要发生在开放大学等开放远程教育机构和院校有关，这些机构和院校通过远程教学方式给那些无法参加学校课程等面授教育项目的学生提供了获得学历、证书或能力提升的另一种选择。学生支持就是在这种以学与教准时空分离为特征的远程教学实践中形成发展的实践，它的主要功能就是帮助学生应对远程学习中所遇到的学习、情感、个人、系统等问题，促进他们学业成功。但是，随着“互联网+”时代的到来，学生支持已经不再成为独立形态远程教育领域的专有实践，在传统教育系统和创新教育服务模式中都越来越多地整合了学生支持服务的活动与技术。

在“互联网+”时代，以互联网、大数据为代表的现代技术有力支撑了在线教育教学与服务基础设施的升级，教育与社会其他各个行业一样，在与互联网技术和思维的相互渗透过程中，开始发生系统性的变革。其中一个典型特征就是在线教学融入传统学校教育、各类培训和学习项目中，在线学习成为学生学习的重要方式之一。在更加开放的教与学环境中如何更好地激励、支持和服务学生，成为各类教育系统需要考虑的因素。与此同时，互联网思维也推动了新技术环境下各种在线教育教学创新服务的涌现，如北京四中网校等中学网校提供的校外在线个性化辅导模式、成都七中网校的全日制直播教学服务模式、北京市通州区“智慧学伴”平台支撑下基于双师服务的个性化公共服务实践模式等，这些基于互联网环境提供的创新服务成为学生支持在新时期的拓展与创新。

综上可见，学生支持的内涵与外延在“互联网＋”时代已经有所变化。学生支持不再只是远程教育院校的专有实践，在传统教育院校的开放和在线教育项目中也需要学生支持。学生支持也不再只是促进和支持学生学习远程教育课程和项目，提供有关证书、学历，而可以是辅助学生学习传统教育课程或支持学生其他个性化学习和发展需求，如知识拓展、能力训练、学习技能辅导、学习伙伴等。

在这样的背景下，我们基于索普和安德森等人关于网络时代学生支持的观点，将在线学习支持定义为：教育机构或代理为促进学生在线学习和个性化发展，在学习过程前、过程中和过程后，对已知学生个体、小组和群体的认知、情感和系统需求做出响应的所有活动和元素。

根据该定义，在线学习支持是学生支持概念在“互联网＋教育”变革背景下的发展。在线学习支持不再是远程教育机构的专有实践，以响应学习者基于在线方式进行正式或非正式学习的需求为定位，整合了更广泛的社会教育资源，向学习者提供服务，促进他们的个性化发展。除了在线教育机构的学习者、在线教育项目中的学习者获得的支持服务之外，在线学习支持还包括传统教育场景中、非正式学习场景中学生获得的各种在线学习服务。需要指出的是，对学生需求的响应不仅包括对学生所表达出来的显性需求给予响应，还包括对学生尚未表达的隐性需求的准确捕捉和响应。此外，本定义在索普等人提出的学生个体和小组基础上将支持服务对象拓展为三类，增加了学生社群。这是因为在网络时代，在线教育系统的学习者除了学生个体与小组之外，还有一种重要的组织形式，那就是社会软件支持下所形成的各种学生社群，他们在人数上大于小组，相互之间存在一定社会性支持关系，并会形成共同的愿景与诉求。学生社群的需求将区别于学生个体和小组，相应的支持方法也将不同。在该定义中，还强调了个性化支持服务的重要性。在教育大数据时代，通过对学生及其学习数据的追踪和分析来精准捕捉学习者的需求，并根据这些需求提供个性化的支持服务，成为在线学习支持的重要特征与发展趋势。

二、在线学习支持的要素

索普将学生支持的要素定义为学习者、人际互动和时机（Thorpe，2001），即任何一个学习支持活动都依赖于上述三个要素的确定。那么在线学习支持的要素有哪些呢？作为学生支持的一种实践形式，学习者、人际互动和时机同样是在线学习支持的要素。

然而除了上述三个要素之外，更加关注学习者个性化需求的在线学习支持还需要精准捕捉学生的个性化学习与发展需求，而在线教学和学习空间记录的学习数据为支持个性化需求的及时挖掘和动态捕捉提供了重要依据，学习数据成为在线学习支持的另一个关键要素。综上，在线学习支持包括四个基本要素：学习者、学习数据、人际互动、支持时机。

• 学习者

学生支持首先要确认将要服务的学生是谁，他们由哪些人构成，他们的特征与需求是什么，存在怎样的差异。了解学生是学生支持服务的前提，很难想象在不了解学生的前提下，如何能够提供优质服务。

• 学习数据

在线学习环境中，各种教学与学习空间都能够记录学习者及其各类学习数据，这些数据隐含了学习者学习的进展、偏好、问题等特征和需求。在线学习支持服务的精准性与个性化依赖于对这些丰富的学习数据的采集、分析和挖掘，将支持服务建立在对学习者学习特征与需求的精准把握上，从而提供更优质的个性化学习支持服务。

• 人际互动

人际互动仍然是在线学习支持的基本要素，不仅是在线学习支持提供学习辅导的主要途径之一，而且是在线学生支持保持学生支持人文关怀传统的主要途径。相比较于传统学生支持，在线学习支持中有两类人际互动方式显著增加，一是基于实时视频或语音互动的人际互动方式，二是基于在线虚拟社区的人际互动方式。

• 支持时机

提供支持的时机同样重要，把握好提供支持的时机意味着需要清楚地知道学生需求产生的时间，并能综合考虑学生自我需求满足的能力、需求的紧迫性、促进学生发展等因素，做出在何时提供支持的决策。索普指出，学生支持贯穿学生整个学业过程，在线学习支持服务部门或人员需要提前规划与考虑，在学习过程前、过程中和过程后的不同就读时间段，学生会产生怎样的需求，以及在什么时间响应这些需求才能够同时兼顾学生的良好学习体验与发展需求。

三、相关术语

自从西沃特提出术语“学生支持”以来，文献中出现了多个描述学生支持相关实践的中英文术语，如 student support、learner support、learning support、学生支持、学习者支持、学习支持、学生学习支持等。绝大多数情况下，这些术语并没有特别严格的区分。然而，在应用这些术语时需要你能辨析其中的两组，因为它们的内涵或外延是存在一定差异的。这两组术语分别为 student support 与 learner support，以及“学生支持”(learner support)与“学习支持”(learning support)。

(一)Student Support 与 Learner Support

早期用来描述学生支持实践的英文术语主要是 student support。由于 student 一词更多被用来描述学历教育中的受教育者，主要体现学生按照既定教育计划进行学习的特征，某种程度上隐含了学生学习的被动性，以及在受教育过程中的弱势特征。随着建构主义学习理论以及“以顾客为中心”的支持服务理念在远程教育系统中被越来越多的人认可，远程教育实践一方面逐渐注重在课程教学中体现“以学生为中心”的教学理念，突出学生在学习中的主体地位，采用激发学生学习主动性、挖掘学生学习潜力的各种教学策略；另一方面在支持服务中将学生看作客户，关注学生的学习需求，为其提供更加个性化的服务。在这样的背景下，更能体现学生学习自主性与主动性的 learner 开始被用来指代远程教育系统中的学习者，而相应的 learner support 这个术语也逐渐被更多学者用来描述远程教育系统所开展的“以学生为中心”的各种支持服务活动。learner support 除了突出将学生作为教与学活动的中心和主体之外，还更强调无论在什么学习系统中(高等教育、公司培训、非正式学习)，支持活动都是非常基本的(Anderson，2004)。

(二)“学生支持”与“学习支持”

从字面上就能发现“学生支持”与“学习支持”两个术语中，支持的对象有所不同。前者支持的是学生，后者支持的是学习。术语“学习支持”原本主要描述的是在课程教学活动中以促进学习目标的实现为目的的各类支持活动，包括认知与元认知的支持，也包括增强学生学习自信心、激励学习动机、消除学习孤独感、增强同伴间信任感等情感方面的支持。术语“学生支持”的内涵与外延经历了一个演进过程，早期的学生支持以学习支持活动为主，后来进一步拓展，涉及情感、管理、技术类支持服务。目前“学生支持”这个术语具有更丰富的内涵与更广泛的外延，描述教育系统在学生就读期间所提供给学生的支持其完成预期学业任务的各类活动。然而，也有些文献不特别区分这两个术语。综上，根据术语字面意思，“学生支持”的内涵包括“学习支持”。但在网络教育实践中，“学习支持”常常被用来指代认知类支持之外的情感、系统等各类支持服务活动，与“学生支持”的概念混用，因为学习支持很难只关注认知类支持而忽略与在线学习成效密切相关的情感能力等方面的困难与障碍。所以，本教材不再严格区分“学习支持”和“学生支持”两个概念，教材中在线学习支持的内涵包括了在线学习与发展所需的各类学生支持服务活动。

第三节　在线学习支持的理论基础

有效的学生支持实践建立在对在线学习者特征和需求、在线教育系统和远程教学的准确把握基础上，因此成人学习理论、远程教育理论、教与学理论等相关理论为开展在线学生支持相关实践提供了重要的理论基础。本小节，我们将选取与学生支持密切相关的理论进行介绍，讨论这些理论对于学生支持服务的指导意义。

小节目标

1. 能够解释在线学习支持的相关理论对于在线教学提供支持服务的重要作用。
2. 能够列举五个在线学习支持服务理论。
3. 能够简述至少三个在线学习支持的相关理论。

一、在线学习者的相关理论

在线学习支持服务的提供对象为广大的在线学习者，所以我们要充分了解在线学习者的自身特征与其网络学习特点。在线学习者多为成人，这部分主要为大家介绍成人教育学相关理论，以帮助了解关于成人学生学习的相关特征、成人学习者学习规律、有效教学策略探索与提炼，为开展以成人为主要对象的远程学生支持服务提供重要依据。

(一)自我指导教育理论

马尔科姆·诺尔斯(Malcolm Knowles)提出的自我指导教育理论认为，成人学习区别于儿童和青少年的本质特征是其自我指导特征(王海东，2007)。该理论认为成人学习者通常具有如下五个特征(Knowles，1980)：①具有独立的自我概念，能够指导自己的学习；②积累了丰富的生活经验，这些经验是其后继学习的资源；③具有学习需要，这些需要与改变自我的社会角色密切相关；④以问题为中心，希望能立即运用自己所学的知识；⑤学习为内在动机而非外在因素所驱动。

掌握成人学习者的普遍特征，为支持在线教育工作者理解和定义学习者的学习需求、创设有效学习环境、构建良好的师生关系、促进富有成效的在线学生互动提供了有益启示。

（二）分阶段自我指导学习模型

格若(Grow)在其分阶段自我指导学习模型(Staged Self-Directed Learning Model)中，按照成人学生学习的准备程度将其划分成依赖型、兴趣型、参与型和自我指导型四种类型(Grow，1991)。格若指出，教师可以根据学生所处的阶段辅以相应教学策略。例如，依赖型学生需要更多的引导性教材、适当的讲座、练习和及时更正错误，而自我指导型学生需要更多的独立性作业、自主讨论和发现式的学习。

格若的分阶段自我指导学习模型理论为在线课程辅导教师调查、确认所支持学生的学习准备类型以及选择更有针对性的辅导策略提供了重要依据。

（三）嬗变学习理论

麦兹罗(Jack Mezirow)在其嬗变学习理论(transformational learning)中，对成人如何在困境中学习与实现自身角色的重大转变这一成人特有的学习过程进行分析(Mezirow，1991)。麦兹罗将通过学习与实践实现重大转变定义为嬗变过程，该理论认为嬗变过程通常由生活中一些重大的突发事件激起，如离婚、失业、家庭成员突然去世、孩子出生等。这些生活变故与人们现存参照系里的观念出现强大反差，使得人们无法再从自己的经验中寻求到合理解释。麦兹罗将这些突发事件称为"迷惘困境"(disorienting dilemmas)，指出一旦成人处于迷惘困境，成人教育工作者可以通过促进其批判性反思、与处于同样困境的人交流新认识和按照新认识采取行动三个过程来帮助他们实现视野的转变，完成嬗变学习。

麦兹罗的嬗变学习理论，为在线学生支持人员发现并理解影响学生学业的生活困境以及辅导他们走出困境提供了理论与策略的指导。

（四）自主学习理论

成人学习者由于身份特殊性，具有在线自主学习的特点，探索成人学习者学习规律有助于准确定位在线学生支持服务的切入点。自主学习(Self-Regulated Learning，SRL)指学习者在教师的指导下，对自己正在进行的学习活动进行主动、积极、自觉的计划、监控、评价、调整的过程(单志艳，2002)。学习者的自我学习能力对于在线学习具有关键的作用。美国学者齐默尔曼(B. J. Zimmerman)的自主学习理论对自主学习的本质、发生机制、影响因素的分析，对于理解和分析远程学习是具有启发意义的。从现实层面看，作为一种自主学习状态、学习能力，影响远程学习自主性发挥的因素还很多；从理论研究层面看，期望中理想化的远程自主学习是不存在的，重要的是能从实践的角度去促进和改善某些有意义的"自主性"的发挥；从实践层面看，改善远程学习需要从宏观上革新教学模式、微观上培养学习者自主学习能力两方面入手，而后者往往是关键。下面将介绍齐默尔曼的自主学习的构成与自主学习模型，帮助你理解与认识这一理论对于在线学习支持服务的重要作用。

1. 自主学习的构成

关于什么是自主学习，齐默尔曼在吸收操作行为主义学派、社会认知学派、信息加工心理学派等研究成果的基础上，提出了自己的理论。他认为，只有当学习者在元认知、动机、行为三个方面都是一个积极的参与者时，其学习才是自主的。具体地说，如果学习者能够主动地应用元认知学习策略，能够自我激发学习动机，能够对自己的学习行为积极地作自我观察、自我判断、自我反应，那么他的学习就属于自主学习。为了进一步解释自主学习，齐默尔曼提出了自主学习的理解维度，如表 1-1 所示(Zimmerman，1994)。

表 1-1　齐默尔曼自主学习的理解维度

基本的问题	心理维度	任务类型	自主的实质	自主过程
1. 为什么学(W)	动机	选择参与	内在的、自我激发的	自我目标、自我效能感、价值观、归因等
2. 如何学(H)	方法	选择方法	有计划的或自动化的	策略选择和使用等
3. 何时学(W)	时间	控制时限	定时而有效	时间计划和管理
4. 学什么(W)	行为表现	控制学习结果	对学习结果有自我意识	自我监控、自我判断、行为控制、意志坚持等
5. 在哪里学(W)	环境	控制物质环境	对物质环境的敏感和随机应变	选择、营造学习环境
6. 与谁一起学(W)	社会性	控制社会环境	对社会环境的敏感和随机应变	选择榜样、寻求帮助

齐默尔曼认为，自主学习要求学习者能够对“为什么学、如何学、何时学、学什么、在哪里学、与谁一起学”等问题有自觉的意识和反应。判断学习是否自主，主要依据表 1-1 中的理解维度确定，如果学习者在“任务类型”列的六个方面均能够自己做出选择或控制，那么他的学习就是充分自主的。反之，他的学习就是不自主的或只是部分自主的。同时，在表中“自主的实质”列给出了理解自主学习的六个维度。也就是说，高度自主学习的状态是：学习的动机是内在的、自我激发的；学习的方法是有计划的或熟练程度已经达到自动化的；学习者对学习时间的安排是定时而有效的；学习者对学习结果能够有自我意识；学习者能对学习过程自我监控，对学习所处的物质环境和社会环境保持敏感和随机应变能力，比如能主动选择和营造有利于学习的资源环境，能够选择榜样、寻求帮助等。

齐默尔曼从六个方面概括了高度自主学习的状态，同时他指出，如果学习在某些方面不具备这些特征，就会影响自主学习程度。因此研究自主学习需要先分清学习者在哪些方面是自主的、在哪些方面是不自主的，然后才可能有针对性地施加干预，改善和提高自主学习水平。对于实际的学习而言，完整意义上的自主学习和极端不自主的学习都比较少，多数学习都介于这两者之间。

2. 自主学习模型

关于自主学习如何发生，齐默尔曼继承了班杜拉(Bandura)的社会认知思想，认为自主学习涉及自我、行为、环境三者之间的交互作用，是三者互为因果、相互影响的结果。据此，他建立了一个自主学习的模型(见图 1-1)(张勇、潘素萍，2006)。

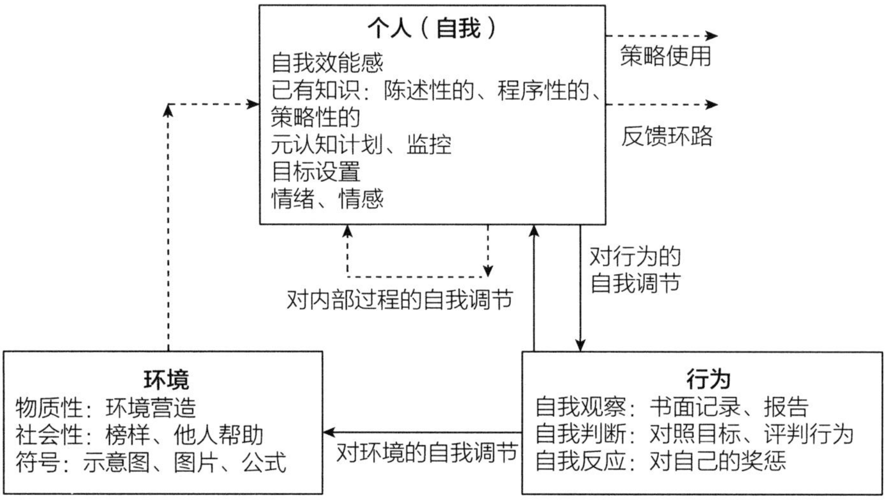

图 1-1　齐默尔曼的自主学习模型

如图所示，在齐默尔曼看来，自主学习是一个学习者对内部过程的自我调节、行为的自我调节、对环境的自我调节的整体过程，分为自我内在的自主、行为的自主、环境的自主三个方面。影响自主学习的因素也主要在这三个方面：影响“自我内在的自主”的因素主要包括自我效能感、已有知识、元认知过程、目标、情感等，其中自我效能感是一个重要因素；影响“行为的自主”的因素分为自我观察、自我判断、自我反应三类，每一类行为反应都是可以观察、可以训练并且相互影响的，这三类行为反应又受自我过程及环境变化的影响；影响“环境的自主”的因素主要是物质环境和社会环境等。自主学习过程可以简单描述为：在学习过程中，学习者对内不断监控，调整自己的认知及情感状态，运用各种学习策略，调整学习行为，营造和利用环境中的物质性和社会性资源。

二、教学交互相关理论

教学交互是教学活动开展的基本方式，也是学习支持供给的基本方式。教学交互相关理论为如何开展学习支持提供了重要的理论依据。接下来，我们为你介绍教学交互相关理论。

(一)教学交互理论

在远程学习中，教师与学生在物理空间上是一种准分离的状态，这种状态导致教的过程与学的过程在时空上的分离，也使得教与学客观上的相互作用弱化，进而形成了远程学习的特殊性以及媒体在远程学习中的作用的特殊性，而以媒体为中介的交互成为远程教育教与学再度整合的关键(陈丽、王志军，2016)。目前网络成为应用最广泛的媒体形式，基于网络的远程学习教与学相互作用规律研究成为现代远程教育教与学基本理论研究的重点和核心。教学交互理论的研究与发展，对于促进远程教育以及在新网络环境下的在线学习中系统地把握教学交互的基本规律、指导远程及在线教育实践的开展，有着至关重要的作用。

陈丽在黛安娜·劳里劳德(Diana Laurillard)的学习过程会话模型基础上提出远程学习教学交互层次塔(见图 1-2)和远程学习的教学交互模型(见图 1-3)，为认识远程学习情景下的教学交互分类与过程提供了理论依据。在她的教学交互层次塔与模型中，远程学习是由以下三个不同层面的教学交互共同作用完成的(陈丽，2004)：

第一，学习者与媒体界面的操作交互。操作交互体现在学习者对媒体的操作过程。随着技术的发展，媒体的界面越来越复杂，学习者必须在熟练操作媒体的前提下才能

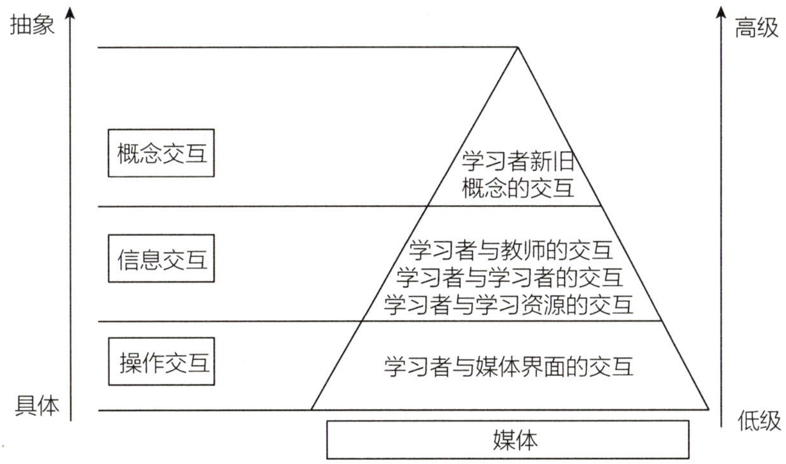

图 1-2　远程学习教学交互层次塔

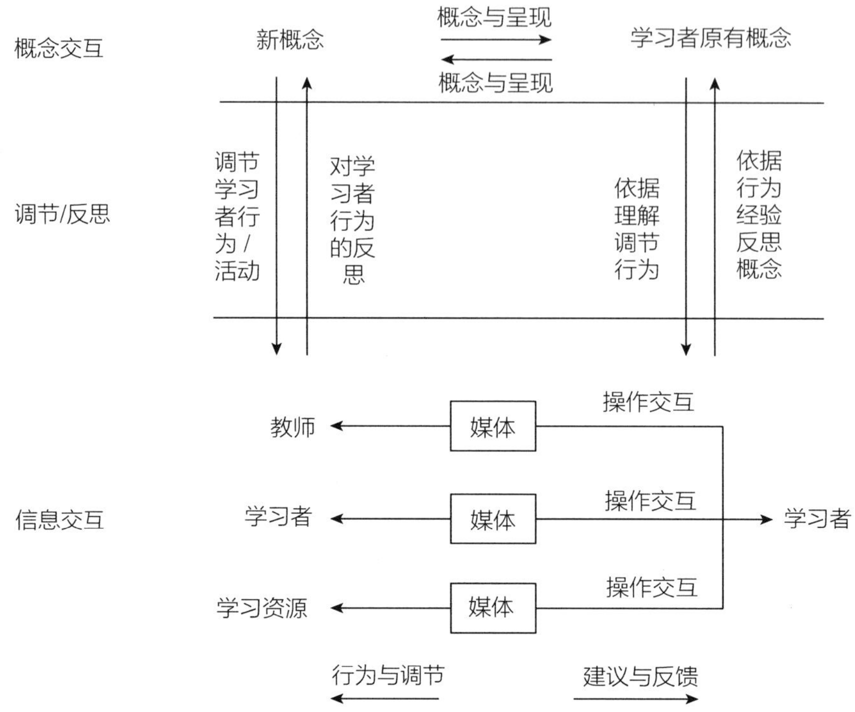

图 1-3　远程学习的教学交互模型

顺利完成其他交互。操作交互可以通过学习者作用于媒体的动作来观察。

第二，学习者与教学要素的信息交互。信息交互体现在学习者与某种教学要素之间通过各种符号进行有关学习的信息交换的过程。信息交互可以通过交互的信息来观察，有三种形式：学习者与学习资源的交互、学习者与教师的交互、学习者与学习者的交互。

第三，学习者的原有概念与新概念的概念交互。概念交互是新旧概念之间的相互作用，新旧概念相互作用的结果是产生学习者认知结构的同化与顺应。这种交互发生在学习者的头脑中，不能直接观察。概念交互的结果将直接作用于信息交互，决定信息交互的内容和形式。只有概念交互才会产生真正意义上的学习，因此，信息交互必须以促进概念交互的发生为目的。

教学交互理论能够帮助我们辨析各种复杂的教学交互现象在在线学习中的实际作用和相互关系，为我们提供了促进在线学习的有效途径；通过媒体功能的完善和学习者的技术培训，可以提高操作交互的水平。我们可以通过良好的教学设计和学习支持，提高学习适应性的水平；通过概念交互"可以评价教学交互是否促进了有意义的学习。教学交互理论还能够为建立在线学习中教学交互的系统理论提供线索(陈丽、王志军，2016)。

(二)交互距离理论

交互距离理论是由美国宾夕法尼亚大学的迈克尔·穆尔(Michael G. Moore)提出的关于独立学习的理论。该理论探索了独立学习教育项目的本质以及师生在教育项目中是如何进行交互的，该理论认为独立学习是由远程教育项目和学生自治性共同决定的(Gokool-Ramdoo，2008)。之所以称其为交互距离理论，是因为穆尔用教师与学生之间互动的心理距离(他称其为交互距离)来描述教育项目在兼顾和响应学生个别化需求方面的特征，并指出，在独立学习中，具有不同自主学习水平的学生对教育项目的交互距离适应性不同。

我们首先来看理论中关于交互距离、结构、对话三个变量关系的描述。该理论认为教育项目的交互距离主要由教育项目的结构与对话两个因素来决定。“对话”是指“教育项目中师生间进行交流，相互响应的程度”，“结构”是指“教学计划、课程设计适应学生个别需要和条件的针对性程度”。刚才我们已经提到，穆尔认为教育项目的结构性和教学对话可以描述该项目对每个学生个别化需求的兼顾或响应程度。变量“对话”与交互距离成反比，而变量“结构”与交互距离成正比。在远程学习中，如果师生之间通过各种途径进行频繁的互动，教师对学生的响应速度非常快，那么师生间的交互距离就会缩小；反之，师生之间的对话不足，交互距离会增大。而结构对交互距离的影响则相反。在结构程度高的教学项目中，对于学生的个别需求做出的响应与调节较少，交互距离就会增大；反之，结构程度不高的教学项目能够根据学生的个别需求进行即时响应和灵活调整，交互距离就会缩小，如表 1-2 所示(焦广兰，2006)。

表 1-2　交互距离理论中对话和结构变量与交互距离的关系

交互距离	(教学)对话	(教学计划)结构
缩小	增多	程度越低
增大	减少	程度越高

穆尔指出，对于特定教育项目而言，其结构性与对话情况往往是相互抑制的，即结构化越强的教育项目所留有的师生对话或交互空间通常越小，而这样就容易导致该教育项目中教师与学生的交互距离较大；反之，富含大量师生对话、教师对学生需求响应度较高的教育项目，通常其结构化程度不高，而这样的教育项目，其师生之间交互距离将比较小(Gokool-Ramdoo，2008)。

学生自治是该理论中的另一个重要变量，它是描述学生对自己的学习有效控制的程度的变量。穆尔认为，评价教育项目中学生自治的水平可以通过考察项目给予学生在设置学习目标、选择学习方法、选择评价方法三方面的自主权来确定。在交互距离理论中，独立学习是由教育项目的交互距离与学生自治共同决定的。学生学习自主性越强，其学习独立性越强，其所能适应的交互距离就会越大，因此，他能够适应对话较少、结构化程度较高的教育项目。而对于学习自主性较弱的学生而言，他的学习独立性较弱，因此他只能适应交互距离较小的教育项目；从另一个角度来看，交互距离越大的教育项目给予学生的学习自治权利越小，而交互距离越小的教育项目给予学生的学习自治权利越大，如表 1-3 所示(焦广兰，2006)。穆尔指出，不同的技术媒体将影响教育项目中的结构与对话，进而影响项目中学生的自治程度。

表 1-3　交互距离理论中学习独立性与自主性和交互距离的关系

学习独立性	学习自主性	适应的交互距离
强	强	增大
弱	弱	缩小

同时穆尔指出，学生自治是教育项目预期的学习结果之一，也是非常重要的学习结果(Moore，1993；Deschênes & Maltais，2006)。穆尔认为，学生自治可以通过不断缩小教育项目的交互距离来促进，即通过逐渐提升项目的灵活性，并增加教师对学生的个别化引导与支持，在学生与教师之间的不断互动与协商过程中提升学生自治能力。从这个意义上而言，教育项目可以在开展过程中通过改变其结构性与教学对话来提升学生学习自主能力。如对于新生而言，可为其提供结构化更强的教学计划。但是随着学习经验的积累，应适当调整教学计划，采用给学生更多控制权的教学方法如建构主义教学方法，培养其学习自主能力(Saba，2003)。

交互距离理论被很多学者认为是构建了一个远程教育实践的基本理论框架，具有统摄远程教育各种理论与实践的潜力。该理论为学生支持尤其是课程背景下的学生支持实践提供了非常重要的理论基础，它关于对话变量的定义本质上就是课程中的学生支持，因此在某种意义上揭示了课程学生支持的本质，以及其与课程结构性、学生自治的关系。交互距离理论实质上强调了对学生个别化需求的响应与兼顾的重要性，以及对话在这方面的作用，体现了远程教学从行为主义向建构主义的转变。这一观点获得德斯蒙德·基更(Desmond Keegan)、弗莱德·萨巴(Farhad Saba)等人的认同与发展。基更将教师与学生在教育交互中的主体间性理解为双向交互中控制权与责任的分享，而学习就发生在这些互动过程中双方的意义分享与协商中。萨巴在该理论基础上构建出远程教育活动模型，模型描述了教师与学生如何通过多次交互“反馈环”推进学习控制权从教师向学生最终转移，实现学生自治(见图 1-4)。

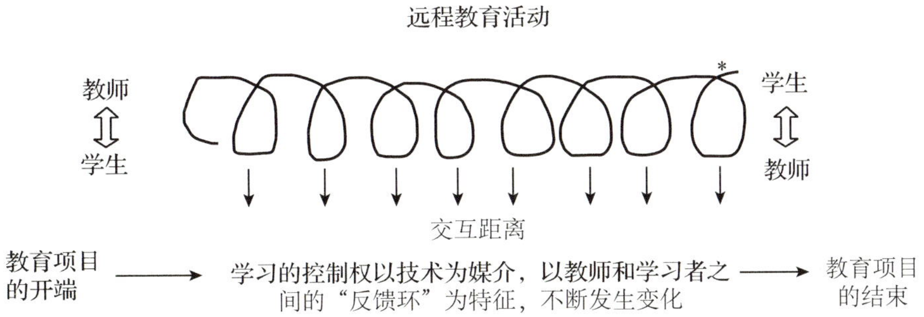

图 1-4　萨巴的远程教育活动模型

(三)交互学习和独立学习均衡发展的理论

早期远程教育实践以基于预先开发的课程材料的独立学习为主，然而，独立学习在实践中仍然暴露出一些问题。在此背景下，1979 年丹尼尔和马奎斯通过对《远程教学》杂志中 1974 年至 1977 年相关文章的调研与分析，提出交互学习和独立学习均衡发展的理论(Daniel & Marquis，1979)，强调了独立学习与交互学习在远程教育系统中相互融合的必要性与重要性。

该理论将交互学习定义为学生与教师或同伴间中进行的有助于学习问题解决的人际交互活动。典型的交互活动包括：学生在教学系统和学习过程中获得建议与咨询；对参加课程和项目的学生进行教学辅导；学生和辅导员联系了解课程有关内容；在远程通信系统进行的教学活动；引导学生进行小组讨论；“暑期学校”等在固定地点发生的师生交流。该理论将独立活动界定为上述定义的交互学习活动之外的其他活动，包括基于书面材料的学习、收听收看广播电视、完成论文和作业、基于计算机的独立学习、家里完成的实验任务、调查和项目工作等。丹尼尔和马奎斯指出，这两类教育活动在经济、教育和社会性特征方面存在较大差异，任何一个远程教育机构都很难将其有机整合在一起，可是这两类活动均是教育机构提供完整和优质教育经验不可或缺的，必须获得均衡发展。

该理论围绕当时远程教育遇到的四个问题论述了交互与独立活动融合的必要性与可能的策略。四个远程教育问题包括：如何在选择课程内容时在权威的课程设计与地方和个人需求之间取得平衡；如何在确保课程质量与兼顾差异性的基础上仍然获得合理的经济规模；如何让远程学习活动更符合以成人为主的远程学习者的需求；如何确定合理的步调以促进持续学习。丹尼尔和马奎斯在该理论中指出，学生与他人的交互活动将有助于调节课程权威的风格以符合学生需求、给学生提供心理支持、帮助学生确定学习步调以激励其持续学习。然而，由于交互活动的成本投入较高，尤其是需要学习中心网络的支持，必须周期性地检查每个交互活动的有效性。

该理论有力论证了以人际交互为特征的学生支持在远程教育中的重要性，这在学生支持概念刚刚被人们所认识的支持服务实践发展初期非常重要。此外，该理论还初步探索了远程教育系统应如何将交互学习与独立学习有效融合以应对实践中的问题。根据该理论我们可以知晓，在线学生支持是实现在线教育课程教学的个性化、满足成人学习者需求、促进持续学习的重要途径。此外，因为学生支持并不具有规模经济的特征，所以需要通过定期评估来确保学生支持成本投入的实际效益。上述观点为实践中学生支持相关政策的制定与策略探索提供了重要启示。

(四)交互的等效性理论

加拿大学者安德森在丹尼尔和马奎斯的交互学习和独立学习均衡发展的理论的基础上，对在计算机网络等远程通信技术更加发达的情境中如何获取交互学习和独立学习的均衡发展进行了进一步探索，于2003年提出交互的等效性理论。

安德森认为，没有哪一种媒介支持的教育方式优于其他媒介支持的教育方式，大量的实践与理论证明，学习内容、学生的喜好倾向和需要、机构能力和倾向性，以及教与学的方法等因素及其相互之间的作用都会影响交互学习与独立学习的结果。安德森通过非正式的调查研究也发现，学生对有进度控制和无进度控制、同步和异步等不同组合的教育活动有着截然不同的需要和喜好倾向，并非常期待多种教育模式和多样性的教育模块。为此，安德森在实际观察和文献分析的基础上提出了一种交互的等效性理论。该理论的主要观点如下(特里·安德森、董秀华，2004)：

• 三种形式的交互(学生与教师之间、学生与学生之间、学生与学习内容之间的交互)中，只要有一种达到较高的水平，就足以构成对深入和有意义的正规学习的支撑。另外两种形式的交互只达到较低的水平甚至缺失，都不会降低客观的教育效果。

• 在这三种形式的交互中，如果有一种以上的交互达到了较高的水平，那么就有可能提供更加令人满意的教育经验，虽然这些教育经验可能远不像交互水平较低的学习序列那样具有较高的成本效益或时间效益。

这意味着教师和设计者可以用一种类型的交互替代处于同一水平的另外一种或两种交互，而不会对教育的有效性造成明显的损失，这即是等效的意义。安德森在该原理的基础上还引申出一系列其他的推论。下面，我们简要呈现他在等效性理论的基础上对学生交互的相关推论(特里·安德森、董秀华，2004)。

• 高质量的教育教学计划要求学生至少在一个方面产生高水平的交互，而在任何一个方面高水平的交互都可以替代其他两方面的交互，因此，其他两方面的交互水平可以较低，甚至没有。

• 学生与教师的交互通常被学生看作最有价值的交互类型。然而，学生与教师的交互可以被学生与学习内容尤其是自动化的教师代理类内容资源的交互部分和整体替代。也就是说，学生与教师之间基于网络通信方式的交互(如电子邮件、会议组讨论等)可以转化为学生与学习内容之间的交互(如教师的视频资料、虚拟实验室、个性化常见问题等)。

• 学生与学生的交互过程可以被记录下来，因此，那些未能参加与同伴的交互的学生，可以通过与交互内容的交互替代生生交互。

• 学生与学生的交互对于建构主义学习非常重要，但是对于认知和行为主义学习就不是那么关键了，可以通过与学习内容或教师的交互来取代。

• 在合作学习中，学生与学生的交互应达到最大化程度。

• 学生与学习内容的交互，在个性化"学生档案"技术支持下，也可以像师生互动那样，适应个体需求。

该理论中学生与学习内容的交互是典型的独立学习活动，而师生与生生的交互即是丹尼尔和马奎斯所定义的交互学习。根据该理论，独立学习与交互学习，只要有一种达到较高的水平就足以构成对深入和有意义的正规学习的支撑，而另外的活动只达到较低的水平甚至缺失，都不会降低客观的教育效果。由此，等效交互理论可以说是对远程教育新交互技术环境下交互学习和独立学习均衡发展的理论的延伸，该理论及其相关推论都为新技术环境下以人际互动为特征的在线学生支持的设计与实施提供了原则与方法。

三、远程教学相关理论

课程背景下，给学生提供认知等方面支持是学生支持的核心活动，这种支持服务与课程所采用的在线教育教学方法关系密切。因此，很好地理解课程中的学生支持活动需要遵循课程本身应用的远程教育教学理论。

加拿大学者安德森在对学习理论流派及其相应教学理论进行分析的基础上结合远程教育实践所提出的三代远程教育教学理论，为在在线教育实践中设计与开展相关的在线学生支持提供了理论基础。

三代远程教育教学理论分别是建立在认知—行为主义、社会—建构主义和联通主义学习理论基础上的教学方法。第一代认知—行为主义教学理论强调教学促进个人学习，并开发符合学生个人认知规律与特点的自成一体的学习包给学生，该类教学具有较高的结构化程度，学习路径清晰，学习中较少整合社会性互动，学生主要从基于有指导的教学会谈风格编写的学习材料中以及作业反馈中感受到教师的存在。在该模式中，学生支持主要是课程学习的辅助，主要通过基于作业的师生互动以及基于书信、电话、面授等的非常少量的辅导答疑实现。

第二代社会—建构主义教学理论更注重知识的社会建构和表征，给学生提供多视角的学习环境以及知识的社会验证环节。在该理论指导下的远程教育课程需要丰富的社会性活动，课程的教学模式建立在对群体而非个人学习的设计基础上。因此，远程教学不只是知识传递，而是基于同步与异步人际交互的学习活动。在这类教学中，学生支持不再是促进课程学习的补充活动，而成为课程内容生成发展、课程学习体验的一部分，学生支持重视对小组交流和协作的促进，通过搭建支架促进知识的社会性建构。

第三代联通主义教学理论是远程教学理论在网络化的信息时代的发展。该类教学认为学习就是把能用于解决现实问题的信息、关系和资源组建成学习网络的过程，学习的目标是形成数字化制品。教师在学习中只是学生学习网络的一个节点，整个课程的内容与走向都是教师与学生一起创造与决定的。在这类教学中，教学存在被弱化，学习支持成为主要活动，支持的焦点放在帮助学生适应联通主义学习方式和掌握路径与意义建构能力，促进学生建立与优化自己的学习网络，发现并引导学生网络领袖，使其更好地推动学习的深入与数字化产品的制造。

四、在线学生支持的相关理论

从“学生支持”术语正式提出至今，这三十余年的学生支持实践发展过程中，大批远程教育实践与学术专家通过实践反思、理论借鉴等方式不断探索在线学生支持的实践特征与规律、在线学生支持的有效方法与原则，并初步形成了一些重要的理论成果。我们将选择其中具有代表性和深远意义的一些理论进行介绍，希望能够帮助你更深入地理解学生支持实践的基本特征与规律，并掌握一些学生支持实践的基本方法与原则。

(一)持续关注理论

大卫·西沃特在其多年实践的基础上提出对远程学生的关注应具有持续性这一思想，发展形成持续关注理论。持续关注理论是具有深远影响的学生支持服务理论之一，有助于我们了解在线学生支持的方法与原则。该理论建立在学生需求基础上，体现在机构与教学两个层面。

首先，西沃特认为机构与服务对象之间需要一个调节者作为中介，以促进机构为服务对象更好地服务，并解决二者可能出现的问题。如在复杂的官僚政治机构中就有一些由机构雇佣的社会工作者，他们的主要职能是在官僚机构与公民之间发生问题时帮助公民解决问题。同样，医院和患者之间也有这样的调节者，即护理人员。这个调节者角色由机构聘用，他们不仅非常熟悉机构的运行机制与资源，而且理解机构服务对象的需求与困难。他们成为机构与服务对象的交互媒介，促进服务对象与机构的互动，建立与维护二者更和谐的关系。远程教育系统同样需要这样的调节者作为院校和学生之间的中介，给予学生持续的支持。

其次，西沃特指出远程教育中学生所处的环境和常规面授教育的主要差别在于缺少迅速的信息反馈，以及缺乏学生集体，学生难以在与同伴的比较中获得对自己的评估，而这样缺乏人际交互的环境并不利于学生的有效学习。尽管远程教育希望给学生提供支持其独立学习的教学包，但是教学包不能代替面授教育中教师的所有职能。因为教学不是知识传递，而是促进最终实现知识意义的自我建构。不同学生个体在建构知识意义的过程中会遇到很多个性化的问题，需要教师给予不同的引导与指导。让教学包体现教师与每个学生错综复杂的交互过程是不现实的，因为这将是一个无限昂贵的教学包。由此，远程教育不能只是依赖学习材料开展教学辅导，有必要引入人的因素，设置辅导教师、咨询教师和学生顾问等各类教师，开展更加即时、有针对性的教学辅导，让学生在需要的时候随时能够获得帮助与支持，且感受到帮助与支持是连续的。

西沃特强调，远程学习者不是天生就会自主学习的，这也是他们在远程学习中会遇到大量问题的原因。学生的自学与自治等能力都需要在院校及其教师的指导和帮助下，才能逐步培养与发展起来。因此，相比传统教育，远程教育院校和教师应该给予学生更多的持续关系，提供更好的学生支持服务。否则，学生们会在影响其学习的困难与挫折面前孤立无援，而最终辍学。从这个意义上来看，学生自主能力是院校提供给学生持续的支持服务的结果，而不是起点。

通过以上的介绍，我们可以了解到让远程学习者独立完成学业是非常困难的，远程教育机构必须设置有关支持者角色，给予学生持续的关注，通过人际互动即时帮助学生解决他们的个别化问题。西沃特指出，如果以面授比例作为标准，那么各类教育构成了一个连续的谱系。这个谱系的一端是完全面对面教学与指导，另一端是课程学习中没有任何人际交流。远程教育并不是没有任何交流的那一端，而是处在这个连续谱系的某个位置。让学生感受到持续的关注，随时都可以获得远程教育机构代表给予的帮助，这是远程学习圆满完成和取得成功的保证，也是远程教育机构保证其教育质量的关键。

持续关注理论不仅强调了学生支持职能存在的必要性与意义，而且为学生支持实践提供了重要的工作原则。在该理论指导下的学生支持服务使远程教育继承了教育系统的人文关怀传统，并充分体现了“以学生为中心”的教育理念，有力驳斥了那些认为远程教育只是开发教材而不是培养人才的质疑。该理论也成为在线学生支持服务各类活动模式的重要依据。如在其基础上，西沃特在英国开放大学创设了“辅导—咨询教师”模式，该模式中设置专门教师给予学生持续关注的方法也被我国广播电视大学、加拿大阿萨巴斯卡大学等多所开放大学所借鉴。

(二)颇相学理论

颇相学理论是英国开放大学的辛普森提出的支持远程学生支持服务体系构建的理论，有助于我们理解在线学习支持服务方法。辛普森认为，在考虑如何提供学生支持服务时，首先需要考虑的就是在读与潜在学习者究竟是谁以及他们需要什么这两个关键问题。

通过对多个国家远程教育者的调研，他获得了一些人们公认的作为一名远程学习者获得成功需要具备的素质和技能(见表 1-4)。辛普森将这些素质和技能归纳为认知技能、组织技能、情感技能，并提出学生支持服务体系就应该针对上述三类技能的支持而构建，其中对认知技能的支持就是我们熟悉的学术性支持，对组织技能与情感技能的支持是非学术型支持(奥蒙德·辛普森，2013)。

表 1-4　成功远程学习者需要具备的素质和技能

认知技能	组织技能	情感技能
智力水平 计算能力 读写能力 能够理解文本 能够参加在线环境中的学习	做事能够分清主次先后 能够处理家庭的要求 能够处理测评的压力	学习动机 能够处理工作压力 请求帮助的能力 能够接受建设性的批评 自信 幽默感

辛普森在成功远程学习者所需素质和技能分类的基础上，进一步采用颇相学的分区图方式将三类素质描绘出来。他认为这是对学生支持这一复杂概念的简单图解。通过这样一种图解的方式，可以更好地提醒实践工作者学生最重要的需求是什么。辛普森指出，远程教育机构必须要意识到，学习者不仅有认知上的需求，而且存在组织与情感方面的需求。某种程度上，给学习者提供组织上与情感上的支持会比提供认知方面的支持更有效地促进学习者获得成功。在他的支持服务实践中，当他遇到学习有困难的学习者时，他经常首先关注的是为什么这个学生失去了学习动机，而不是这个学生在学习这门功课上有哪些困难。

该理论从成功远程学习者的能力特征分析出发构建学生支持服务框架，为院校构建支持服务系统提供了依据。理论倡导将学生支持建立在更广泛的学生学业成功的需求基础上而非有限的教学需求基础上，在当时具有一定进步意义。理论中对组织与情感支持重要性的强调让远程教育院校意识到远程学习者学业失败的原因的复杂性，对于远程学习者而言，组织与情感方面的问题更容易导致学业失败。

(三)探究社区理论

探究社区理论基于加拿大学者加里森和安德森所提出的在线教学理论模型，有助于我们探索在线学生支持服务方法。两位学者认为，培养批判性思维是高等教育非常重要的人才培养目标，高等教育就应该提供协作学习和建构主义学习经验，而探究社区是鼓励批判性与创造性认知过程，也就是建立高阶思维最有前途的方法(Lipman，1991)。计算机媒介交流(CMC)的教育应用为构建探究社区提供了有益的环境。CMC能够促进学生与学生、学生与教师间高质量的交互，进而支撑批判性互动与社会性知识建构。然而，创建一个批判性的探究社区并不容易，实践中基于CMC构建有效的探究社区是教育工作者们面临的主要挑战(刘永花、丁新，2004)。为此，加里森和安德森提出了一个成功探究社区的理论模型，以期为相关社区的建设提供依据。

探究社区是由教师和学生共同组成的社区，在这个社区中，参与者彼此乐于分享，进行批判性反思、民主协商和社会性知识建构。在该模型中，安德森指出成功的探究社区应该由三个相互重叠的要素构成，即认知存在(cognitive presence)、社会存在(social presence)和教学存在(teaching presence)(刘永花、丁新，2004)，如图1-5所示。

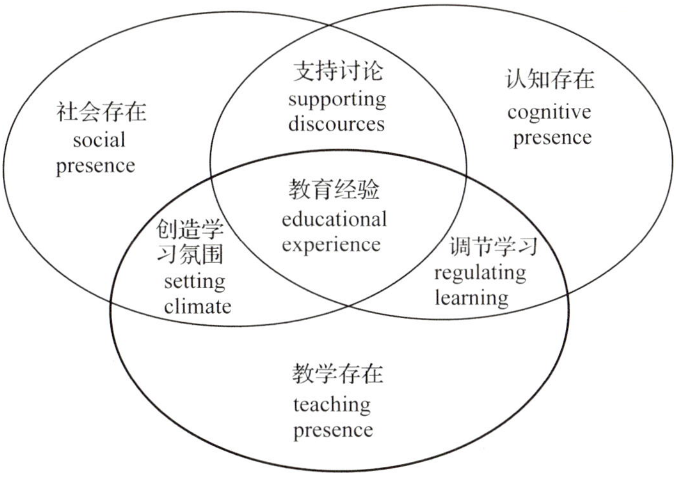

图1-5 探究社区模型

认知存在是指学生在探究社区能够通过持续性的反思与交流构建和确认意义的程度。该要素是批判性思维的关键要素，包括四个基本范畴(categories)——触发事件、探索、整合和决议。

社会存在是学生将个人特点反映到社区中的能力，包括三个基本范畴——个人/情感、开放交流和小组凝聚力。

教学存在与设计、促进和引导探究社区相关，是将社会与认知存在相结合共同促进个人意义建构与获得有教育价值学习结果的重要因素。在这里的教学存在不仅可以由教师来实现，还可以由学生来实现，所以安德森认为教学存在能比教师存在更准确地描述这个要素。教学存在包括三个基本范畴——设计与组织、促进讨论和直接指导。

探究社区模型中的三个要素是相互重叠的。三个要素的两两交集是同时具有两个要素的活动类型，如支持讨论(supporting discourses)是同时包含社会存在与认知存在的活动；调节学习(rcgulating learning)是同时包含认知存在与教学存在的活动；创造学习氛围(setting climate)是教学存在和社会存在同时包含的活动。三个要素的交集则是较为完整的教育经验(educational experience)。

通过对 CMC 中交互文本的实证研究，安德森进一步定义出上述三个要素各个子范畴及其评测指标示例(刘永花、丁新，2004)，如表 1-5 所示。

表 1-5　探究社区要素的子范畴与指标

要素	范畴	指标(举例)
认知存在	触发事件 探索 整合 决议	迷惑 信息交换 联结观点 应用新观点
社会存在	个人/情感 开放交流 小组凝聚力	自我投射/表达情感 学习氛围/无风险的表达 小组身份/协作
教学存在	设计与组织 促进讨论 直接指导	设置课程和方法 形成建构式交流 聚焦问题和解决问题

探究社区理论为基于建构主义的在线学生支持提供了重要的理论依据，尤其为在在线环境下引导和促进高质量教学交互，培养学生在交互中发展高阶思维能力提供了重要依据和具有操作性的方法支持。该理论对社会存在的重视，强调教学存在对于整合认知存在与社会存在从而促进社区形成方面的作用，以及定义的相关基本范畴与评测指标，都为当前网络环境下提供学生支持提供了有益启示。此外，该理论也为对网络平台的教学交互的文本分析提供了更有针对性的分析框架与工具。

(四)服务产业模式理论

服务产业模式理论产生于 20 世纪 90 年代初，是西沃特关于学生支持实践特征与规律的又一次重要探索。西沃特认为学生支持与具有制造业特征的课程系统不同，其具有服务业的特征，满足服务产业大多数普遍原则，包括：服务产业是一种活动；服务产业是无形的，与传播某种产品的方法有关，而并非产品本身——它不能被装运或存储；服务产业将产品同它的消费者联系起来，于是生产和消费总是同时进行的；消费者参与服务产业的过程(Sewart，1993)。

西沃特认为，服务与商品的主要差异不只是前者是无形的而后者是有形的。服务与商品的重要差异在于：商品是先生产后消费的，而服务的生产与消费是同时进行的。对于服务产业而言，顾客永远是中心。作为服务机构，同样需要确保将顾客作为机构一切服务工作开展的中心，并确保机构中的每一位员工都具有顾客中心的服务理念。他认为，对于顾客而言，他们与服务机构每次接触都会获得对服务是好是坏的印象，这就是所谓"求真的瞬间"。在服务产业中，会有许多"求真的瞬间"，这些印象的积累效应会决定顾客对服务是不满意(辍学)还是满意(修完课程)。而管理服务产业的重要原则就是使顾客对每一个"求真的瞬间"产生积极的体验。

在分析学生支持服务的服务业特征时，西沃特假设了两个远程教育系统，一个没有学生支持服务，另一个拥有学生支持服务。西沃特对两个系统的成本效益进行了对比分析。没有支持服务的系统的主要开支是为数量庞大的学生提供课程材料的直接成本，这个系统虽然前期能够招收10万名学生，但是在缺乏学生支持的情况下，最终也许只有5 000人获得学位，成功率只有5%。拥有支持服务的系统招收1万名学生，课程材料开支是拥有10万名学生的系统的十分之一，但是学生支持服务会花费其余的十分之九，如果最终获得学位的学生也有5 000名的话，那么它的成功率达到了50%。西沃特指出，如果用获得学业成功的学生数量来评价两个系统的效益，那么两个系统的学生人均成本是相同的，因此，从经济学的角度分析，这两个系统没有差别。但是很明显，两个系统的成功率差异很大，拥有学生支持服务的远程教育系统拥有更高的成功率。西沃特认为，这两个系统正好代表了制造业和服务业两种不同的产业方式(Sewart，1993)。

西沃特指出，尽管很长一段时间内远程教育将课程材料作为主要产品，但是它与其他各类教育系统一样，最终产品是学生。远程教育院校的最终目标不是生产获得高度赞美的课程材料，而是培养出成功的学生。学生们的潜力与发展需求存在千差万别，如果不能为其提供个性化的教育服务，远程教育很难与传统教育竞争，甚至无法在日益激烈的教育竞争环境中生存。随着全球各类现代行业对顾客需求更加关注，借鉴服务产业"以顾客为中心"的理念与模式构建学生支持的模式非常必要。这种模式让原本采用古典和科学方法构建系统的远程教育机构更加关注消费者的需求，以及人际关系对于当代组织机构的重要性。

西沃特还从模式是否可复制的角度分析了具有服务业特征的学生支持与遵循制造业模式的课程制作的差异。他指出，在不同的国家间，远程教育的课程制作系统的因素可以相互借鉴，而对于学生支持服务来说就不那么容易了。学生支持服务的构建必须做到：

• 适应学生的各种各样的需求。

• 其模式取决于所在地区和院校的教育理念。

• 其模式取决于学生群体的分散程度、资源的构成、课程制作子系统的课程设置和课程材料状况。

• 其模式取决于作为服务对象的学生群体的总体差异。

因此，对学生支持服务很难构建一个详尽、普适的成熟模式，每个支持服务系统都应该从若干基本原则中获得自己的具体模式。英国开放大学的课程制作系统也许能够被世界上的任何一个国家采用并有效地运作，但是如果简单地采用英国开放大学的学生支持服务系统，结果则是根本不能工作或者效果非常有限。

西沃特还进一步指出，当时远程教育的组织运作与系统管理的两难问题之一是按照制造业模式运作的课程制作子系统及其产品占据了远程教育系统的主要成本，而这些课程又需要通过一个依照服务业模式运作的学生支持服务子系统来发送给顾客(学生)。一方面，激烈的教育市场竞争使得为学生提供个性化的支持服务成为远程教育院校生存与发展的关键，另一方面，远程教育院校仍然主要遵循制造业模式运作，将其主要资源与精力投入课程制作中，学生支持部门只占有非常少的资源与成本。从事学生支持服务的教育工作者们总能感受到远程教育院校主要遵循的制造业原则与学生支持服务需求的紧张关系与冲突。实践中，远程教育管理经常会出现的典型失误就是由于有限的资源条件，决定重新制作一门课程时，没有考虑到课程实际开设时需要建立一个新的学习中心。综上，西沃特建议远程教育系统的主要信仰与系统框架应该从制造业的理念与模式转向服务业的理念与模式。另外，武志丽认为需要认识远程教育的服务产业本质，并注重远程教育工业化特征的规模优势发挥，实现远程教育产业化发展“制造业模式”和“服务业模式”的有机融合，使远程教育的工业化特征和服务产业本质相互协调、相得益彰，这正是远程教育量的累积与质的提升过程，两者的和谐发展将是远程教育发挥优势、服务社会的重要保证，更是远程教育产业化发展的必然选择(武志丽，2005)。

学生支持的服务产业模式理论是对学生支持实践活动模式的理论创新，是学生支持服务系统理论发展中具有里程碑式意义的探索。该理论的提出引发了当时建立在工业化理论基础上的第二代远程教育系统的反思，更加关注学生的需求和教育中的人文传统，推进了远程教育理念从知识传递向教育服务的转变，进而推进了远程教育机构的工作重心从以课程为核心向课程与服务并重的转变。在该理论提出之前，学生支持还主要是课程材料学习的辅助活动。该理论提出之后，学生支持成为远程教育机构给学生提供人文关怀、提供全面教育服务的主要窗口和提升其竞争力的重要系统构成。在其影响下，很多现代服务模式与技术被引进和借鉴，最具代表性的就是呼叫中心模式。该理论为现代在线教育机构搭建学生支持服务系统框架提供了重要的理论依据。

本章小结

本章是本教材其他章节学习的理论基础，系统介绍了开放与远程学习中学生支持的早期实践萌芽、学习支持体系的形成与概念的提出、在线学习支持的定义与要素、学生支持的内涵演变、在线学生支持的作用、在线学习支持的理论基础等部分。比如在特定在线教育实践背景下给出了学者们关于“学生支持”的定义，体现了对学生支持实践核心特征与功能的不同理解，以及结合新网络学习背景对在线学习支持的定义与其要素作了明确，这些都将帮助你循序渐进地理解在线学习支持的定义与其内涵的延伸。

在“互联网＋”时代，信息基础设施条件的显著提升与成为重要资源和生产力的海量数据，使得在线学习所处网络环境的联通能力、承载能力和计算能力显著增强，丰富的、多元的、开放的在线学习资源不断更新，各种移动智能终端支持下的学习更加灵活与开放，人们的在线学习方式和认知方式开始发生变化，如越来越习惯于随时随地、碎片化地学习，更关注构建和优化个人知识网络而不是所获取的知识，在线社区成为学习的重要组织形式与资源，等等。这些变化对在线学生支持提出新的挑战，我们需要在已有的关于在线教育学生支持实践的特征的研究基础上，对新的网络时代正式学习者与非正式学习者的各种学习需求做出响应，对“互联网＋”时代在线教育学生支持实践的特征与功能进行重新反思，推进新学习环境下在线学习支持服务理论与实践的发展与创新。

关键术语

导师制
Tutor System

在线学习支持
Online Learning Support

学生支持
Student Support

学习支持
Learning Support

自主学习
Self-Regulated Learning

交互距离
Transaction Distance

教学交互
Instructional Interaction

学习反思与活动建议

1. 阅读文献《学习支持服务思想溯源》，和其他同学组成小组，按照时间顺序整理学习支持服务在发展过程中的标志性理论或事件，在小组内讨论文章中不理解的内容，最后制作学习支持服务发展时间轴。

参考文献：

项国雄，张小辉．学习支持服务思想溯源[J]．中国远程教育，2005(9)：23-26.

2. 查找阅读相关文献，了解“互联网＋”时代特征，体会“互联网＋”时代教育的变化，联系“互联网＋”时代背景下在线教育的特征对在线学习支持内涵变化的影响，撰写读后感。

参考文献：

①陈丽，郑勤华，林世员．“互联网＋”时代中国开放大学的机遇与挑战[J]．开放教育研究，2017，23(01)：15-20.

②陈丽．“互联网＋教育”的创新本质与变革趋势[J]．远程教育杂志，2016，34(4)：3-8.

3. 结合你以往的在线学习经历(如果没有，请自选在线教育项目或者在下列参考项目中选择一个体验)，和其他同学组成小组，分析“持续关注理论”在该项目中的体现及其不足之处，针对不足之处提出建议。将最终成果制作成PPT(10～15 分钟)在课堂上汇报展示。

参考项目：

- 洋葱学院
- 编程猫
- 新东方英语
- 沪江网校
- 英语流利说
- 学堂在线
- VIPKID 少儿英语

补充资料

1. 丁兴富．远程教育学[M]．北京：北京师范大学出版社，2001.

该书是普通高等教育“十一五”国家级规划教材，同时是面向教育技术学专业主干课程的系列教材。该书在介绍国际远程教育界的学术研究成果的同时，梳理和总结了我国远程教育重要事件和取得的理论成就，其中包括作者的远程教育实践与教学经验以及一系列理论研究成果。主要内容包括：远程教育的历史发展与基本概念、远程教育的基本理论、远程教育的理论研究与学科建设以及远程教育国际比较研究、远程教育管理和质量保证等。书中关于远程教育历史发展、基本概念与理论等的部分，将帮助你对本章的在线学习支持服务的基本概念与理论以及其历史发展与演变等有更好的理解。

2. 陈丽，王志军，[加拿大]特里·安德森(Terry Anderson). 远程学习中的教学交互原理与策略[M]. 北京：中央广播电视大学出版社，2016.

该书以“远程学习教学交互层次塔”为核心，系统阐述了远程学习教学交互理论体系，从学习目标的适应性、常用媒体功能、三层交互的特点、学习评价方法等方面揭示了行为—认知主义学习、社会—建构主义学习、联通主义学习三类典型的远程学习教学交互模式，这些内容将会帮助你理解本章中在线学习中的教学交互原理与模式特点。

3. 德斯蒙德·基更. 远距离教育基础[M]. 北京：中央广播电视大学出版社，1996.

该书是远程教育基本理论的经典著作，论述了远程教育的基本概念和基本原理，包括对各类远程教育学派理论的评述，总结了远程教育的分类学研究、经济学研究和评估研究成果，同时也总结了英国与澳大利亚的远程教育以及相关模式的实践经验和理论研究成果。本书中远程教育的基本概念和基本原理等部分，将为你学习本章中在线学习支持服务的基本理论打下基础。

第二章

在线学习者的特征、需求与困难

本章概述

学习者是在线教育系统的主体，在线教育中的一切活动都是围绕着学习者展开的。相对于传统院校的学习者，在线学习者在学习需求、学习特点上存在很大的不同，他们在学习过程中面临着更多的困难和挑战。对在线学习者的特征、需求与困难进行深入的分析，有助于我们基于在线学习者的需求提供适合特征不同的学习者的在线学习支持服务，帮助学习者解决学习中的困难，进而顺利完成在线学习。本章包括在线学习者特征、在线学习者的需求与困难、在线学习者辍学模型三个小节。

在线学习者特征一节首先通过对学习者特征的界定引申到对在线学习者特征的界定，在此基础上帮助学习者初步了解现有研究中一般从哪些方面对在线学习者的特征进行描述。其次在对在线学习者各个特征维度的调查结果进行总结的基础上，对在线学习者的一般特征进行描述。再者，本章节中对在线学习者特征中的“自主学习能力”“在线学习行为”特征现状进行介绍，让大家对现阶段在线学习者在线学习行为特征状况有更加明确的认识。最后，向大家介绍了成功在线学习者的特征。

在线学习者的需求与困难一节主要通过对现有研究中对在线学习者学习现状、学习需求、学习困难和影响远程学习者的因素等方面的调查进行整理归类，提炼出在线学习者学习过程中的学习需求及主要学习困难和障碍，以便大家对远程教育中学习者可能遇到的主要困难或影响学习成功的各种因素有一个全面的把握。

在线学习者辍学模型一节对国内外经典在线学习者辍学模型进行了对比分析，并在此基础上提出了有助于远程教育机构降低辍学率的建议性措施。

章结构图

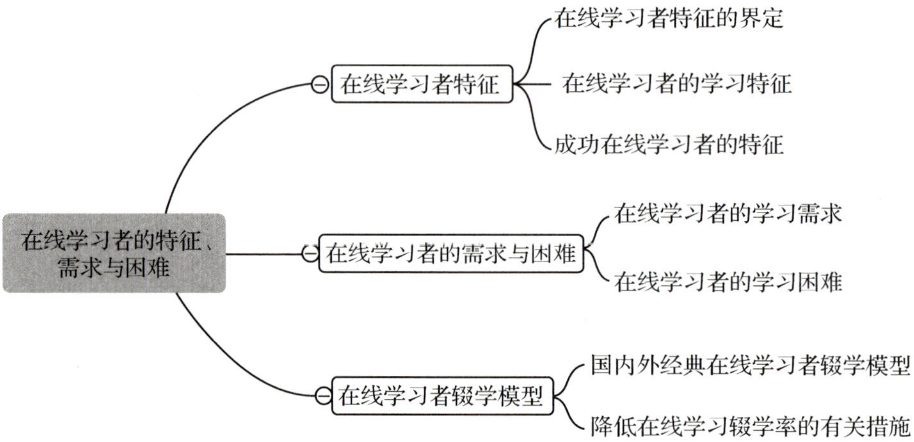

学习目标

1. 能够简述在线学习者的一般特征。
2. 能够简述成功在线学习者的特征。
3. 能够简述在线学习者的学习需求。
4. 能够简述在线学习者的学业困难及其来源。
5. 能够简述在线学习的障碍与困难。
6. 能够列举三个国内外远程和在线学习辍学模型。
7. 能够结合已有辍学模型简述在线学习者的辍学原因及其过程。
8. 能够列举三个降低在线学习辍学率的有关措施。
9. 能够理解在线学习者特征对于开展学习支持服务的重要性。

第一节　在线学习者特征

“教与学时空分离”的本质使得在线教育具有灵活性、开放性等特点，学习者可以自主地选择时间和地点进行学习。同时，这一优势也给在线教育带来了困难和挑战，时空上的距离影响着学习者心理上的距离，造就了在线学习者特殊的学习特征。而在线学习支持的有效性建立在对学习者了解的基础上，学习过程的优化与个性化支持均有赖于支持机构关于学习者的知识。下面，我们分别对学习者特征、在线学习者特征和成功学习者特征进行简单的梳理和回顾。

小节目标

1. 能够描述学习者特征的内涵。
2. 能够简述在线学习者的一般特征。
3. 能够简述学习者进行在线学习的特征。
4. 能够简述成功学习者的特征。

一、在线学习者特征的界定

(一)学习者特征的界定

特征是一个客体或一组客体特性的抽象结果。学习者特征应该突出学习者的共同特征和差异性特征，描述学习者的特点和标志。关于学习者特征的界定主要存在以下几类。

1. 关注学习者的心理特征

何克抗对学习者特征提出明确定义，指出学习者特征是指影响学习过程有效性的学习者内部心理过程的各个方面(何克抗，2001)。杨开城以特征的要素形式对学习者特征进行描述，指出学习者个体特征的要素有：学习风格、学习速度、认识水平、学习起点、自主行为能力、能力倾向、兴趣点、学习动机、基本概念、情感态度的性格表现、情绪的性格表现(包括焦虑)、意志的性格表现(杨开城，2005)。

2. 关注学习者的经验背景

徐学锋和裴纯礼指出学习者特征是指影响学习过程有效性的学习者经验背景的各个方面，包括智力、学习基础、学习风格、文化背景、社会经济状况等（徐学锋、裴纯礼，2001)。

3. 同时关注学习者的心理和社会特点

学习者一般特征指对学习者学习有关学科内容产生影响的心理和社会的特点，它们与具体学科内容虽无直接联系，但影响教学设计者对学习内容的选择与组织，影响教学方法、教学媒体和教学组织形式的选择与运用（乌美娜，1999)。

从上述几种界定可以看出，关于“学习者特征”目前还没有统一定义或描述，但总体上来说各种界定关注的都是影响学习者学习过程有效性的各个因素或方面。这为我们对在线学习者特征的界定提供了很好的思路。

(二)在线学习者特征界定

在现有的相关文献中，国内外很多学者对远程学习者特征进行了描述和界定。霍姆伯格最早提出远程学习者的原型：远程教育的学习者是全日制工作、具有家庭负担和许多社会责任的男人和女人，即一个正常的成人。他(她)为了职业生涯或者为了接受教育本身而学习，在大多数场合并不适合使用公共教育机构(即传统教育)的资源(Holmberg，1983)。穆尔总结出了远程学习者的三个共同特征，强调远程学习者通常具有较为明确的学习目的、较强的自我管理能力，以及通常处于不利的学习环境中(Moore，1996)。菲尔德通过对英国开放大学和常规大学的学习者进行对比分析，得出远程学习者不同于传统大学学习者的系列特征：远程学习者基本上都是在职人员或者曾经工作过，有着不同程度的工作经验，只接受过初等教育，年龄较大；他们住得离开放大学总部较远，但离某地区的学习中心较近。此外，远程学习者还具有两个显著的特征：独立自学和师生异地(Field，1982)。

丁兴富指出，各国远程学习者有各自的特点，但与传统教育的学习者相比，远程学习者还是有许多共同特征，主要体现在以下八点：①远程学习者的年龄一般以 20 岁至 40 岁为多数，这与大多数在传统的中学后接受教育的青年学生为主体的传统院校的情形很不一样；②大多数远程学习者以业余学习为主；③在多数情况下，参加远程学习的男学生比例较大；④大多数远程学习者以以家庭为基地的自主学习为主，包括在家中收听收看广播电视节目和教学录音录像带、利用家庭实验箱完成部分实验、利用家庭个人计算机完成在线学习；⑤大多数远程学习者是在职成人，具有工作和家庭负担；⑥远程学习者通常不属于社会上的特权和富有阶层；⑦远程学习者在地理上的分布通常比传统院校更分散、更广泛；⑧远程学习者的上述特征以及远程教育院校在入学政策上的开放性必然造成远程教育的学习对象比传统教育差异大、不均匀(丁兴富，1999)。陈丽认为中国远程学习者的一般特征包括了学习方式、学习态度、学习组织形式、学习目标等六个方面的内容(陈丽，2004)。王迎等人指出，远程学习者特征是指影响远程学习者学习过程有效性的来自外部环境和学习者生理与内部心理的各个方面即学生获得知识、技能和态度时的各种特征(征象)的总和，其主要包括与个体背景相关的人口学特征、与学习和个性相关的心理特征以及与学习环境相关的特征等(王迎、安玉洁、黄荣怀，2006)。何字娟和李爽对远程学习者特征的相关文献研究分析后，认为远程学习者特征应该包括四个维度：人口学特征、心理特征、支持性特征和策略性特征(何字娟、李爽，2008)。孙昭磊提出远程学习者特征的几个关键要素，包括学习者的基本特征、学习动机、学习策略和学习障碍(孙昭磊，2010)。李文剑将远程学习者的特征要素归纳为准备性特征、策略性特征、人口学特征和环境特征四个方面(李文剑，2012)。而在线学习者作为远程学习者中的一类群体，同样具有远程学习者具备的共同特征。从上述定义可以看出，在线学习者特征是指影响学习者在线学习过程有效性的外部环境、学习者生理与内部心理的各个方面以及学习者学习过程中的学习行为特征。

二、在线学习者的学习特征

(一)在线学习者的一般特征

基于上述有关远程和在线学习者特征的梳理和分析，在线学习者明显表现出一些共性特征，主要具有以下几点。

1. 年龄跨度大，低龄化趋势明显

在线学习者的年龄跨度大，以中青年用户为主，男性居多，而且主要分布在经济发达地区。在线学习的飞速发展，使得非正式学习和碎片化学习成为一种趋势。在线学习不再有明确的门槛限制，学习者的年龄跨度大，但也有显著的年龄分布，学习者的年龄段主要集中在18～40岁，并且学习者的低龄化现象日趋明显。据艾媒咨询(iiMedia Research)的统计，2020年中国在线教育用户规模将达2.96亿人。随着二孩政策全面放开，升学就业竞争压力不断增大，满足用户碎片化学习需求的在线教育用户规模将持续增长。16～35岁为在线学习者分布的主要区间，占比62%(见图2-1)；且在线学习者以男性居多，占比59.2%。在线学习者的收入大部分在1万元以下(见图2-2)，且京、粤、沪三地对在线教育关注度高(《2018中国在线教育行业白皮书》，艾媒咨询)。

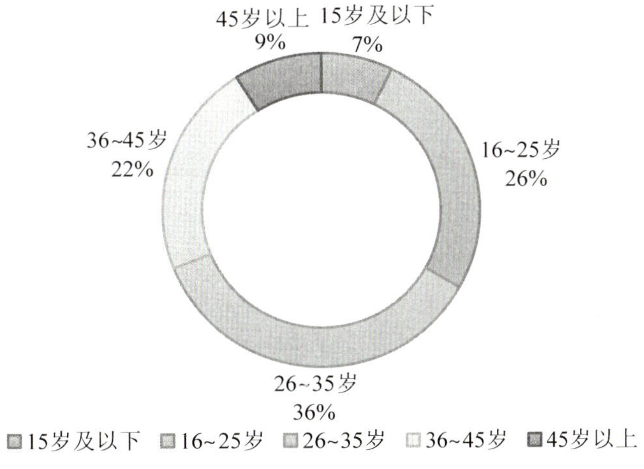

图 2-1 在线学习者年龄分布

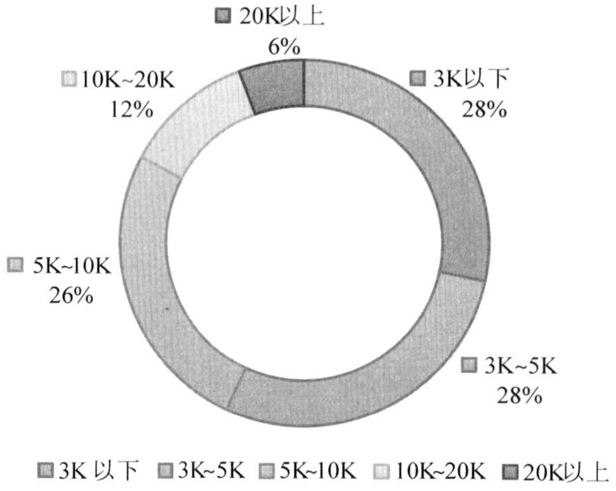

图 2-2 在线学习者月收入分布

2. 以在职成人学习者为主

在提供在线教育的传统远程教育机构中，在职人员一直是远程学习者的主要构成（Thompson，1998）。即使传统远程院校开始转型，大规模在线开放课程和资源迅速发展，在职成人学习者依旧是在线学习者中的主要群体。在终身教育和知识经济的大背景下，社会对在线教育的认可度逐渐提升，同时对知识更新的需求也更加迫切，在职人员也要不断学习、更新知识来适应时代的要求（Inan，et al.，2009）。具有一定职场和生活经验的在职成人学习者，能利用已有的经验转化新的学习内容，帮助其理解知识技能和应用知识技能。但经验也可能成为其学习的阻力，阻碍他们吸收新的思想和观点。因此，在线学习在面向以在职人员为主的学习者时，学习支持不仅要注意发挥学生在专业经验方面的优势，还要注意降低已有经验和态度对学习的负面影响。

3. 学习内在动机高

在线学习者的内在动机水平高于外在动机水平。于连科对辽宁省五所电大的远程学习者的学习动机进行了调查，调查结果显示有超过 90%的学习者选择参加远程学习是“为了提高素质，充实自己”“为满足自己想学习的愿望”“为了获取本专业更多更新的知识”（于连科，2009）。国家开放大学的“人才培养模式改革和开放教育试点”项目调查结果也显示，在所有的学习动机中，选择“求知的需求、提高自身价值”的人数最多，所占比例最大。“学习内容对工作有用、个人专业发展的需要、使生活充实、更好地服务社会”也是激励多数学习者进行学习的主要动机。

4. 自主学习能力准备不足

自主学习是在线学习的主要学习方式，而自主学习能力是远程学习顺利开展并取得高质量学习效果的保障（赵宏，2014）。为保证在线学习的学习进度和效果，学生需要自主确定学习目标，制订学习计划，自觉地监控和调整自己的学习情绪和学习进度，采取一系列远程学习方法和策略来实现自己的学习目标，否则甚至可能导致辍学。可是根据众多调查显示，在线学生在自主学习能力方面准备不足，具有对学习时间自我管理意识不强、不善于学习求助和有效利用资源、不会合理安排学习进度、难以有效控制学习中的消极情绪等表现(陈会娜等，2011；赵乐华，2012)。

5. 学习者差异较大

各类人群在开放、灵活的在线教育吸引下加入了在线学习(Sun & Rueda，2012)，但这些学习者在性别、工作状态、教育背景、社会角色、学习需求、认知能力等方面存在较大差异(Dabbagh，2007；Yukselturk&Bulut，2013；姜蔺等，2013)。网络覆盖率的提升、非正式学习的升温以及 MOOC 等开放性在线教育项目和课程大量增加，降低了在线教育的门槛，甚至相当一部分在线教育没有门槛，只要加入网络便可免费获得。因此相较于传统远程学历教育学习者，在线学习者群体间的差异更加突出，而在线教育需要比传统远程教育更加重视学习者间的这种差异性。这个时代的在线学习者不仅具有较强的自我发展意识，而且更加在乎教育质量、学习体验和个性化教育服务，这需要在线教育机构更加重视学习者的个性化需求及其差异。

(二)在线学习者的学习特征

传统远程教育学习者的主要特征是自主定位、成人化、自我激励、自我约束、目标导向，而在线学习活动不再强调自主学习，而是强调社会互动和协作。正如安德森和加里森(1998)所述，远程教育工业时代的独立性和孤立性正受到学习网络所带来的协作学习方式的挑战。因此，在线学习者必须准备好分享他们的工作，在虚拟环境中与大大小小的团队进行交互，并在日益依赖互动的社区中在线协作项目，否则将面临孤立的风险。在这种新的背景下，新兴的在线学习者的特点是什么？

鲍威尔将在线学习者描述为非常擅长书面交流、对网络技术有一定了解并精通计算机的人(Powell，2000)。梁九义提出网络环境下的远程学习者表现出了与以往学习者不同的特征：①对网络的依赖感增强，特别是对计算机网络有了一定程度的痴迷；②对学习资源的选择多样化，选择能力增强；③学习手段多样化，但更偏重于具有网络虚拟社区性质的学习平台；④学习行为的时空感淡化(梁九义，2011)。对比在线和传统学习者可以发现，在线学习者主要是视觉学习者(Halsne & Gatta，2002)，而传统的学生主要是听觉或动觉学习者。在线学习者平均每周花在课堂上的时间比传统学生多一小时。研究结果还表明，与面对面学习的学生相比，在线学习的学生通常年龄更大、肤色更白、更富有，而且更有可能是女性。他们通常是全职、专业和兼职学生，而传统学生更有可能是全职学生，从事兼职、服务型工作(Halsne & Gatta，2002)。

孙月亚(2015)从开放大学远程学习者的在线学习行为特征的视角进行分析，发现在线学习者明显表现出一些在线学习行为的共同特征。

第一，重开端。学习者会在前两周以较多的学习时间投入在线学习。随着六个学习周时间的发展，学习者的周均登录次数逐渐下降。学习者前两周平均在线学习时间都多于后四周。可以说，相比于后四周，学习者前两周学习更投入。因此，抓好前两周的教学安排是关键。同时，需要为学习者提供更多支持，避免学习中段的惰性。

第二，轻视频。相比于视频资源，学习者更喜欢访问文本资源。仅有18.20%的视频资源被访问(文本资源访问率为26.13%)，即便访问了，也有近一半学习者只访问了前5分钟。理科生的视频资源访问率更低，仅有14.72%。为此，要进一步分析，为何投入较大、制作过程相对复杂的视频资源却没有受到学习者喜爱？一般印象中，视频因其内容的丰富性、有声音、有教师的形象等因素，更应该受到学习者的喜好。视频的开发是否还需要改进等问题也需进一步探讨。

第三，重考核。在线学习行为主要围绕教学要求和教学任务展开，未被计入成绩与考勤的文本资源和视频资源访问率普遍偏低，而被计入成绩与考勤的讨论活动和作业的完成率较高。从回归分析结果也发现，学习者成绩受到登录次数和与教学考核相关因素的直接影响。"重考核"也体现在学习者第5周在线时间超过与之接近的前两周，说明学习者在课程结束前的考核关键期会更关注学习。

第四，轻反思。学习者在学习过程中能按照教学要求回复主题帖子，但深入互动不多，"生生互动"更少，且几乎没有主动发新帖子的。在学习互动阶段，突出的表现就是学习者只按照教学要求回复相应的帖子，讨论的内容大多都是简单回复，未能开展相对深入的互动讨论，难以形成积极的虚拟学习氛围。特别是在发新帖子方面，一门课程最多才有2条新帖子。这充分说明，学习者在在线学习过程中没有充分分享自己的学习问题和学习思考，缺乏有效的学习反思过程。

基于已有文献的讨论，在线学习者的在线学习呈现了以下新的特征。

1. 自主性较强

自主学习可以被描述为学习如何学习的技能或元认知，意识到自己的学习(Olgren，1998)。学习者的自主性在在线学习过程中得到了充分发挥，也是从传统远程学习者继承而来的。网络学习环境下的学生必须具备自律、自我监控、自我主动、自我管理等自我行为，这是自我调节或自主学习的特征。由于在线学习中没有老师，学习者监控和调节自己学习的能力是至关重要的(Cheurprakobkit，Hale & Olson，2002)。学习过程中，学习者可以根据自己的学习情况和兴趣自主地选择学习内容。他们更加倾向于自主安排学习过程而不是简单遵循系统的预设，会主动安排各种学习导航工具和知识点难易程度支配自己的学习进度和学习活动。学习者的学习风格和学习习惯影响自主学习行为的发生。学习风格和学习习惯上的差异会对学习者的学习活动以及自主学习策略实施有较大影响，也会影响学习者对教学内容的选择(曹良亮、衷克定，2012)。

2. 学习参与度较低

大量研究表明，现阶段我国在线学习者的在线学习参与度仍然比较低，主要表现在整体在线学习时间不够，学习者参与的在线学习活动主要是查看各种通知和作业信息，在教学视频、在线学习资源上所花时间较少。另外，部分学习者甚至对在线学习平台的操作使用和基本功能情况都不熟悉。李爽和何宇娟对奥鹏远程教育北京直属学习中心的远程学习者的学习参与度进行了调查，调查显示大部分学生(68.4%)每天用于远程学习的时间为30分钟至1小时，只有很少的学生(9.6%)每天平均投入2个小时以上进行远程学习相关活动。由于这些时间中还包括了相当一段时间用于登录课程平台、查看通知和完成作业，因此大部分学生每天真正用于学习的时间应该更少。48.9%的学生每月登录课程平台不足8次，61.7%的学生在平台上每次最多学习30分钟至1小时。另外，调查还发现很多学生对自己的学习欠缺管理，他们的学习往往会受家庭、工作等因素的影响而被延误或搁置，20.9%的学生根本没有制订学习计划，48.8%的学生即便制订学习计划也最终无法按照计划实施(李爽、何宇娟，2010)。曹良亮、衷克定等人在对在线学习的教学案例进行分析和研究的基础上，结合问卷调查、访谈等研究方法，对在线学习过程中学习者的学习行为特点进行了研究(曹良亮、衷克定，2012)。研究发现，在线学习者的参与程度依然较低。在线学习过程中，学习者不能完全按照教学计划和要求在学习平台及相关的学习资源支持下开展积极有效的学习活动。此外，网络环境下，学习者很容易受到无关因素的干扰，如有的学习者在学习过程中浏览其他页面、在线收听歌曲、与好友聊天等。

3. 在线交互质量较差

目前，在线教育交互过程中还存在较多的问题，主要表现在交互频率低、时间短、主动性差、深度不够。整体来说，在线学习者在线交互的质量水平还有待提高。在线学习者受传统学习方式的影响，习惯于倾听或观察他人的交互进行学习，倾向于在自己的圈子中分享交流自己的资料或观点，选择交互的对象通常为自己比较熟悉的对象。交互的方向和水平由核心参与者决定(陈丽，2004)。而现阶段，在线学习过程中，核心参与者通常由辅导教师和极个别的学习者扮演，学习者与学习者之间缺乏社会性交互。李贻员在对远程教育交互质量存在的问题及其原因进行调查的过程中发现，大部分在线学习者在课堂论坛帖子的发表上采取较为被动的态度，与其他学习者互动较少，自己主动发表帖子的人则更少(李贻员，2013)。大部分学习者希望从辅导教师或其他学习者那里获得更多的信息并与之交流，但行动力较差，缺乏积极主动性。另外，大量调查显示，在线教育中师生、生生之间交互深度不够，情感交互较少。

4. 在线协作知识建构水平有待提高

知识是一种共享的智力资本，尽管在线学习者仍然需要独立完成任务，但在交互协作过程中的促进知识交流、碰撞、生成是成功的在线学习体验生成的关键。在线学习者的协作知识建构水平整体较低，主要处于知识联结的初级阶段；学习者更倾向于对学习内容的补充性完善，较少进行批判性建构；学习者在知识收敛阶段忽略对所建构知识以及建构过程的反思与迁移(李爽、汤琦、王辞晓，2014)。

在线教育由于其学习环境的特殊性，使远程学习者的学习行为表现出特殊性。在线教育机构需要充分利用学习平台中存储的学习行为数据项，对学习者的学习行为进行还原和可视化。了解在线学习者的在线学习行为特点，能够帮助在线教育机构把握学习者的整体学习状况，为他们作出相关决策如改善在线学习平台功能、整合在线学习资源、提供更加优质的学生支持服务提供有效的依据。依据学习者的在线学习行为特征有效设计和组织在线学习活动与资源，优化在线学习环境，更好地促进学习者的学习。

三、成功在线学习者的特征

什么样的学习者才有可能取得在线学习的成功呢？想要帮助学生获得学业成功，在线学习支持部门和人员需要了解成功的在线学习者的特征，才能得知重点发展和培养学习者的哪些能力，同时也可以根据相关特征数据来预测学习者的成功。

关于成功的在线学习者的特征，较早就有学者开始探索。

伯伊德从四个方面对成功的在线学习者的特性进行了定义：①技术因素，包括获得在线课程的技能，基本的计算机技能，查询网络信息、下载和安装软件、参与网络讨论的能力等。②环境因素，影响学习成功的时间、地点、他人支持等外界因素。③个体因素，主要指学生自身的特性，包括有意愿和能力与教师或学习同伴在线交流，高度自我驱动，在学习目标上高度自我激励，并且有能力确定自己的学习进度。④学习特征因素，指学生处理、表达信息的特征，如学习风格、阅读写作技巧、自我定位等(Boyd，2004)。

也有研究表明，人际交往能力和沟通能力以及在线协作学习技术的熟练使用是在线学习者的关键能力(Dabbagh & Bannan-Ritland，2005)。贝西奇指出在线学习必须投入足够的时间，能够根据课程进度安排对在线学习进行有效的时间管理，包括定期参加所有在线的异步和同步交流，重视和积极参与课程学习中的社会性交互(Besich，2005)。何字娟和李爽在对已有成功在线学习者特征梳理的基础上，提出成功在线学习者所具备的三个主要特征：①具备较强的自我导向能力。②具备一定的网络学习技术能力。③重视交流和协作，并具备在线交流和协作的能力(何字娟，李爽，2008)。

有趣的是，个人的学习方式并没有被证明是成功的重要预测因素，其原因是远程教育本质上适应各种学习方式(Dille & Mezack，1991)，网络提供了各类所需要的媒介并与不同学习方式的学习者相匹配(Brown，2000)。这与技术支持的学习环境的教学特性相一致，特别是强调交互和协作的在线学习环境。这些环境是多模态的(支持音频、视频和文本)，以同步和异步格式提供个人和小组的交互空间，支持内容的线性和非线性表示，并提供各种学习工具来满足各种个人学习风格(Dabbagh，2007)。

基于已有文献的研究结果，成功的在线学习者通常需要具备一定的在线学习技能、较强的自主学习能力、交流与协作技能，以及积极的学习动机、较高的学习效能感等心理特征，这些都是确保学习者投入学习进而获得成功的重要因素。而随着网络的普及，网络应用技能已经成为现代社会人们的基本技能，所以该能力不再是成功的在线学习者的突出特征。另外，学习中较高的认知投入对于学生在线学习成功也同样重要。有些学者(Boyd，2004；Besich，2005；何字娟和李爽，2008)将与同伴的积极学术交流作为成功学生的特征之一，这也是强调高认知投入对于学习成功的重要性。因为学生在交互活动中需要运用批判性思维，进行意义建构、社会性知识建构等认知活动，这需要学生较高的认知投入。

根据上述研究，我们可以归纳出成功的在线学习者所具备的主要特点：

1. 具有较强的在线学习技能

成功的在线学习者往往能够掌握利用在线学习环境、资源与工具来开展和促进学习较强的在线学习技能能够帮助学习者较好地适应在线学习环境，知道如何利用技术进行学习资源的搜索、上传下载、分享等操作，并熟练地使用各类交互工具与教师和同伴进行互动协作以解决问题。在线学习技能是网络学习效能感、网络技术技能、学习能力的综合体现，直接影响学生在线学习的学习体验。如果缺乏在线学习技能，学习者在平台技术操作和工具使用上会遇到障碍，从而降低在线学习体验和效果。随着在线学习平台的日益完善和工具的不断更新，拥有较强在线学习技能的学习者能够获得更好的学习体验和交流互动，优化和改进自身的学习，从而促进在线学习的成功。

2. 具有较强的自主学习能力

齐默尔曼认为自主学习是指学生在元认知、动机和行为方面成为自己学习主动的参与者，即是一个自我调控的过程(Zimmerman，1986)。在线学习是一种相对课堂学习而言较为独立和灵活的学习方式，学生具有较大的学习自主权。在线学习过程中，学习者需要自主确定学习目标，制订学习计划，自觉地监控和调整自己的学习情绪和学习进度，采取一系列学习方法和策略来实现自己的学习目标。学习者需要具备较强的自主学习能力才能完成这一过程，否则最终可能走向辍学。大量研究表明，自主学习能力是远程学习顺利开展并取得较高质量学习效果的保障(赵宏，2014)。因此，一个成功的在线学习者通常能够合理地计划、安排自己的学习时间与进度，能够独立自主地根据自己的知识背景、信息技术能力等完成学习目标的设定、学习内容和学习资源的选择，并能够灵活地选择学习策略和方法，对学习过程进行自我监控和调节，同时还能够自觉地对以上各个环节及最终的学习结果进行自我评价与反思，顺利有效地完成所有学习活动，掌握所需要的知识和技能。

3. 具有较强的在线交互联通的能力

在线学习时空分离的特征，使得在线学习者在学习过程中容易产生较强的孤独感。然而，随着互联网的发展，越来越多的在线交互工具的应用使得在线学习者对互联网所具有的开放性、互动性、协作性等优势非常熟悉，并且对互联网具有一定的依赖性。学习过程中，他们习惯于借助互联网所具有的连通性找到自己所需要的学习资源、学习同伴等节点，并与这些节点发生进一步的联系，通过与学习资源或学习同伴的交互获取、创造、生成学习制品。同时，随着越来越多的在线课程开始接受并整合社会建构主义和联通主义学习理念和教学方式，在线交流与协作成为在线学习的核心活动。而在线交互联通的质量与效果将直接影响学生学习目标的获得，因此在线交互联通能力成为影响学业成功的重要能力。

4. 具有较高的认知投入

成功的在线学习者往往在学习中具有较高的认知投入，在学习中更多地使用各种认知策略来促进他们的意义建构和知识创造。较高的认知投入体现为学生积极参与各种需要较高认知投入的学习活动，如讨论、协作、问题解决、问题探究等。这些活动有助于学习者对知识的意义建构和精加工，以及高阶能力的发展(如批判性思维、问题解决能力和创造力)。因此，在学习中较高的认知投入是学习者取得成功的重要因素。该特征与前面三个能力特征相比，受学习动机和认知能力的影响，是一个与学习过程相关的心理特征。

第二节　在线学习者的需求与困难

在线学习环境的开放性、灵活性以及在线学习者群体的特殊性使得在线学习者在学习过程中遇到更多的困难和挑战，同时也出现多元化的学习需求，这些困难和需求出现在在线学习者学习过程中的各个阶段，涉及智力和非智力等多个因素(陈丽，2004)。当这些困难得不到及时解决、需求得不到满足，就可能会导致学习者较差的学习体验，从而引发辍学。因此，了解在线学习者学习过程中的学习困难和需求，为学习者提供有针对性的支持服务，是降低远程教育机构学习者辍学率的前提。本小节将主要对远程学习过程中的学习需求与困难进行归纳和分析，并提出解决在线学习者学习困难的应对措施。

小节目标

1. 能够简述在线学习者的各类学习需求。
2. 能够简述在线学习者的学业困难及其来源。
3. 能够简述在线学习的主要障碍与困难。
4. 能够针对在线学习者不同类别的困难，结合在线学习者的学习困难来源提供解决策略。

一、在线学习者的学习需求

关注和尊重学习者的需求是教育取得成功的必要条件之一。学习需求是学习动机的基本构成要素之一，它是主体的一种追求学业成就的倾向，是个体和社会的客观需求在学生头脑中的反映(陈按福，2004)。随着时代的发展，特别是在信息化和知识经济时代大背景下，学习者在社会实践和生活中所扮演的角色呈现多元化特征，在线学习者的学习需求也呈现出多元化倾向。

在线教育的最终目标不是开发多样的在线课程资源，而是培养学习者，以满足人们的个体学习需求为根本目标，充分利用新媒体、新技术，提高传播效能，丰富学习资源，坚持以人为本，营造个性化的学习环境和高质量的精神家园。在线学习支持从服务的视角看，就是要响应学习者的需求，从而推进教育产品和服务的个性化。从在线学习者特征和学习差异性分析来看，在线学习者的潜力和发现需求是千差万别的。因此，在线教育机构和教师更应该关注并分析学习者的个性化学习需求，从而提供有效、精准的支持。下面，我们首先对在线学习需求进行分析。

(一)对学习资源的需求

学习资源是学习内容的重要载体，学习资源质量直接影响着学习者对内容知识的可接受程度。高质量的并适合学习者的学习资源，不仅有利于支持“自主、合作、探究”的学习方式，转变学习者被动的学习地位，还更有利于教学目标的实现，包括知识与技能、过程与方法、情感态度及价值观的培养等。这是影响在线学习体验和学习成效的重要载体。在线教育在教育资源方面比以往任何教育都丰富、都更个性化，在传播形式上充分使用现代新技术，因而更多样、更快捷，教育受众面更广，能够为人们提供丰富、方便、形式多样的精神食粮，已经成为人们生活的重要组成部分。有研究者通过对远程学习者在线学习资源需求的实证调研发现，当前在线学习资源在资源的多样性、可用性、共享性、互动性、情景性等方面并没有符合学习者需求的情况。在线学习资源应用的核心是要发挥学习者学习的主动性、积极性，充分体现学习者的认知主体作用(王立达，2012)。因此，在学习资源建设的过程中应立足于资源的合理设置、有效整合、科学管理，遵循有利于学习者个性化学习、有利于提高学习者信息处理的能力、有利于学习者交互式合作学习、有利于知识更新和自主学习、有利于提高学习者解决实际问题的能力的原则，以满足学习者对学习资源的需求和对灵活多样教学形式的需求，实现主动学习的目的。

(二)对在线学习环境的需求

学习环境(learning environment)是学习者学习发生及赖以持续进行的各种条件的总和，环境是学习者学习行为发展的支点(Mattew，2005)。而在线教育中，学习环境有了新的内涵：在线学习环境是学习活动赖以发生的物质、技术、信息、关系的系统。学习环境要素既包括远程教学平台、通信工具、智能代理等为给学习者提供交互、反馈、答疑以及个人知识构建等活动进行技术支持性服务的软硬件所组成的有形环境，又包括由各种媒体资源形成的信息环境，还有在学习者交互性学习活动中对学生产生社会性影响、心理影响的无形环境。李宝敏(2010)基于实证研究发现，在线学习者对学习环境的需求主要从有形环境和无形环境两方面分析。有形环境主要包括网络畅通、具有开放性和互动性的在线教育平台、个性化定制的服务、工具使用的选择性、学习交流工具的即时反馈、学习管理工具的主动提醒服务。无形环境主要包括信息环境的情境性和实践性，良好的人际关系，文化环境需求中的合作文化、探究文化和对话文化，情感支持。

(三)对能力层面的需求

在线学习者想要获得在线学习的成功，除了要掌握基础知识和技能，还要具备一定的自主学习能力。因此，在线学习者对自主学习能力提出了更高的需求。赵宏等人(2014)将成人远程学习者的自主学习能力界定为“在远程教育环境中，学习者有意识地对贯穿学习过程的学习目标、学习内容、学习方法、学习资源和学习结果进行计划、控制、调节和评价的能力”，并在此基础上提出了自主学习能力构成模型，即认为自主学习能力包括学习者的计划能力、控制能力、调节能力和评价能力。

(四)对情感层面的需求

学习者特征和需求分析一直都是构建在线学习环境和课程时需要考虑的因素，而情感作为一种复杂的主观体验，却较少被关注(赵宏等，2018)。但情感在学习者学习中起着重要的作用。由于在线学习环境的特殊性，师生分离，学习者在自主学习过程中会遇到各种情感问题，产生强烈的情感诉求。而学习者在情感层面的需求，是维持其学习动机的重要保障。辛普森通过调查发现，认知、情感和组织三方面的能力对于远程学习者的成功很重要(Simpson，2002)。在不同的学习阶段，在线学习中建立起良好的情感交流氛围会促进学习者间的深度交流与共享，不仅有利于同伴互助和师生互动，更有利于协作学习环境的创建，促进深层交互与认知发展。

(五)对职业发展的需求

职业发展的需求即以谋求生存、发展为目的的需求，主要包括职业发展要求、行业发展要求和未来规划等。随着终身教育的兴起和学习型社会的建立，越来越多的学习者建立了终身学习的意识，因此借助在线学习方式更便捷地实现快速充电。此外，随着知识的更新换代加快、人才资源的市场化，市场在要求从业者能不断更新知识储备的同时，给人们提供了更多岗位的选择机会。为了提升职场竞争力或适应新的岗位，人们主动学习在线课程。调查显示，在线学习者尤其是在线成人学习者在学习需求上具有实用性和功利性倾向，主要表现为将学习与个人切身发展密切联系，希望尽快从成人教育中获得切实的利益，比如在求职、转岗、再就业等方面，重视在线学习内容与未来职业发展的关联及对个人价值的实现。同时，在线学习者还需要社会和机构对其在线学习的认可，因此，其不满足于非正式的自我评价，还需要获得高校颁发的正式证书，以增强其就业竞争力。

基于以上的需求分析，在线学习者需求呈现差异性、多元化的特征。在线教育机构应针对学习者的需求提供对应的支持服务，建立完善的学习支持服务系统。例如，认知支持，包括在学习者学习过程中提供初始知识和技能支持、答疑辅导、考试辅导等；情感支持，包括建立能够激励学习动机、提升自我效能感和归属感的人文环境，帮助学生解决影响学业的情感问题等；环境和资源上的支持，包括提供技术咨询，搭建开放共享、操作便利的在线学习平台，构建在线学习社区；管理层面的支持，包括注册、通知提醒等。

二、在线学习者的学习困难

在线学习困难是指学习者在在线环境下进行在线学习所遇到的困难和障碍，是由于现实条件不能满足在线学习的需要而产生的一系列学习问题，涉及学习资源、学习环境、设备、心理层面和交互层面的问题。

(一)在线学习者的学业困难类型及其来源

了解在线学生的各种困难是提供学习支持、解决辍学问题的重要前提。在线教育中学生群体、学习方式、学习环境的特殊性，使得在线学习者遇到的学业障碍往往由多种因素交织而成，造成在线学习困难包括不同的方面。不同的研究者从不同的视角出发，有不同的分类。

表 2-1　国内外学者对于在线学习者学业困难的分类

年份	学者	分类
1993	加兰	将影响学习坚持的障碍分为四类：情境的、机构的、性情的和认识论的(包括难的课程，课程技术性太强、太抽象，学生缺少先前的必备知识，内容缺少个人兴趣或相关性)
1999	雷扎伯克	将远程教育的障碍分为三类：情境的障碍(包括交通、年龄、时间限制、家庭责任)、机构的障碍(包括允许进入、注册、课程的时间安排、经济和支持服务)、性情的障碍(包括个人背景、态度、动机、学习风格、自信等方面)
2001	希克等	情境的、性情的、认识论的、机构的、技术的障碍
2002	丁兴富	学习问题、交流问题、个人问题
2004	芒格尼亚等	性情的、学习风格、教学的、组织的、情境的、内容适合性、技术障碍
2005	米尔伯格等	管理问题、社会交互、学习技巧、技术技巧、学习者动机、学习的时间和支持、互联网的花费和接入、技术问题
2009	陈义勤	教学资源系统(技术因素、管理制度因素、资源因素)；教学传递过程(学生支持服务因素、交流因素)；个人问题(学习能力因素、心理因素、干扰因素)
2013	惠兆阳等	管理或指导、社会交往、学术技能、技术技巧、学习动机、学习时间与支持、费用与访问互联网、技术问题

2003 年，张伟远等人对上海电视大学 455 名学习者进行了问卷调查，结果显示网上学习的障碍表现为教学的不足和学习的困难两个方面。在 MOOC 学习中，在线学生的学习困难和障碍也更加突出。麦考利等人认为学生参与 MOOC 的障碍包括学习缺乏认可、缺乏数字化技能、缺乏课程学习工具、学习中缺乏脚手架和支持、语言障碍、缺乏网络礼仪、技术和带宽问题、信息量太大等。有的研究者发现，在线学习者遇到的主要问题是在线学习环境和使用的工具缺乏稳定性、导航设计存在缺陷、互评标准不清晰等。还有的研究者对杜克大学在 Coursera 上开设的 MOOC 课程“天文学”的注册学生进行跟踪调查，发现 6 万注册生仅有 3.5%完成了课程学习。学生反映的主要问题包括学习时间不足、课程需要大量预备知识、课程内容质量未达到预期、单一的视频讲座让人疲劳、缺乏导学设计、交互工具不好用、以同伴互评为主的评价方式影响了评价效果、课程隐形收费等(Colman & Dan，2013)。

综上可知，在线学习者遇到的学习困难和问题主要源自三个方面。

第一，学习环境和条件局限。在线学习需要良好的学习环境与条件，包括学习时间，学习空间，学习所用的技术设备、软件工具和网络接入条件，学习氛围等。但对于业余学习为主的在线学习者来说，他们往往难以获得良好的在线学习环境和条件，其社会背景、家庭情况、经济条件等成为其不可忽略的学习障碍和困难来源。其中，工学矛盾、家庭责任导致的学习时间不足、学习环境不良、技术设备或工具故障是在线学生遇到的突出困难。

第二，学习者自身特征局限。在线学习者自身特征是产生学习困难的主要原因，而在线学习者的性别、年龄、社会地位、身体条件、文化背景、家庭背景等差异性又增加了该类问题的复杂性。如存在工学矛盾或者家庭责任较重，没有太多的精力参与学习活动，又或者学习者经济困难，无法及时支付学习费用等。再如学习能力，有的学习者由于缺乏使用在线学习技术的知识和技能，特别是交流和协作技术，也可能会给在线学习造成障碍。同时也包括学习者面临的学习方法、学习技巧和学习进度中学术、技术和资源等方面的困难。综上，学习者自身特征具有多样性的特点，有些困难又表现出突发性(陈丽，2004)。

第三，在线教育机构的问题。在线教育机构遵循的相关管理制度与流程为学生提供课程与学生支持服务，可能出现课程内容不符合学生的需求或水平、学生跟不上或无法适应教学活动、学生支持服务不到位、管理制度复杂或不合理等情况。这类障碍是影响学习结果、学习坚持性和学业满意度的主要外在环境因素，需要在线教育机构重点关注、及时控制和改善。如果教育机构能够及时发现学生对管理、课程和服务的不适应和消极反馈，并推进相关问题的解决，将有效提升学生的学习结果或满意度。即使问题没有完全解决，学生也会因为受到关注与支持而继续坚持完成学业。

(二)在线学习的障碍与困难

下面，我们进一步聚焦于在线学习环境下学习者所遇到的与其学习能力局限密切相关的学习障碍与困难。

1. 难以适应自主学习方式

在线学习的本质要求在线学习者必须具备一些自主学习的能力，能够独立自主地制订有效的学习计划，合理安排学习进度，有效利用学习资源。但实际情况是部分在线学习者的自主学习能力并不强，难以适应新的自主化的学习方式，需要在线教育机构提供一定的支持，培养他们这方面的能力。学习的“自主性”具体表现为“自立”“自为”“自律”三个特性，在线学习者的学习的主动性、积极性、规划性、持续性都可能会受到所处学习环境各方面的诱惑与限制，造成辍学问题。

2. 联通学习能力不足

联通学习是指，面对良莠不齐且更新频繁的大量网络信息和资源，能够快速寻找有效资源节点，通过建构节点中信息的意义，将该节点纳入自身知识网络，用于新知识学习、问题解决与知识创造。联通学习是网络时代学习的有效方式，在资源丰富且更新迅速的信息环境中，形成获取有效信息的通道比获取信息本身更有意义。然而，绝大部分在线学习者都缺乏联通学习的能力，他们不知如何检索和寻找有用的网络资源节点，如何过滤和筛选有用信息，如何建构其意义并将其纳入自己原有的知识网络中。因此，面对海量、杂乱、无序的网络资源，学生总是感觉认知超载和无所适从。对 MOOC 学生的相关调查发现，学生普遍认为课程学习的信息量太大，有很多课程内容和资源也较为分散，难以理解它们之间的关系，并容易在海量信息中迷航和感到无所适从(Baggaley，2013；Kop，2012)。

3. 碎片化学习导致的认知障碍

碎片化学习是在移动网络时代下重要的学习方式。碎片化学习不是对知识全面、系统、连贯的积累与学习，所获取的知识往往是无序的、零散的、随机的。通过这种方式虽然能够随时方便地获得信息，但是学生容易过多地关注信息的更新，而忽略对信息的深度加工和思考，形成认知障碍，影响深层次学习的发生(张浩和吴秀娟，2012)。张克永等人(2015)认为碎片化学习会导致感知觉、注意、记忆、思维方面的认知问题，并构建了网络碎片化学习的认知障碍模型，如图 2-3 所示。

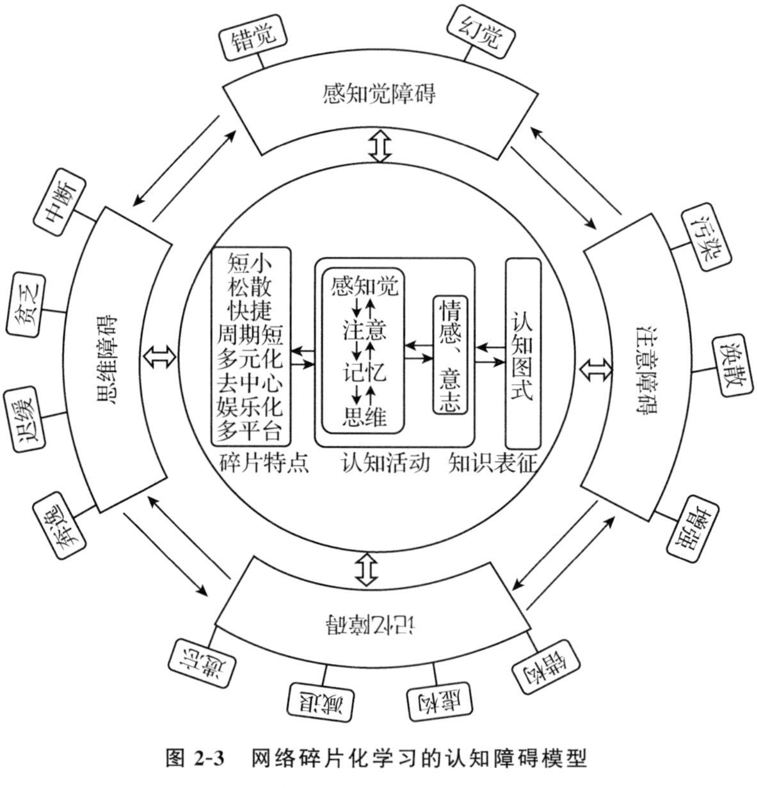

图 2-3　网络碎片化学习的认知障碍模型

4. 深层次学术互动障碍

在当前互联互通的网络时代，在线的交流和互动已经不再是在线学习者遇到的主要问题。各类在线教育平台包括在线论坛、语音、直播等互动方式，同时还有各种通信方式、社交工具，可以促进学习者之间及与教师之间的相互联系和信息资源共享。但随之而来的问题是，学习者之间的在线交流与协作更多地是信息共享和经验共享层面的互动，很难开展深层次的学术互动(李爽等，2014；Yang，et al.，2015)，如在线交流中的知识生成与创新、批判性反思与提问和意义协商。

5. 网络信息迷航

网络信息迷航是指学习者在在线环境中面对丰富多样的在线信息资源，注意力无法集中，导致偏离网上学习的目标和学习路径、认知效率降低，从而无法按时完成在线学习任务的现象(史玉玲，2010)。它是在线学习环境下特有的一种学习现象和问题(曹晓明、朱春莺，2009；Waite，et al.，2013；Fini，2009；Kop，2011)，其主要表现有二：一是迷失。在开放性极强的网络环境下，学习资源和信息是海量的，学习者具有选择学习内容的完全自主权，这就使得学习者在搜索和查询学习资料时，面对繁杂的网络学习资源，不能完全正确地对其作出理解、判断和选择，进而迷失在网络信息中。二是漫游。在瞬息万变的网络环境里，很多学生习惯于在学习中同时打开微信、在线词典等应用，学习者会不由自主地被屏幕上的新鲜的视觉刺激和一些信息的自动弹出所吸引，由于受到无关信息的干扰而遗忘了学习目标，漫无目的地浏览网页信息，除了消磨时间精力外，并没有获得认知的提升和学习任务的完成。网络信息迷航主要是由网络客观环境和学习者自身两方面的因素造成的，而产生的根源在于在线信息资源的繁多、信息资源呈现方式的无序与随意，如在线学习平台的导航不清晰或过多的超链接的干扰。同时，学习者自身学习自控力的缺乏以及学习目标的不清晰使得信息分辨能力不足，在线学习效率降低，很容易使学习者迷失在庞杂的信息海洋中，从而出现网络信息迷航。

(三)在线学习困难的应对策略

1. 在线教育机构的管理和支持

在线教育机构对在线学习有良好的计划和政策，提高在线教师的专业素养和责任感，提供必需的文化和网络支持，减少技术限制，提高设备的性能，建立完善的学习支持服务系统，为学习者提供多样化、个性化的学术性与非学术性支持服务。

2. 在线教师的持续关注和引导

在线教师在在线学习中起着引导和促进的作用。在线学习是一种社会性活动，与教师、同伴之间的交流互动会减少学习者学习过程中的孤独感，而教师的关注和引导会帮助学习者克服学习中的困难，增强其学习的动力，使其获得归属感和成就感。所以教师应加强与学生的交流互动，及时给予学生引导与反馈，创造学习者共同参与的机会，如多开展小组合作讨论、项目型任务等。

3. 在线学习资源的规范和建设

在线课程和学习资源设计要连贯、逻辑清晰，加强课程内容资源与学习者实际工作需求之间的联系，凸显课程的针对性、指导性和实用性。课程导航明确，能有效引导对课程内容和资源的访问。

4. 学习者自身的自主学习能力的培养

引导和培养在线学习者逐渐获得自学能力和自我监控能力，并从方法和意识两方面加强学习者对学习活动的计划、检测、评价、反馈及控制的能力。对学习者进行学习方法和策略上的引导，帮助学习者根据自身情况选择恰当的学习方法和策略，缓解学习过程中的紧张感，帮助其尽快适应在线学习环境(冯琨，2010)。

总之，为解决上述学习困难，在线教育机构需充分了解学习者的特点、现实需求等，在课程、教学及机构自身软硬件条件等方面进行改进和扩展，为学习者提供全方位的支持服务。在线学习者自身也需要不断培养自己自主学习的意识和能力，让自己快速适应在线学习的环境和学习方式。

第三节　在线学习者辍学模型

辍学率高的问题是国际在线教育领域的共性问题之一，较高的辍学率和在线学习者的特征与学习困难和需求密不可分，影响着在线教育的可持续健康发展。在线学习者的特征与辍学存在何种关系，如何寻求降低辍学率的对策，是国内外学者所共同关注的问题。国内外学者关于在线远程学习者辍学模型的研究的分析，为对这些问题的探究提供了思路。

小节目标

1. 能够列举三个国内外远程和在线学习辍学模型。
2. 能够结合已有辍学模型归纳导致在线学习者辍学的主要原因。
3. 能够结合已有辍学模型描述在线学习者辍学的主要过程。
4. 能够列举三个降低在线学习辍学率的有关措施。

一、国内外经典在线学习者辍学模型

(一)国外学习者辍学模型

国外关于远程学习者辍学问题的研究起步较早，已经形成了较成熟的理论框架。

1. 鲍威尔的远程学习者辍学模型

肯尼迪和鲍威尔最早提出辍学二维模型：特征与环境，即两个影响辍学的关键因素。其中，特征因素包括教育背景、个人特征和动机，这是促进辍学缓慢发生的因素；环境因素包括健康、经济、家庭关系、工作变化等变量，能够快速影响学习者辍学的发生。该理论指出学习者的特征因素是学习者自身具有的，是外界不可控且不可随意改变的，该因素对改善辍学率的作用很小。但是该模型只能作为一种解释学习者辍学的原因的描述性模型，对于降低学习者的辍学率是无效的(Kennedy & Powell，1976)。

之后鲍威尔等人基于此模型进行了进一步的调整，将原有的二因素模型扩展为新的分析远程学习者辍学的理论模型(Powell，et al.，1990)，如图 2-4 所示。该模型在保留学习者个人特征的基础上，把环境因素修改为“生活变化”，并增加了制度因素，更加强调了三个影响因素的交互作用是导致辍学的关键。

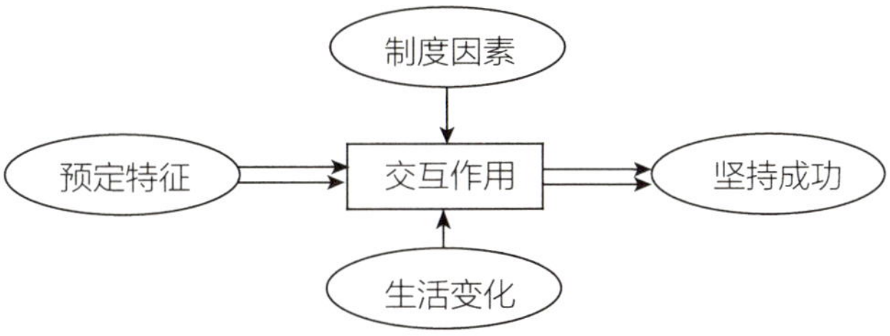

图 2-4　远程学习者辍学模型

2. 丁度的高校学生辍学模型

丁度结合传统面授，提出了关于高校学生辍学的概念模型(Tinto，1975)，该模型在学习者流失原因分析中得到广泛应用(见图 2-5)。模型中将学习者继续学习或辍学的决策归因于入学前的个人属性、个人及教育机构的目标和承诺、学术融合和社会融合。“融合”是该模型的核心，他认为学生辍学是由于学生与学校的学术环境和社会环境缺乏融合(夏晓、王雨桐，2012)。在学术和社会两个层面融合得较好的学习者倾向于做出继续学习的决策，反之则易做出辍学的决策。但他的模型来源于对传统课堂面授教学的逃课学生的研究，不能完全体现出在线学习者的特征。

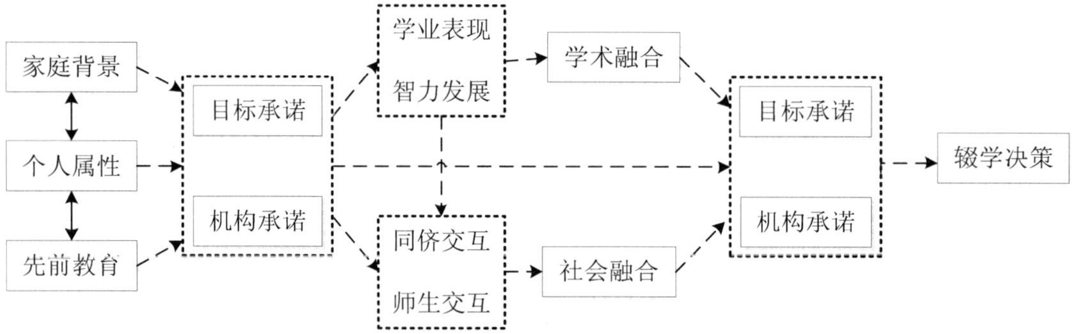

图 2-5　高校学生辍学模型

3. 肯伯改进的远程教育辍学模型

肯伯认识到丁度的模型的不足，在此基础上提出了适用于远程教育的辍学模型，该模型从成本收益分析的角度对学生辍学或完成学业的决策过程进行解释(Kember，1989)，如图 2-6 所示。针对远程教育学习者多为成人的现实状况，肯伯在模型中引入了学习动机(内外部)、社会与工作环境、社会与工作融合等因素。该模型纵向地对远程教育学习者的辍学或完成学业行为进行了系统的归因分析(谭明杰、周仲文、邵培基、李莹，2013)。

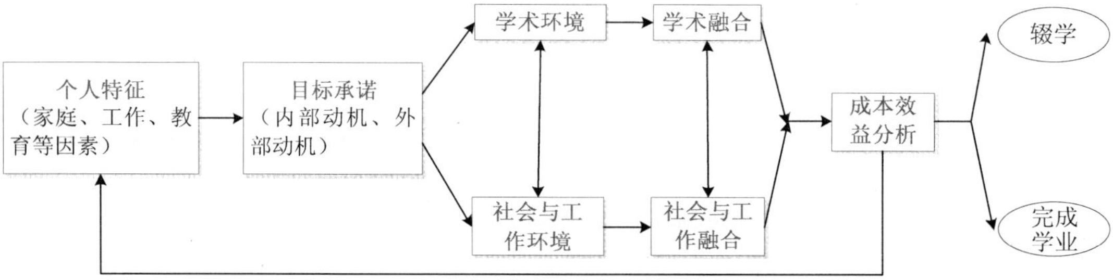

图 2-6　改进的远程教育辍学模型

4. 洛维的远程学习者学习保持模型

洛维认为，已有模型虽然纵向地对学生从入学到辍学行为发生的整个过程进行了解释，但并未全面罗列影响辍学行为存在的各种因素。洛维认为影响在线学习的因素是复杂的，应该包含很多内部因素和外部因素，并且因素间是相互作用的。因此，洛维对关于远程学习者辍学的相关研究进行梳理，对研究中的各种影响因素进行汇总和分类，提出了可对远程教育学生保留进行解释的综合模型(Rovai，2003)，该模型将影响远程学习者辍学的因素划分为入学前和入学后两部分，如图 2-7 所示。洛维认为，在学习者进入学习之前需要采用干预的手段来弥补学习者的计算机水平、读写技能、学习技能等，以帮助他们实现与学校的学术环境和社会环境的融合。此外，进入学习之后，仍需要对学习者的内部因素进行考量，比如学习者的学术融合程度、学习者与教师和同伴间的交互、满意度等。他还认为，没有一个简单的公式能够说明学习者的学业保持，学习者辍学受很多内部因素和外部因素的影响，内部因素对学业保持决定有直接影响(夏晓、王雨桐，2012)。

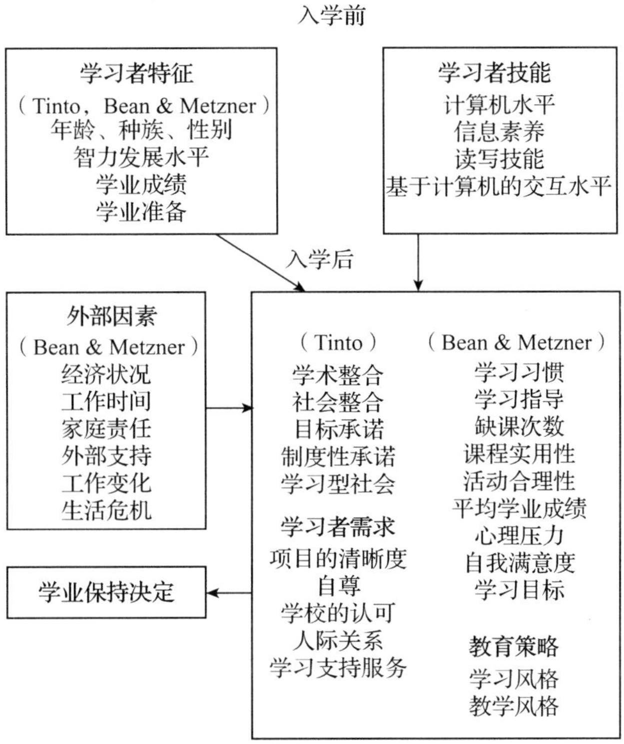

图 2-7　远程学习者学习保持模型

5. 帕克的在线成人学习者辍学理论框架

帕克在洛维的远程学习者学习保持模型的基础上开展了实证研究，验证了该模型，并提出了在线成人学习者辍学理论框架(Park，2009)，如图 2-8 所示。该理论框架中对影响学习者辍学的因素的整体划分维度与洛维的划分一致，但对各因素中包含的变量进行了修改，将外部因素划分为入学前和入学后两部分。另外，帕克的在线成人学习者辍学理论框架中增加了外部因素对学习者辍学/保持学业决定的直接影响。

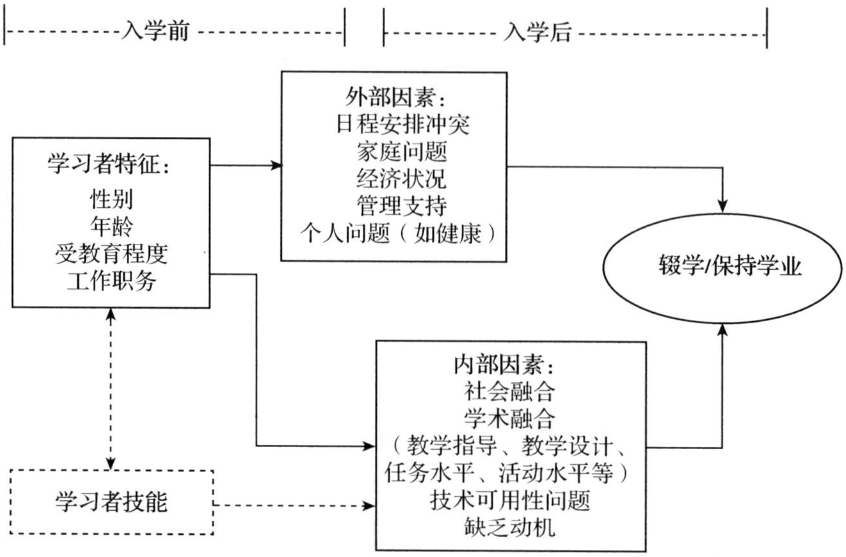

图 2-8　在线成人学习者辍学理论框架

6. 霍恩和赛德的 MOOC 保留影响因素模型

之后，针对影响 MOOC 保留率的模型研究逐渐多样化，研究者也各有侧重点地选择关键因素建立模型，研究越来越深入和细化。霍恩和赛德通过数据来分析课程内容、感知有效性和与教师的互动对 MOOC 中学习者的保留的影响，并建立变量间的关系模型（Hone & Said，2016），如图 2-9 所示。

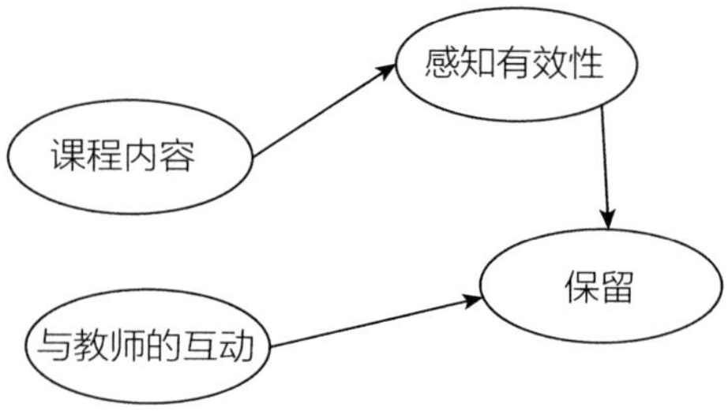

图 2-9　霍恩和赛德的 MOOC 保留影响因素模型

7. MOOC 参与和持久性模型

琼格和李综合考虑到学习者的学业自我效能、教学存在、感知有用性和感知易用性四个方面的因素，构建出影响 MOOC 学习参与和持久性的综合模型（Jung & Lee，2018），如图 2-10 所示。研究结果表明，教学存在、感知易用性对 MOOC 学习的持久性均存在着影响作用，而学业自我效能、感知有用性和教学存在对持续学习有间接影响，学习参与作为中介变量（Jung & Lee，2018）。

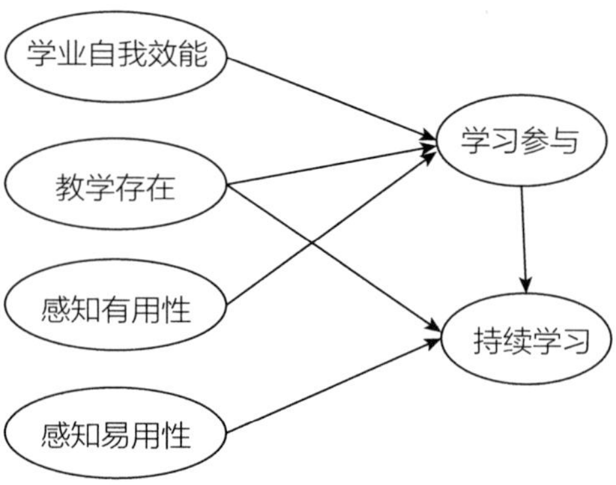

图 2-10　MOOC 参与和持久性模型

(二)国内学习者辍学模型

国内学者也针对远程与在线教育学习者的辍学现状进行了一些研究。

1. 中国远程教育学习者流失与保持模型

谭明杰等人(2003)采用持续比较法将从文献中获得的 64 项远程教育学习者流失影响因素分成三类：学习者因素(人口统计学、学前准备及技能、学习心理和学业表现)；教育机构因素(专业及课程设计、教育机构支持和交互)；环境因素(工学矛盾、家庭支持、计划外事件和社会支持)。基于上述分析和归纳，他们提出了一种适用于我国远程教育情景的学生流失与保持模型，如图 2-11 所示。

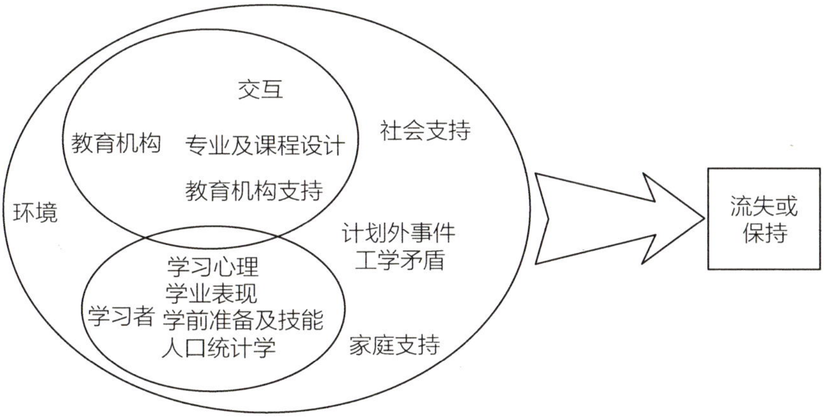

图 2-11　中国远程教育学习者流失与保持模型

在该模型中，学习者与教育机构共同处在一个外部环境中，环境中的各种因素影响着学习者和教育机构。教育机构与学习者之间的交集，表示两者所包含的因素之间相互影响。不同因素之间的距离表示相互之间关系的紧密程度。

2. 远程学习者辍学归因解释框架

杜永新等人(2011)借鉴洛维与帕克的理论，形成了远程学习者辍学归因的理论模型与解释框架，如图 2-12 所示。

该理论模型提供了一个可以用来对复杂的远程教育辍学现象各环节之间的关系及其联动作用进行分析的框架：第一，在通过远程教育模式进行学习时，学习者应具备基本的学习就绪状态，包括具备学习的相关技能并具有一定的学术素养；第二，作出辍学决定是一个复杂的心理过程，与学生入学前的个人特征及其学习技能、入学后所处的外部环境、开始学习后与学校生活的融合匹配等各种因素叠加，共同发生作用；第三，与办学机构密切联系的内部因素，会对学习者入学后的心理体验产生重要影响(杜永新等，2011)。

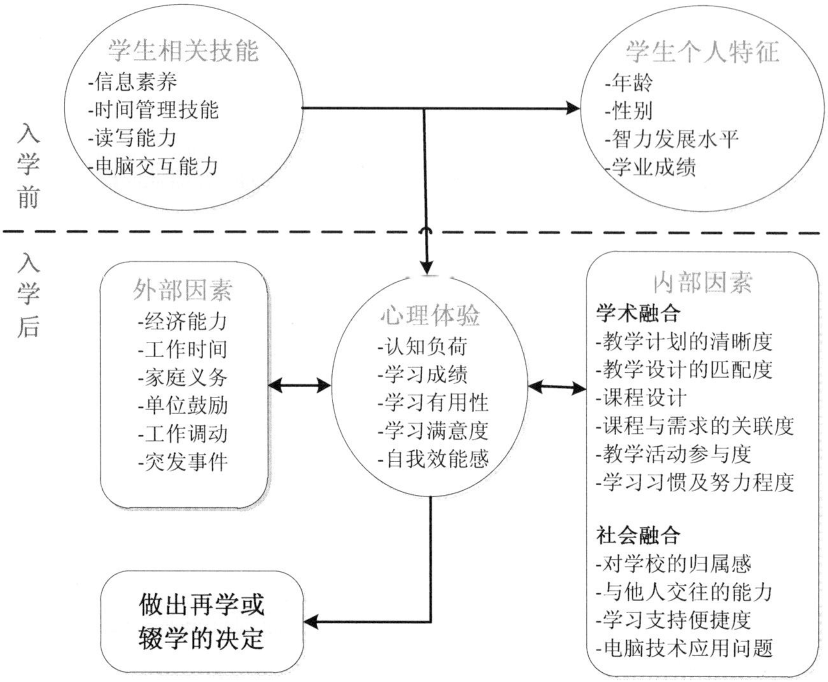

图 2-12　远程学习者辍学归因的理论模型与解释框架

杜永新等人(2011)根据上述理论模型和解释框架开展了深度访谈和问卷调查，调查结果显示学术性融合低、在线学习资源利用率低以及时间管理能力差是促成学习者辍学的主要因素。另外，课程资源缺乏整合、教学支持不足等教育机构方面的原因也是远程学习者辍学的影响因素(杜永新、牛健、李莹，2011)。

3. 大学生自主学习 MOOC 低完成率影响因素因果模型

汪子靖(2017)针对大学生自主学习 MOOC 中低完成率的影响因素进行了关系建模，给出了影响大学生自主学习 MOOC 完成率的关键因素，包括 MOOC 课程资源、MOOC 平台、高校 MOOC 政策和学习者，同时还指出了其中的因果关系，如图 2-13 所示。

通过上述远程与在线教育学习者辍学模型可以看出，学习者辍学的原因主要可以归为三大类：外部环境因素、学习者自身因素、教育因素。外部环境因素主要包括工作时间、经济收入、家庭责任、家庭/单位支持、突发事件等；学习者自身因素包括人口学特征(性别、年龄、受教育程度、职业)、学习技能特征(信息技术能力、交流协作能力、时间管理能力)、心理学特征(学习动机、学习风格、自我效能感)；教育因素包括课程资源设计、学习活动组织、学生支持服务。

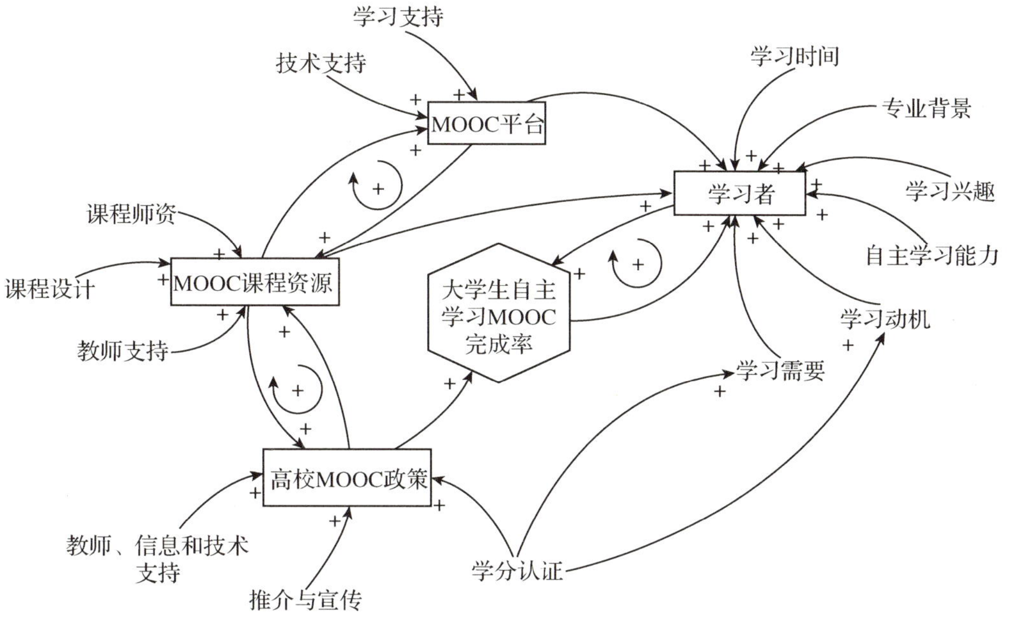

图 2-13　大学生自主学习 MOOC 低完成率影响因素因果模型

二、降低在线学习辍学率的措施

影响远程与在线学习者辍学的原因极其复杂，对不同的学习者而言，辍学的原因可能是综合的(罗发奋、隋春玲，2007)。通常情况下，采用单一的辍学模型来解释学生辍学的原因会显得比较单薄，需要结合多种模型，根据具体的学习情境对学生的辍学行为进行解释。

为降低远程和在线教育中学习者的辍学率，提高学习者的保持率，在线教育机构需要从学术性支持服务和非学术性支持服务两个大的方面进行努力，通过全面完善的支持服务体系解决学习者学习过程中可能出现的困难，为其创造良好的学习体验，维持其学习动机。

1. 提高学术性支持服务能力

在线教育机构或者在线教师需要在充分了解远程学习者的学习需求和学习特征的条件下进行课程内容的选择和学习活动的设计，确保在线学习者通过认真的学习后能够解决自己生活、工作中的具体问题或者是在知识面、自身修养方面有所提升。在进行课程内容、学习活动设计开发的过程中，需要始终思考的问题是“学生的学习期待是什么”，提供多种途径帮助学习者选择适合他们的专业和课程级别。无论是阅读纸质材料还是在线阅读，让加入在线教育机构学习的学习者都可以看到以下内容。

• 课程描述：详细介绍课程的内容。

• 测评和学习成果。

• 试学材料：课程部分章节的内容。

• 学习者评论：正在学习这门课程的学习者对课程的看法。

提供呈现形式多样的学习资源。例如，根据学习者需求录制网上教学视频课程；提供学习资源的纸质版和电子版；利用直播课堂录制面授课内容，方便学生能够随时随地学习，降低因工学矛盾带来的辍学率。

提高在线教育辅导教师的学科教学能力和学术性支持能力。在辅导教师开始课程辅导前，远程教育机构需要对教师的学科专业知识进行测试和评定，确保辅导教师对所辅导课程的具体内容非常熟悉。同时，还需要就课程活动的设计和组织对辅导教师进行培训，确保辅导教师对在线辅导过程中学习活动的设计和组织流程及需要注意的问题都非常清楚。

2. 提高非学术性支持服务能力

辛普森教授指出，防止学生辍学、促使他们继续学习的最有力的支持是非学术支持，其中情感支持是非学术支持重要的方面之一(刘永权、李莹，2012)。远程与在线教育机构需要从情感上关怀学习者，增强其自信心，保持并强化其学习动力。增强学生的自信心可以通过私下里告知其成功完成学习的概率、其他成功者的典型事迹以及增加成功机会的办法等。除了情感支持，非学术性支持还包括：提供技术设施服务，保障良好的学习条件；培养和提高学生的学习技能，使其掌握有效的学习方法；提供管理服务，包括及时向学生送达管理方面的信息。另外，教育机构要解决学生各种特殊的学习困难问题，为远程学生提供个别化学习条件与支持。例如，对于残疾人的特殊帮助，对于经济困难学生的贷款、助学金、奖学金，就业指导培训等(邹范林，2010)。非学术性支持服务应该贯穿在线学习的各个环节，除了在线学习前和学习过程中需要尽可能满足学生的学习需求，有时候一个盛大的毕业典礼或者毕业校友联谊会能够为学生带来强烈的学校归属感和认同感。

2010 年 7 月，英国开放大学的扩大参与中心(Centre for Widening Participation，CWP)发布了一份关于远程教育辍学问题的最新报告《22%——我们还能做得更好些吗?》，报告中提出了几项有利于提高学生保持率的支持服务。

• 根据学生在学习平台上的表现尤其是学生的电子档案袋和网络论坛的参与度，确定可能辍学的学生。学习平台系统应该具备提醒辅导教师哪些学生在某一段时间内没有在学习平台上出现过的功能，以便辅导教师能够及时主动地联系和跟踪这些学生。

• 对提高保持率最有效的活动是那些必要的、事前的支持。最有效地提高保持率的服务在于主动采取外部的和及时的干预服务(Anderson，2003)。提高保持率较有效的活动方式有三种：打电话联系、群发短信联系、通过定制发送个性化的 E-mail。

• 把握联系的最佳时机、频度、内容和注意事项。英国开放大学的相关研究表明，虽然课程保持率上没有强求必须要有师生联系，但如果在第一次作业前辅导教师与学生主动联系，将会增加3%的保持率。英国开放大学关于“辅导教师联系次数与学生满意度”的调查发现，当辅导教师主动联系学生的频度从0～1次到1～2次再到2～3次时，学生满意度成倍增加，但频度为3～4次或者更多时，学生满意度是趋于平缓的。联系的内容主要是激发学生的学习动机，而不是具体的教学知识。联系的过程中还需要注意某些细节，如个性化定制邮件比群发短信效果更好、信息中包含学生的名字可以让学生感到自己更受关注等。

• 让有经验的学生来支持新生。让有经验的学生为新生提供一些在线学习平台操作指导、入学须知、考试注意事项、学校规章制度等，一方面能够让有经验的学生感受到自己的价值、增加其学习成就感；另一方面也能够降低新生的学习陌生感和孤独感。

• 帮助学生选择恰当的课程。英国开放大学设计了试学包、学生评论、诊断性测试来帮助学生选择课程，这些活动都能够在网上完成。

• 设计课业负担适中、结构灵活、内容和呈现方式适应学生水平和需求的课程模块。这样的课程一方面保证原本工作或家庭责任繁重的学生在完成学习任务的过程中不需要耗费他们无法承受的时间和精力；另一方面能够受到学生的关注并持续吸引他们的注意力。

英国开放大学通过一系列的对比试验总结提出了上述6项提高远程学习保持率的措施，并且希望通过自己的不断探索来改变远程教育的辍学现状。虽然由于我国远程学生在学习特点、学习情境等方面与英国开放大学学生存在较大的差异性，这些措施不一定能够完全适用于我国，但至少为我国远程教育辍学问题的研究指明了方向。

本章小结

远程教育的最终目的是满足远程学习者的学习需求，促进其发展。而远程教育中教与学相互分离的本质，使远程学习者学习过程中表现出较多的不同于传统学习者的特征、需求与困难。远程教师或管理者要想更好地服务于远程学习者，就需要对远程学习者的特征、需求以及困难等各方面非常了解和熟悉。远程学习者分析是远程教学过程中各个环节有序开展的基础。因此，本章主要向大家介绍了远程学习者的特征、需求、困难与辍学模型以及了解远程学习者特征的理论模型和数据模型三个方面的内容。

远程学习者特征分析是远程教学设计的起点，了解远程学习者的特征，将有助于远程教学设计师、辅导教师开发更适合于远程学习者学习的资源和活动，促进学习者更有效地学习。对远程学习者的学习困难进行分析，有助于我们了解远程学习者辍学的潜在原因，提前针对这些可能出现的学习困难提出改进措施，从而降低远程教育的辍学率。远程学习者特征模型为了解远程学习者提供了理论基础和分析框架，学习者信息模型与学习者信息库是远程学习者特征分析的数据基础。我们要想充分了解远程学习者，进而为其提供个性化的学习支持服务，就需要对上述三方面的内容都非常熟悉。

Aa 关键术语

学习者特征
Learner Characteristics

在线学习者特征
Characteristics of Online Learner

学习需求
Learning Needs

学业困难
Academic Difficulty

学习反思与活动建议

1. 请和其他同学组成小组，分小组阅读下面的4篇文献，了解这4个教育机构(UK Open University、University of South Africa、Indira Gandhi National Open University、中国远程教育机构)在降低学生辍学率的过程中采取了哪些措施，分析所采取的这些措施中哪些能够真正降低辍学率，哪些值得你所在的教育机构借鉴并能够顺利地执行。

①Ormond Simpson. The impact on retention of interventions to support distance learning students[J]. Open Learning，2004，19(1)：79—95.

②Subotzky，George.，Prinsloo，Paul. Turning the Tide：A Socio—Critical Model and Framework for Improving Student Success in Open Distance Learning at the University of South Africa[J]. Distance Education，2011，32(2)：177—193.

③Bharat Inder Fozdar，Lalita S. Kumar，S. Kannan. Study of the Factors Responsible for the Dropouts from the BSc Programme of Indira Gandhi National Open University[J]. 2006，7(3).

④谭明杰，周仲文，邵培基，李莹. 中国远程教育学生流失现状及归因[J]. 现代远程教育研究，2013(4)：67—72.

2. 请与你的同学组成小组调查身边那些参加在线学习或培训项目的人们，了解他们的哪些信息和数据会被提供学习项目和服务的机构所采集，结合在线学习者特征对这些信息数据进行整理、归类、讨论和反思。

补充资料

1. 柯蒂斯・邦克(Curtis J. Bonk)，伊莲・邱(Elaine Khoo)著；陈青，彭义平译．激励和留住在线学习者的100个活动：TEC-VARIETY应用宝典[M]. 北京：中央广播电视大学出版社，2016.

该书运用几十年来在线学习和混合学习环境相关理论研究成果和实践探索经验，根据在线学习取得成功的十项激励原理，梳理出用于激励和留住在线学习者的100个教学活动。这些活动将新兴学习技术与内外在动机理论相融合，既可以单独使用，也可以结合使用，为激励和维持在线学习动机、降低流失率提供了有效策略。

2. 钟志贤．远程学习者的自我管理[M]. 北京：中央广播电视大学，2015.

本书聚焦于远程学习这一需要高度自我管理的信息化时代的终身学习主流方式，针对远程学习者的自我管理需求，探讨了自我管理的“基本认识、自我认识、目标管理、资源管理、时间管理、压力管理、情绪管理、努力管理、人际管理、评价管理”等内容，以期从理念和方法两方面为远程学习者的自我管理提供有效路径和启示，为理解成功的远程学习者的自主学习意识和自我管理能力培养提供了新思路和实现路径。

第三章

在线学习支持服务的内容与活动

本章概述

在学习者在线学习过程中，各院校机构会为学习者提供各种各样的支持，以便帮助学习者顺利完成学业，所提供的这些帮助即为学习支持。随着数字媒体技术的发展，学习支持也以各种形式呈现在学习者面前。相比于函授教育中通过单向通信渠道提供的学习支持，在网络学习时代，数字化、人性化的学习支持更为常见，也更容易被学习者所接受。在本章，我们将深入学习学习支持的具体内容，了解学习支持的相关分类理论，并以辛普森提出的基于服务情境分类理论为基础，详细阐述学术支持和非学术性支持的具体内容，明确学习情境中相关人员的责任与义务。

本章内容共包括三节。第一节将介绍常见的学习支持服务分类理论及其分类标准，并详细阐述基于内容、基于周期、基于服务情境的分类方式。第二节包括"学术性支持服务的内涵""学术支持人员""学术性支持服务活动"三个部分。该小节首先从概念、活动类型、理论支持三个方面阐述学术性支持服务的内涵，并介绍学术性支持相关角色及其职能与能力需求，最后从制订辅导计划、导学、促学、评价与反馈四个教与学过程的角度，详细介绍各种学术性支持活动及相应的支持策略。第三节包括“非学术性支持服务的内涵”“非学术性支持服务的人员培训”“非学术性支持服务活动”“面向特殊学生群体的支持”四个部分。该小节首先从理论上总结国内外学者对非学术性支持服务的认识，再结合在线教育的实践情况总结非学术性支持服务活动的形式以及对相关人员的要求与培训。

章结构图

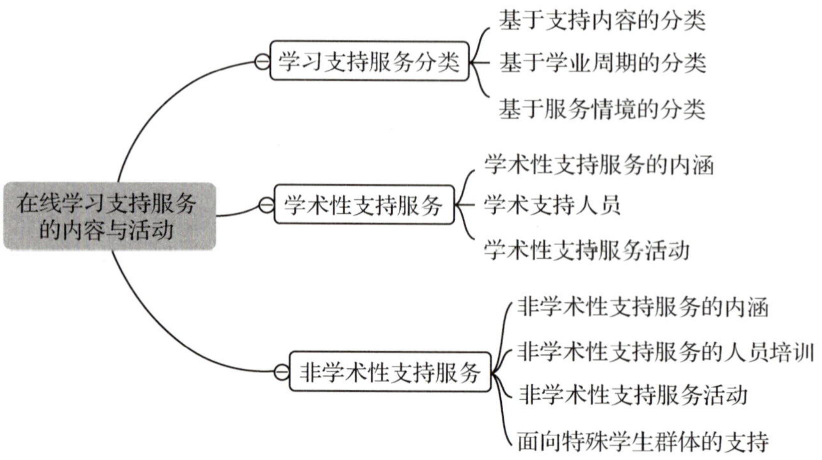

学习目标

1. 能够阐述在线学习支持的三种分类视角及相关理论。
2. 能够描述学术性支持的主要活动。
3. 能够描述非学术性支持的主要活动。
4. 能够阐述学术性支持和非学术性支持的区别。
5. 能够阐述辅导教师的主要职能与能力要求。
6. 能够掌握学术性支持服务的一些基本方法。

第一节　学习支持服务分类

学习支持服务实践是多元化、多形态、多功能实践活动的集合。在现代远程教育的发展进程中，学习支持服务随着通信技术的发展、远程教育理念的演进、远程教育市场的发展成熟、远程教育机构对现代服务与管理方法的借鉴与学习而不断丰富与演进。本小节中，我们将与你一起简要了解一下在线学习支持服务的实践活动分类。

小节目标

1. 能够简述如何基于支持内容对学习支持服务分类。
2. 能够简述如何基于学业周期对学习支持服务分类。
3. 能够简述如何基于服务情境对学习支持服务分类。

第一章对学习支持定义的讨论与反思让我们对学习支持服务的实践活动有了更全面与本质的理解。然而，正如西沃特所强调的那样，学习支持的实践活动形式与内容是丰富多样且不可被复制的。这是因为如何构建支持服务系统取决于远程教育院校、在线教育机构的市场定位、课程教学包、课程传播系统、已有资源和资金、远程教育文化环境等多个因素。在这些因素的影响下，每一所远程教育院校、每一个在线教育机构提供的学习支持服务系统都是独特的。

尽管各教育院校、机构在实践中提供的学习支持服务活动不尽相同，但是这些服务活动也可以归纳为几种类型。一些学者从不同视角对学习支持服务的分类进行了定义，这些分类为我们更深入地理解学习支持服务的内涵与外延提供了框架，也为实践中搭建的学习支持服务系统提供了理论依据。

西沃特根据学习支持服务的提供方式，将学习支持服务划分为基于人际面授的双向通信支持（连续的通信）和基于技术媒体的双向通信支持（非连续的通信）（陈丽，2004）。

索普根据支持服务提供的情境，将学习支持服务划分为在学校机构中提供的支持服务和在课程中提供的支持服务（Thorpe & Mary，2002）。

丁兴富根据学习支持服务内容及其形式，将学习支持服务划分为信息服务、资源服务、人员服务、协助组织和开展实践性教学、对远程学习者的评价、设施服务六种类型（丁兴富，2002）。

陈丽等人（2005）提出了另一种分类方式，即将学习支持服务划分为补救性和发展性两类。补救性学习支持活动包括非学术性支持活动和学术性支持活动；发展性学习支持活动，主要指培养学习者学习技能的活动。补救性学习支持活动在我国远程教育实践中已经得到了普遍的重视，但发展性学习支持活动的重要作用尚未得到认识，在实践中还很少见（陈丽、龚静，2005）。

安德森（Anderson，2014）认为学习支持服务包括学术建议或生涯咨询、个人心理健康咨询、促进社区感的服务（社会网络、俱乐部和具体兴趣、地区见面会等）、特殊学习者需求的支持、技术支持和学科教学辅导六种类型。

在已有分类中，泰特和辛普森的分类学说被国内外文献引用较多，成为很多学习支持服务分类与系统模型构建的理论基础。在现有的在线学习环境中，这些远程教育实践中学习支持服务的经典分类理论也得到了继承。

一、基于支持内容的分类

泰特基于支持服务解决的问题类型，将支持服务划分为认知支持、情感支持和系统支持三种类型(Brindley，Walti & Zawacki-Richter，2004)。认知支持是通过作为学习者与统一标准化开发的课程材料之间的中介来支持和发展学习；情感支持是承诺提供一个能够为学习者提供支持、提升学习者自我效能感的环境；系统支持是建设一个有效的、透明的、友好的行政管理过程和信息管理系统。

泰特所提出的认知、情感与系统的分类为实践构建、分析学习支持服务提供了更普遍的理论依据。其中除了认知支持的学习支持活动具有局限性，对情感支持与系统支持都给出了更明晰的界定。情感支持被界定为构建让学习者可信赖的、具有归属感的，能够提升学习者自我效能感、获得同伴互助、促进学习情感投入的良好学业环境。该定义较好地统摄了实践中帮助学习者解决各种学习过程中的心理和情感问题的支持活动，如缓解精神压力、消除孤独感、增强自信、建设社区文化等。系统支持被界定为建设一个有效的、透明的、友好的行政管理过程和信息管理系统，以便能够为学习者提供更高效运作与友好的服务系统。该定义较好地整合了已有实践中帮助学习者更好地适应机构运行机制、利用机构资源和改进机构服务效率与质量的支持服务活动。

在该分类中，认知支持的定义仍然停留在第一代和第二代远程教育系统中学习者支持活动的定位。在网络时代的在线学习系统中，学习者支持不是平行于课程设计与开发之外的系统，作为课程材料与学习者的中介，而是课程的一部分，需要与课程进行一体化设计。因此，我们可以将泰特的认知支持修订为与课程学习密切相关的，以促进学习者认知发展为目的的，以教学辅导为主要活动的，对学习者在认知、智力和知识等方面提供帮助的支持。

有一些学者对泰特的分类进行了拓展或发展。如阿特金斯在泰特的分类基础上增加了反思性支持(Reflective)类型，构建出远程教育支持服务系统的 ARCS(Affective，Reflective，Cognitive 和 Systemic)模型。该模型成为英国开放大学学习支持服务系统的基础模型(Stevens & Kelly，2012)。模型中增加的反思性支持主要关注学习者的动机，通过给学习者提供信息、建议、指导、学费支持和其他支持，帮助学习者进一步明确目标，增强学习者学习动机和学习能力。

荣格和霍格又在 ARCS 模型基础上增加了性别支持类型，构建出亚洲远程教育支持服务系统模型(Jung，I. & Hong，S.，2014)。他们之所以增加性别支持，是因为他们认为亚洲各国的远程教育并不是人们获得高等教育的首要选择，选择远程教育的学习者们在社会地位和经济状况上通常都处于劣势，这类群体的学习需求差异在性别维度体现得较为显著，因此亚洲远程教育机构需要特别关注与支持性别差异所带来的学习障碍。模型中的性别差异包括生活技能发展、自信心建立、政策和学习环境等方面的支持。

二、基于学业周期的分类

各院校机构在实践过程中为学习者提供的学习支持服务活动是多种多样的。特里·安德森(2015)介绍了加拿大阿萨巴斯卡大学的学生支持服务，包括学习资源服务(残疾人获取资源服务、提供咨询建议服务、数字化图书服务)、职业规划、考试信息服务、财务救助、新生导学、学生奖励、学生手册、技术支持等活动。哈迪·考克斯(Hardy Cox)(2001)编写的学习支持服务评测工具中，提及众多的学习支持服务活动，包括若干种服务：学术服务(包括学术建议、学术咨询、技术支持、学术保留服务、书店、图书馆、测评、残疾生服务等)、个性化服务(包括新生导学、个性化咨询服务、职业指导咨询、健康服务、法律服务、就业安排、金融服务等)、管理服务(包括入学、登记、学生账户、学生记录、财务资助、课程安排、课程目录等)、学生社区服务(学生活动、学生社团)、交互服务(为师生交互、生生交互、机构与学生、学生与行政人员交互提供服务)(见图 3-1)。在 BB 平台机构组织的学生支持服务调查中(Blackboard Institute Student Services Survey，2010)，按照学习者的学习过程，对学习者在课程学习之前、课程学习过程中、课程学习之后所需要的支持服务类型进行了统计。结果显

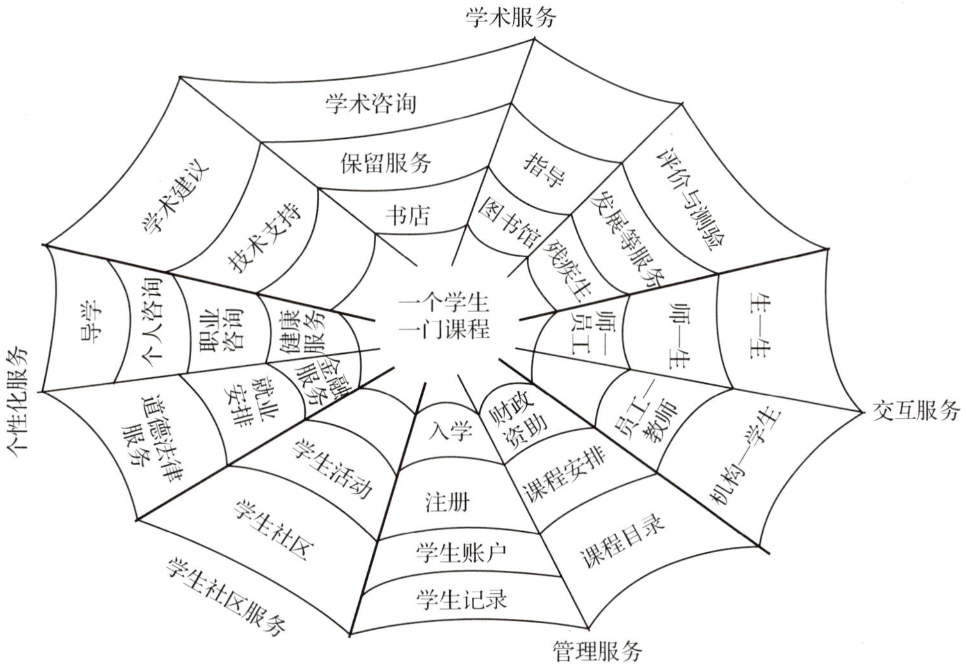

图 3-1　学习支持服务活动图示

统计。结果显示：在课程学习之前，学习者更需要导学服务、注册帮助、咨询服务、财务资助指导服务、课程交流（课程选择服务）等；在课程学习过程中，学术性的支持服务分量比之前加重，学习者更多需要技术支持、图书馆和资源服务、课程指导和学术性的咨询服务等；在课程学习之后，学习者渴望知道自己的成绩详情，渴望获得相应的结业证书、学位，也期望自己在课程学习完毕后获得职业咨询、指导服务、校友会的了解以及工作机会，能够得到适当的工作安排等服务。

英国开放大学是远程教育院校中较为成功的案例，在学习过程中，英国开放大学注重在不同学习阶段为学习者提供有侧重点的学习支持(侯松岩，2013)，在学习前和学习过程中主要包括认知(awareness)、思考(consideration)、决定(decision)、导学(o-rientation)、准备(preparation)、学习(study)、复习(revision)和反思(reflection)，其中认知、思考、决定是在学习前提供的学习支持，其余的学习支持是在学习过程中提供的，在学习完成后提供关于评价、反馈的学习支持服务如图 3-2 所示。

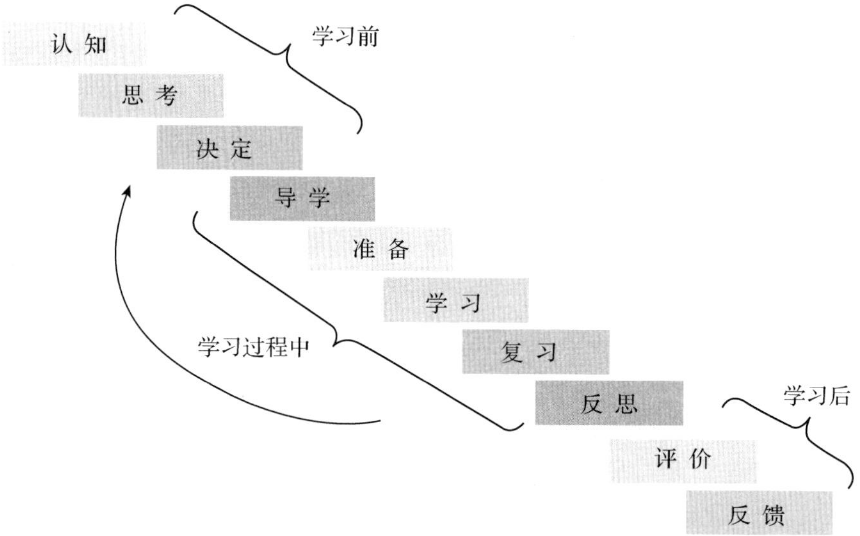

图 3-2　英国开放大学不同学习阶段学习支持服务图示

学习前的支持服务包含学习前为学生提供支持以便学生了解课程信息，做好课前准备，拥有学习信心的服务活动。学习过程中的支持服务包含学习过程中引导、帮助、促进学生学习，理解知识内容，维持学习兴趣的服务活动。学习后的支持服务包括评价、反馈等环节，包含对学习者的学习表现、学习结果的评价及对学习者个人、课程建设等内容的反馈。

除了英国开放大学，在实践中，还有众多的远程教育院校、在线教育机构在学习者的不同阶段提供支持，以便学习者能够更好地了解课程信息及自身的学业情况。结合各种实践案例，我们可以将学习支持服务的众多活动以学习者学业生命周期为时间流程构建基于学习者学业过程的学习支持服务框架，如图 3-3 所示，该框架以图示化的形式完整地表达了学习者在整个学业期间及毕业后所获得的学习支持服务情况（李爽、喻忱等，2015）。

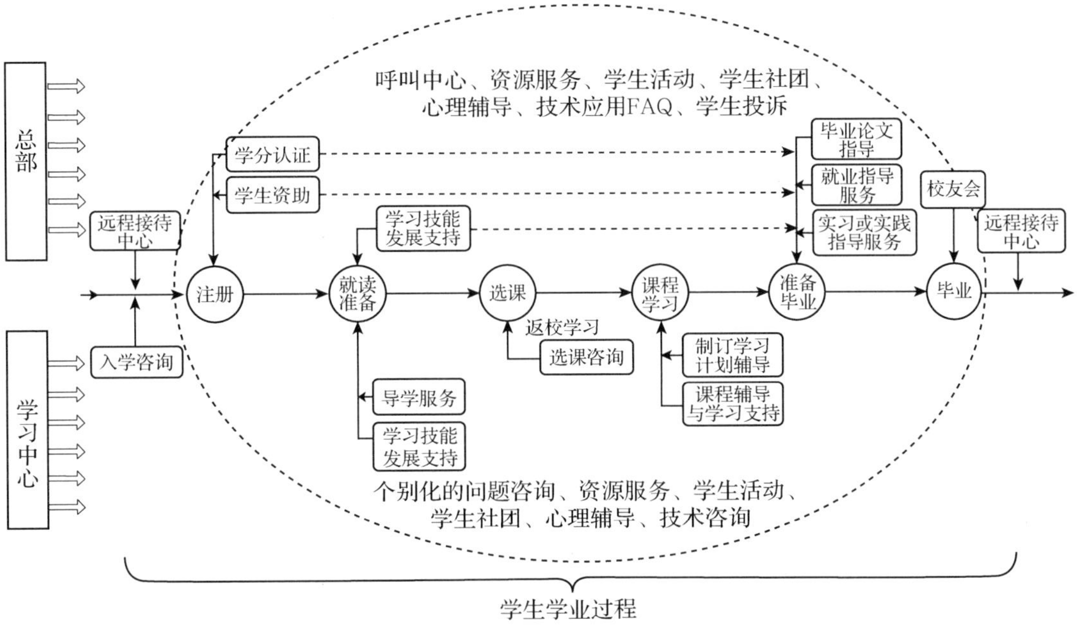

图 3-3　基于学习者学业过程的学习支持服务框架示意图

在整个学业生命周期内，学习者会得到全过程和全方位的支持服务。所谓全过程就是学生在远程与在线教育机构就读期间的整个学业周期，从作为潜在学生的入学咨询到注册后作为在校生的整个就读过程，再到完成课程或毕业论文，获得有关学历或学位后离开学校，以及重返学校学习。所谓全方位就是给学生提供学术、管理、情感、技术等多方位的支持，帮助学生排除各类远程学习障碍，有力保障和促进学生的远程学习与发展。其中：

• 远程接待中心是贯穿整个生命周期服务的内容，该服务可以将学生对于不同类型服务的需求分流到相应的部门与机构。

• 注册前，远程与在线教育机构的潜在学习者通过远程接待中心与入学咨询服务帮助自己进行专业与课程选择的决策。

• 新注册的学生首先通过导学服务了解机构提供的远程与在线学习方式及能力准备，并在学习技能发展支持服务中掌握远程学习所需的基本技能。与此同时，学生可以通过学分认证服务将入学前的各类学习结果转化为专业或课程的学分，并根据自己情况申请院校提供的学生资助。

• 在整个就读期间，学生能够获得学习咨询、课程学术支持、资源服务、实习实训指导、毕业论文指导等学术性支持服务，获得学生活动、心理辅导、学生社团等情感支持，获得 7×24 小时的远程接待与信息服务、学生投诉处理、就业指导等管理支持，获得各种方式的技术支持。

• 毕业后，学生还可以通过校友会与呼叫中心服务和学校保持联系，了解学校的最新发展，并根据自身学习需求与职业发展需求选择重返开放大学就读，从而进入其新一轮的学习周期。

三、基于服务情境的分类

索普(2002)根据支持服务场景将学习支持服务划分为在学校机构中提供的支持服务和在课程中提供的支持服务。在学校机构中提供的支持服务主要帮助学习者处理与学习事宜相关的困难，贯彻学习前、学习时、学习后的整个学习流程，如了解课程信息，咨询申请条件，了解课程证书获得资格，处理设备问题等。在课程中提供的支持服务包括了解课程任务要求，与其他学习者合作学习，理解课程资料等与课程知识内容的理解、学习相关的支持服务。

基于索普根据场景的学习支持服务分类观点，在线学习者的学习支持也可分为教学服务和教育服务(李爽，2016)。教学服务从微观层面描述，主要指促进、优化学习过程的学习支持服务；教育服务从宏观层面响应学习者需求、支持教育产品和服务的个性化。据此，可认为在线学习支持服务是远程教育院校、在线教育机构促进和优化在线学习过程，响应学习者在就读前后的各类需求，支持教育产品和服务个性化的所有活动和元素的总和。

辛普森根据支持服务与课程学习的密切程度对学习支持服务的分类也是被文献引用较多的一种分类学说，他在调查基础上发现成功的远程学习者应该具备认知、情感和组织方面的技能，并建议远程教育机构在提供支持服务方面应该围绕学习者在认知、情感和组织方面的需求开展。然而，他并没有将学习支持服务划分为认知、情感和组织支持三类，而是将与课程学习密切相关的认知支持定义为学术性支持，将情感和组织方面的支持定义为非学术性支持。

在辛普森的定义中，学术性支持(或称作教学辅导支持)主要体现在某门具体课程或一系列课程中，是在教学过程中对学习者在认知、智力和知识等方面提供的支持。例如通用学习技能、基本计算和读写能力方面的支持，也包括解释概念和评估学习者作业。非学术性支持主要是在学习者学习时的情感和组织方面提供支持，可进一步细分为发展性支持(包括课程选择建议、职业生涯指导、技能发展、动机激励等)和问题解决式支持(包括管理上的问题、学习上的问题、学习落后的问题、影响学习的个人问题等)。辛普森在这两个分类基础上构建出远程教育支持服务体系(奥蒙德·辛普森，

2013)。

辛普森进一步细化了两类支持服务中的主要活动。学术性支持包括①确定课程范围；②解释概念；③探索课程；④提供反馈，包括正式与非正式的评测；⑤培养学习技能，如计算能力与读写能力；⑥追踪进度，跟踪学习者课程学习进展；⑦扩展课程的边界和分享学习的快乐；⑧激发学习者学习动机，如通过课程活动设计等引发学习者对于课程内容的学习兴趣。非学术性支持包括①咨询：提供信息、探索问题和建议方向；②评测：给个体提供非学术能力方面的反馈；③行动：提供实际帮助促进学习者的学习；④支持：帮助学习者申请资助，写推荐信等相关材料；⑤改革：推进机构内部开展有利于学习者的变革；⑥管理：组织和管理学习者支持服务相关工作与活动；⑦激发学习者学习动机，增加学习者的在线学习归属感，如通过社团活动、鼓励等形式增强学习者在线学习兴趣，如图 3-4 所示(李亚婉等，2006；奥蒙德·辛普森，2012)。

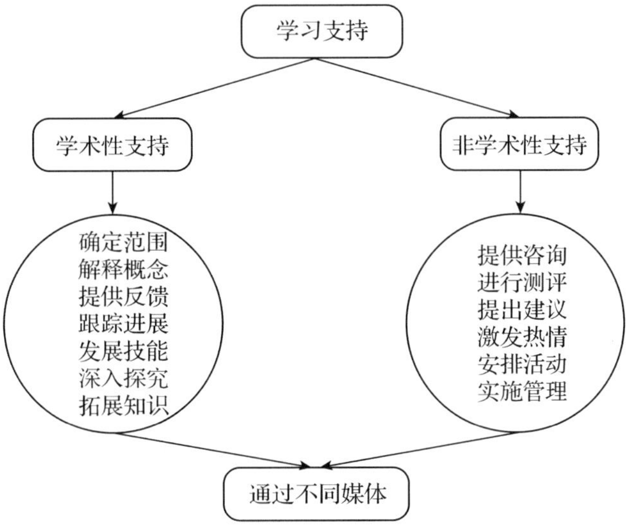

图 3-4 学习支持服务的活动类型

辛普森特别指出，学术性支持与非学术性支持有很多功能是重叠的，这种重叠可以说是人为和随意的。如辅导教师在向学习者提供支持时，可能会不知不觉地从一种模式(学术)转移到另一种模式(非学术)。比如，他们会从对儿童心理学课程的讨论转移到学习者们如何成功地提交下周的作业。但是即便如此，辛普森也认为这样区分两类支持服务活动是有用的。两类服务尽管对支持人员的技能要求有相似，但是侧重点不同。对这两类支持服务活动的区分会使支持人员在进行服务类型切换的时候意识到需要采用不同的态度与方式来处理。

辛普森还补充说明，在非学术性支持中，支持、改革和管理三类活动并不是直接对学习者产生作用，但是这些活动对于解决学习者问题、维护学习者权益、提升学习者学习满意度是重要的。实际上，远程教育院校很多重要的学习支持服务活动都不是直接作用在学习者身上。在某种情况下，推进院校机构结构改革是支持学习的最好方式。此外，辛普森强调激发学习者学习动机对于面对更多困难与障碍的远程学习者而言是非常重要的支持活动，因此在学术性支持和非学术性支持中都包括了这类活动。

辛普森将确定课程范围划分到学术性支持的观点受到了一些学者的质疑，他们认为这是课程设计的范畴。但是整体上，辛普森的分类对已有支持服务活动进行了一个更宏观的归纳(Brindley，J. E.，Walti，C.，& Zawacki-Richter，O.，2004)。他的分类在某种程度上对泰特划分的子类进行了再度归纳，与索普将学习支持服务分为课程背景下和机构背景下两类具有相似的逻辑，对远程与在线教育的教育属性和服务属性进行了较为明确的区分。

第二节 学术性支持服务

学习者在在线学习过程中主要采用自主学习的学习方式，但是自主学习同样需要有辅导教师通过搭建脚手架来引导学习者的学习，帮助他们达成学习目标。辅导教师为学习者的学习搭建脚手架的过程，就是辅导教师提供学术性支持服务的过程。学术性支持服务支持学习者的认知发展，以促进学习者学习为目标。可以说学术性支持是保证在线教育质量的必要环节，是为在线学习者提供学习支持服务的初衷和根本所在。学术性支持服务具体提供哪些支持、提供支持的过程中会采用哪些策略与方法、谁来提供这些支持是本节要回答的问题。请你带着以上问题进行下面的学习。

小节目标

1. 能够阐述学术性支持服务概念的内涵。
2. 能够描述学术性支持的主要活动。
3. 能够简述基于不同教学理念的学术性支持服务的侧重点。
4. 能够简述辅导教师的主要职能与能力需求。
5. 能够简述制订辅导计划的步骤。
6. 能够简述导学的主要工作。
7. 能够简述促学的主要工作。
8. 能够简述学习评价与反馈的主要工作。
9. 能够简述作业评价的三明治原则。
10. 能够简述基于学习分析技术的在线学习过程评价方法。

一、学术性支持服务的内涵

(一)学术性支持的概念

将学术性支持(academic support)作为学习者支持的重要类型进行讨论与分析的主要学者是英国开放大学的辛普森，他在其著作《对远程学习者的支持服务》中，将学术性支持定义为远程教育机构提供给远程学习者的认知、智能和学术知识等方面的支持(Simpson，2007)，主要体现在某门具体课程或一系列课程中。回顾我们在本章第一节学习的学生支持活动的分类可知，在已有学生支持的其他分类系统中，泰特提出的认知支持，安德森提出的学科教学辅导，索普界定的课程情境中的学生支持，以及Atkins在泰特分类基础上补充的反思性支持等都可以归属到学术性支持中。此外，李爽基于"互联网＋"时代在线教育学生支持实践特点，提出的在线学习支持定义中的教学层面的功能(李爽，2016)，同样归属为学术性支持。综上可知，在线教育中的学术性支持是指在线教育机构在教学层面以促进和优化学习过程为目的，提供给在线学习者的认知、智能和学术知识等方面的支持。

学术性支持是与学生的认知和智力发展最为密切相关的学生支持活动，既包括课程情境中的教学辅导支持，又包括在线教育机构在课程情境之外提供给学生的以促进学生认知技能发展为目标的支持活动。学术性支持是在线教育机构提供给学生的最基本的支持服务，是帮助学生顺利完成在线课程的关键服务活动。

(二)学术性支持活动类型

实践中，各个在线教育机构所提供的学术性支持活动不尽相同。在文献中，对于学术性支持的分类也没有达成共识。里德(I. A. Reid)认为学术性支持活动包括为学习者提供学术指导(academic guidance)、学习支持(learning support，为学习者组织与学习技巧相关的研讨会，帮助创建学习小组和学习者的个人学习网络，以及一对一的辅导等)、咨询(counseling)三类活动(Reid，1995)。泰特认为，学术性支持活动包括辅导(tutoring)、指导(guidance)和咨询(counselling)(Tait，2000)。辛普森将学术性支持的基本活动界定为八类活动：确定课程范围；解释概念；探索课程；反馈；培养学习技能；追踪进度；扩展课程的边界和分享学习的快乐；激发学习者学习动机。其中，学术性支持活动的核心是教学辅导(孙艳萍、江小青、孙鸿飞、狄晓暄，2012)。综合已有关于学术性支持活动分类的观点，我们将学术性支持的典型活动归纳为如下几类。

1. 课程导入

课程导入活动的目的在于让学生了解课程、与教师和同学相互认识，协助学生制订合理的学习计划，提供导学材料并组织导学活动等。导学活动和导学材料的内容通常包括课程学习的意义、课程与其他课程的关系、能力要求、课程目标与内容、课程学习方式、考核方式、可获得的课程资源等，为在线学习者全面预览课程。在学习风格理论的指导下，部分研究者将学习风格作为个性化学习导学策略的重要参考依据。衷克定所提出的基于学习风格理论的在线导学策略设计和实践中，具体包含的导学内容有交流工具的建立、告知学习风格、发布学习引领公告等（衷克定、刘洋，2012），为个性化学习活动的组织与引导提供学习风格依据，以适应学习者个体差异，提高学习效率。

2. 教学组织和实施

教学组织和实施过程是指教师按照教学计划和教学目标组织和引导学习活动的过程。教学实施是在线教学环节中的重要内容，在组织教学活动的过程中，帮助学生熟悉课程、掌握知识和技能、促进人际互动，为学生提供全体辅导和答疑。教学实施的各种活动例如辅导活动，所针对的学生困难与问题并不都是明确发生在特定学生个体或群体身上的困难与问题，相当一部分辅导活动是教师根据教学经验预测绝大部分学生会遇到的认知困难与问题，进而通过设计有效的辅导策略或学习脚手架来促进学生的深层次学习或有效学习，帮助学生达成预期学习目标。同时，在交互性增强、学习进度可观测的在线学习发展过程中，教师不再拘泥于原本计划内的教学活动，教学实施者同时也是生成性的教学性活动的设计者和执行者，教师能够根据学习过程情况及时调整在线教学策略，组织教学设计之外的学习活动，例如以分享案例、课堂讨论等临时活动的设计和组织来满足学生在线学习中同步产生的学习需求，达到促进学习的目的。

3. 学习辅导与答疑

学习辅导是从学生课程学习的认知与学习困难和问题出发，辅导教师基于自身的专业知识与辅导经验，给学生提供一个有效解决方案，或者通过各种策略或脚手架，引导学生解决相应的问题，进而达到预期学习目标。里德提到的学术指导、辛普森提到的解释概念都属于课程辅导活动。答疑活动与辅导活动相辅相成，指以响应学生实际发生的问题与困难为特征的典型辅导活动，通常可基于电话、电子邮件、教学平台、面对面等多种方式。例如课程辅导教师组织与引导的问题讨论，给学生讲解重难点知识，通过案例分析帮助学生理解知识的应用，设计并安排学习任务促进学生认知技能的习得等。这类辅导活动在建构主义和联通主义学习理论支撑下的课程教学中被赋予了更多教育意义，而不仅仅是学习的支持，更突出学生在学习中通过与教师和同伴的互动实现更完整的意义建构，甚至知识的创造。

此外，咨询活动作为答疑辅导的一种特殊形式，是由在线教育机构有关人员提供给学生的关于其认知和学习技能发展的相关建议。咨询活动通常也是主要针对学生的认知与学习困难和问题开展，但是这些困难和问题与课程中知识的学习不直接相关，而与学生学习方法、认知策略、学习技能相关。咨询者通常根据学生的情况给学生提供多种方案建议供学生选择，而并不会将他们的意见强加于学生。此外，咨询活动只是提供行动建议，而并不会引领或指导学生最终解决问题。

4. 学习过程追踪、记录与监控

学习过程追踪、记录与监控是对学生在线学习过程的跟踪、记录、分析、评估与调控，并通过反馈给学生评估结果让学生对自己的学习情况有更准确的把握，促进其学习。辛普森的反馈与跟踪活动都属于这类活动。在早期的远程教育实践中，主要通过作业的布置与评价来实现学习监控与评估，这也是缺乏双向通信技术的早期学生支持的最基本活动形式之一。随着网络教学平台在在线教学中的应用，大量的学习过程数据为学习监控提供了重要的依据，学习分析技术的发展与成熟让学习监控与评估在学术性支持中扮演的角色越来越重要。学习过程的分析与评估甚至为辅导、咨询、学习技能发展等其他支持活动提供了重要依据。

5. 激励学习动机与学习投入

激励学习动机与学习投入主要体现在动机激励和维持两个方面，对于在线学习者而言非常重要。一方面，在线学习者往往仅对学习结果感兴趣，整体投入不高，容易由生活、工作等诱发事件，造成障碍，减弱或丧失学习动机，最终导致学习中断或辍学，而对于能够保持学习动机的学生来说，即使在极其困难的情况下，也能坚持完成在线学习内容。因此对于极易受到打击而失去学习动机的在线学习者来说，必须通过设计活动来不断加强学习者学习动机。另一方面，需要激发学习者对学习内容本身的兴趣，建立起学习和未来个人发展等方面的重要关系，从而使学习者在更好地工作和生活规划的基础上维持学习动机，不轻易放弃。激励学生持续参与到各类学习活动中，尤其是与学习目标以及重难点内容相关的活动。激励学习动机与学习投入的形式各有不同，如定期给予学生学习反馈、关注沉默学生、给学生提供学习报表、课程活动提醒、作业提交提醒等。

6. 学习评价与反馈

对学生的评价和反馈在支持服务里面是非常重要的活动和工作，具有重要价值，主要指诊断问题、形成支持、结果评估、教学调整的过程。评价方式有总结性评价和形成性评价两种。总结性评价是以测验和考试为主的，与学习绩效紧密相关；而形成性评价例如作业评价等是面向学习过程的促进型评价。另外，基于作业评价、学习过程表现的直接反馈同样具有重要意义。反馈同样需要策略和智慧，德威克指出，验证或表扬学生努力的策略相较于表扬学习成就的策略更有效（Dweck，1999）。随着数据挖掘和学习分析等学习支持技术的发展，有关学习参与度和学习绩效的测量评价数据更为全面，可以更好支持对学习过程的促进评价。学习评价与反馈除了传统学习评测之外，增加了个性化的学习反馈，如学习测评的自适应、个性化学习内容推荐、个性化评语等。

7. 学习技能发展

学习技能发展是在线教育机构为学习者提供的发展性支持，以获得和提升能力为目的，得到越来越多在线教育机构的关注和重视。绝大部分的在线学习者并没有在学习技能方面做好准备去进行在线学习，如果忽略这一事实，在线教育机构将很难帮助学习者顺利完成他们的学业。因此，在线教育机构必须将发展与培养学习者的学习技能作为提供给学生的重要支持之一。这些学习技能既包括计算、阅读、语言等基本认知技能，也包括时间管理、认知策略、压力管理等元认知技能。在线教育机构通过开设有关技能辅导课程、提供技能评测与指导、提供相关学习手册、组织讲座或研讨会等方式来促进学习技能发展。

8. 构建良好的学习环境

构建良好的学习环境，是指在建构主义和联通主义学习理论指导下，为学生创设积极、良好的学习环境，借助学习环境和氛围达到激励学习动机的支持目的。创设一种更有利于意义建构与联通学习的学习环境是该类支持活动的核心任务，包括创设学习小组、营造民主协商的在线讨论氛围、创设问题情境、促进学生社会关系网络建设、推动学习社区构建等。在这类活动中，构建良好的人际关系、广泛的社交，促进民主、协商文化的形成，搭建问题情境激发学生学习动机与高认知投入是其主要工作内容。此外，英国开放大学创新教学报告中介绍的沉浸式学习，是教学模式和教学环境的创新探索。沉浸式在线教学环境使人感到置身于真实情境，利用自身的知识和资源来解决问题或训练技能，通过视觉、听觉、活动、空间意识和触觉的共同作用来强化学习（丽贝卡·弗格森、萨瑞·巴尔齐莱、丹妮·本-兹薇、克拉克·钦、克里斯多西·西罗多、尤塔姆·霍德等，2018）。

9. 专项学习活动指导

专项活动是在线教育机构提供的在线学习项目中的一些相对独立的特殊活动项目，通常是体验、探究、创造类活动。这些活动是对学生高阶能力或综合能力的培养，也是对学生高阶能力或综合能力的评价，如实习、实验、毕业设计等。有些在线教育机构提供的在线课程包括线下实习和线下实验，有些活动可能既包括线上环节也包括线下环节，如编程项目和毕业论文的专门指导。专项学习活动指导教师同样会在线上环节和线下环节中向学生说明活动要求，并给学生提供完成相关课程任务的方法、资源等方面的支持，帮助学生解决他们在任务完成过程中遇到的个别化问题。

(三)教学理论与学术性支持

学术性支持的关键目标是促进学习，如何理解学习以及在此基础上所采用的教学方法将直接影响学术性支持的内容与方法。下面将分别介绍认知—行为主义、社会—建构主义、联通主义三种教学论视角下的在线学习学术性支持。

1. 认知—行为主义与学术性支持

认知—行为主义强调建立刺激与反应的联系，评价个体是否完成学习可以通过观测与评价预期的行为是否发生，以及关注行为背后的学习动力、态度与智力因素。认知—行为主义教学法的代表有加涅的九大教学事件、计算机辅助教学、间隔学习等。在这类教学中，主要的互动模式是一对多或一对一的师生交流。学习是个人的事情，学生与同伴间的社会性的互动非常少，而教师与学生间的互动也因为要通过延迟较长的函授、昂贵的电话或偶尔的面对面交流而相对较少。学术性支持以满足学生对标准化开发的课程材料的个性化认知需求为主，包括解决个别化学习问题，基于作业给学生提供的形成性评价、对学生个体或班级提供的重难点辅导。

2. 社会—建构主义与学术性支持

基于社会—建构主义的在线教育教学非常重视社会性互动对于学习的意义，重视围绕小组学习而非个体学习来设计其教学。随着电子邮件、公告板、万维网、移动技术等多对多交流技术的广泛应用，社会—建构主义教学在技术的支撑下逐渐流行起来。在教学中，教师不再是权威，而更像是引路人、促进者，学习过程比内容更为重要，知识之源主要存在于经验之中，对学习的评价重点放在学生如何构建知识，而不是评价学生是否达到标准化的学习结果(Jonassen，1991)。此外，以交互为特征的教学活动对师生比提出了较为严格的要求，通常教师辅导的学生人数不能超过 40 人。综上，在社会—建构主义教学中，学术性支持对象从以个体为主转向个体与小组并重，除了完成认知—行为主义教学中面向个别化学习需求的支持任务之外，更重视有效促进学生的社会性对话、合作、协作知识建构，以及创建促进意义建构的学习环境，如给学生提供丰富的多样化学习情境，让学生在多种情境中建构意义。

3. 联通主义与学术性支持

联通主义教学中学术性支持的重点有三个方面：一是促进联通学习所需的路径与意义，包括帮助和支持学习者发现重要的知识节点、建立相关节点的联系、建构节点的意义等；二是在学习过程中尤其是初期帮助学生掌握联通学习的方法、培养学生自主学习能力，包括让学生快速适应联通学习的环境与方法，鼓励学生反思学习方法，分享联通学习的策略与技巧，帮助学生建立学习自信，解答他们的方法问题；三是促进建立学生间的互助网络，帮助建立学生间的广泛联系，鼓励互助行为，促进互助文化的形成。尤其是在学习者刚进入联通主义学习环境时，辅导教师要帮助他们形成该环境的认知地图，即解答这是关于什么主题的课程、怎么能够进入这个环境、课程中有哪些内容、它们之间的关系如何、资源在哪里、有哪些工具能够支持我的学习，我和谁一起学习等。“Change：Education，Learning，and Technology”是一门由戴夫·科米尔(Dave Cormier)、乔治·西蒙斯(George Siemens)和斯蒂芬·唐斯(Stephen Downes)开设的联通主义课程，在该门课程中，辅导教师通过鼓励学习者之间分享故事和学习经验、积极推动学习小组和学习共同体的建设等策略来支持学习者的学习。

由此可见，不同教学理论对学术性支持的指导各不相同，学术性支持活动的侧重点和关注点也各不相同。但在实际在线学习和学习支持过程中，不同教学理论的指导和应用都是必要和重要的，不论是一对一的个性化指导、小组合作、情境导入，还是建立交互、分享的联通互助网络。这时，需要辅导教师根据实际教学问题和学习目标，采取不同教学理论指导下的教学策略来组织在线学习支持活动，促进学生学习，满足学生需求。

二、学术支持人员

(一)学术支持者相关角色

学术支持者是在线教育学生支持服务网络中非常重要的一部分，他们承担着在线教育机构给学生提供认知支持的重要职能，是在线教育机构适应学生个别化认知发展需求、实现预期教育教学目标的关键角色。在第一代和第二代远程教育的学生支持活动中，学术性支持是其主要活动，即帮助学生学习院校标准化开发的课程材料，解决学生在学习课程材料中的个性化问题。辅导教师是在线教育提供者与学生之间的中介，他们促进课程学习过程，扮演了辅导者、建议者和学习绩效的评价者的角色。辅导教师的作用延续至今，在在线教育中仍发挥着不可替代的作用。同时，随着新的教学模式和创新技术的发展，学术性支持服务的角色不断增加，甚至出现了由人工智能实现的学术伙伴。

1. 辅导教师

几乎所有的远程教育机构都会设置以促进课程材料学习为职能的学术性支持角色，即课程辅导教师，他们扮演了课程材料编写教师与学生之间的中介，在学生学习课程材料的过程中给予学生持续的关注，弥补标准化开发的课程材料在适应个性化需求方面的局限。如英国开放大学早期设置的课程辅导教师和函授教师这两个岗位，都属于课程学习支持的教师角色(武丽志、丁新，2008)。前者负责地方学习中心的面授辅导，后者负责远程作业批改与反馈。后来这两个角色整合为课程辅导教师(course-tutor)一个角色，通过远程和面授方式给学生提供学习辅导。我国国家开放大学直属分校与下级教学点(班)设置的辅导教师也属于这类支持人员。除了较为公认的课程辅导教师之外，还有一些名称也是指代这类支持人员，如印度英迪拉·甘地国立开放大学将负责课程教学辅导的教师称作学术咨询师(academic counsellor)，英国开放大学曾经设置的咨询—辅导教师也整合了以促进课程学习为职能的学术支持人员。

随着学生支持服务实践的开展，远程教育机构开始反思课程辅导教师是否只能承担学术性支持的职能。20世纪70年代，在英国开放大学曾经有过一场关于辅导教师是否需要同时承担课程辅导与咨询服务双重职能的争论(Sewart，1978)。实践证明，为了提升学生对服务的满意度，课程辅导教师需要承担认知之外的其他类支持。这是因为经常与学生进行互动的辅导教师通常会成为学生们更为信赖的院校机构代表，学生们往往向辅导教师寻求认知支持之外的其他支持，如情感与系统方面的支持。除此之外，学生总是懒得了解或难以搞明白机构复杂的支持系统，他们倾向求助于与其经常联系的机构代表，课程辅导教师就是其中之一。尤其对于不熟悉院校运作机制与远程学习环境的新生而言，要求他们清楚地分辨应该向什么人员与部门寻求学业帮助是不现实的。

为此，很多远程教育机构开始将一些情感和系统支持的职能整合到课程辅导教师这个角色中，如英国开放大学在1976年到2000年设置的咨询—辅导教师这个角色(艾伦·泰特、肖俊洪，2014)。该角色体现了西沃特提出的持续关注理念，将一般性的教育咨询与课程学习辅导职能整合在一个角色中，给学生提供认知、情感与部分系统支持。后来，英国开放大学还设置了“讲师助理”(associate lecturer)这一角色，该角色同时整合了教学辅导与支持活动的双重职能。印度英迪拉·甘地国立开放大学的学术咨询师同样被期待除了给学生提供认知支持之外，还能够给学生提供情感支持。南非远程教育研究所的辅导教师指南中强调，辅导教师需要建立远程学习者与课程材料和组织机构间的人际联系(human contact)。

2. 其他学术性支持相关角色

除了课程辅导教师之外，院校还会结合自身的课程教学要求或专业人才培养要求，设置为课程或专业项目要求完成的特殊学习任务如实习、实验、毕业论文等提供专门支持的学术性支持角色。如很多中国高校的网络教育学院都会设置专门的毕业论文指导教师角色，指导学生撰写毕业论文。

加拿大阿萨巴斯卡大学为该校组班学习模式经常采用的计算机会议活动设置了专门的计算机会议协调师角色，该角色除了承担会议的组织与管理工作之外，其更重要的核心职能是促进会议中讨论的深入，如作为内容专家创建有趣的讨论话题、提出关键问题、提供相关的学习资料，作为会议的协调与促进者协调会议中问题的解决、呈现观点的冲突、鼓励大家对观点的回应、激励批判性反思等。

除了上述与专业项目教学辅导任务密切相关的学术支持者，各个院校还会设置一些支持角色，给学生提供在在线学习中的学习方法、学习技能等方面的支持。

如凤凰城大学专门组建了专业学术顾问团队，负责在学生申请入学和课程学习过程中提供咨询服务。学术顾问团队由240人组成，最初由入学顾问为每一位学生分配一位学术顾问。这些学术顾问的主要职责是鼓励学生提出问题，包括帮助学生完成课程的选择、安排学习进度、理解学校制度等，还要定期检查学生的学习进度。(郭炯、黄荣怀等，2009)。

北京开放大学设置助学咨询师角色，负责在学生整个在校就读期间为每一名学生提供教育目标指导、学业咨询与提醒、学习方法指导、选课指导、心理咨询、学校资源指导等一系列服务。

阿萨巴斯卡大学设置了学生学业咨询顾问(student counsellor)和学生指导顾问(student advisor)角色(杨冬梅、Wang，2013)。前者负责在学生入学之初向学生阐明教育和职业目标，选择一个合适的专业课程或学习项目，说明学习需要的时间和管理技能，识别并克服学习的障碍。后者负责在学生确定专业课程或学习项目后帮助学生明确本科课程要求、选择课程的学习计划，向学生解释学分转换和评估及阿萨巴斯卡大学的学习政策和程序、说明完成学习的费用情况等。

3. 新的角色

“互联网+”的创新改革浪潮中，在技术蓬勃发展和学生需求变化的推动下，新的在线教学模式以及对应的在线学习学术支持角色开始出现，教师职能开始分化，线上课程主讲教师、线下课程辅导教师等角色陆续出现。

由创新人才教育研究会、中国人民大学附属中学、友成企业家扶贫基金会、国家基础教育资源共建共享联盟共同发起、主办的“双师教学”在其教学模式中，尝试用远程的方式解决乡村学校师资不足、优秀资源匮乏等问题。“双师教学”中的“双师”是指每个试验班有两个教师一起开展教学活动，一个是人大附中的教师，负责网络远程主讲；一个是项目学校的教师，负责提前备课、整合人大附中的课程资源、选择合适的教学模式、复讲复练、组织本班学生讨论、教学重难点的总结、答疑、批改作业、个别辅导等，如图 3-5 所示。

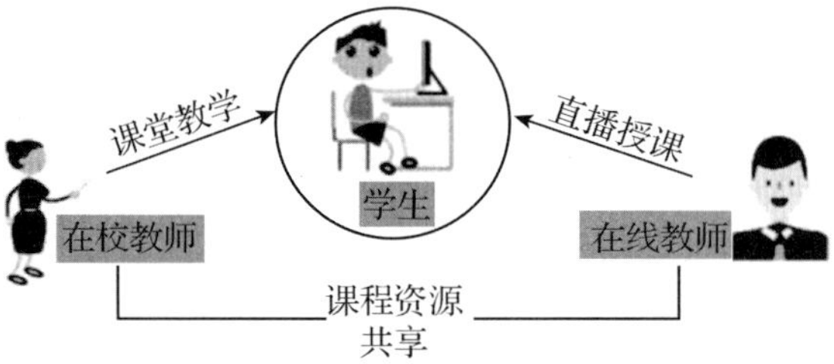

图 3-5 “双师教学”组织模式

成都七中网校探索的“直播课模式”，实现远端学校和前端学校同时备课、同时上课、同时作业、同时考试，授课教师、把关教师、远端协作教师、网校技术支持教师分工协作，组成“协同教学共同体”，如图 3-6 所示。七中教师前端远程授课与远端学校同堂协作教师面授答疑相辅相成，突破地域限制，让教学力量薄弱地区的教师全方位、

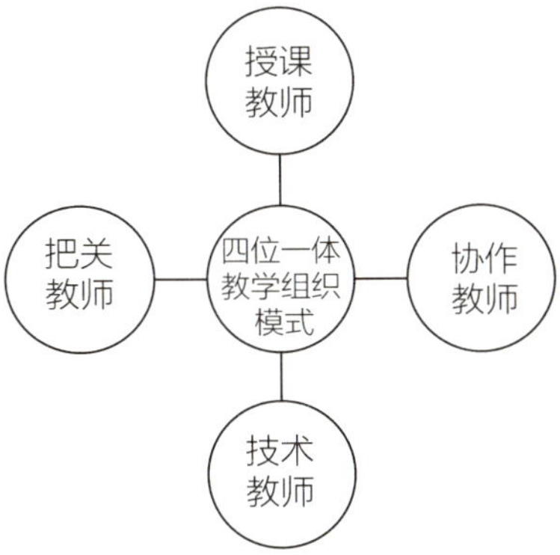

图 3-6　成都七中网校四位一体教学组织模式

全过程地参与到七中的教育教学的关键环节中来，共享先进教学理念和优质教育资源。

北京四中网校的在线课外辅导模式依托在线辅导平台，为学生制订个性化学习辅导方案，服务内容包括资源自动筛选、智能测试学生的学习情况、跟踪网上学习记录，灵活调整资源配送方案等。课外在线辅导教师既能够直接进行网络授课，又同时支持辅导答疑；当地授课教师同样可以利用在线教师提供的资源，开展在线学习活动，跟踪和关注学生在线学习情况，从而与线下教学更好地结合起来。

在上述模式中，远端学校的教师、企业聘请的在线辅导教师成为新的学术性支持角色。在未来新的教学模式的孕育过程中，还将产生更多提供在线学术性支持的角色。随着人工智能技术的发展，以智能代理、教育机器人为代表的智能导师将实现对学生线上和线下的认知、智能和学术知识方面的支持，相应的智能学习伙伴也将在自主学习和协作学习中发挥更大的作用。

(二)课程辅导教师的职能

1. 课程辅导教师的职能

课程辅导教师是学术支持团队中数量最庞大且与学生专业学习最为直接相关的学术支持者。课程辅导教师通常是设置在在线协作教学团队最基层的教师角色，主要由具有相应专业教育背景的兼职人员构成，他们与学生直接接触，是课程教学的实施者，也是学生课程学习的支持者(李爽、张艳霞等，2014)。在在线学习中，辅导教师是学习的促进者，而不是课程的提供者与讲授者。辅导教师的主要职责是帮助学生理解课程中提到的概念、理论、方法，并增强理解、消化、应用课程知识所需的能力。除了提供与课程相关的认知支持，国内外的远程教育院校也都赋予辅导教师一些非学术性的支持性职责。辅导教师需要与其他支持服务人员沟通与协作，给学生提供管理、情感、技术等方面的支持服务，如帮助学生排除影响其学习的个人障碍，与沉默的学生联系、提供职业发展咨询等。这些职责与课程内容学习无关，但对学生学习具有重要影响。

辅导教师承担该职能的主要作用是让学生感受到被持续关注、建立学生与辅导教师的良好关系、促进学习等(张婧婧、李爽、陈丽，2015)。

詹妮弗·奥洛克(2008)在其编著的《远程学习的辅导：教师手册》中列出了一些典型的职责，如表 3-1 所示。

表 3-1　辅导教师常见的职责

角色	职责
课程咨询	给学习者提供课程选择以及是否继续或结束学习等方面的咨询指导
	给学习者提供适合于特定资格或职业要求的课程建议
教学与辅导	回答学习者的问题
	在必要时对课程材料做出解释
	开发辅导材料或其他资源
	帮助学习者发展特定技能
助学	提供补救性帮助或指出在哪里能获得这种帮助
	为希望深入发展某一特定方面的兴趣的学习者提供额外的资源信息
	计划和指导学习者的讨论，包括面对面或通过会议技术(音频、视频、计算机)进行的讨论
	教学小组
学习评估	设计评估作业
	解释评估作业任务与可供选择的题目/项目
	学习者作业的评价、打分，以及反馈评语
	考试命题
	阅卷
与学习者保持支持性联系	在课程伊始与学习者建立联系
	在学习课程过程中与学习者保持定期联系
	帮助学习者解决那些可能影响其课程学习的问题
学习管理记录的保存，与管理人员的联系	在课程伊始核实学习者学籍记录
	保留每个学习者的准确学习记录，包括作业和试卷，并将这些记录上交给相应部门
	了解有关管理程序以及会对学习者产生影响的时限规定，如课程改选或退选的手续与期限等

表 3-1 并不是一个辅导教师的标准职责，不同的远程教育院校对辅导教师有不同的职能要求，这与远程教育院校所设置的支持角色及其定位情况有关。

李爽等人综合 DACUM(教学计划开发)、访谈、观察分析法，对我国北京开放大学辅导教师的主要职能进行了调查。调查结果显示，辅导教师的主要职责涉及准备教学、实施教学、管理学习、促进学习、提供支持服务、评价学习和评价课程七类(李爽、张艳霞、陈丽、张婧婧 & 刘永权，2014)，如图 3-7 所示。

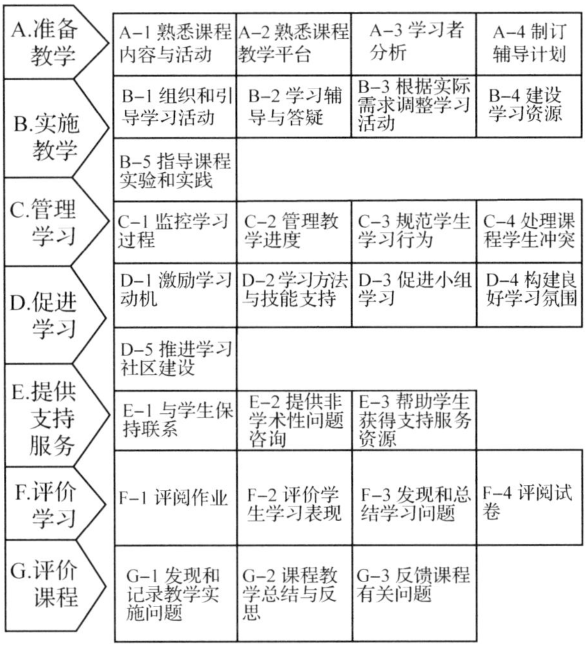

图 3-7　辅导教师工作分析图

2. 辅导教师职能的改变

随着网络教学成为远程教育机构的主流模式，基于社会—建构主义的教学理论和基于联通主义的教学理论逐渐开始引起在线教育课程的关注，尤其是社会—建构主义教学理论成为很多以高级认知目标为主的课程章节教学或培养高层次专业人才的学习项目青睐的教学理论。与认知—行为主义的教学不同，基于这两类教学理论的在线教学的重点不再是知识的传递，而是促进基于社会性交互的意义建构与知识创造。在这样的背景下，辅导教师在学术性支持方面的重点有所变化，这种变化主要体现在在线教育课程辅导教师的辅导重心与对象发生改变。

辅导教师从知识讲授者与问题答疑者转变为学习的组织者、引导者、促进者与伙伴，辅导对象也从以学生个体为主转向以学生小组和社区为主（Li，Zhang，Yu & Chen，2017），原本以重难点知识讲解和个别化学生问题解答为主的在线辅导已经无法适应新的课程教学需求。辅导教师在课程建设中扮演了更加重要的角色，他们需要根据学习者的实际需求来调整课程活动、完善和建设课程内容，并及时将学习者贡献的实践经验和协作创新整合到课程内容中。因此，组织与引导在线研讨、促进小组协作、给学生提供更多情境化知识与案例、鼓励学生实践经验分享和知识创造、把握辅导时机及时组织在线活动以促进学生反思与深层次学习等成为辅导教师的主要辅导活动。

除了辅导重心与对象的转变之外，辅导教师在网络教学中的角色定位也发生了转变，已有关于在线导学教师角色与职能的实证研究为我们理解这种转变提供了参考。如一些学者强调在线教师所扮演的社会或情感角色在构建师生关系、改善在线课堂氛围、在线情绪表达方式等方面非常重要(Varvel，2007；Bawane & Spector，2009；Guasch，Alvarez & Espasa，2010；Baran，Correia & Thompson，2011)。同时，一些学者也强调了管理角色的重要性，因为这类职责与构建良好的学习规则或要求、实现有计划的教学、要求学生自我监控等密切相关。辅导教师的管理职能非常重要，因为该职能确保了机构教学环节的良好运行。此外，咨询者角色能够帮助学生从他们的课程学习中获得最大收益，通过给学生提供指导与方法促进他们的信心与绩效，从而帮助他们坚持到课程的最后(Bawane & Spector，2009；Aydin，2005)。很多文献指出，某种情况下在线教师的情感、管理、咨询等角色对于在线学习者的促进作用可能比认知更大。对已有在线教师角色的文献分析与实证调查研究显示，在线教师所扮演的角色优先级由高到低依次为教学、职业、评价、社会、技术、咨询、研究和管理(Bawane & Spector，2009)，如表 3-2 所示。

表 3-2　对在线教师角色的分类及其优先级

角色	主要任务
教学	设计教学策略、开发合适的学习资源、引用教学策略、促进学生学习参与度、维持学习动机
职业	遵守教师相关道德与规范、有效交流、努力更新知识、对工作热情与投入
评价	监控学生个体与群体的进步、评价个人和小组的绩效、评价课程
社会	维持积极的学习环境、解决学生冲突、节制不良行为、促进小组内的互动
技术	评价各种技术资源、选择合适的学习资源、开发不同的学习资源、给学生提供和建议有效的资源
咨询	给学生提供绩效改进的建议、根据学生需求提供指导
研究	开展教学研究、解释与整合教研成果
管理	管理课程进度与时间、展现领导力、建立规则与要求

3. 辅导教师角色发展趋势

未来，随着双向通信技术的进一步发展与应用、人们学习习惯与方式的变化、在线教学模式的多元化发展，网络教育时代的课程辅导教师角色将呈现如下发展趋势(李爽、张艳霞、陈丽、张婧婧 & 刘永权，2014)：

随着开源、免费且技术门槛较低的各种支持网络课件开发与课程管理的技术工具与平台的出现与应用，辅导教师将可能与主讲教师、教学设计师角色逐渐融合成为一个在线教师角色，他们可以方便地使用 Voice Thread 等工具或在平台开发他们自己的课件，并在 Moodle、Wikispaces 等开源、免费的平台运行和组织体现其独特教育理念与风格的课程。他们既可以独自开课也可以协作教学，甚至可以像 cMOOC 那样只是扮演了学习促进者的角色来组织与引导学生的联通主义学习。这些多元化的课程将更好地满足在线学习者的多样化学习需求。

人们更加重视实践经验与知识的重要性，为响应这一需求，教育机构在课程内容建设方面更注重与实践的结合。因此，邀请在特定专业实践领域具有实践经验或专长的实践专家参与课程特定知识点的辅导成为新的辅导模式。可见，由多角色构成的辅导教师团队分担课程不同知识单元的辅导将成为未来一种可能的趋势。

发挥学习者在同伴互助方面的重要作用，激励学习者与辅导教师共同组成课程的学习辅导与支持服务网络，成为网络环境下课程辅导与支持的有效模式。未来，辅导教师更注重促进学生小组和社区的形成与发展，其个别化学习辅导与支持的职责则在很大程度上被学习者分担。

（三）课程教师的能力需求

1. 课程教师的能力需求

为了实现其职能，课程辅导教师应该具备哪些专业技能呢？已有文献对该问题进行了大量探索。Cyrs 认为，远程辅导教师需要具备课程计划和组织、语言和非语言的表达、团队协作、提问、学习理论和教学设计原理六类能力（Cyrs，2010）。此外，熟练应用各种传播技术、设计以学生为中心的课程、适应在无学生声音反馈的环境下的教学、开发各种无须演讲而进行内容传授的教学方法的能力是辅导教师必须具备的能力（Schoenfeld-Tacher & Persichitte，2000）。北美相关研究认为，辅导教师要具备完成职能工作所需的以下专门技能：学科知识、教学策略、基本教学理论、利用网络进行教学的技能、进行交互技术的教学设计的技能、文献研究技能、行为建模（Williams & Peter，2003）。英国开放大学的奥罗克将辅导教师需要具备的核心能力定义为学术技能、支持技能与行政管理技能三类，并将学术能力进一步划分为导学技能与方法技能两个方面（詹妮弗·奥洛克，2008），如表 3-3 所示。

2. 课程教师能力需求的改变

我们曾讨论了网络环境下辅导教师角色定位与职能的转变，新的角色与职能必然对辅导教师的专业能力提出新的需求。已有文献中对在线教师能力的探讨为我们理解网络环境下在线辅导教师的能力需求提供了重要的参考，其中被引用最多的就是 Berge 的观点。Berge（1995）在对计算机会议情境中导学教师职责分析的基础上提出，网络导学教师应具备教学、社会、管理、技术四个维度的能力。

教学性能力：指导与促进学生在线知识学习与学术讨论的能力，包括运用各种教学法，通过问题、引导、反馈等帮助学生将在线讨论聚焦在关键概念、原理和技能学习上。这是教师的核心技能。

表 3-3 开放与远程学习的核心辅导技能

核心技能	技能描述	相关构成技能
导学技能	帮助学习者理解内容及其与学习目标之间的关系	· 提供学科内容的学习指导 · 给学习者提供作业反馈 · 让学习者熟悉学科的规范 · 建立联系 · 解决学术性问题
方法技能	帮助学习者有效地掌握并应用适当的学习方法	· 帮助学习者掌握整理概念的能力及形成“心象地图”的能力，以帮助他们将所学知识有机组织起来 · 帮助学习者以书面或口头的方式将自己的想法清楚地表述出来，并进行卓有成效的辩论 · 通过诸如合作性项目或同伴反馈等交互手段来培养学习者实现学习目标的能力 · 设置适当而富有挑战性的主题供学习者进行讨论，培养学习者围绕主题开展讨论的能力 · 为学习者示范有效的学习策略，比如展示某一题目的不同解答方法、清楚地解释学习过程、提供多种不同学习路径的案例等 · 通过帮助学习者发现和处理低效的学习方法，或弥补影响他们学习能力的缺陷（诸如语言或数学技能等方面）来解决问题
支持技能	帮助学习者解决那些可能影响其学习但跟内容无关的问题	· 交流能力 · 激发动机能力 · 解决问题能力
行政管理技能	作为学习者与院校之间行政管理事务的桥梁	· 交流——辅导教师负责确保学习者知道有关申请、考试、退学、完成作业等的期限和程序 · 解决问题——辅导教师利用他们熟悉学习内容和管理程序的优势来帮助学习者与相关部门或人员进行联系，以帮助学习者解决一些具体问题。辅导教师可能还有责任处理一些涉及个别学习者的特殊问题，比如学术诚信、剽窃等问题 · 计划——辅导教师常常能够帮助学习者明确课程之外的学习需求，并帮助他们规划能够满足其需要的最合适的学习路径 从其所在教育机构的角度看，辅导教师的管理技能体现在： · 管理并沟通学习者信息、保留学习者记录、报告学习成绩，并保证有关学习者的信息能够在适当的时间转送给适当的人员 · 通过使学习者熟悉学术标准并能够识别任何有损学术标准的行为，维护学术标准的水准，以保证公平公正对待每个相关人员

社会性能力：为在线学习创建一个友好的社会化氛围的能力，包括建立友好的人际关系、形成社区凝聚力、维持社区团结、促进成员交流与协作等能力。

管理性能力：为在线学习制定学习任务和安排，包括设定讨论的目标、主题、时间表、任务要求、规则等。

技术性能力：让学习者能够很舒服地使用与课程学习相关的各种系统、软件，而其终极目标就是让技术透明化。这样，学习者就感受不到技术的存在和障碍，从而能够专注于学习任务。

除了上述四个维度的能力之外，很多学者都认为专业领域知识是在线教师能力结构不可缺少的要素。此外，对学习和教学的评价能力、教学设计能力也被很多学者定义为在线教师的必备能力(Denis，Watland，Pirotte & Verday，2004；Reid，2002；Abdous，2011)。个别学者还将多媒体网络学习资源开发能力纳入在线教师的能力结构中(Shepherd，2003)。为了考察网络教学改革对教师能力发展的需求，李爽等人(2014)以我国开放大学课程辅导教师为样本，通过实证研究定义出网络环境下我国开放大学课程辅导教师的20项能力，并基于471个被试者对20项能力相关任务的重要性评估与相对耗时评估，将这20项能力划分为核心能力、关键能力与辅助能力三类(见表3-4)。

表 3-4　开放大学课程辅导教师能力项列表

能力层级	能力项
核心能力	辅导课程学习的能力 建设课程资源的能力 评价远程学习过程 设计远程教学交互
关键能力	促进课程教学交互 鼓励学生远程学习动机 制订课程远程辅导计划 评价远程交互课程 培养学生自主学习能力 构建积极良好学习氛围
辅助能力	辅导课程实验或实践活动 促进远程学生小组学习 为远程学生提供非学术性问题咨询 应用远程教学技术平台和工具开展辅导 帮助学生解决课程学习中所遇技术问题 处理课程学习中的学生冲突 促进学习社区的形成与发展 监控学习进度 管理教学交互活动进度 规范和管理远程学习者行为

根据该项研究结果，基于网络自主学习的开放大学教学对辅导教师的专业能力提出新的需求。辅导教师不仅需要具备知识讲解、答疑解惑、作业评价反馈等学科教学相关能力，还需要具备课程教学设计、数字化资源建设、促进社会性学习等方面的能力，以更好地发挥网络等新技术在促进多媒体资源采集与建设、社会性互动与虚拟环境建设方面的作用，适应更重视人际互动的在线教学模式与活动的需求。此外，因为社会—建构主义、联通主义等注重学生主动意义建构与知识创造的教学法的应用，学习过程与效果更多有赖于学生学习方法的有效性与学习能力水平，所以培养学生学习方法与技能也成为辅导教师非常重要的能力。

三、学术性支持服务活动

在了解学术性支持服务的内涵、相关人员职能和活动类型后，接下来将详细介绍各种典型的学术性支持活动。其中，制订课程辅导计划是辅导教师能够在辅导过程中有条不紊地实施课程进度、组织教学活动的前提保障；在导学和促学过程中的支持策略选择也将直接影响到辅导效果；对学习者的学习过程和学习作业进行评价是辅导教师与学习者进行沟通的重要渠道，对学习者的学习效果以及学习动机都具有非常重要的影响。

辅导教师可以根据学习的不同阶段设计辅导活动。对于在线辅导教师而言，根据学习过程的进展，在合适的时机选择合适的在线辅导活动，具有更加现实可行的意义(赖文华、伍海燕、王佑镁，2008)。英国学者吉利·西蒙(Gilly Salmon)在2002年提出了“在线学习五阶段模型”如图3-8所示，这五个阶段分别是“访问课程与学习动机的激发”“在线社交”“信息交流”“知识建构”“自立发展”(Salmon，2004)。

辅导教师在设计辅导活动时，也可以采取不同的设计策略。好的在线辅导绝不是简单的“提问和回答”，而是促进学习者积极地加入到学习活动中，并通过搭建脚手架帮助学习者达成学习目标。这对辅导教师掌握的在线辅导的策略提出了要求。伦特尔认为，辅导教师需要掌握聆听、架构、反馈、激励、引导、表扬这6种辅导策略(Lentell，2004)。墨菲等人认为，辅导教师在辅导过程中需要运用观察、激励、鼓励、诊断和引导的策略(Murphy，K. L.，Mahoney，S. E.，Chen，Chun-Ying，Mendoza-Diaz，Noemi V.，& Yang，X，2005)。夏普和鲍曼认为，关键性的辅导策略包括：支持、提供与课程相关的信息和资源，引导、处理问题，阅读讨论帖，提供反馈、激励和表扬(Sharpe R. & Baume D.，2012)。冯晓英认为，有效的在线辅导策略可以分为激励、聆听、提问和反馈四类，各类常用策略汇总如图3-9所示(冯晓英，2012)。

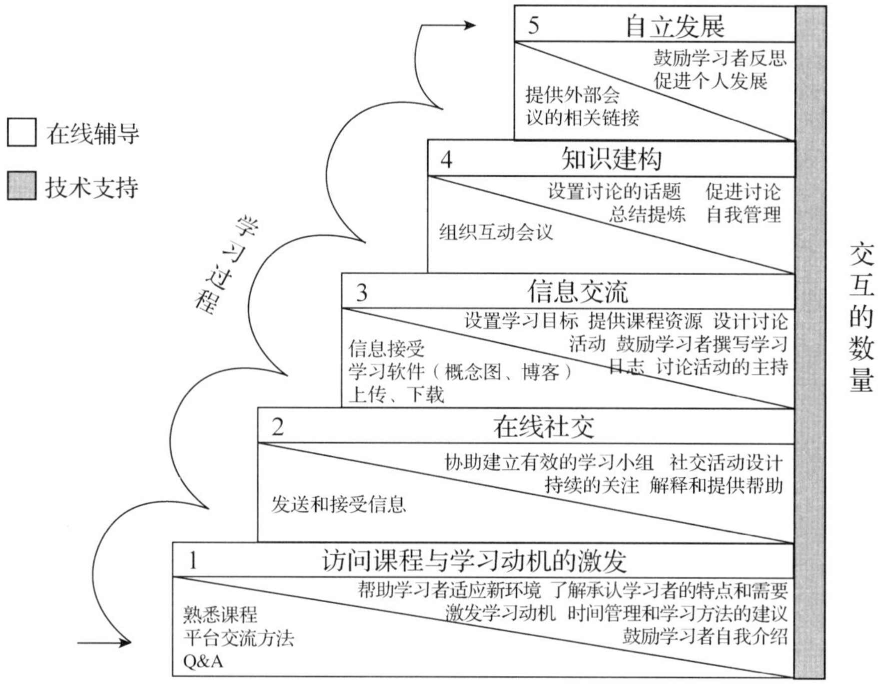

图 3-8　吉利·西蒙的“在线学习五阶段模型”

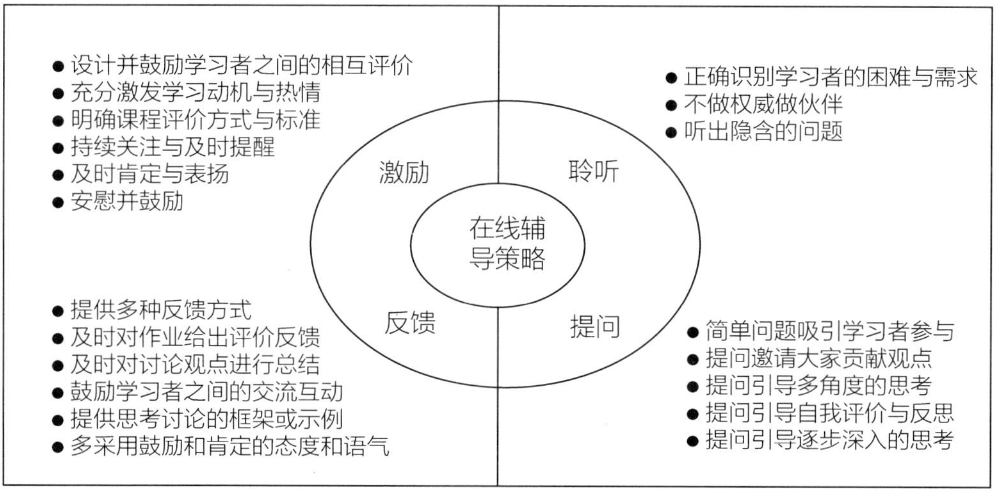

图 3-9　常用在线辅导策略

除了需要考虑学习过程和学习策略，在线辅导技术也为在线辅导活动的组织实施提供了重要支持。在选择和整合在线辅导技术的时候，什么样的选择是合理的？是选择的技术越高级、越新颖越好吗？辅导教师选择在线辅导技术时，应该从哪几个方面考虑呢？托尼·贝茨认为，在线技术的选择和应用应该考虑获得途径、成本、教学、交互与用户友好性、组织管理问题、新颖性和速度这 7 个方面(托尼·贝茨，2005)。

麦克唐纳认为，技术的选择需要考虑信息接收的即时特性(MacDonald，2008)。克拉克提出技术的选择要考虑视听环境方面的要求(Clark，H. H. & Brennan，S.，1991)。陈丽指出在线辅导技术的选择不仅仅要依据技术工具本身的特点，还要考虑到教与学方面的因素(陈丽，2004)。马东明认为，辅导教师在选择在线辅导技术的时候，需要综合考虑在线辅导技术的特性(时空支持性、表现力、呈现方式、回溯支持等)，在线辅导情境(时空要求、学习需求等)以及外部因素和现实条件限制(技术可获得性、技术成本、技术管理等)，在权衡各方面因素的基础上做出判断和决策(马东明、冯晓英，2012)，如表 3-5 所示。

表 3-5　在线辅导技术选择的主要维度

维度		描述/说明
在线辅导情境	在线辅导的时空特性要求	在线辅导所开展的情境，包括时间和空间特性：时间维度主要划分为同步和异步在线辅导情境，而空间维度主要是在线辅导所要营造的教师、学习者之间的空间临场感
	技术引入的目的、用途	在特定的辅导情境下引入某种技术手段具有不同的目的，比如呈现学习内容、促进参与者之间的沟通和互动、实现人机交互、进行协同建构等，不同的目的和用途必然要求选用不同类别的在线辅导技术
	在线辅导活动的类型	在线辅导技术所应用的活动类型，比如在线讲授、同步交流和讨论、协同知识建构、技能练习等，不同类型的在线辅导活动所适用的在线辅导技术必然不同
在线辅导技术的特性	时空支持的特性	在线辅导技术自身在时间同步以及空间临场感营造方面的特性
	表现力、呈现方式支持的特性	在线辅导技术自身在表现力、所支持的信息表征方式上存在较大的差异，比如有些媒体只能传递文本，有些则能表征图片、声音等多种信息
	信息存储和回溯支持的特性	一些在线辅导技术仅仅支持即时的沟通信息，不对信息进行存储和备份，而另外一些则支持辅导教师和学习者随时随地对沟通和交流的信息进行查看、编辑，辅导教师要依据具体情况进行选择
外部因素及实现条件限制	易获得性以及当前技术条件现状	所选用的在线辅导技术的易获得性，当前有哪些技术手段可供选择是辅导教师选择在线辅导技术的基本外在限制条件
	技术引入的成本	在线辅导技术引入的成本包括资金成本和时间成本两个方面，需要考虑所要投入的资金以及预期的时间成本
	技术引入带来的组织管理问题	辅导教师需要考虑引入某种在线辅导技术后，给后续在线辅导活动的组织和管理所带来的影响，基本原则是在不对现有组织和管理造成重大冲击和影响的前提下引入在线辅导技术

虽然从不同的角度可以有不同的选择方法和原则，但是最终需要达到的效果都是找到与教学活动搭配最为贴切的辅导技术。在选择技术时，需要综合考虑教学需求和

技术特性，如考虑课程资料的共享及学习者的异地分布特点，采用QQ群、微信群、云盘等方式分享课程资料及答疑，考虑中小学学习者自制力较弱及大多数家长使用微信小程序、微信语音打卡等方式检查学习者学习成果，考虑参与学习者较多及异地交流采用直播、录播形式进行大班授课等，诸如此类的教学实践都表明技术的选择与教学需求是紧密联系的。

在线辅导活动可以根据发生时间的一致性分为同步在线辅导活动和异步在线辅导活动。同步在线辅导活动是指辅导教师和学习者同时参与学习辅导活动。同步在线辅导技术既要保证学习者可以即时发出、接收信息，也要保证辅导教师可以即时对这些信息做出反馈。异步在线辅导活动常用于学生实践无法集中的状况，异步在线辅导技术要能给学生充分思考和表达的时间，并能对异步讨论过程进行记录。辅导教师要选择合适的在线辅导技术，并将这些技术恰当地整合到在线辅导活动当中。表3-6中列出了典型的同步在线辅导活动和异步在线辅导活动，以及每种在线辅导活动中需要采用的技术。

表3-6 典型的同步、异步在线辅导活动及其应用技术

在线辅导活动		应用技术
同步在线辅导活动	同步讲授学习	视频会议、音频会议
	同步在线辅导和答疑	即时通信工具、视频会议、音频会议
	同步在线讨论	即时通信工具、视频会议、音频会议
	技能练习/操作指导	电子白板、应用程序共享/远程协助工具
异步在线辅导活动	基于资源的主题探究学习	论坛、博客、wiki
	基于问题的小组讨论	论坛、博客
	基于任务的协作学习	论坛、wiki
	在线反思与同伴评价	论坛、博客
	异步在线辅导和答疑	论坛

在在线教学过程中，需根据教学需求，在不同阶段采取不同策略和不同在线技术设计、组织在线辅导活动。依据学习者学习需求的不同，可以将学术性支持服务活动分为制订辅导计划、导学、促学、学习评价与反馈等几类。

(一)制订辅导计划

辅导教师在开始辅导之前，需要根据远程与在线教育机构提供的辅导课程教材、教学大纲、学生档案资料以及其他相关的辅助性材料制订一份初步的课程辅导计划。这份课程辅导计划可以帮助辅导教师在辅导过程中有条不紊地安排好课程进度，组织实施课程教学活动，从而为学习者提供恰当的学习支持。辅导教师在制订初步的课程辅导计划时，应该完成以下工作。

1. 分析课程学习者的相关特征与学习困难

对学习者的相关特征与学习困难的分析，是辅导教师制订能够满足学习者学习需求的辅导计划的基础。从哪几个方面分析学习者的特征在本书的第二章中进行了介绍，你可以通过阅读第二章进行学习。

2. 分析学生远程学习课程的重难点内容

辅导教师在分析课程的重难点内容时，主要完成三个方面的工作。一是根据学习内容的实用性、新颖性和适切性这三个方面筛选出课程中的重难点内容。二是确定可以简略介绍的内容和需要详细讲解的内容的比例，并对需要详细讲解的内容作出透彻的解释。三是确定重难点之间的结构关系，并用思维导图或概念图等工具表征出来。

3. 选择和设计远程辅导方式与策略

(1)确定各个章节的学习活动

辅导教师需要分析课程教学大纲中推荐的学习活动是否适用。如果适用，辅导教师可能还需要对活动步骤、支持策略、评价方式等做进一步的调整和修改。如果不适用，辅导教师就需要根据课程知识点的特点、学习者的学习需求去设计新的学习活动。

(2)设计面授活动与在线活动的衔接

面授辅导和在线辅导是辅导教师提供学术性支持服务的两种途径，但这两种辅导方式并不是相互独立的，而是要相互配合。通常，面授辅导和在线辅导的配合模式是第一次面授统领后面的在线学习活动，辅导教师在第一次面授中会清楚地向学习者说明课程的知识结构和在线活动的整体情况，让学习者对未来的学习有一个整体的把握。在第一次面授中最好组织一些自我介绍性的活动，让辅导教师、学习者之间能够相互认识。在第一次面授后，最好在在线平台上组织一些让学习者之间熟悉的互动，比如谈谈学习期待、制订课程学习计划等。而最后一次面授应该是对前面各周各个在线学习活动完成情况以及涉及的知识点的归纳总结，帮助学习者整理自己关于本课程的知识网络。当然并不是所有的面授辅导与在线辅导都要采用上述配合模式，也可以根据具体的实践需要进行调整。

4. 制订与学习者保持持续性联系的计划

辅导教师的一个重要职能是发起并保持与学习者的支持性联系，在学习的哪个阶段联系学习者、如何联系学习者、要通过联系解决什么问题，是辅导教师在制订课程辅导计划时需要考虑的问题。

• 在课程初期，辅导教师要向学习者传达两个方面的内容。一是通过QQ、邮件等形式向学习者介绍自己，让学习者对自己有所了解。二是告知学习者自己的学习期待和要求，建立学习者的自信心。

• 在第一次布置作业后，辅导教师要主动联系学习者，给予鼓励，建立他们完成作业的信心，并提供一些有助于完成作业的建议。

• 在学习过程中，当学习者的学习兴趣和热情出现下降时，与学习者保持联系，了解学习者的学习兴趣和热情下降的原因，并根据不同的原因提供问题解决的策略。与此同时，辅导教师要特别注重与沉默的学习者保持主动且坚持不懈的联系，让他们感受到你对他们的关注，并多鼓励他们，激发他们参与到学习中的热情。

• 在临近考试时，辅导教师要联系学习者，让他们大体了解到考试是考核他们的什么技能和知识，并为学习者提供一些备考和应考的策略。

5. 选择远程在线辅导所需技术工具

辅导教师在开始课程辅导之前，应该根据学习者的学习特点以及课程内容特点选择合适的技术工具，包括课程中需要使用的软件、即时通信工具、实验过程中所需要的实验器材等。

6. 确定需要补充的远程学习资源

辅导教师在开始课程辅导之前，需要对现有的远程学习资源进行分析，看这些资源是否能够满足学习者的学习需求。如果不能满足，则确定需要补充的远程学习资源。补充的资源在可以满足学习者的学习需求的基本前提下，最好还具有观点新颖、可以引起学习者的学习兴趣、与实践相关的特点。

7. 制订远程辅导时间表

辅导教师在开始课程辅导之前，应该了解每门课程的开课时间安排以及各个章节的教学进度安排，并结合学习者的学习需求、课程内容重难点分布制订远程与在线辅导时间表。在这个时间表中，应该包括各个章节中各个知识点讲解的时间分布情况、各个在线学习活动的时间分布情况、各个实验或实践环节的时间分布情况等。

(二)导学

导学是对学习者学习的引导、指导，包括对学习方向及学习过程的引导、对学习困难的辅导、对学习方法及学习计划的指导等(常志英，2006)。“在线导学”是指在线教师根据学生实际需要，充分利用网络优势，发挥各种媒体及资源的教学特性，有目的、有计划、有组织地引导学生积极主动、热情高效地投入学习的一切活动和过程(洪庆根、李世改、马天翼，2009)。导学贯穿了学习者从开始学习到课程考核的整个学习过程，在这一过程中，辅导教师的重要职责是让学习者适应在线学习，提高在线学习能力，能够有效利用各种课程资源克服学习困难，从依赖教师逐步过渡到自主学习，实现自治学习，完成学业。因此，在导学过程中，辅导教师需要帮助学习者熟悉课程环境，帮助解决学习困难，引导学习者学会学习、自主学习，并在课程中给学生提供指导，以帮助学生顺利毕业。辅导教师的工作可分为课程导入、学习组织与指导、辅导答疑3个阶段。

1. 课程导入

该阶段的主要目的是让学习者对课程有一定了解，熟悉在线学习环境。因此辅导教师需要创设良好的导学环境，设计相应的导学活动，帮助学习者了解课程信息、熟悉课程环境并做好学习准备。学习者在导学过程的参与情况影响其在之后的课程学习中的学习体验，因此辅导教师在设计组织活动的同时也需要鼓励每位学习者参与其中。

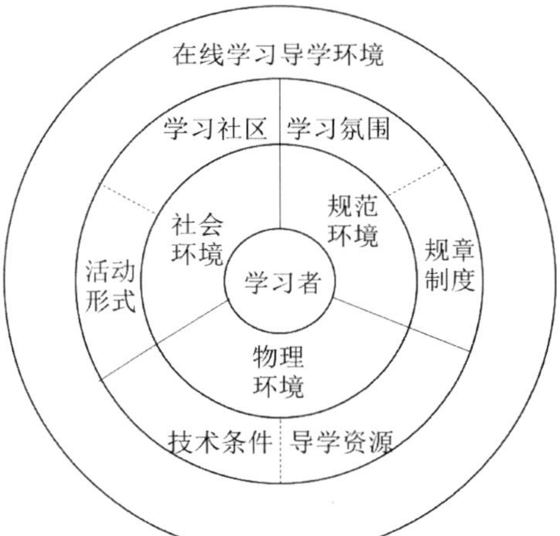

图 3-10　导学环境构成图

导学环境包括物理环境、规范环境及社会环境(见图 3-10)。物理环境指支持导学活动开展的各种技术条件和导学资源，社会环境指在线学习过程中的人际关系构成，规范环境指在线学习过程中辅导教师所着力营造的和谐融洽的学习氛围，以及为保证学习活动的顺利开展而制定的各项规章制度，旨在形成一种学习约束和道德规范机制(洪庆根、李世改、马天翼，2009)。良好的导学环境有助于学习者在和谐良好的学习氛围中顺利完成学业。给学习者发一封欢迎信、让学习者体验平台中的常用功能并将体验感受与其他学习者分享，是帮助学习者熟悉学习环境的典型在线辅导活动。辅导教师也可以通过设计欢迎信、鼓励学习者进行自我介绍、鼓励学习者咨询分享关心的技术或学习问题、引导学习者使用平台并分享使用体验等活动帮助学习者熟悉环境，通过鼓励学习者发表在线学习预期及发展目标等活动帮助学习者设定学习目标(吴亚婕、冯晓英，2012)。

良好的物理环境可以帮助学习者更好地了解课程，减少学习者的技术障碍，减轻学习者由于技术操作复杂或课程信息不明等问题产生的学习惰性。为创设良好的物理环境，一方面，辅导教师需要充分了解所使用的技术平台，并能协调技术人员解决相应的技术问题；另一方面，辅导教师需要提供平台使用指南、技术使用手册等供学习者参考，使得学习者可顺利完成平台、系统的操作。此外，辅导教师还需要为学习者提供多种导学资源，如音视频导学资料、文字阅读材料等。

在课程导入阶段，辅导教师需提供相关资料以供学习者详细了解课程信息；在课程开展过程中，辅导教师需要为学习者提供各种相关的课程资料。在课程导入阶段提供的导学资料一方面是为了增加学习者对于课程的了解，另一方面是为了让学习者做好学习准备。为了解课程而提供的资料的形式包括讨论公告、入学指南、常见问题解答库等，还包括在线教师录制的课程介绍视频。通过阅读相关资料，学习者可以了解入学条件、课程特色、课程目标、课程时间安排、课程学习及考核评价方式等信息。详细的信息让学习者在全面了解课程的同时，也能针对课程制订个人的学习规划。如英国开放大学会为每一位入校新生提供入学指导手册，较为详细地介绍了学校的各种资源和支持服务、课程的教学过程以及评价方式，为学生提供了面临困难时寻求帮助的途径选择。

下例为基于联通主义的 cMOOC 课程《互联网＋教育：理论与实践的对话 II》提供的课程简介，简介内容全面地介绍了该课程的课程安排及评价形式，为学习者简单了解课程提供途径。

课程简介

“互联网＋教育”是教育信息化的新阶段，特指真正能够解决教育问题、关注如何运用互联网让教育变得更好的创新。该课程是一门基于联通主义理论所开设的慕课(cMOOC)，由互联网教育智能技术及应用国家工程实验室、北京师范大学远程教育研究中心和江南大学教育技术系联合开发，以“开放”“共享”“互动”“创新”为指导，关注互联网推动教育创新的实践策略和创新理论。

本次为第二期开设，针对第一期课程运行中学习者的反馈，本期课程我们调整了课程的结构、优化了课程平台与内容，对主题与案例作更加深入且更加贴合学习者实践的探讨与交流。此次课程除了关注理论问题以外，我们更关注现实生活中的教育问题、技术支持问题以及对应方案的推广的应用问题，还有“互联网＋教育”的哲学基础。同时，我们有更好的平台和更加完善的积分制度等待大家的体验。

在第一期课程的基础上，我们将继续邀请国内“互联网＋教育”领域的创新企业、专家学者和管理人员共同参与课程建设与运行，帮助所有参与者建立起个人与典型创新企业、研究机构、关键人物、文献资源之间的连接，形成“互联网＋教育”领域的社会认知网络。

课程特色

(1)剖析典型案例，把握前沿动态。

(2)引导深入反思，构建专业网络。

(3)分享相关资源，扩展学习边界。

(4)互相质疑批判，推进深度思考。

(5)整合集体智慧，创新教育理论。

疑问解答

1. 这门课都讲些什么呢?

课程主要进行五大主题的学习，课程安排时间表具体如下：

时间	主题
3月12日—3月20日	引导周：平台熟悉、注册学习
3月21日—4月2日	主题一："互联网+教育"的哲学基础
4月3日—4月16日	主题二：线上线下学习空间融合
4月17日—4月30日	主题三：社会教育资源共建共享
5月1日—5月7日	调整反思周
5月8日—5月21日	主题四：消费驱动的教育供给模式
5月22日—6月4日	主题五：精准高效的教育管理模式
6月5日—6月11日	结业周：总结反思

2. 我为什么要上这门课?

参加这门课的学习，你将：

(1)加深对"互联网+教育"理论与实践的系统认识，发现新的价值增长点。

(2)结识一批互联网教育领域的国内顶级研究者、企业人士、创业人员和管理者。

(3)形成专属的个人知识库和人际关系网。

(4)积极的学习者可获得直播分享学习内容、经验或感想的机会。

(5)考核达标的学习者将获得由北京师范大学教育学部认证的课程证书。

3. 如何学习这门课呢?

课程共计13周，第1周为引导周，中间11周为五个主题的交流和研判及调整反思周，最后1周为结业周。每个主题学习两周，包括对应主题的现实问题与实践案例分析、技术方案体验和理论研讨等内容，安排同步交流和异步交流两种交流形式。两周安排一次同步交流。该课程的大部分学习需要在课程平台中通过参与相关的学习活动来完成。

学习建议如下：(1)阅读周报(每周三、周日发布)。周报提供学习资源及课程任务，供大家学习。(2)在网站互动。包括参与讨论、发布博客、分享资源与案例、参与沙龙等。(3)观看或参与周六的直播。每周六我们都会有直播活动，将邀请国内“互联网＋教育”领域的创新企业、专家学者和管理人员与大家在线交流分享。

总而言之，要积极参与互动与分享，相互激发，协同共创，在学习与互动的过程中形成自身对“互联网＋教育”的独特、深入的认识。

4. 课程结束会有证书吗?

有，积极参与学习可以获得北师大的MOOC学习证书。课程评价实行积分制，采用学员申请、教师审批的机制。我们设计了专门的课程评价要求与积分规则，建议学习开始之前了解一下。

(1)不同的交互行为有不同的积分分值，当总积分和单项积分都满足了最低要求，达到积分标准，即可获得证书。

(2)达到要求以后，学员可以申请证书，教师后台审批以后方可以发放证书。

详情查看：课程评价的细节要求、平台详细积分规则(注：此处为提供的超链接地址)。

5. 有没有报名要求?

这门课程是为“互联网＋教育”领域的研究者和从业人员(创业者、产品研发、课程设计等)、与教育创新相关的管理者、对“互联网＋教育”感兴趣的人员开设的。只要你保持一颗开放的心，愿意联通与分享，我们都欢迎你的加入！为了后期能获得证书，建议尽量在引导周和主题一完成注册。

除了为学习者提供课程信息，辅导教师还需要帮助学习者做好学习准备，比如针对学习者的学习困难提供学习建议、给学习者提供学习策略和学习方法上的指导、帮助学习者制定学习目标等。在线学习者的网络学习策略可分为元认知策略(包括计划策略、监视策略、调节策略)、资源管理策略(包括时间策略、学习环境管理策略、努力策略、寻求他人支持策略)和认知策略(包括复述策略、精细加工策略、组织策略)(纪河、徐永珍、耿晓君，2006)。辅导教师可以帮助学习者设立学习目标、制订学习计划、制作学习时间表等，给学习者提供学习帮助。

社会环境主要形成于虚拟学习社区的创建和学习活动组织安排形式两个方面。社区人际关系可通过班级交流区、咨询指导区、协作互助区、休闲娱乐区等在线学习社区形成，组织化的团体内的人际关系可通过小组讨论、班级报告等学习活动形成。在联通主义视角下，为促进学习者之间知识网络的联通，加强学习者之间人际关系的联系显得尤为重要，课程也十分看重对社区的建设。辅导教师需要引导学习者在社区中积极发表看法，设计学习活动组织学习者进行集体学习。在课程导入阶段，辅导教师可设计一些破冰活动促进学习者之间的互动，使得学习者对学习群体和课程环境都有一定了解，并鼓励学习者在评论区发表个人观点、评论他人观点。鼓励学习者之间相互熟悉与了解的典型在线辅导活动有：自我介绍、组织学习者交流在线学习初体验、围绕特定话题或特定话题范围进行自由讨论等。辅导教师也可以采用头脑风暴等形式，让学习者就某一问题发表不同观点，之后学习者之间相互检查不同观点、形成新的认识，来鼓励学习者进行共享和交流。促进互动的导学活动还包括组织学习者发表课程的目标期望、利用社交媒体传播课程、建立可自由发表评论的社交空间——“网上咖啡馆”等(Curtis J. Bonk & Elaine Khoo，2016)。下例活动设计有助于学习者在交流过程中彼此熟悉、了解，并有助于提升学习者的交流、表达技能，为后续的沟通交流打下基础(吴亚婕、冯晓英，2012)。

活动主题：让我介绍你

活动目的：我们来自天南海北，是同学却未曾谋面。本活动目的在于促进大家相互了解，并在相互了解的同时提升网络交流技能。

活动时间：3 天

活动步骤：

1. 请你联系他或她，在采访他们时至少准备五个问题进行提问，至少联系 3 个同学。

2. 根据他们对问题的回答，总结 2～3 段文字，并向其他同学介绍他或她。

活动指导：你可以通过使用电子邮件、同步或异步聊天工具等方式采访同学。在采访同学的过程中，请注意用词。此外，采访问题要能引发同学积极地表达，你可以通过追问的方式获得更多信息。

规范环境一方面包括在线学习的课程规章制度，另一方面包括在线学习的学习氛围。为保证课程能够顺利开展，需要像制订传统课堂的班级制度一样制订在线学习课程制度。由于在线学习常常涉及网络使用，在规定课程规则的同时还需要考虑网络生活中的规则，如在在线讨论区中不得发布水帖、不得发布与课程无关的内容等，在利用 QQ、微信等通信工具建立的学习群中不得发布广告、不得发布与课程内容无关的信息等。为营造在线学习的良好学习氛围，辅导教师在课程进行过程中需要引导学习者学习。在课程导入阶段，辅导教师可通过设计活动让学习者之间相互了解，为之后的学习打下基础。

2. 学习组织与指导

在课程开展过程中，辅导教师需要根据教学方案组织教学交互活动，采用有效的辅导策略，提供合适的学习脚手架和学习资源，组织相应的辅导答疑活动，指导学生在学习过程中遇到的问题，为学习者提供相应的学习支持。此外，教师还需要监控学生的学习过程，及时了解学习者的学习情况，为学习者提供及时有效的学习支持。随着教学的不断开展，教师也需要结合教学实施情况调整优化教学设计。

(1)组织教学交互活动

“教与学的时空分离”是远程教育的本质。基更认为，教与学的分离削弱了学生和教育机构之间的联系，削弱了教师和学生之间的人际交流，也使得通过远程教育获得的学位证书和毕业文凭难以在学术上获得认可(基更，1997)。因此，如何实现教与学的再度整合也成为远程教育实践的关键，而以媒体为中介的交互则是再度整合的关键(陈丽，2004)。教与学再度整合的过程就是教学交互。

陈丽将教学交互定义为“学习者与学习环境相互交流与相互作用而自身发展的过程，是学与教的过程属性”(陈丽、王志军，2016)，基于劳里拉德的学习过程会话模型提出了远程学习中的教学交互模型及教学交互层次塔(陈丽，2004)。在远程学习中，存在三个层面的教学交互：学生与媒体界面的操作交互、学生与教学要素的信息交互以及学生的原有概念与新概念的概念交互。操作交互体现在学生的肢体对媒体的操作过程；信息交互体现在学生与某种教学要素之间通过各种符号进行有关学习的信息交换的过程，包括学生与学习资源、学生与教师及学生与学生的交互；概念交互是学生头脑中新旧概念之间的相互作用，概念作用的结果是产生学生的同化和顺化。三种交互中，操作交互是信息交互发生的条件，操作交互中的动作是由信息交互的需要和媒体界面的特征来决定的。概念交互产生于信息交互的过程中，其水平和方向决定了学习结果，其结果将决定信息交互的内容和形式。所有类型的教学交互的目的都是通过各种信息交互来促使概念交互发生，并使结果朝着教学目标不断接近，操作交互是这个过程的技术保障。

特里·安德森和乔恩·德龙从教育学视角出发，将远程学习分成基于认知—行为主义、基于社会—建构主义和基于联通主义的三代。认知—行为主义学习过程是指采用认知—行为主义教学方法设计与组织学习的过程，认知—行为教学法强调学习是通过记忆、理解或验证等过程掌握知识，其理论基础是认知主义和行为主义。社会—建构主义学习过程是指采用社会—建构主义教学方法设计与组织学习的过程，社会—建构主义教学方法强调知识和知识建构的社会性，其理论基础是皮亚杰的认知建构主义和维果茨基的社会建构主义。联通主义学习过程是指把能用于解决现实问题的信息、关系和资源组成学习网络的过程，是建立个人神经网络、概念网络和社会网络的过程。三代远程学习中的教学交互原理各有不同，其异同如表 3-7 所示(陈丽、王志军，2016)。

表 3-7 三代远程学习中的教学交互

远程学习类型	目标适应性	常用媒体功能	操作交互	信息交互重点	概念交互	评价方法
认知—行为主义	应用 理解 记忆	呈现工具 认知工具	简单 (按键操作和按钮选择)	学习者与学习资源 学习者与教师	接受新概念	标准化考试
社会—建构主义	评价 分析 应用 理解	情境仿真 协作工具	一般 (仿真工具和协作工具)	学习者与学习资源 学习者与教师 学习者与学习者	建构概念与经验的个人意义	过程评价 评价量规 多主体
联通主义	创造 评价 分析	SNS 软件 搜索引擎 创作工具	复杂 (SNS 和创作工具)	学习者与学习资源 学习者与教师 学习者与学习者	群体观点碰撞 发展与创新知识	知识网络 网络中的地位与贡献

为保证在线教育中有效学习的产生，根据教学计划组织相应的学习活动促进教学交互是辅导教师在教学实施过程中的重要职责。在线教育中的交互学习活动包括三类：以学习者和学习资源交互为主的自主学习活动、师生交互活动、生生交互活动。

在组织以学习者和学习资源交互为主的自主学习活动时，需要为学习者提供丰富的学习资源并引导学习者进行自主学习，这一类交互包括阅读相关材料、使用学习指南、观看教学视频、与多媒体进行交互、参与仿真活动、使用认知软件(比如统计软件)、寻找信息工具、完成作业、完成项目等。

师生交互是指教师和学生之间的交互，交互活动包括课程设计和开发过程中的预设活动，也包括课程开展过程中的生成性活动。师生交互包括同步交互和异步交互，同步交互包括使用电话、视频会议、聊天软件等进行交流，异步交互包括使用双向通信工具、邮件论坛等进行交流，具体活动形式包括同步讲授、辅导、答疑、讨论、技术练习操作指导和作业反馈等。教师对学习者学习情况的过程性反馈是师生交互中最有价值的内容，既包括通过预设的程序开展的基于机器的自动反馈，也包括基于博客、论坛、视频直播等形式的反馈。教师也可以通过网络学习社团与学生进行一对多的交互，还可以通过讨论区、答疑区、作业反馈区等平台进行师生交互。

生生交互在网络时代得以借助多种形式和工具开展，在基于音视频会议和基于网络课程的双向通信中，生生交互可表现为同步的视频会议、聊天，或者是异步的论坛、社团中的讨论与邮件信息。在网络时代，生生交互不局限在某一班级或者某一课程内，可以跨班级、课程、年级甚至是学校，学习者和学习者之间的交互也会在互联网的力量下逐渐影响学习者和其周围人员的社会交互。辅导教师也可以组织合作和协作学习活动，促进生生交互，如基于资源的主题探究学习、基于问题的小组讨论学习、基于任务的协作学习、在线反思和同伴评价等，还可以通过让学习者自己分组、选定讨论主题、分配角色、协商制定小组规则、开展调查并形成调查报告等一系列在线活动来创建小组。维持小组的典型在线学习活动包括：辩论、案例研究、角色扮演、问题解决等。值得注意的是，在开放网络时代，多种媒体技术得以发展，教学交互活动得以借助多种形式开展。交互活动常常是综合性的学习活动，交互的形式和内容的最终目的是促进学习者的概念交互，进行有意义的学习。

在组织不同的教学交互活动时，辅导教师需要做好相应的教学准备，提供及时的学习支持。在教学交互活动开始前，教师需要让学习者了解活动的相关信息，包括提前通知学习者活动开始时间及活动安排，告知学习者活动开展的形式和途径，让学习者了解活动的开展时长及相应的目标要求，做好参与活动的准备。教师也需要准备好相关的教学资源及教学工具，如果学习者是第一次使用开展教学活动的平台，教师还需要为学习者提供相应的技术指南，帮助学习者熟悉平台的操作使用，以便学习者可以顺利参与活动。在活动开展过程中，辅导教师需要了解学习者的参与情况和学习进度，并提供相应的支持，比如鼓励沉默的学习者参与活动，提醒进度较慢的学习者加快速度等。在活动结束后，教师应对活动给予相应的评价总结，引导学习者分析总结在活动中的收获，并针对活动中遇到的问题进行总结梳理。

下例为“远程教育学基础”课程的“主题 1 远程教育的历史起源”的学习活动设计节选，其中设计了学习者自主阅读活动，给学习者提供了明确的活动目标及活动时限，为学习者的自主学习提供了明确的导向(王志军、赵宏、陈丽，2017)。在此类自主学习活动中，教师为学习者提供了相应的学习材料，告知了学习者活动的目标及安排，并为学习者提供了学习脚手架，引导学习者逐步分析思考，最终归纳总结学习内容。

活动目标：陈述关于远程教育起源的两种不同观点。

活动时间：约 1 小时。

活动步骤：

1. 提出问题

对于远程教育的起源，学者们观点不一。有的学者认为远程教育已经有几千年的历史，而有的学者认为远程教育在近代才开始。为何不同学者对远程教育起源看法差异这么大？造成这种情况出现的原因是什么？远程教育究竟源自何时？

2. 思考阅读

请你阅读下文，同时思考：两种不同观点的分歧是什么？产生两种不同观点的原因是什么？请你在书中划出答案。

接下来的内容分为三个部分：

(1)远程教育起源于古代中国的有关论述。

(2)远程教育起源于西方工业社会的有关论述。

(3)产生两种不同观点的原因。

3. 分析总结

请你尝试分析谢新观和丁兴富提出的远程教育定义的相同点和不同点，并举例说明。

学习定义分类分析表格

两种定义的相同点是：

两种定义的不同点是：

举例说明

活动反馈：

通过仔细分析上述两个概念，不难发现：第一个定义只将教师与学习者时空分离作为远程教育的本质属性，并不将学校和教育机构与学习者时空分离作为远程教育的本质属性，因此，古代的远程社会教育现象就应该是远程教育；而在第二个定义中，将师生时空分离，学习者自学为主、教师助学为辅，利用媒体技术，教与学的整合以及学校和教育机构与学习者时空分离都作为远程教育的本质属性，那么，古代的远程社会教育现象就不是远程教育，因为这种现象中并没有教育机构。

(2)监控诊断学习过程

在传统教育情境中，师生处于同一时空，教师可以通过学习者的行为举止了解学习者的学习状态，及时接收到学习者的学习信息并给予学习反馈。在在线教育情境中，师生处于异时异空，学习者的学习状态教师难以及时察觉，这使得教师对于学习者的在线教育学习过程监控变难。毛利杰等人认为，我国远程教育学习者缺乏自主性、独立性的特点影响学习者在远程教育中的自学过程。相比于传统教育而言，在线教育更要求学习者具有自主学习的能力。且学习者背景各异，大多数在生活中受到来自学习、家庭、社会等各方面的压力，学习动机难以长久维持。学习监控则是促进学习者自主学习的重要途径(毛利杰、曹效英，2009)。此外，在线教育也无法提供传统教育情境中的学习集体情境，学习者无法得到来自集体的引导、约束，对于个人的学习行为难以有清晰的认识。此时更需要对学习者进行学习监控，以给予其学习建议。

传统课堂中的教师监控和同伴监控，在在线学习中借助于新的媒体技术有了新的呈现形式。在线学习中的教师监控和同伴监控虽然无法达到传统课堂的即时效果，但是其形式和数据的多样性填补了这一点，能够更加全面地反映学习者的学习状态(姚贞，2009)，如表 3-8 所示。

表 3-8　传统课堂与在线学习的教师监控、同伴监控方式对比

监控方式		传统课堂监控方式	在线学习监控方式
教师监控	课堂组织	教师制订和提示学习目标，实时控制课堂，监视学生的行为，帮助学生及时调整学习，同时与学生进行情感交流	呈现学习目标，记录历史消息，提醒学生调整进度，及时反馈和指导，鼓励和激发动机(如定期提示注意休息等)
	评价	进行课堂考试，并且通过测试激励学生和检测学生的学习效果	在线测试记录成绩，及时反馈答案和出错原因，帮助学生发现问题，调整学习方式
	资源控制	课本和教师的讲解是主要资源来源，对学生控制较好	资源来源广泛，推荐资源和分层次提供给学生，使其具有目的性的搜索，记录访问过的资源，监控对无关资源的访问
同伴监控		同伴的行为表现和进度直接影响到自己的学习行为，同伴的提醒和学习成果对自己也是一种激励	记录同伴之间交流信息，所有同伴作品对比展示，同伴互相评价

姚贞认为，在网络学习中的监控可以分为信息收集、学习交互、学习反馈、学习评价、学习强化等环节。信息收集环节主要收集学习者在学习过程中的各方面信息，包括学习者个人基本信息、学习者学习资源、作业及自我反思信息、学习者学习行为信息、教师评价信息等，收集形式包括系统自动跟踪记录、学习者自我检测记录及教师或同伴检测记录(姚贞，2009)。学习交互环节主要监控学习者与学习资源交互、师生交互、生生交互阶段的信息，通过学习监控可以更好地记录学习者对学习资源的利用情况，有利于教师及时更新、补充、推荐学习资源。在师生交互过程中，教师可以通过监控学习者的网络言论及作业情况了解学习者的学习状态，通过查看学习者发表的观点引导讨论的话题，并及时针对问题提供反馈。在生生交互过程中进行学习监控，可以及时了解学习者之间的合作情况，充分了解学习者在协作学习和社区学习中的学习表现，有利于教师促进学习者进行自由交流和协作学习。此外，对学习者学习过程的监控也有利于教师给予学习者及时、准确、多样的学习反馈。通过学习监控记录的学习数据，教师可以详细地针对学习者的学习情况提供全面的学习反馈。网络学习中的学习反馈常包括学习计划、学习进度、学习过程记录、学习测试结果、阶段性学习成绩统计、作业完成情况、教师评价等。在学习评价过程中，教师可以基于电子档案、论坛交互、发言及答疑情况、参与教学活动情况等学习者表现给予学生过程性评价，从而进行学习监控，也可以通过作业、考试等形式以总结性评价的方式进行监控。除了教师评价，也可以设计同伴评价、自我评价环节，可以更加全面、具体地反映出学习者的学习表现。在整合课程学习过程中，教师也可以采用激励、督促等奖惩结合的方式引导、调控学习者的学习行为，从而监控学习者的学习过程。

陈燕等人通过大规模问卷调查发现，常用的学习过程监控手段包括自我监控、教学平台自动监控、任课教师或辅导教师监控及网络管理员监控和其他监控等形式，监控功能内容包括网上作业、课程或小组讨论、学习时长、答疑、在线测试、学习进度、学习日志等(陈燕、贺亚锋，2013)。毛利杰等人认为，目前大多数网络学习平台都主要从活动日志记录、评分机制、站内短信及答疑系统等方面进行学习过程监控(毛利杰、曹效英，2009)，吴倩倩认为，网络学习中学习监控系统的内容应该包括客观信息记录及人性化督促机制两方面，如表 3-9 所示(吴倩倩，2011)。

表 3-9　网络学习监控范围

客观信息记录(以学习进度报告的形式呈现)	学习时间	总在线时间 每次登录在线时间 登录次数等
	内容学习	每一单元或知识点的学习时间 每一单元或知识点的点击浏览次数 总的内容学习时间等
	交互程度	发起讨论主题的次数 参与讨论的次数 讨论区停留时间 发表言论的质量等
	学习效果	测试成绩 作业完成情况 同伴评价 教师评价 自我评价等
人性化督促机制	单次学习过程监控	注意力监控 学习表现实时监控 单次学习表现总结
	学习进度	进度提醒 长期未登录提醒 考前复习提醒 作业提交提醒
	成绩反馈	及时反馈集体总体成绩及学习者个人成绩 提供针对每一道题目的反馈 提供考后教师评语接口
	作业反馈	将作业批改情况及时反馈 提供教师评语接口

可见，学习监控并不是只发生于学习过程的特定环节，而是贯穿于学习者的整个学习过程中。对学习者学习过程进行学习监控包括对学习者参与学习活动情况、学习行为等进行数据记录，并根据数据分析诊断学习者在学习过程中存在的学习困难，以便为学习者和教师提供相应的反馈，促进学习者在学习过程中自适应学习，帮助教师

调整课程内容。

在教学实施过程中对学习者学习过程进行学习监控，有助于促进在线教育中的教学交互。学习监控的核心是对学习者学习痕迹的记录，通过对数据记录的分析，辅导教师可以了解学习者的学习偏好及学习困难，及时做出教学干预。对于学习者和学习资源的交互而言，学习监控可以让学习者及时了解自己的学习状态，促进学习者自主学习，也有利于辅导教师建立学习者档案，对学习者的特点进行分析，了解学习者的学习动机、学习兴趣和学习困难，并对出现较多的问题进行答疑，及时补充教学资源和调整教学设计。在师生交互中进行学习监控，针对学习者的学习特点提供适应性的学习支持，并且对教师提供的答疑、评价反馈等内容进行监控，有利于教师及时给学生提供学习指导，保证学生在课程中的持续参与和长期学习。对生生交互内容进行监控，有助于辅导教师在了解学习者间交互内容后进行及时的答疑和教学调整，还有助于辅导教师在社区论坛、合作学习、小组学习、主题讨论等学习活动中把控教学节奏，了解课程教学的不足所在。

下例为UMU教学平台提供的学员管理系统，如图3-11所示，系统记录了学习者使用学习资源的学习进度及各个教学活动中的学习者参与情况，并以课程积分榜、课程达成榜、卓越学习榜、积极学习榜等排名形式对学习者的学习表现进行评价。该平台监控了学习者的自主学习情况，并通过排名的形式激励学习者继续学习。

图3-11　UMU平台课程“学员管理”学习监控内容

(3)调整教学

预设的教学和学习活动不一定适合所有的教学情景和学习者。在传统课堂中，教师会根据学生的课堂表现及时调整自己的教学策略和教学方法，并给予学习者学习反馈。在在线教育中，教师预先制订的教学设计大多凭借着课程目标和教师教学经验，而在远程与在线情况下，教师无法及时得到学生的学习表现信息。这便要求教师在在线教育过程中不断通过多种途径了解学习者的学习情况，并结合学习者的反馈信息优化调整教学设计，完善教学活动设计，以便为学习者提供与其学习需求切合的学习支持服务。

通过对学习者学习过程的监控诊断，辅导教师可以详细了解到学习者对课程资源的使用情况，了解课程资源设计的不足和学习者的学习状态及学习困难，确定学习者在学习过程中存在的问题。值得注意的是，并不是所有在学习过程中产生的问题都能通过教学设计解决。确定学习者在课程中的学习问题后，需要判断哪些问题属于教学设计可以解决的问题，然后再针对性地优化迭代教学设计、调整教学活动设计。

(4)建设学习资源

学习资源建设是在线教学辅导工作的重要构成。传统教育以教为主的特点使得教学资源的建设是其重点，所谓教学资源一般指为有效开展教学而提供的各种可利用的素材和条件，通常包括文字教材、案例、影视、图片、课件等，还包括教师资源、教具、基础设施等。而在在线教育中，师生的教学地位发生改变，学习者自学为主，教师助学为辅，对资源的建设也从教学资源过渡为学习资源(learning resource)。广义的学习资源指在学习过程中能够被学习者利用的一切要素的总和，包括信息、资料、设备、人员、场所等(李爽，2011)。

在线教育中的资源从不同的角度有不同的分类。谢江田认为，在 E-learning 学习中，按照资源形式，可将常使用的学习资源分为教材类学习资源(题库、素材库、课件库、案例库)、网络课程库(按课程的形式组成的学习内容)、教育资源管理系统(资源建设的工具)、远程教学支持平台(资源建设的工具)及印刷文字教材(教科书)(谢江田，2002)。

白梅根据资源用途，将网络教育中的资源建设分为人才资源建设、知识资源建设和应用资源建设。人才资源建设是指共享优秀的教师资源和学有所成的学生资源，知识资源建设是指共享网络课程、优秀课件、学习资料、教师个人网页、学生电子作品集等，应用资源建设则是指能够将所学的知识加以运用的资源共享，如题库或学生协作完成的课题等(白梅，2001)。

任为民按照媒体资源的表现形式和功能特点，将开放教育中的媒体资源分为印刷媒体(一般是指主辅教材、各类实验指导及参考材料等)、音像媒体(主要是指电视课程、录像和录音教材等)、计算机多媒体课件(主要是 CAI、CAL 单机版和网络版)、网络课程(一般包含主页、课程资源库、教学平台和教务管理系统等)和动态信息资源(含教学信息、辅导、答疑、讨论等)五大类(任为民，2001)。

李爽按照资源的完备与适用程度，将学习资源分为设计资源和可利用资源。设计资源是指以教学为目的专门开发设计的资源，包括文字材料、录音带、录像带、多媒体课件等。可利用资源是指不是特地为教学设计，但因具有一定教育利用价值而用于教学服务的资源，如软件工具、音像资料及多种网上信息资源等(李爽，2011)。

虽然学者们的分类标准各不相同，但对于资源的教学目的是统一的，即为学习者提供优质的学习服务。尽可能地为学习者提供较多的学习途径，促进学习者的有效学习。

好的资源建设有助于师生的有效教学，也有助于课程的循环迭代。在在线教育的实践过程中，存在着资源建设学生参与感弱、资源表现形式较为单一、参考资源多样繁杂、资源交互性不够等问题。在资源建设过程中如遵循一定的策略原则，有助于建设更为全面系统的资源体系。

平培元认为，开放教育网络课程资源建设需要以系统化、分类式、实用性为原则，建设既导教、又导学的教学指导资源，系统化、模块式的学习资源，广泛性好、丰富度高的拓展资源和知识点全、针对性强的考试资源(平培元，2008)。

陶水龙等人针对远程教育资源建设策略，提出了一体化设计下的开放性、融合性、多样性与交互性原则。开放性是指注重学生参与，资源建设可以是自上而下地由教师提供资源给学习者，也可以由学习者分享自主学习成果、贡献实践经验等资源构成。融合性与多样性指课程知识内容与不同特性的媒体有机结合，考虑学习者特征、知识特征和经济等因素，尽量选择多种类型的媒体。交互性是指在资源建设中注重人机交互和人员交互。人机交互是指学习者与媒体、资源的互动，完成教学过程中的训练与反馈环节；人员交互则是指学习者与教师、其他学习者的交流与协作学习等，完成教学过程中的评价与总结环节(陶水龙、袁薇、侯彦华、谷良，2008)。

在建设学习资源过程中，需要注意学习资源的粒度、学习者的参与度、资源的便捷度及资源的交互性(李爽，2011)。学习资源的粒度用以描述学习资源的大小、尺度及详细程度等特征，粒度大小的选择取决于学习内容的规模。粒度决定了学习资源的重用频率与效率、制作人员的工作量，以及资源传输、交换与共享的便利性。学习者的参与度也是设计资源时需要重点考虑的要素。课程的学习资源除了由专家或教师根据教授经验、课程内容主题建设提供外，也包含由师生共同参与建设、学习者自主或协作生成的学习资源。资源的设计建设者不局限于教师，也包括学习者；设计的资源不仅包括预先设计好的资源，也包括在学习过程中由师生交互、生生交互动态生成的生成性资源。学习者可以将其实践经验、生活经验及作业或课程思考贡献到课程中，将其对知识内容的思考、学习和实践成果分享到课程中，这些经验资料都可以成为学习资源。除此之外，考虑到在线教育中的学习者学习时间零碎、学习习惯差异大的特点，在设计学习资源时需要选择便利的网络传播载体及相应配套的支持服务。在建设资源时，应为学习者提供便捷的资源载体，使得学习者可以通过手机、电脑进行移动学习，同时为学习者提供导航和指引，引导学习者在众多的学习资源中有导向地使用。资源的交互性是指学习资源能够引起与学习者相互作用的某一个或某一些品质，这类资源能够与学习者产生交互，对学习者呈现的学习信息给出反馈，并根据学习者的反应做出相应的变化。具有交互性的学习资源需要有一定的设计和技术支撑，在实践中，可以通过设计学习情境和仿真、虚拟的学习环境等让学习者与学习资源进行互动，并根据反应做出回应。

下例为中央电大计算机专业资源建设案例(见图 3-12)，该案例从开放性、融合性、多样性与交互性等角度建设学习资源，既强调资源的多样性与可获得性，又强调资源与学习者的交互性(陶水龙、袁薇、侯彦华、谷良，2008)。

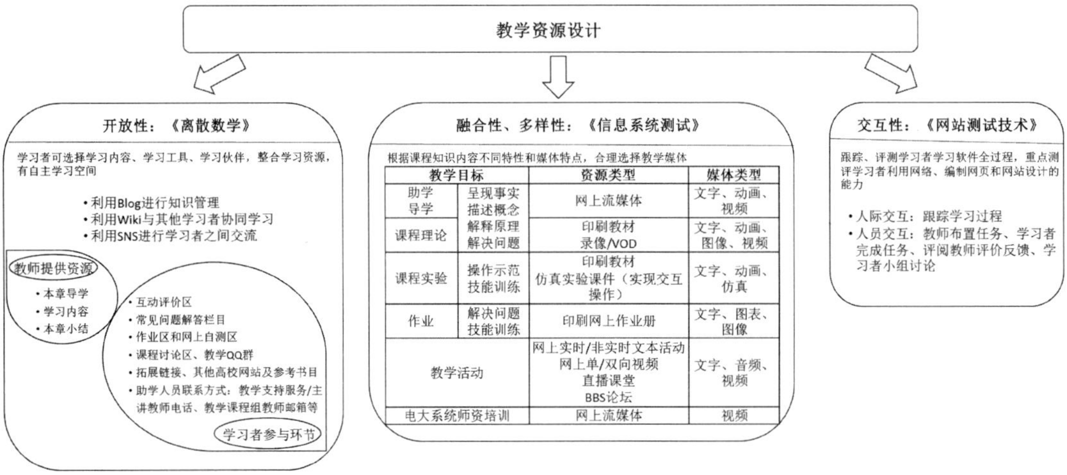

图 3-12　中央电大计算机专业资源建设案例

3. 辅导答疑

学习者在远程与在线教育中以自主学习为主，在学习过程中更容易遇到认知困难和学习问题，此时需要教师结合自身专业知识和辅导经验以及各种策略资源，为学习者提供有效的解决方案，帮助引导学生解决相应的问题，解除学生在学习过程中的疑惑。辅导答疑贯穿了学习者的整个学习过程，从学习前到学习结束后，对于学习者遇到的学习困难、认知困难、操作困难、情感困难等，辅导教师都应能够提供相应的解答。

随着技术的发展，答疑的形式逐渐变得丰富多样。随着通信技术和网络技术的健全，答疑由最初的书信交流逐渐发展为邮件、论坛交流。时至今日，答疑形式愈发智能化、自动化，基于各种社交软件和网络即时通信工具、自动答疑系统、智能答疑系统的答疑形式日益增多，进行答疑的途径更加方便、快捷、高效。

根据辅导答疑的回答形式，可以将答疑分为人工答疑和自动答疑。人工答疑主要由师生通过邮件或论坛的形式进行答疑，这种答疑形式难以对学生的问题给予实时反馈，容易减弱学习者的学习积极性。自动答疑是指根据学习者提供的关键字在知识库中搜索相关问题和答案，如未找到合适解答，再进行人工答疑。相对于人工答疑，这种答疑形式更加智能化和自动化，能够减少人力物力的投入。其缺点是准确率难以得到保证，一方面学习者难以提取出准确的关键字，另一方面学习者也难以在较多的搜索结果中识别出自己所需要的答案。

孙淑艳根据在线辅导答疑的时效性，将在线辅导答疑分为同步与异步两类(孙淑艳，2006)。同步在线辅导答疑是指学习者与教师在同一时间、不同地点利用互联网进行的交流，包括利用语音、单向/双向视频、文本等进行的实时辅导答疑，如常用的聊天室、QQ、网络会议系统、网上电话、MUD/MOO 等。异步在线辅导答疑则是指学习者与教师在不同时间、不同地点利用互联网进行的交流，包括利用论坛、电子邮件、邮件列表、新闻组等进行的非实时交流。

郝玲玲等人对国内几种具有代表性的网上辅导答疑系统进行了分析，主要为基于 E-mail 和系统留言板的答疑系统、基于 Web BBS 讨论方式的答疑系统、基于 Answer Web 的自动答疑系统和基于智能技术的智能化答疑系统，如表 3-10 所示(郝玲玲、王大平，2007)。

表 3-10 国内具有代表性的网上辅导答疑系统

答疑系统分类	功能	案例
基于 E-mail 和系统留言板	利用邮件和留言板留言答疑	大多数中小学远程教育系统
基于 Web BBS 讨论方式	学习者提问供大家讨论，或者教师主持进行实时聊天	清华大学的远程教育系统、湖南大学多媒体信息教育学院的远程教育系统
基于 Answer Web	动态的问题及对答案数据库，通过关键词在资源库中查找相关材料，从而解决疑问	上海交通大学的远程教育系统
基于智能技术	通过汉语分词功能从自然语言文本中抽取能够代表问题的关键词，进行全文检索，查找相关答案	北京师范大学现代教育技术研究所研发的 Vclass 子系统

下例为利用网络即时通信工具进行教学辅导答疑的《现代教育技术基础》课程(见图 3-13)，师生在该课程中通过 QQ 群进行交流，在群中通过群公告、群文件、群相册等功能储存资料，通过@功能回复特定学习者的提问，通过群作业等功能布置任务(杨波、杨可夫，2008)。

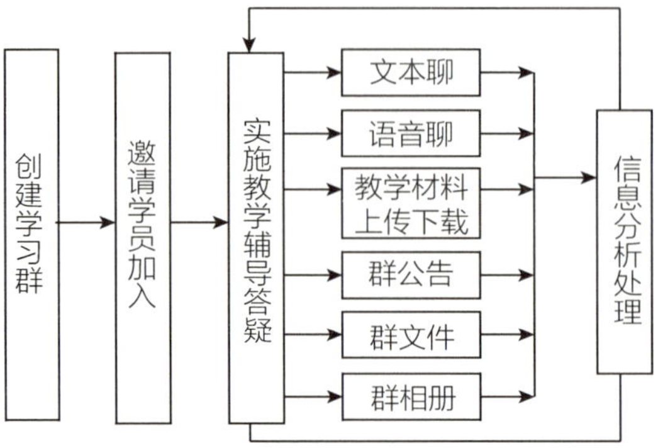

图 3-13 利用网络即时通信工具进行教学辅导答疑过程模式图

(三)促学

促学是指辅导教师或在线教育机构采取一定的策略设计教学活动，给学习者提供学习支持，帮助学习者在良好的学习氛围中持续学习，包括为学习者提供相应的技能培训以帮助学习者做好学习准备，了解学习者的学习进度以督促学习者学习，建立学习小组、学习共同体以营造良好的学习氛围等。

1. 督促管理学习进度

在线教育中的学习者主要以自学为主，其学习过程受自制力、外界生活压力等因素影响。学习者难以确保能够顺利完成学业，这也需要辅导教师根据学习者的学习情况，督促其学习进度。

根据学习者学习过程的监控情况，教师可以了解学习者的课程跟进情况及作业完成情况。这些数据为教学实施中的教学设计提供反馈，更重要的是为学习者的总结评价提供参考。教师可以根据学习者的学习数据帮助学习者进行自我分析。促进学习者自我反思与评价的典型在线学习活动有：定期填写任务核对单、定期写一份学习反思并与其他学习者交流、定期做自我评价和同伴互评等。要求学习者运用所学是指完成一个作品或方案，或者是就某个问题发表深度评论，是帮助学习者总结所学知识的有效的在线学习活动。

教师督促管理学习进度主要从两个方面着手：一是为学习者提供课程进度信息，通知学习者课程进展情况，如发布课程通知，向学习者发布学习提醒等；二是根据学习者的课程学习进度为学习者提供学习建议，督促、帮助学习者跟上课程进度并进行深度学习，如帮助学习者进行目标、时间管理，协助学习者制订学习计划等。微信小程序是现在在线教育中应用越来越广泛的一种技术，学习者通过它和微信公众号等方式除了可以利用手机随时随地学习外，还可以收到课程的任务提醒，督促自己早日完成学习任务。在技术的协助下，对学习进度的管理也更加及时、精准。

下例为北京师范大学 Tron Class 平台(见图 3-13、图 3-15、图 3-16)，该平台能够记录学习者观看学习资源的进度，以进度条的形式将章节进度与课程总进度反馈给学习者，也能够将“公告”中的课程通知告知学习者。“学习分析”板块可将学习者访问课程、浏览课程资源、参与课程互动的情况反馈给学习者，有助于学习者进行自我总结与反思。

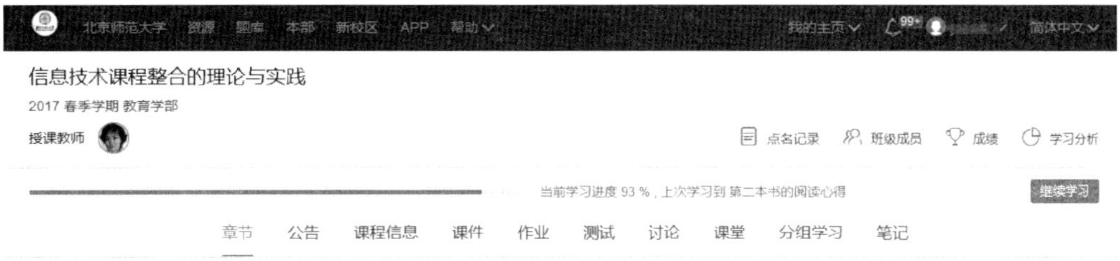

图 3-14　课程总进度反馈

图 3-15　章节进度反馈

图 3-16　“学习分析”板块内容

2. 激励学习动机

激发并维持学习者的学习动机，是远程教育院校及在线教育机构降低辍学率的有效途径。大部分在线学习者是出于就业需要、家庭需要等外在动机参与在线学习，而非出于对课程知识内容的兴趣。这就需要在课程的教学设计中设计各种学习活动，激发学习者的内在学习动机，激起学习者的学习兴趣。在课程开展过程中，学习者也会由于某些诱发事件削弱学习动机，从而出现中断学习的情况。因此，在学习过程中鼓励学习者参与课程、帮助学习者克服学术方面的困难、维持学习者的学习动机，也是十分必要的。

了解学习动机的系列理论有助于找到强化动机的方法及策略，与学习动机密切相关的三个理论分别是优势法、自我理论以及动机支持服务前摄(proactive motivational support)理论。优势法由安德森和克里夫顿基于塞利格曼的积极心理学提出，该理论认为应该鼓励学习者明确他们的优势，并将这些优势用于学习(Anderson，E. & Clifton，C.，2001)。然而在实际情境中，很多学习者可能并不清楚自己的优势。针对这一困难，伯尼维尔认为，在最初与新生联系的过程中强调积极的一面，有利于帮助学习者发现自己的优势。例如，辅导教师可以和新生沟通其成功的、感兴趣的生活经历，以确定学习者与学习相关的优势(甚至是学习者自己都没有察觉到的优势)。由卡罗尔·德威客提出的另一种动机理论——自我理论，对学习者、学习支持服务人员都有着重要意义。该理论认为，学习者和学习支持服务人员都可以根据对“智力”的态度分为两类，分别是实体论者(entity theorist)和渐变论者(incremental theorist)。实体论者认为智力很大程度是固定的，无法通过努力改变。而渐变论者则认为智力是有延展性的，可以通过努力增加(Dweck，1999)。学习者对待成功的不同态度可能会影响到学习者学习的方式和学术性支持服务人员支持学习者学习的方式，持有实体论的在线学习者比持有渐变论的在线学习者具有更强的自尊心，在面对困难的时候更容易放弃。对于学习支持服务人员而言，持有实体论的支持人员认为学生学得不好是因为个性中根深蒂固的、无法改变的因素，比如不够聪明、懒惰等，通常他们对这类学生采取的态度是他们也无能为力，或者是把不适合毕业的学生像拔掉杂草一样淘汰掉；而持有渐变论的支持人员更可能相信学生的失败是由于缺乏动机，能够不断通过支持获得帮助。还有一种动机理论是辛普森提出的动机支持服务前摄理论，该理论综合了德威客的自我理论、伯尼维尔的优势法和安德森的提前主动联系学生理论。该理论认为，学习支持应该关注个性化、提前主动、注重交互。个性化是指应该试图关注个别学生的需要，而不是从上至下整齐划一地对待学生；提前主动是指应该自觉自愿地联系学生；注重交互是指要注重与学习者的交互，而不是要么问一问，要么不理不睬。

根据不同的理论，可以有不同的学习动机提高策略。以下 9 个策略可以帮助辅导教师在与学生沟通的过程中明确学习者的优势：①在最初的接触中强调积极的一面；

②关注现有的天分和能力；③让其说出过去的成功或辉煌时刻；④鼓励憧憬未来；⑤明确隐含的价值、目标和动机；⑥鼓励陈述一些与生活相关的积极的看法；⑦确定资源、学习者的有利条件和潜力；⑧肯定努力而不过分强调成就；⑨除非有必要，否则不谈论不确定因素、恐惧、缺乏技能等。

在与新生接触的过程中，不仅要明确学生的优势，还要说服学生，让学生相信自己有学习的天赋，并且这种天赋还可以通过后天的努力得以拓展和开发。下面是辛普森在一门数学远程课程中使用过的“动机激励邮件”，这封邮件是基于德威客的自我理论撰写的(奥蒙德·辛普森，2013)。

你是“无药可救”还是“大有可为”？

亲爱的：

正如我答应过的，下面是我给你提出的第一条学习建议，我希望它能对你有用！

1. 你是“无药可救”还是“大有可为”？

最近在心理学上的发现指出，当我们想学习时，我们往往把智商看成是成功最重要的因素。心理学家告诉我们，人可以分为两种类型：

固化智商的人(无药可救)：这些人认为，他们的智商从生下来的时候就已经固化了，不能被外部因素或自己的努力改变。

延展智商的人(大有可为)：这些人认为，他们的智商不是一成不变的，能够通过努力改变。

这些信念影响了人们的学习方式，尤其是当他们遇到困难或者没有通过考试时。认为“智商是固化的”人可能很努力，但一旦遇到困难或失败，他们就轻易认为自己已经达到了智商的极限，就会选择放弃。

那些认为“智商是可以延展的”人，把困难看作他们需要更加努力的状态，因为他们相信通过努力最终可以克服这些困难。失败是一种反馈，意味着他们需要付出更多的努力。

2. 你的智商不是固化的(你不是“无药可救”的)

我们现在知道，智商在一生中不是固定不变的，它能在一个好的环境中通过个人的努力得到开发。换言之，“智商是可以延展的”观点是正确的。

我们也知道，在学习数学时，这种观点尤其适用，数学细胞是我们与生俱来的。不幸的是，有时我们在学校或者别的什么地方会觉得数学很难，于是开始相信我们无法把数学学好。事实并非如此，只要付出足够的努力，即使你以前厌恶过数学，仍然能把它学好。

3. 可延展性是关键(你是“大有可为”的)

认为“智商是可以延展的”的人，不认为有难以理解的问题，也不会把某一次不好的成绩看作智商的问题，他们只是把它看作应该寻求帮助和再试一次的信号。

所以，请记住，你的智商是可以延展的！只要自己付出努力和得到支持，这门课你一定会成功！

祝你好运！

奥蒙德

3. 促进小组学习

不同学习理念对学习的解读不同，如行为主义认为学习是刺激与反应之间的联结，而建构主义认为学习是在一定的情境下通过人际协作活动而实现的意义建构过程。因此，学习者在学习基于不同学习理念所设计的网络课程时，所采取的学习方式也会有所不同。早期的远程教育课程大多是基于行为或认知学习理念进行设计的，学习者在学习这些课程时，多是采用个人单独学习的学习方式。随着学习理念的不断发展，基于建构主义学习理论或联通主义学习理论的网络课程逐渐出现，小组学习受到了越来越多的关注。小组学习不仅是顺应建构主义学习的需要，而且已经逐渐成为解决远程学习人际交流问题的一个有效方案。

辅导教师在开展小组活动前需要明白，虽然大部分学习者期待小组研讨可以直接促进他们的学习，比如从其他学习者那里直接获得与课程相关的问题的答案，或从教师那里直接获得课程的补充讲解等，但是小组活动的主要目标和优势是促进学习。因此，小组活动的主要任务是：①通过与其他学习者一起完成特定学习任务，帮助学习者掌握学习内容；②通过与其他学习者一起开展基于项目的学习，分享知识与经验；③通过与小组成员一起解决问题，提高和巩固学习效果。

辅导教师积极开展小组活动对在线学习者的学习具有以下促进意义：①有助于培养学习者的交流沟通、团队协作等方面的学习技能；②能够帮助学习者从更多的角度分析和理解事物，有利于促进学习者认知方面的发展；③能够为学习者营造一个生动、有趣、积极的学习氛围，帮助学习者减少孤独感、增强认同感，激励学生的学习动力，解决学习者在自主学习过程中的困难和问题；④为学习者提供相互交流和分享学习经验的机会，让学习者在相互帮助中共同获得发展。

因此，辅导教师在面授和在线辅导中，需要考虑如何充分利用小组学习的优势来促进学习者的学习。在组织和促进小组学习时，一般需要完成以下几项工作：设计小组学习活动、组织和引导小组学习、评价小组学习。

辅导教师在设计小组学习活动时，需要明确小组学习目标、选择小组学习活动类型和确定小组学习活动各个要素的具体内容。在明确目标过程中需要对学习者的学习特点、学习需求、课程材料等进行分析，考虑如何将小组学习活动与课程材料以及课程材料相关问题相结合，从而确定小组学习活动的目标。在分析学习者、课程内容时，可以思考以下问题：学习者从这个活动中会有什么收获？通过这个活动他们将掌握哪些技能？这个活动对于学习者的课程学习有什么帮助？这个活动在多大程度上符合课程的层次和内容的要求，在多大程度上符合课程中特定环节的要求？教学大纲中是否有相应的活动可以直接实施或可以稍微调整修改后再实施？等等。明确目标后，辅导教师就可以根据目标选择合适的活动类型，常见的小组学习活动类型有小型小组讨论、辩论、展示与实践、情形分析、案例研究、角色扮演等。詹妮弗·奥洛克(2008)对每种活动类型所适合开展的具体活动和活动中所使用到的技能进行了统计，如表 3-11 所示，辅导教师在选择活动类型时可以参考。选择好需要的活动后，辅导教师还需根据活动设计各个要素的具体内容(詹妮弗·奥洛克，2008)，这就要求辅导教师了解小组学习活动设计的基本框架以及各个要素的具体作用，如表 3-12 所示。

表 3-11　小组学习活动类型

活动类型	适合开展的具体活动	使用到的技能
小型小组讨论	先让大组中各分组聚焦在一个特定的兴趣点，然后与大组分享，这样每个人都能够学习	交流技能；任务分析技能；领导技能
辩论	就对某个问题的看法将小组分为两派，陈述各自的观点和立场	批判性反思技能；分析技能；交流技能；领导技能
展示与实践	将所学技能应用在一个真实或模拟的情形中	交流技能(商议技能)；操作技能；应用能力(实验室工作)
情形分析	界定特定情形的成因，以及其中的有利和不利因素	分析技能；批判性反思技能；领导技能；交流技能
案例研究	应用各种能力去分析和研究一个复杂的情形	分析技能；应用能力；综合能力；交流技能；组织技能；领导能力；解决问题能力
学习者展示	学习者个人或学习者小组采用一种可被大家理解的方式展示他们的观点	分析能力；交流能力
角色扮演	在一种实践情境中综合应用人际交往、解决问题和交流能力等技能	分析能力；组织能力；领导能力；解决问题能力；交流能力

表 3-12　活动设计的基本框架以及各个要素的具体作用

框架要素	各个要素起到的作用
活动名称	帮助学习者快速了解活动主题
活动目的	陈述学习者完成活动所产生的变化，即学习者行为结果
活动时间	告知所有学习者完成活动的最后期限，能保证所有参与者在规定时间内完成活动
活动步骤	学习者所要完成的活动任务，通过完成活动任务实现活动目的
活动指导	学习者完成活动的参考标准、辅导教师所提供的活动建议或参考资料等

辅导教师在设计好小组活动后，需组织引导小组学习。在组织引导小组学习时，首先要根据活动需求使用多种策略对学习者进行分组。在正式开展小组活动前，辅导教师需组织热身活动，让学习者相互了解，带动气氛，并与小组成员一起协商制订小组活动的规则。在小组活动开展的过程中，辅导教师要采用多种策略来促进学习者积极地加入到小组活动当中。在进行小组成员分组时需注意，学习小组的组建并不是简单地将几个学习者划分在一起，而是需要辅导教师全面考虑远程学习者的学习背景、工作经验、学习风格和学习能力等并与责任教师商量后进行分组，一般需要考虑以下几方面的问题。

• 每个小组的人数需要灵活地根据活动的需要来定，一般以 4～6 人为宜。

• 分组原则可以是组内异质，组间同质。组内异质是指分组后同一小组的学习者的学习背景、工作经验或是学习风格存在很大差异性，将不同背景的学习者搭配分组有利于小组学习过程中从不同的视角思考问题，学习者之间相互帮助、相互促进；组间同质是指保持各组之间的均衡性，有利于各组之间的相互学习和竞争，也有利于各组学习活动的评价。

• 明确组内成员分工。一般情况下，在每个合作小组内要设一名常务组长，负责本组学习活动的组织、分工、监督等，让小组学习有序开展。远程教育中，我们一般建议选择那些性格比较外向、积极参与学习活动的学习者来担任组长，让组长来协助辅导教师管理组员，推动组员积极参与到活动中。同时，需要根据组员的学习背景、工作经验等特点进行任务的分配，让每位学习者都对相应的工作负责，这样能够避免出现部分学习者搭便车的现象。

在正式开始小组学习前，辅导教师可以组织一些没有竞争压力的热身活动，让学习者相互了解，并克服对于参加小组学习的焦虑和不自信。最常见的热身活动是小组内容自我介绍。开始小组活动之前，辅导教师还应该与小组成员一起协商小组活动的规则，或者是先由辅导教师给出建议，让小组成员进行补充和修改。这个规则应该保证所有学习者及其观点得到尊重；保证每一位小组成员充分参与的责任；保证形成一种良好的讨论氛围，允许不同观点存在，表达不同意见时对事不对人(詹妮弗·奥洛克，2008）。

在正式开展小组活动的过程中，辅导教师不仅要促进学习者积极地加入到小组活动中，保证每一位小组成员在活动中共享个人的专长，还要帮助他们形成自己管理小组事务的策略，而不是直接管理他们的学习过程。一般有经验的辅导教师会从以下几个方面入手：①解释小组学习任务的目的和过程；②说明小组学习评价规则；③确认学习者获得完成小组学习活动所需要的资源；④提供有效的协作策略和工具支持；⑤通过各种策略激励学生对小组学习的贡献；⑥鼓励组内成员的互助和协商；⑦有序推进小组学习活动实施的进度；⑧记录学习者参与小组学习活动的情况；⑨给每个小组提供持续性的反馈；⑩处理小组学习中出现的突发问题；⑪协调组内成员的问题与冲突。

小组学习结束后，需要进行活动评价。活动评价能够对小组学习起到诊断、激励、反馈调控、定向引导的作用。辅导教师需要对小组学习中学习者的表现进行形成性评价和总结性评价，主要包括以下几项工作：

第一，评估学生远程学习参与度。使用课程在线教学技术平台开展学习评价，对学习者参与小组学习的次数和学习者在在线学习平台上的小组学习板块的发帖或回帖等行为进行统计，结合教学大纲中对学习者参与小组学习的任务量和实践的要求，评估学习者是否达到了这些要求。

第二，评价学习者对小组内其他学习者的贡献量。辅导教师需要对学习者在小组学习板块中发帖或回帖的内容、Wiki 编辑的内容等进行初步的分析，判断学习者的帖子或 Wiki 等的内容对解决其他学习者的问题或困难的帮助性，并结合学习者在小组中所承担的工作量和扮演的角色，评估学习者对小组学习的贡献量。对学习者的贡献量进行评估也可以采用组内互评的方式，这样有助于组内形成一种竞争氛围，同时也有助于激发学习者发挥自己的长处。

第三，对小组学习活动的最终成果进行评价。在小组学习结束时，辅导教师可以组织各个小组对自己的学习成果（如开发的小软件、形成的实验报告、社会调查报告等）进行展示，采用组间评价的方式对各组的学习成果进行评价。

第四，整理和总结学生在小组学习中反映的学习问题。在小组学习结束时，辅导教师应该对小组学习中反映的各种学习问题（如小组作品中普遍存在的问题）进行整理和总结，向学习者分析出现问题的原因及解决办法。并分析这些问题是否反映了课程材料、作业本身或教学的问题，将这些分析整理出来，为后续教学以及课程改进提供依据。

4. 建设学习共同体

通过与学习共同体相互交流分享知识和经验的非正式学习方式也是在线学习者获取知识、促进认知的主要途径。信息技术的发展使学习者之间的交流变得越来越便捷，而这也为学习共同体的建设提供了可能（Dare，Zapata & Thomas，2005）。在我国学生支持的实践中，较低的师生比导致辅导教师很难对所有同学的问题及时进行一一解答，而学习同伴是学习者在学习过程中更常接触到的人群，并且相对于辅导教师，学习同伴可能更能理解学习者的问题。因此，辅导教师应该推动在线学习共同体(Online Learning Community)的建设，充分发挥学习同伴在促进学习者学习方面的作用(Kretovics，2003)。

在线学习共同体也叫网络学习社区，是一个虚拟的学习者组织，成员有着共同的专业知识和目标，通过网络技术平台开展跨时空的会话与协作，分享知识和经验，共同致力于问题的解决和共同体的成长。建设在线学习共同体是以促进学习为目的，发展成员的能力，交换、分享和创造知识，对工作和学习经验的交流与共享、促进学习认知以及平等协商文化的形成具有重要的意义。

相当比重的在线学习者具有丰富的工作经验，而这些工作经验对于学习内容的理解、疑难问题的解决具有重要的意义。学习共同体的建设可以促进学习者之间经验的交流和分享，并为同伴互助的发生提供空间。而同伴互助不仅有利于促进学习者的认知，还可以大大节省学术性支持服务的成本(Boyle ，2010)。学习共同体的建设也有利于在学习者之间形成相互信任、平等协商、共享的文化，帮助学习者建立良好的师生和生生关系，从而激发学习者不断加入到课程学习中的学习热情(陈丽、仝艳蕊，2006)。综上，在线学习共同体的学习是以学生为中心的学习，在线学习共同体的建设对促进学习者学习具有重要意义。

目前，一些远程教育机构在推动在线学习共同体建设方面已经做出了尝试。例如华盛顿州立大学的“The Studio Cafe and the Speakeasy”，学习者可以在该在线学习共同体中聊天，完成小组作业，以及分享观点和经验。阿萨巴斯卡大学也创建了一个叫“The Land”的在线学习共同体，来促进学习者的交流和互助(Terry Anderson，2013)。在线学习共同体的建设并不是单纯地把学生聚在一起，辅导教师要设计一些策略和活动来促进学生深度交互的发生。只有通过积极的社会性交互，社区的成员才能进行意义协商和知识建构，在线学习共同体的学习才能发生。

下面从在线学习共同体的活动设计、技术支持和社会支持三个维度，介绍一些促进在线学习共同体社会性交互的原则和策略。

(1)设计促进社会性交互的活动原则、方法和过程

辅导教师在设计一些促进在线学习共同体深度交互的活动时，应该遵循以下三点原则(闫莎莎，2013)：

- 活动的主题要新颖，或者以与成员专业相关为基础。
- 活动的内容是利于思维发散的，或是有争议的、利于讨论的。
- 在线学习社区最好具有知识检索与管理功能。

活动的主题不管是新颖的，还是与成员专业相关的，都必须满足成员的某种实际

需求，或是符合成员的兴趣抑或学习、工作的需要等。要想使活动内容利于思维发散，辅导教师在设计活动内容时可以选择涉及更大范围内事物间联系的、结果或答案不是唯一的、能够激发群体一起讨论的活动内容。在线学习共同体具有知识检索与管理功能要求，可以在网络社区中设置相关内容的搜索功能，也可以将活动内容按照不同文件格式存储，或将同一格式内容分类存储管理等(闫莎莎，2013)。

(2)选择和应用技术的原则、方法和过程

辅导教师在推动在线学习共同体建设的过程中，还要考虑技术在促进交互中的作用。辅导教师在选择和应用技术时，应该遵循以下两个原则：一是要设计良好的网络社区界面与用户体验，二是要为学习者提供多种格式内容的交流互动。

首先要明确课程的学习者定位及教学内容，根据定位的学习者群体及相应的教学内容选择适合该群体年龄段及整体倾向性的网络风格与界面，然后针对不同的学习者及内容需求在界面中设置合理的导航与分类，方便学习者简单快捷地锁定自己想要加入的目标群体及想了解的内容。课程要保证共同体成员能以多种格式的内容进行交流互动，一方面要让成员能上传文本、图片、音频、动画、视频等多种格式的作品或问题，另一方面要有相应的文本、图片、音频、动画、视频等多种格式的学习资源(闫莎莎，2013)。

(3)对促进深度交互策略的设计

第一，建立平等自由的社区氛围。良好的讨论氛围，是促进学习者参与交互的动力之一(李远航、王子平，2009)。辅导教师可以通过对互动成员的回复及时给予反馈、发现学习者遇到问题的时候主动联系学习者、对互动成员提出的建议或共享的解决方法表示感谢等方式，让学习者感受到自己在这个学习共同体中是被尊重的，教师与学习者之间是平等的。与此同时，要创建一个良好的讨论环境，辅导教师还必须制订社区规范来约束社区群体的行为，减少恶意灌水或用不文明的语言相互攻击谩骂这种破坏社区环境的现象(闫莎莎，2013)。

第二，发挥学习领袖的作用。在虚拟学习社区网络中，部分积极参与的学习者形成了学习领袖群体。学习领袖是促进整个在线学习共同体深度交互的重要人物(闫莎莎，2013)。辅导教师要善于发现学习者中的学习领袖，积极鼓励并“委以重任”，可以让其扮演助学者的角色，分担辅导教师的一部分职责，也可以让其担任小组的组长、各个讨论区的版主等，组织组内成员积极参与互动，激发社区整体的积极性(李远航、王子平，2009)。

第三，制订适当的奖励政策。这种奖励可以是平常意义上的排名或等级的设置，比如用排行榜展示成员的积分或级别的排名，刺激学生之间的竞争；也可以是对互动成员的感谢、赞赏等情感意义上的奖励，比如对学习者提供的解决办法表示“谢谢你补充的细节”“谢谢你提供的经验”等给予肯定的举动。

第四，异质分组。在交互过程中，建立由多个成员构成的小组或主题小组，也是促进社区成员交互的有效策略。尤其是当小组的成员在性格、年龄、认知学习风格、交互倾向方面存在差异时，这种促进作用更为明显，也更容易产生创新性知识。

(4)如何利用在线学习共同体促进学习

在形成了在线学习共同体后，学习者在在线学习共同体中的学习是以学习者为中心的学习，是非正式的学习。

第一，促进讨论、交流。在在线学习共同体中，可以形成多个不同主题的讨论小组。小组可以是辅导教师安排的，也可以是学习者根据兴趣自己组建的。学习者可以在小组中就自己感兴趣的话题进行讨论、交流和共享。

第二，促进经验分享。大部分远程学习者是在职的成人学习者，他们具有丰富的工作经验。辅导教师可以通过在线学习共同体组织一些经验交流活动，帮助学习者更好地理解学习内容，认识到学习内容对实践的指导作用，从而强化学习者的学习动机，激发学习者的学习热情。

第三，同伴答疑。由于辅导教师相对于整个学习者群体来说人数较少，不一定能够非常及时地回复学习者的疑难问题。因此，在组建了在线学习共同体后，辅导教师可以创建一个“疑难问题解答区”，充分发挥同伴的力量，帮助学习者及时地解决学习上的问题。这种做法。一方面使提出疑问的学习者及时地得到了解答，另一方面对提供解答的学习者来说。也是一次学习的机会。

第四，促进小组之间的交流。在线学习共同体还可以提供小组交流和讨论的机会。在上一个主题中，我们介绍了小组活动，不过这个小组活动一般都是给小组提供一个任务，让小组内部的人完成。而辅导教师可以组织或引导小组之间在学习社区进行讨论和交流。通过与其他小组的交流，小组成员可以开阔思路、反思成果，进而修改或丰富完善小组成果。而且，这种小组之间的交流有利于知识创新。

5. 培养学习技能

有些学者曾提出“学生支持的主要目的是培养不需要学习支持的学生”，说的是远程与在线教育机构可以通过提供学习技能的培养，使学习者能够掌握高品质的学习技能，成为独立的学习者或具备成功学习者所具有的良好品质。目前，国际著名的远程教育机构都将远程学习者学习技能的培养和提高列为学生支持服务的重要内容。

但应该培养学习者哪些方面的学习技能、什么样的学习技能是对学习有促进意义的以及哪些学习技能是学习中必须掌握的等问题，都是因人而异的，不能找到统一的答案。比如，有的学生边听歌边学习效率高，有的学生则没法专心学习。再比如记笔记这种技能，有的学生详细记录了笔记，但是学习效果却没有不记笔记的学生好。还有一些研究表明，就学习技能而言，事先为学生提供一些忠告有时甚至产生负面效应——学生有可能会完全按照忠告进行尝试，而有时这些忠告并不能给他们带来任何有益的帮助。

辅导教师在为学习者提供学习技能培养时，不能一概而论地提出一个统一的方案，有以下几个方面要注意(Ormond Simpson，2006)：①对于远程学习的学生来说，没有一套绝对的学习技能可以适用于所有学生的每一个学习阶段；②大多数学生都趋向使用他们已经习惯了的学习方法，这些方法大多是在学校学习中获取的，对于学生来讲可能适合远程学习环境，也可能不适合远程学习环境；③改变学生的学习方法是很困难的，对以往经验提出的挑战是不能仅靠向学生提供忠告去解决学习方法问题的；④在新的方法没有被充分验证之前，改变一种学习方法往往会导致更加无效的学习；⑤在开发学习技能方面，学生支持的作用在于鼓励学生去反思他们以往的学习方法，同时尝试新的学习方法。

陈丽将学习者在学习过程中需要掌握的学习技能分为以下三类：认知技能、情感技能和组织技能(陈丽、龚静，2005)。其中，认知技能包括运算、阅读和写作技能等，情感技能包括明确自己的学习动机、能主动请求帮助、自信、能够接受批评、控制考试焦虑、幽默感和压力管理等方面的能力，组织技能则包括处理有关矛盾的能力、按时完成作业的能力、妥善安排不同工作优先级的能力、创造适合自己的学习环境的能力。

学习技能贯穿于学习过程的每个阶段，有效的学习技能培养体现于在最恰当的时候为学生提供支持。表 3-13 列出了不同学习阶段所需要的学习技能，从表中可以看出，学习者在整个学习过程中综合了认知技能、情感技能和组织技能(陈丽、龚静，2005)。

表 3-13　不同学习阶段的关键学习技能

课程学习各阶段	关键学习技能
学习前	动机激励、时间管理
课程学习初期	获取学习资源、利用材料自学、自我计划
第一次作业前后	作业管理、自我监控、自我评价、战胜挫折
课程学习中期	自我评价、自我调节
考试前后	复习、压力管理、考试、战胜挫折

对于技能的培养不能通过简单的知识灌输和传递来完成，比如骑车这项技能，如果只告诉学习者该如何骑车，而不提供让学习者练习骑车的机会，学习者就无法真正学会骑车。因此，学习技能的培养不仅仅需要关于学习技能的知识，还应该通过各种策略引导学生在学习过程中发展学习技能。下面列举几种典型的学习技能培养的活动步骤，为辅导教师提供具体有效的参考。

(1)情感技能的培养

一是明确并激励学习动机的活动。

> 活动步骤
>
> 步骤一：教师自我介绍(2～3 分钟)。第一次集中面授时，辅导教师花 2～3 分钟在轻松愉快的氛围下介绍一下自己，目的是为了增进师生之间的了解，建立平等、民主的师生关系。
>
> 步骤二：学生自我介绍(10 分钟)。教师组织学生进行简短的自我介绍，帮助学生建立相互联系、彼此激励、共同促进的良好的同学关系。
>
> 步骤三：动机介绍(3 分钟)。先将学生两人一组分组，然后对学生讲："我希望你们能互相介绍一下，然后叙述一下你为什么选择这门课。"
>
> 步骤四：全体交流(10 分钟)。让每个学习者向所有同学介绍自己选择这门课程的原因，以及希望最终取得什么样的结果。通过步骤三和步骤四让学习者不断地反思、介绍自己选择课程的原因和期望达到的目标，来强化学习者的学习动机。
>
> 步骤五：学生自由提问(10 分钟)。允许学生自由提问，创设民主、平等的学术氛围，吸引学生参与到教学活动中来。

二是提高压力管理能力的活动。

> 设计这一活动主要是为了帮助学习者对他们在生活中产生压力的根源以及处理方式进行分类，从而合理管理压力。
>
> 活动步骤
>
> 步骤一：找出压力(5 分钟)。组织学生写出目前生活中的一两项压力来源，并思考压力是如何影响生活的、自己是如何处理的。
>
> 步骤二：分组交流(10 分钟)。三个学生一组，每个人用 2 分钟介绍自己的压力和解决压力的方法，介绍时其他二人做笔记。
>
> 步骤三：整理有效方法(5 分钟)。根据笔记、小组讨论，选择、整理有效的压力管理方法。
>
> 步骤四：全体交流(10 分钟)。每个小组选代表汇报有效的压力管理方法。
>
> 步骤五：教师总结压力管理的方法和建议。先了解自己的压力来源，可以每天把令自己烦恼的事情记录下来，一段时间后从记录中找出自己的主要压力来源，然后努力减少。最后，学会控制自己的压力，在遇到压力的时候，可以换一种思维与朋友交谈等。

(2)组织技能的培养

一是培养时间管理技能的活动。

下面的活动可以帮助学习者找到时间，并学习有效利用时间的方法。

活动步骤

步骤一：记录自己的时间。利用表格让学生记录自己一周时间的使用情况，包括不学习的时间，越详细越好。

步骤二：统计(10 分钟)。每个学生统计自己每件事每周所花的时间，并分析自己大部分时间花在什么事情上。

步骤三：分享(15 分钟)。每个学生至少找三个同学，看其他人在每件事情上所花的时间。或者由教师选出时间安排较为合理、时间使用效率较高的学习者的时间安排表，然后分享给其他学习者。

步骤四：重新整理(10 分钟)。在借鉴了其他同学的时间表之后，每位同学考虑哪些事情是对学习没有太大意义的，这些事情的时间可不可以缩减、缩减多少、如何缩减，并思考自己现在对时间的安排是否合理，以及如果不合理要如何修改。

步骤五：交流(10 分钟)。几个人组成一组，互相讨论修订后的时间计划。

步骤六：教师总结有效利用时间的建议。学会安排优先级，即将你需要做并想做的任务和活动从最重要到最不重要排序，按优先级进行分类，先处理最重要和最紧急的，再进行优先级较低的；合理分配时间，在效率高的时段完成重要的工作和学习任务，在效率低的时段处理琐碎的事情；对要完成的事情限定一个时间，要求自己在规定的时间内完成，以保证工作和学习的效率；善于寻求帮助，充分获取家人、同事、朋友的帮助，以找出空余时间。

(3)认知技能的培养

一是培养自学能力的活动。

活动步骤

步骤一：要求学生准备好学习材料。

步骤二：请学生回答以下问题：你打算怎样学习这些材料？你是打算通读、略读还是采用其他形式？你阅读时记笔记吗？如果记，如何记？你准备什么时候完成作业？请列出你自学时打算采用的主要学习方法。

步骤三：全体讨论，挑选出有效的自学策略。

步骤四：教师建议。首先，阅读指导书，了解课程内容的组织框架；其次，快速浏览材料，对内容有个初步和整体的概念，观察各个标题并思索主题间的关联，阅读时要做笔记和思考；最后，及时复习。

二是提高复习和考试能力的活动。

活动步骤

步骤一：请每位同学记录自己以往认为有效的和常用的复习和考试技巧。

步骤二：同学分成小组，并在小组内相互交流。

步骤三：小组总结有效的复习和考试技巧并记录。

步骤四：以小组为单位汇报交流。

步骤五：教师总结并提供复习与备考建议，包括组织学习小组共同收集复习资料并进行组内交流与分享，根据考试的题型准备复习，掌握不同题型的作答方式等。

通过上述典型活动不难发现，学习技能培养的主要过程包括自我认识、交流与共享、自我规划与尝试、教师的建议和指导。没有任何一个学习技能适合所有的学生，重要的是帮助学生发现和尝试最适合自己的技能。学习技能的培养活动应以学生主动参与、积极探索为主，强调个体学习经验对技能生成的意义，不是简单地主张在活动中探索新的技能，而更关注学生对自我的认识以及对以往学习技能的总结和反思，同时在活动中发掘其他同学的不同学习经验并分享他们的想法，完成技能生成的自我规划并尝试(陈丽、龚静，2005)。

(四)学习评价与反馈

学习评价与反馈是在线教学活动中的重要环节，也是在线学习支持活动的重要内容，评价的内容和方式在一定程度上影响着教学过程。学习评价是学术性支持服务的重要环节，是辅导教师与学习者之间进行交流的重要节点。在在线学习环境下，学习评价除了以测验和考试为主的总结性评价，更关注学生的形成性评价。其中，对学习者作业的评价，是辅导教师最为常见的“工作”，对学生表现和参与度的学习过程评价也是形成性评价的常见方式。此外，对基于学习分析技术的在线学习评价与反馈的研究和应用逐步发展起来，有关学习投入测评、学习过程监控、学习预测和预警、个性化评价反馈等评价方式，可以有效补充作业评价中所反映的学习状态和学习绩效的细节，有效增强学习评价的全面性和合理性。接下来，我们对作业的评估策略与原则、学习过程的形成性评价的整体流程方法以及基于学习分析技术的新型评价方式和个性化反馈方式进行介绍。

1. 对作业的评价

对学习者的作业进行评价，是辅导教师了解学习者对知识的掌握情况、推进和管理学习进度以及与学生进行交互的重要途径。因此，对作业的评价是辅导教师进行的学习评价中最为重要的内容。下面从学习者本身对评价的期待和辅导教师撰写评语两个角度来理解作业评价中的策略。

(1)学习者对作业评价的期待

> 活动：你对作业的评价
>
> 请你结合自己的学习经验阐述，在你提交了一份作业之后，你最希望收到什么样的评价？你认为什么样的评价可以更好地促进你的学习？(提示：你可以从以下两个方面考虑——评价的形式：单纯的分数、单纯的等级、分数＋评语；评语的内容：赞扬完成得较为出色的部分、指出完成得不好的地方等)

一项研究表明，辅导教师对作业的评价对维持学习者的学习动力具有重要影响。因此，辅导教师首先要了解学习者对作业评价的期待。詹妮弗·奥洛克提出了学习者在作业评价过程中对辅导教师的5个典型期待，分别是：告知是否收到了作业以及作业是否完整；对作业的批改态度认真；若作业中出现了不清楚的地方，辅导教师要告知学习者，以便他们有机会进行解释；尊重学习者，对作业提出可以支持学习者进步的反馈；作业评价要及时(詹妮弗·奥洛克，2008)。

(2)撰写评语的策略

对在线学习者来说，作业评价更重要的作用是回答了“我学得怎么样”。因此，对作业的评价不能仅仅是给个分数或等级，而是应该认真给出评语。在撰写评语时，可以采用三明治原则。下面对三明治原则进行详细的介绍。

首先，评语应该始终以积极和肯定的语气来开始，以鼓励学习者保持开放和对话的意愿。有时，辅导教师可能会遇到很难找到什么肯定的话来评价某份作业的情况，那就不妨以感谢学习者提交本次作业作为评语的开始。

其次，更详细具体地给予反馈，即清楚、公正、系统地讨论作业每一部分是否达到评价标准的要求。这个反馈应当鼓励学习者进行对话，而不是一个最终的评判，如“显然，你想到了影响远程学习者学习状况的大多数因素，但你是否考虑到在线学习者的孤独感会如何影响他的学习”这样的评语要比“你漏掉了一个影响开放与远程学习者的关键因素，即学习者的孤独感，因此你的分析不符合要求”更能引发对这一因素的思考。

最后，评语应当以积极的、充满希望的、向前看的语气结尾。应向学习者解释本次作业与课程下一部分的相关性，并建议如何在所学内容的基础上继续学习，或者向学习者推荐一些符合其兴趣需要的资源。

下面是辅导教师给一份“解释说明意大利文艺复兴的兴起”的历史作业的评语，通过这个例子，你可以更好地理解如何给出一份合格的评语。

> **案例——辅导教师给一份历史作业的评语**
>
> 这篇文章写得很好，涵盖了各种主要观点。你很好地展示了当时的历史发展，并列举了一些很好的例证。你首先讨论了当时社会和经济发展的背景，然后论述了其对科学和艺术产生的影响。

> 你如果把历史发展的原因更加明确地划分为经济和文化原因就更好了，这样可以使你在第一段就为全文搭建一个更加清晰的结构。这篇文章的主要缺点在于你没有对你的所有观点给出例证、年代、事件发生的原因，比如十字军东征、皮科、博洛尼亚大学、彼特拉克和柏拉图的思想等，所有这些内容都在你的课程材料中。在写历史评论时，对你的观点给出例证是非常重要的，这样可以有助于说明事件的重要性。
>
> 对于学习本课程来说，这篇文章是一个很好的起点。

2. 对学习过程的评价

在在线学习中，课程如何评价学生的学习绩效是学生学习的重要依据，对学生的实际学习行为产生直接的影响。对学习者学习过程的形成性评价可以使学习者更关注学习过程，更好地引导和调控学习。因此，开展在线学习的形成性评价成为辅导教师的核心工作之一。在开展形成性评价的过程中，辅导教师需要掌握细化形成性评价实施方案、开发所需评分量规、评价学习参与度、评价作业、整理与总结作业中的问题、管理形成性评价相关数据与信息、处理形成性评价中的问题等技巧和方法。

(1)细化形成性评价实施方案

课程的学习绩效评价方案通常在课程设计开发环节已经由责任教师做了整体设计，然而这个方案通常还需要辅导教师根据实际课程学习需求进行细化，以形成可操作的实施方案，如是否需要细化对学生参与度的评价、是否需要细化对作业和需要计入平时成绩的相关活动的评价等。辅导教师还可以设计记录学生平时成绩的表格或文件夹，以便于管理。

(2)开发所需评分量规

评分量规是一种描述性的评分量表，详细地描述了各个评分等级下有关行为或作品的特征，用于教师评价和生生互评中。尤其在生生互评的环节，辅导教师必须为学习者提供评分量规，以确保评价的质量。

(3)评价学习参与度

课程学习参与度反映学生是否完成课程规定的学习任务量与学时，足够的学习过程参与是确保学习经历完整性的基本前提，因此学生在课程学习参与度上的表现是课程学习形成性评价必不可少的一部分。此外，对学习参与度的定期评价也为辅导教师监控学习进度和反馈教学评价意见提供了依据。根据学习方式的不同，学习参与度又分为在线学习参与度与面授活动参与度。在评价学习参与度时，不仅要评价参与度的量，还要通过内容分析来评价参与度的质量，如发帖的内容是否具有很大的贡献价值、是不是核心参与者等。

(4)评价作业

对作业的评价是在线学习形成性评价的主要内容，是辅导教师非常重要的学习评价工作。在评价之前，辅导教师需要做一些准备工作，比如根据作业涉及的知识点和评价标准，在头脑中建立一个作业评价的参考框架。对作业的评价方法和评语的撰写方法已经在上一部分进行了介绍。

(5)整理与总结作业中的问题

完成每个章节的作业批改后，辅导教师需要反思相应章节作业批改中所遇到的学生普遍存在的问题，分析这些问题是否反映了课程材料、作业本身或教学的问题，并将这些反思整理出来，一方面为后续辅导活动提供参考，另一方面为课程改进提供依据。

(6)管理形成性评价相关数据与信息

辅导教师需要对形成性评价的相关数据与信息进行管理，这样可以帮助辅导教师全面掌握全班学生的学习状况，而且还是辅导教师回应作业成绩诉讼等问题的重要依据。主要工作包括在课程开始之初建立学生档案袋，对作业提交、成绩和评语等信息的管理等。

(7)处理形成性评价中的问题

辅导教师还需要处理一些与学习内容无关但又与最终考核成绩密切相关的形成性评价中的问题，如学生对形成性评价有关成绩的申诉、审核作业是否存在剽窃等。

3. 基于学习分析的学习过程评价

学习过程评价对学习者的学习具有重要意义，但也面临着耗费大量的人力和时间成本的难题。信息技术的不断发展，为自动分析学习者的学习过程、对学习者作出自动化的形成性评价提供了可能。下面将结合具体案例介绍学习投入测评、学习过程监控、学习预测和预警、个性化评价与反馈四类新型学习评价方式(李爽，2016)。

(1)学习投入测评

研究表明，学习行为投入是影响学习绩效和学习效果的重要因素(Fredricks & Paris，2004)。而在在线学习环境下，对行为投入的及时测评和干预对改善在线学习效果具有重要意义。同时，在线学习行为数据的可获取性也为投入的评价分析提供了可能。研究者不断对行为投入的评测视角和维度进行探索，从而搭建行为投入评价框架、开发行为投入测评工具，具体分析学生在在线学习投入过程中的积极程度和参与特点。

在此以李爽等(2016)对在线学习行为投入分析框架与测量指标的实证研究为例，基于学习管理系统中的学习行为数据，将在线学习投入分为参与、交互、坚持、专注、学术挑战、自我监控六个维度，每个维度下有各自对应的测量指标，如表3-14所示。通过在线案例课程的学生行为数据对指标进行测量和分析，最终保留21个测量指标，以及主动交互、平均参与度、绩效努力、学术挑战、自我监控五个投入因子，并进一步探究了行为投入对课程成绩的预测作用，为有效投入和行为评价提供参考。

表 3-14　在线学习行为投入分析框架

行为投入类型	分析子维度	指标示例
参与	出勤 投入时间 资源访问量	平台登录总次数 平台平均登录时长 内容页面浏览总次数
交互	师生交互 同伴交互 同伴协作	回复教师发帖的总次数 回复同伴发帖的总次数 所发帖获得的同伴回帖数
坚持	克服困难 任务坚持 高投入保持	反复自测的自测题数 播放课程视频数/课程视频总数 每周高页面浏览量的保持(高于全班平均值)
专注	单项任务完成度 长时间学习	完成单套自测题所有题目的尝试次数 视频播放时完整播放视频的次数 课程学习时间大于自身学习平均时长的次数
学术挑战	挑战任务工作量 认知工具使用 挑战任务质量	自测题尝试次数 课程搜索工具使用次数 自测题成绩均值
自我监控	明确学习目标与要求 自我评价与反思 管理工具使用	课程导学页面浏览总次数 单元自测题完成率均值 电子档案使用次数

(2)学习过程监控

学习过程监控是指为了确保学习者学习的成功，提高学习效果和质量，对学生利用网络学习的活动进行的有关计划、检查、评价、反馈、控制和协调的一系列过程(陶明华、王斌，2010)。有关学习过程监控的内容根据不同课程特点和技术水平各有不同，常见的有对学习状态的监控、对学习路径的监控、对学习认知过程的监控等。学习状态监控是指以直观的学习仪表盘来实时监控学习者的学习状态，了解到学习者的学习状态各维度的表现测度值，并能够根据相应的优秀值、预警值等参考值来确认学习状态的良好程度，为改善教学提供重要依据。学习路径监控是指将学习者在不同在线活动中的行为投入、参与进度和完成顺序等，以可视化行为序列的形式将学生的学习偏好和特点呈现给教师，从而更有针对性地进行学习干预和支持。学习认知过程监控是指在行为数据的基础上，利用聚类分析、序列分析、社会网络分析等分析方法帮助教师深入探索分析学生在线学习认知方式，以促进认知发展和优化学习过程。以学习状态监控为例，目前已有一些在线教育机构设计开发了学习分析工具，通过收集可以反映学习过程的行为数据来表征学习者的学习过程，并用直观的可视化形式将学习过程呈现出来。下面就介绍一个典型的可以表征学习过程的学习分析工具：Educational Monitoring Tool(García-Solórzano，Cobo，Santamaría，Morán，Monzo & Melenchón，2012)。用这个工具可以很直观地查看所有学生或某一学生的学习情况(见图 3-17)。

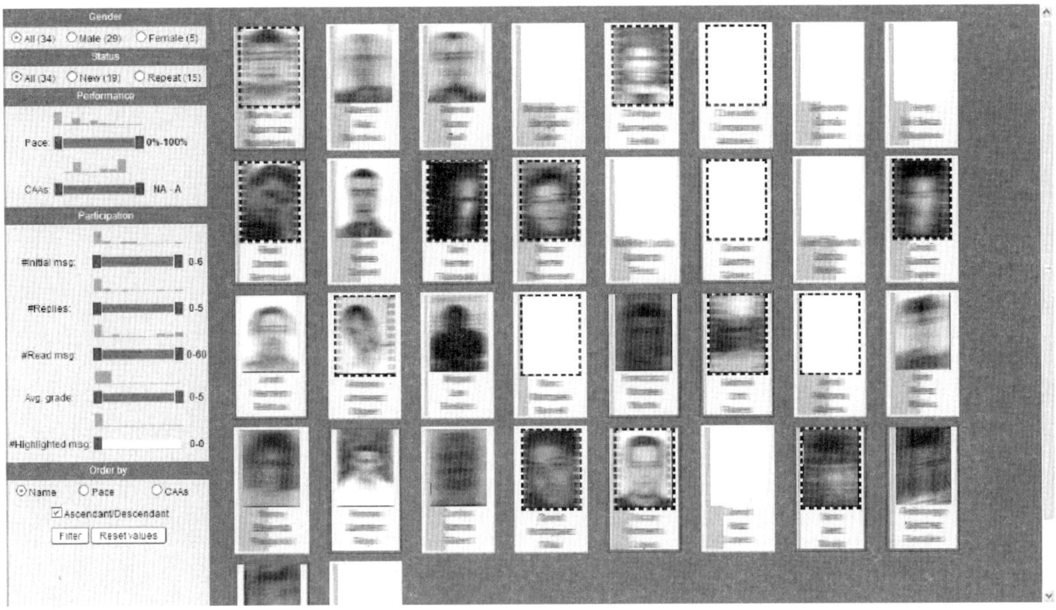

图 3-17　所有学生的学习情况

在查看所有学生的学习情况时，可以有选择性地进行筛选，如姓名筛选、男生女生、学习进度比例、作业平均分(升序降序)等。这个图片呈现了学习者的学习进度(头像背景颜色)、作业成绩(头像边框颜色)、是否为重修生(头像边框线为虚线者即重修生)。

这些反映学习者学习过程的信息可以对辅导教师有如下帮助：了解学习者的学习进度，及时地识别出进度完成较慢的同学，督促这些学习者的学习；识别出进度完成较快、学习积极的学习者，对他们的学习提出肯定和表扬，也可以选取这些学习者当班级干部，或者是做一些经验交流等。

例如，在上图中，那些头像边框颜色为黑色的学习者的作业成绩较低，很有可能无法通过考试，所以辅导教师要特别关注这类学习者，了解这些学习者作业成绩较低的原因，找出学习者的学习困难，帮助学习者提高作业成绩，从而避免学习者在期末挂科。

此外，也可通过 Educational monitoring tool 工具了解学习者的学习表现，图 3-18 直观地呈现了学习者在论坛中的活跃情况。每一个进度条被分为了 5 个色块，分别代

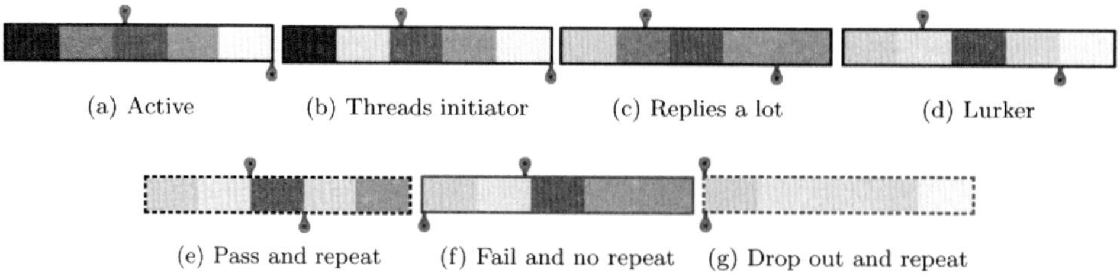

图 3-18　学习者在论坛中的活跃情况

表了发布的帖子数、回复的帖子数、阅读的帖子数、发布的帖子被评定的等级、精品帖子的数量。颜色越深，就代表数量越多。同样，进度条的边框为红色和黑色两个颜色，红色边框代表学习者有挂科的危险。边框为虚线代表学习者是重修生。

这个图片所包含的信息可以对辅导教师有如下帮助：及时地识别出发帖数、回帖数较多的学习者，应该充分重视这些积极的学习者对整个学习群体的重要贡献，多多鼓励这类学习者，保持他们的讨论热情，并且应设计一些让他们参与进来的活动，充分利用他们调动、活跃论坛的气氛，促进同伴间的交流；及时地识别出几乎不参与讨论的学习者，对这类学习者给予持续关注，并及时提醒他们参与讨论；及时地识别出经常浏览帖子但是几乎不发帖也不回帖的学习者，这类学习者通常称为“潜水者”，要尽量鼓励他们克服羞怯、大胆发言。

(3)学习预测和预警

学习预测和预警是指在学生出现问题和困难之前提供及时的提醒和干预。在学习投入测评和学习过程监控中，并不局限于对表现优劣的可视化评价，对学习异常和学习问题的关注也十分重要。应利用学生在线学习数据，采用回归分析等方法，结合具体预测工具和算法，根据学习数据指标建立学习成就或辍学预测和预警模型。

以决策树算法为例，Romero 等基于在线论坛的学生数据建立参与指标，进行预测分析，以预测学生是否能通过课程(Romero，López，Luna & Ventura，2013)。如图 3-19 所示，根据论坛中学生在交互网络的中心性和发帖量，使用决策树算法的测算结果分析如下：可以看出学生被分为两类，中心性大于 0.014 的学生被预测会通过课程，中心性小于或等于 0.014 的学生通过进一步参考行为指标，又被分为平均发帖量小于或等于 3 的学生和大于 3 的学生；平均发帖量小于或等于 3 的学生，如果平均分大于 1.15，则预测结果是能够通过课程，反之则被预测无法通过课程，而平均发帖量大于 3 的学生，如果发帖字数小于或等于 189，被预测无法通过，如果发帖字数大于 189，被预测通过。根据这个预测结果，教师便可进行更有针对性的教学支持和干预，以促进学生更好地完成在线学习目标。

```
Centrality <= 0.014
| Messages <= 3
| | AvgScoreMsg <= 1.15: FAIL (38.0/5.0)
| | AvgScoreMsg > 1.15: PASS (16.0/3.0)
| Messages > 3
| | Words <= 189: FAIL (9.0/1.0)
| | Words > 189: PASS (18.0)
Centrality > 0.014: PASS (33.0/2.0)
```

图 3-19　预测树结果示例

(4)个性化评价与反馈

有关在线课程中的学习评价与反馈，在评价方式上面如采用教师评分方法和一般的评价标准，往往会存在延迟，错过反馈时机，而教师个人精力的局限性也限制了反馈的个性化和针对性。而在在线学习数据可获取、可分析的条件下，电子化评价就可以解放教师，在数据挖掘的基础上建立自动化评价和个性化反馈，及时诊断和深入剖析学生的问题。当然，在具体的分析算法和分析工具的深入性和精准性方面，仍有待更多的研究和应用进行验证和改进。

以英国开放大学设计开发的 Open Mark 中的交互式计算机评分作业系统(interactive Computer-Marked Assignments，iCMAs)为例(Jordan & Mitchell，2009)，iCMAs 是支持个性化自动反馈的电子化评价系统，包括多种题目类型的测试，如选择题、拖

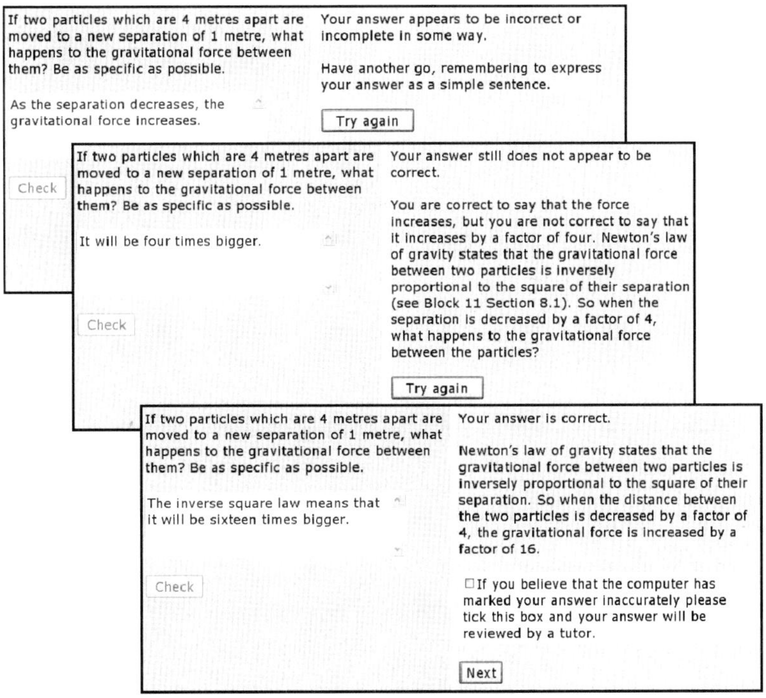

图 3-20　iCMAs 中简答题的个性化反馈

拽题，以及在智能评价技术支持下的简答题。iCMAs 在学生答错的情况下，会给学生提供多次答题机会，并能够根据学生答题的尝试次数对学生的错误答案给予不同反馈。如图 3-20 所示的简答题个性化反馈中，如果在第一次尝试中答错了，那么学生将得到最简单的反馈“你的回答错误”，让学生自己反思错误产生的原因。如果在第二次尝试中又答错了，那么学生会获得更详细的反馈，通常会建议学生参考课程相关的内容。如果在系统设置的最后一次尝试中，学生仍然答错，那么系统将直接反馈正确答案。iCMAs 在形成性评价中能有效帮助学生进行个性化学习诊断，从而对个人学习产生促进。

第三节　非学术性支持服务

在竞争异常激烈的在线教育行业中，能够决定一个机构的竞争力和生存能力、影响学生学习质量和学习满意度的往往是其教育服务的质量。所以，作为学术性支持服务的重要补充，非学术性支持服务越发为研究者和实践者重视。在实践中，非学术性支持服务不仅为学生的学习提供了重要的动力支持、技术辅助和相应的学习条件，从而降低辍学率，而且有利于提高学生在线学习的效果和在线教育的质量。

由于非学术性支持服务的重要性和广泛性，本节从“非学术性支持服务的内涵”“非学术性支持服务的部门、人员与培训”“非学术性支持服务活动”“面向特殊学生群体的支持”四个方面介绍了非学术性支持服务的内涵和所涉及的相关部门、人员的职责，以及在互联网时代涌现出来的各类非学术性支持服务活动。相信通过这些内容的介绍，可以使你了解在线教育非学术性支持服务的整体框架，从而更加全面地把握学习支持服务的概貌。

小节目标

1. 能够阐述非学术性学习支持服务概念的内涵。
2. 能够描述非学术性支持服务的主要活动。
3. 能够列举提供非学术性支持服务的有关人员和部门。
4. 能够简述非学术性支持服务人员的能力需求及主要培训方式。
5. 能够描述面向特殊群体学生的支持服务工作。

一、非学术性支持服务的内涵

非学术性支持服务(Non-academic Support Service)，又称为非教学支持服务、非学科性学习支持服务、非学术支助服务。对于非学术性支持服务，国外已经进行了较为成熟的研究，国内专门论述的文章则比较少。本节通过阐述国内外研究者对于非学术性支持服务的论述，对非学术性支持服务的内涵进行界定。本节共包括三个部分，分别是非学术性支持服务的概念、定位和内容。从概念来看，可以认为非学术性支持服务就是与学生的课程学习内容、智力、认知没有直接关系，但是与学生的学习具有紧密联系的支持形式，它并不针对特定的课程内容，而是在线教育机构为全体学习者提供的服务。从定位来看，非学术支持体现了学习支持服务的服务业属性，因此本节的第二部分将从服务性的角度切入，详述非学术支持的定位。从内容来看，目前的非学术支持涵盖了信息与管理支持，文化及情感支持，资源、设施与技术支持，经济支持以及咨询服务与能力测评等各个方面。

(一)非学术性支持服务的概念

西沃特教授曾提出，学习支持服务系统的构成要素几乎是无限的，包含了社会活动、咨询答疑等方面(西沃特，1993)。实际上，这种无限要素更多地指的是非学术性支持服务部分。因此从这一角度出发，相对于学术性支持服务，非学术性支持服务是一种包含了众多服务类型、服务要素的服务。

作为学习支持服务的倡导者，泰特从一开始便注意到了非学术性支持服务方面。他认为：如果宏观地界定学生学习支持，过往学习的评估、住宿时的进修班、图书馆服务、档案储存、信息管理、为有特殊需要的学生提供多样化的服务等一系列活动的共同之处在于，它们都是以支持学生为目的的(艾伦·泰特，2004)。这一阐述虽未对非学术性支持服务的概念进行明确界定，却对非学术性支持服务的内涵进行了解释，与西沃特教授“无限要素说”的观点相呼应。

辛普森从“以学习者为中心”的理念出发，根据颇相学的学说，将学生支持分为学术性支持和非学术性支持(咨询服务)。他认为非学术性支持主要是在情感和组织学习(即管理)诸方面为学生提供支持，从而促进学生情感和组织能力的开发，具体包括提供咨询、实施测评、安排活动、实施管理等方面。

邹范林(2006)认为，非学术性支持服务就是与学科内容无直接关系，但与学生的学习目的有密切的关系，并且对学生完成学业起着帮助作用的服务措施。

尔宝库(2013)认为，非学术性支持服务是学习支持服务系统的重要组成部分，主要为学习者在学习过程中遇到的除专业知识以外的问题或困难提供帮助，贯穿于学习者的整个学习过程。

陈丽伶、张秀梅等人(2007)在总结前人研究的基础上提出，非学术性支持服务更多地侧重的是管理层面和情感层面的一些事务性的工作，是指除课程材料制作和教学之外的非教学服务。

丁兴富(2001)将非学术性支持服务表达为“非学术支助服务”，认为非学术支助服务是指和特定课程内容与方法无关的各种各样的支助服务，包括注册、选课、开始安排、学分认定、技术支持、财政援助、信息咨询服务等。

综上可知，非学术性支持服务就是与学生的课程学习内容、智力、认知没有直接关系，但是与学生的学习具有紧密联系的支持形式。它并不针对特定的课程内容，而是在线教育机构从能力发展、情感关怀、技术辅助、信息服务、管理层面等侧面对学习者的学习起到帮助作用的服务形式。

(二)非学术性支持服务的定位

大卫·西沃特(1993)在《远程教育的学生学习支持服务系统》一文中明确提出，学习支持服务应该属于服务产业而不是制造业，要始终坚持以客户为中心的原则。并指出了若干学习支持服务和服务业的共同准则。

除了西沃特讲述的服务业的特征外，当代服务产业更加强调根据顾客的需求提供主动的服务；强调信息化的服务方式，利用计算机技术和信息技术提供智能化的便捷服务；注重服务水平和服务质量的提高；注重集群化产业发展、规模效益、降低成本等。非学术性支持服务在网络教育时代呈现如下的主要特征：

第一，服务理念的变化。对在线学习群体的认识和称呼经历了从“学生”到“学习者”再到“顾客”的变化过程，这一变化过程一方面体现了这一群体学习主动性的增加，另一方面也表明了支持服务理念的清晰化。对于在线学习者来说，作为服务的对象，有权利享受所需要的各种服务；对于在线教育机构来说，使得支持服务能够从学习对象的角度考虑其需要，根据顾客的需要主动提供各种服务，体现服务业的“顾客就是上帝”的信念。

第二，服务功能的全面性。在线教育非学术性支持服务包含了管理支持、情感支持、技术支持、资源、信息服务等众多类型。在线学习者的多样性决定了其对于支持服务的全面性要求，而非学术性支持服务涉及学习过程的众多环节，能提供诸如注册缴费、学分认证、学籍管理、成绩查询、图书馆资源传递、心理咨询等服务。

第三，服务手段的多样化。随着媒体技术的发展，在线教育机构在资源、咨询等服务中，能够给学习者提供基于电话、双向视频、论坛、网络、邮件等多种形式的支持服务。学习者可以根据自己的不同需要、不同条件进行自由选择。

第四，服务内容的个性化。在具有多样化的服务手段的前提下，在线教育机构能够为不同性别、家庭环境、经济状况、学习能力的学习者提供适合于自身情况的学习形式。诸如为妇女提供较多的学习场所和保持联系，为特殊学生提供轮椅辅助、学费减免、奖助学金以及特殊的学习资源等。

第五，服务时空的开放性。在互联网、大数据、人工智能等技术的支持下，在线教育机构的教育服务供给将更加开放灵活，突破时空的束缚。在在线教育机构的非学术性支持服务中，呼叫中心在提升需求响应速度和服务时效方面发挥了重要的作用。首先，呼叫中心能够提供 7×24 小时的支持服务，在线学习者能够在其方便的任何时候通过电话、网络等接入方式及时获得咨询、投诉等服务；其次，在呼叫中心，辅导教师、管理人员、技术人员等相关服务人员都有相应的席位，在线学习者能够在任何时间获得成绩查询、学费咨询、入学前咨询、技术故障排除等不同类型的支持服务。

(三)非学术性支持服务的内容

非学术性支持服务是学生学习支持服务的重要组成部分，因此在讨论非学术性支持服务的内容时，我们首先对学生学习支持服务这一上位概念的涵盖内容进行了探讨，分析了不同研究者对于学生学习支持服务的研究成果。通过分析和综合众多研究者的观点，结合学生学业周期的支持服务框架(详见第三章第一节)，确定了非学术性支持服务的内容分类。

尽管国内外在线教育界一致认同学习支持服务在在线教育中的重要地位和作用，但是对于学习支持服务所涵盖的具体内容，研究者却有不同的认识和表达。

西沃特(1993)把各种与学生学习相关的学科与非学科的支持、帮助活动都纳入了支持服务的范围，主要包括在学习中心或其他地方的个别辅导、社会活动、在学习中心的咨询答疑、与辅导教师和顾问人员进行的电话交流、面向学生的报纸等服务活动。

尼翁德(Andrew Nynodo Chola)将学习支持服务分为三个系统：学习管理支持系统、教学支持系统、社会支持系统。其中，管理子系统的服务包括学习材料和作业的分发、咨询活动的组织、教师辅导的安排等；社会子系统则较多涉及家庭和社区环境的相关服务，如提供图书馆、拥有支持学习的同伴或家庭成员等(吕倩，2012；杨晓英，2012)。

辛普森将非学术性支持服务的服务内容进一步细分为发展性的支持(包括课程选择建议、职业生涯指导、技能发展、动机激励等)和问题解决式的支持(包括管理上的问题、学习上的问题、学习落后的问题、影响学习的个人问题等)。辛普森在提出学术性支持、非学术性支持的分类基础上，进一步对非学术性支持服务的几类活动进行了解释，提出了非学术性支持的测评(Assessing)、行动(Action)、支持(Advocacy)、改革(Agitation)、管理(Administration)的 5A 模式。

(1)测评：为了支持学生做出恰当的选择，而收集、处理(通常有反馈)关于他们的技能、知识和兴趣的信息。包括课程专业选择测评、学习风格测评、数据分析测评、学习技能测评、职业能力测评等。

(2)行动：即非学术性支持服务的实际行动，如安排学生和辅导教师会面、搭便车回家等。它需要遵循一定的共同要求，包括要快捷和及时地满足学生的需求、和学生接触最紧密的员工有权采取行动而不必转手他人、要有明确的指南告知支持人员在什么情境下有什么样的权利。

(3)支持：主要分为推荐服务和投诉服务。推荐服务是远程院校为学生就业、学习下一步课程和争取资助提供咨询和写推荐材料；投诉服务则是为了解决院校和学生的冲突和矛盾、维护学生的权利而采取的措施，学生有权要求院校去满足他们的合理要求。

(4)改革：即远程院校为了学生而永久地改变整个院校的程序。如果学习支持人员、管理人员、学习者或者辅导教师意识到院校的某些学习步骤、程序过于烦琐、不合理或者没有相应的规定、服务措施等，他们可以向院校提出相应的请求。但是由于远程院校倾向于严格的管理、官僚式的办事风格以及保持一定的学术标准等，其改革实施起来往往是比较困难的。

(5)管理：支持服务的管理服务通常依赖于院校的治理结构，诸如保存记录、进行监控和追踪学生的学习过程、发现和预测潜在辍学者、采取防止辍学的措施等都是管理服务的重要组成部分。

从国内学者关于学习支持服务的分类中也能看出，他们关于非学术性支持的认识与归类：宋波将学习支持服务划分为宣传咨询服务、教务管理、学习帮助、研究服务、毕业生服务以及评价监控六个方面(宋波，2004)；陈丽虹等将学习支持服务划分为资源服务、信息服务、咨询服务、培训服务、管理服务、设施服务等(陈丽虹、潘茂桂，2005)；周蔚将学习支持服务划分为资源服务、学习过程服务、技术设施支持服务以及行政管理服务(周蔚，2005)；陈义勤将非学术性支持服务划分为咨询服务、个性化的日常管理服务、学习过程监控与质量管理服务、资源、学习策略的培训与培养服务、心理健康咨询与帮助、虚拟校园文化和学生社团建设、经济援助、职业指导以及残疾学生服务等多个方面(陈义勤、郝成义，2007)。综上所述，非学术性支持服务的范围可以涵盖信息与管理支持，文化及情感支持，资源、技术与设施支持，经济支持，咨询服务与能力测评等方面。正如大卫·西沃特(1993)所认为的那样，学习支持服务系统的构成要素几乎是无限的，而这种无限性更多地在非学术性支持服务上得以充分体现。在在线教育学习支持服务的实际运作中，非学术性支持服务要比学术性支持服务包含更多的支持活动，涵盖了从入学之初到毕业之后所有与在线学习者特定课程学习内容、学习材料、学习方法无关的服务活动。

二、非学术性支持服务的人员培训

在线学习者的非学术性支持服务需要众多的工作部门和支持服务人员来完成。接下来，我们将要介绍两部分内容：第一部分是非学术性支持服务的相关部门与人员；第二部分是相关人员的能力要求和具体的培训方法。

(一)非学术性支持服务的相关部门与人员

非学术性支持服务涉及较多的部门和人员，有一些部门与学生直接“打交道”，而更多的部门则是隐性地为学习者提供支持，包括了学生事务与服务中心、教学部门、图书馆、呼叫中心、学生工作部门、技术支持部门等几个主要的服务部门。

• 学生事务与服务中心：一般位于在线教育机构总部，负责统筹、规划、管理整个学习支持服务工作，包括非学术性支持服务。该中心负责的非学术性支持服务的主要业务包括学籍管理、考试服务、学生活动、学位管理、毕业论文指导、校友会等。

• 教学部门：主要提供与学生的课程内容不直接相关，但与学生的学习非常相关的服务。如教学部门中的辅导教师可以为学习者提供一些学习技能发展上的支持、情感支持等，保持学习者的学习动力，帮助学习者解决学习、工作、生活中的困难。

• 图书馆：图书馆是资源服务的主要提供部门，主要包括实体图书馆和数字图书馆两类。数字图书馆不仅要像普通高校的图书馆那样提供图书的查找和借阅，而且需要开展电子图书、数字资源的远程查找和借阅工作。

• 呼叫中心：在线教育机构的呼叫中心借鉴了企业呼叫中心的客户服务理念，是面向在线教育机构的注册学生、社会求学者以及远程教育教学点搭建的学习支持服务平台，是提供咨询服务的主要部门。

• 学生工作部门：直接面向学习者，负责为困难学习者提供助学机会；奖励优秀学习者；组织奖助学金的评选；完善奖助体系；通过网络、电话等方式开展学习者心理咨询服务；开展职业规划服务；策划组织各种学生课外活动，如上海开放大学“十万师生网上行”。

• 技术支持部门：为在线教育机构本身、学习中心以及学习者提供技术咨询与支持服务，并参与技术培训有关工作。主要用于解决学生网上学习过程中所产生的各种技术问题，并为学生学习提供网络教室等服务。

在提供非学术性支持服务的相关部门中，主要有以下几类人员：招生管理人员、班主任教师、呼叫中心服务人员、学籍管理人员、教学过程管理人员(师资培训、教学监控、实践性环节管理等)、考试管理人员、教学评价与督导人员、图书馆和学习资料服务人员、学生工作人员(心理咨询、职业规划等)、技术支持人员等。通过图 3-21、图 3-22

可以更好地让我们去理解非学术性支持服务人员的角色，以及其与学习者的关系。

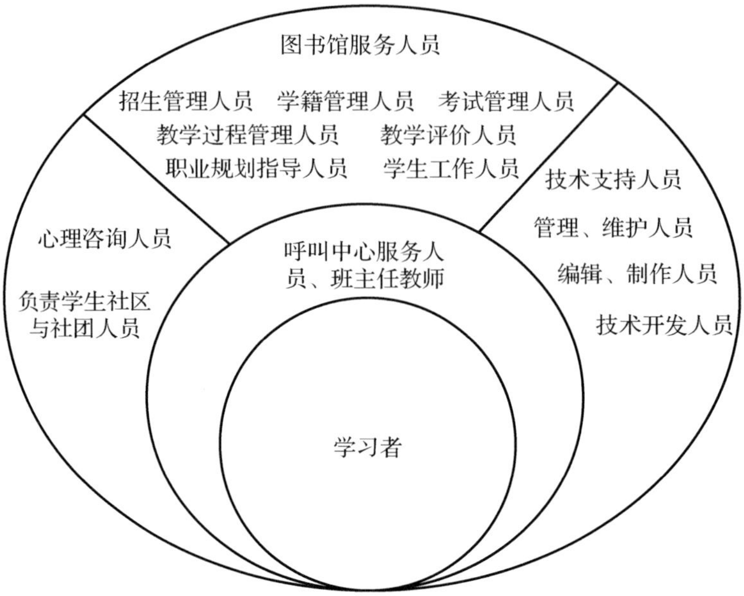

图 3-21 非学术性支持服务人员与学习者接触程度图

• 招生管理人员：主要负责面向社会自主招生，具体负责的内容包括招生计划管理、招生宣传管理、入学资格审查、招生录取工作(招生资格的确认、规范招生行为、严格控制招生人数、汇报实际招生人数)、测试(组织入学水平测试、对测试情况进行分析)等。

• 班主任教师：班主任教师有不同的称谓，但是其主要职责都是在学习过程中向学生提供各种服务，包括学术性和非学术性支持服务。在非学术性支持服务方面，班主任教师的工作包含两方面的内容：一是常规服务，如班级社区的建设与管理、教材与资料的发放、与学生的定期联系、学生情况记录等；二是管理服务，如学生思想教育工作、学习小组的组建、班级学生档案管理等(夏江波，2008)。

• 呼叫中心服务人员：呼叫中心服务人员是咨询服务的主体，通过电话、电子邮件、论坛、短信、传真、实时聊天工具等，为在线学习者、教师和社会人员提供各种业务和信息咨询，受理学习者的投诉并配合相关部门完成投诉受理工作，进行定期与不定期的用户回访、对学习者信息的分析及提供其他服务(包括信息发布、呼叫中心软硬件系统的管理与维护等)。

• 学籍管理人员：学籍管理是管理支持的重要组成部分，主要工作内容包括：为学习者办理注册手续、统计上报学生注册数据、组织学生每隔一学期进行课程注册、为学习者办理学籍异动手续、提供毕业审核和证书办理、提供各类证书的管理以及学习者档案的管理。

• 教学过程管理人员：从学习者入学到毕业的整个过程中，教学过程管理人员要保证各个关键环节的落实和教育质量的把控，内容包括：制定课程教学文件、对机构课程师资培训的管理、对整个教学过程的监控以及对实践性教学环节的管理。

• 考试管理人员：考试管理人员在课程开设之初一般就要确定考试的诸多内容和细节，其工作内容具体而言有：制订考试工作计划、命题的组织和管理、考试报考管理、试卷的印刷管理、试卷的保密管理、考点设置管理、考试过程的监控与管理、考风考纪教育和管理、评卷工作组织和管理、学习者成绩的管理、学习者成绩的统计分析与公布等。

• 学生工作人员：工作内容主要包括对学习者提供心理咨询服务、建立学习者心理健康档案；为学习者择业、就业、职业生涯提供规划、指导；负责学习者的活动设计和组织工作，包括建立学生社团、学生工作网站和举办演讲比赛等。

• 技术支持人员：技术支持服务的提供是各类技术人员共同的成果，包括网络运行、管理与维护人员，教学技术支持人员，媒体技术开发人员以及课程资源编辑和制作人员。当学习者遇到技术困难时，由具体的技术人员负责提供客户端所有的计算机和网络问题咨询，其他的技术完善工作则是由后台的众多技术人员分工合作、各司其职完成的。

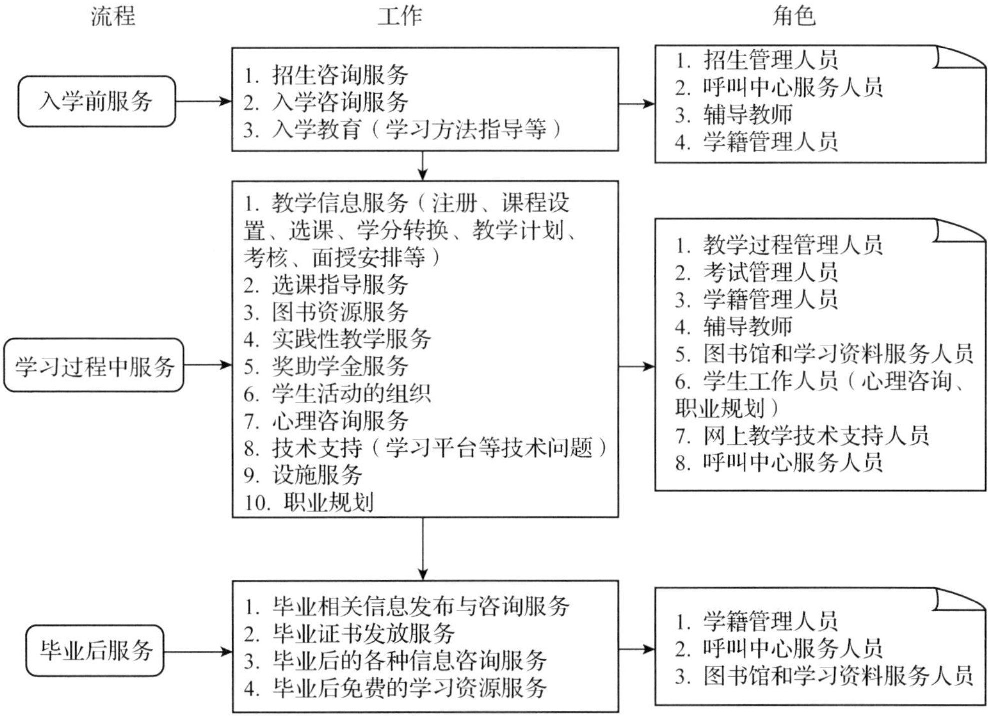

图 3-22　非学术性支持服务的工作内容与人员角色(按流程划分)

(二)非学术性支持服务的能力要求与培训

在上文中介绍了班主任教师、招生管理人员、技术支持人员、图书馆服务人员、呼叫中心服务人员等非学术性支持服务人员及其主要的工作内容，本模块则简要介绍一下各相关人员在提供非学术性支持服务中的核心能力要求。

首先，每个支持服务人员应该有服务的意识，把学习者当作顾客，并尽量为其提供个性化的、发展性的支持服务。其次，罗杰斯列出了支持服务人员应该具有的几项个人素养(奥蒙德·辛普森，2013)。

(1)热情：即恰当的友好和可亲近的能力。在英国开放大学的一个小规模调查中，调查了学生最看重辅导教师身上的什么样的品质。在排序中，和蔼可亲被排在第二位，如表3-15所示。

表3-15　远程学生最看重的辅导教师身上的品质

序号	学生最看重的品质	序号	学生最看重的品质
1	专业知识	6	容易找到
2	和蔼可亲	7	评分迅速
3	面授中能够给出好的反馈	8	理解学生的问题
4	作业中能够给出好的反馈	9	帮助管理时间
5	能够帮助开发学习技能	10	清楚地解释评分标准

(2)移情：即设身处地为别人着想，理解他人的感情。

(3)接受：不带有任何偏见(包括性别歧视、种族偏见、精英主义等)，能够接受别人的价值观和背景，而不对他们提出批评。但是并不是一味地盲目接受，而应该采用适当的策略。偶尔的、适当的批评或者不接受有时候也是促进在线学习者学习动机的重要方面，如对学生说：“对不起，我有这种感觉，你不能在规定的时间内上交作业，这可不太好。”

(4)开放：以学生为中心，而不是认为自己是权威。对学生的意见要持开放的态度，要承认自己的局限性，要懂得分享自己的经验给学生。

除此之外，作为在线教育的从业人员，每一个人都应该具备基本的服务能力。辛普森认为，在接受咨询和提供建议时，支持服务人员除了要具备热情、容忍、开放和富有同情心的素养外，有必要使用一定的技能以促进与学生的交互，并且发展和保持和学生之间高水平的对话。这些技能包括以下三种。

(1)倾听的技能：让学习者感受到咨询人员已经听到了他们的心声，明确了他们的诉求。

(2)选择性技能：对学生的特殊要求，咨询人员要能够选择恰当的反应方式，比如给学生推荐信息或与学生深入交谈。

(3)过程性技能：咨询人员要能够在不同的对话阶段采取不同的行动方式，如对学习者的问题进行概括、提供理论或解释、指出问题矛盾所在等。

除了以上有利于学生与支持服务人员交流和建立良好关系的个人品质和技能之外，支持服务人员本身的一般职业能力要求也很重要。在相关的调查中，基于问卷和访谈等调查方式，多个研究者对远程教育从业人员的一般能力进行了阐述，概括如下表 3-16 所示。

表 3-16　远程从业人员的一般能力

研究者	远程从业人员的一般能力																	
	专业基本知识	支持服务知识	资源获取能力	团队协作技能	计算机技术知识应用	人际交流技能	媒体特征知识	办公软件应用	网络教学平台	专业写作技能	成人学习理论	普通教育理论	教育传播学知识	交互促进能力	评估能力	组织能力	设计规划能力	项目管理能力
李爽、陈丽(2004)	√	√	√	√	√	√	√	√	√	√	√	√	√					
Williams，P. & Peter，E. (2003)	√	√	√	√	√	√	√	√		√	√			√	√	√	√	√
Elizabeth、Karen L 等(2005)	√	√		√	√	√	√				√	√	√	√	√	√	√	√

从表 3-16 中可以看出，在线教育领域的相关知识、支持服务的能力、团队协作能力、人际交流能力、计算机网络基本知识和应用技能是远程从业人员普遍具备的一般能力。在这些一般能力要求的基础上，不同岗位的专业人员发展其相应的专业能力和高级技能。

• 班主任教师：班主任教师是在线教育中非常重要的角色，不仅是班级的管理者和组织者，而且是负责辅导学生、保证教育质量的重要环节。因此，班主任教师无论在思想成熟度上还是在理论知识水平和计算机技能水平上都应该达到一定的层次，这样才能及时指导网络学习者。班主任教师要明确自己的位置、扮演好自己的角色，必须增强以下五方面的能力：①专业技术能力。班主任应该自觉加强现代教育技术训练，掌握新的教育技术手段。应该不断通过“充电”提高自己，学习新的教育技术技能和与教育相关的理论知识。②组织管理能力。维护教学秩序，加强学员管理。③协调平衡能力。正确处理师生之间的矛盾、需求以及与其他部门的合作问题。④语言表达能力。⑤协助学生学习的能力。帮助学生制订学习计划，提高学生自主学习能力(姜惠玲，2012)。

• 招生管理人员：招生管理人员须具有执行政策的能力，在熟悉各项政策、法规的同时，能够自觉执行招生纪律和录取政策，坚持公正、公开、公平原则，坚持照章办事；具有入学资格审核、鉴别能力，对学习者的入学资格和相关的证书进行审核，确保招生过程和入学符合政策、法规；具有招生计划的调控能力，要随时了解各个学习点的招生工作进展情况，在不突破招生总计划的前提下，迅速制订好招生计划的调整方案；具有预见能力，要能够察觉社会发展导致的对人才的需求的变化，能够合理地设置招生专业和招生规模，并且及早发现招生管理和实施过程中的问题，做出应对方案。

• 呼叫中心服务人员：呼叫中心服务人员主要是处理学习者的非学术性问题，如招生报名、教务管理、考试信息、技术问题等。因此其应该熟悉远程和在线教育的教学教务的业务知识，了解学习者从招生入学、专业设置到毕业申请的整个学习过程，并且能够关注学校的各种信息更新，及时掌握最新的教学教务动态，从而能够回复一般常见的教学教务管理问题等。然而，呼叫中心服务人员并不能解决所有的问题，一些专业性的问题需要相应的职能部门负责解决，因此，该岗位的人员应该具有良好的沟通协调能力，及时向有关部门反映学习者的相关问题，协调相关人员处理。除此之外，呼叫中心服务人员还应具有信息辨别和分析能力，能够对各类信息进行分类汇总，能够为在线教育机构的发展和教师专业发展提供支持。最后，诸如具有电话接听技巧、具有耐心等心理素质、能够及时回馈学习者等是对呼叫中心服务人员的基本要求。

• 学籍管理人员：学籍管理工作是一项重要的工作，既具有传统学籍管理的特点，也包含了在线教育学习管理的新特点。因此，学籍管理人员要具备熟练的计算机操作能力、熟悉互联网操作环境，以方便进行信息采集、信息查询、电子学籍系统的操作等。除此之外，学籍管理人员应该具有较强的档案管理能力，能熟练掌握建档方法，合理建立电子档案，采取相应措施保护学习者档案等机密信息。最后，学籍管理人员在办理学习者毕业证书、毕业审核、档案建立等过程中，应该具有服务意识。在解答学习者在线咨询、解决学习者具体问题方面，学籍管理人员应该细心、热情、妥善地加以处理。

• 教学过程管理人员：教学过程管理人员要具有利用质量控制相关理论分析教学过程的能力、应用教学评价的相关方法和手段对教学过程开展评价的能力；能够根据国家政策、教育文件和社会发展的要求，及时调控教学内容和教学流程，这就要求教学过程管理人员具有良好的政策理解力、执行力和业务拓展能力。

• 学生工作人员：学生工作人员负责的工作成分较为复杂，主要分为三类：心理咨询工作、职业规划指导工作、学生活动组织。心理咨询人员要掌握心理学基础理论，具备一定的观察能力、人际沟通能力、自我控制能力；心理咨询人员地要掌握一定的心理咨询技巧以及常用的心理咨询途径，能通过远程教育机构提供的电话、网络、面谈等形式开展咨询服务；心理咨询人员还要具有一定的职业道德，对咨询者资料进行保密，无任何歧视。职业规划指导人员需要掌握两方面的技能：一方面需要有专业的职业规划知识和技能，精通职业规划的流程，能够利用有效的职业发展与规划的技术、工具开展职业咨询与指导、职业素质测评、职业设计与规划；另一方面需要紧跟时代潮流，熟悉劳动力市场信息和资源，了解职业发展趋势，能够识别不同人群的不同需求，并根据其需要提供相应的服务。学生活动组织人员除了需要具有一定的组织协调能力，还需要具有对于学生活动组织的兴趣和热爱，能够设计有趣味性、实用性的活动主题；要具备组织学生社团的能力，将具有相同兴趣的学习者汇聚到一起，进而成为学习共同体。

• 技术支持人员：技术支持人员的组成多样，直接面向学习者的是客户服务人员，通过呼叫中心处理客户的咨询、协调解决客户的投诉等问题、进行信息记录及统计等。因此，除了需要一定的技术基础类知识，还需要一定的协调配合能力和客户服务能力。

目前，国内对在线教育从业人员的培训已经开展了较多的研究。辛普森(2013)认为，对教师进行的学习支持培训，其方法应该是体验性的、反思性的、学习支持性的，即让教师有机会体验一次活动、反思过程，然后将头脑中形成的观念应用于实践中。辛普森教授还认为，单纯的一次讲座是不够用的，为此，提供了新辅导教师如何培养学生技能的培训案例(见图 3-23)：

第一部分 滚雪球

1. 要求每个参加培训的人员用几分钟思考一下，在他们的个人经历中有哪些好的和不好的学习体验，请他们尽力找出造成这种特殊体验的因素是什么。

2. 和其他参加培训的人员进行交流，看一看在他们的经历中有没有造成共同体验的相同因素。

3. 全体参加培训的人员每四个人一组，在小组中分享他们的感受（这个简短的联系的目的是使参与者开始对他们的体验做出反思，并营造一种支持性的气氛和环境，使他们很容易地完成各项工作）。

第二部分 分享经历

请一位辅导教师陈述自己提高学习技能的经历（能够激发一种参与学习支持的积极情感）。

第三部分 小组活动设计

每三到四个人一组，设计一种提高学生学习技能的方案（体验和建立一种非正式的学习支持小组，能够帮助小组成员尝试真实的学习支持服务活动）。

第四部分 全体讨论

这部分内容旨在进行更进一步的反思和巩固加强认识。

第五部分 告别词

在会议的最后有一个总结活动是非常必要的，尤其在这次会议中，参与者之前被划分在非正式的小组进行讨论活动，现在他们将继续体验一种新的、不同的学习支持方法。

图 3-23 新辅导教师如何培养学生技能

从培训层次来说，一般分为基本能力培训(入门)、角色专家能力培训(技能专家培训)和专业专家能力培训，分别培养专业一般能力、专业特殊能力和专业核心能力(孙宝芝、陈丽，2002；李爽、陈丽，2004)。除了新员工之外，管理人员、专业技术人员、基层员工都是重要的培训对象(孙绿怡，2009)。从培训形式来说，专业人员的培养涉及职前和职后两个阶段。职前专业人员培养主要通过高校提供学位、文凭或证书项目完成，培训形式是高校专业课程的学习。职后专业人员培养主要通过所在机构或机构所在地区相关部分组织的各种形式的人员培训完成，培训形式包括导师制、短期证书培训课程、班级研讨、讲习班、开放培训、跟踪培训等。

下面我们以广东开放大学教师培训设计方案为例来了解实践机构对相关人员的培训规划(李爽，张馨邈，刘超球等，2015)。该培训方案根据培训与专业发展的不同功能，设计了包括三种培训与专业发展活动类型的活动框架。

• 条件式培训与专业发展活动：该类活动是在线教师在入职和特定职称晋升时必须完成的培训与专业发展活动。

• 可选式培训与专业发展活动：该类活动是在线教师在工作期间可以根据自己的兴趣与专业发展需求选择的培训与专业发展活动。

• 奖励式培训与专业发展活动：该类活动是在线教育机构为奖励工作绩效表现优异的全职与兼职教师而提供给教师的专业学习与发展机会，符合条件者者可以申请相应奖励活动。

基于上述培训活动框架，方案设计了两种培训课程类型。

• 机构改革所需培训：培训全体教师掌握机构改革涉及的新模式、方法与技术的应用，是教师必须参加的条件式培训活动。

• 能力发展所需培训：针对处于不同专业发展水平的教师而提供的专业能力发展培训活动。

方案通过三级培训来支持教师的专业能力发展，如表 3-17 所示。

表 3-17　三级教师能力发展培训体系

培训层级	培训内容	培训时间	培训对象
初级培训	一般能力、角色基本特殊能力培训	刚入职	新手教师
中级培训	角色特殊能力系统培训	入职一年以后	各角色普通教师
高级培训	新技术与方法，研究与创新	入职三年以后	各角色骨干教师

• 初级培训：初级培训也是在线教育的入职培训，面向所有刚加入到在线教育教师队伍中的新教师，培训在线教师了解在线教育的基本知识、机构系统运行与技术平台使用等各类角色的教师都需要具备的一般能力。除此之外，初级培训还会培训教师所在岗位对应的角色基本特殊能力。

• 中级培训：中级培训在入职一年以后开展，面向机构不同角色的普通教师，围绕他们的角色的能力需求，有针对性地提供角色特殊能力建设所需的系统培训，如针对班主任的班级管理相关培训。

• 高级培训：高级培训面向机构不同角色的骨干教师，这些教师都已经成为相应岗位的角色专家，他们通过高级培训学习相应领域的最新技术、方法，探索在线教育相应实践的创新方法。

需要指出的是，对远程教育支持服务人员的培训中，有两点值得注意。

• 在培训的过程中，不应该仅仅就培训的内容进行简单讲授，而应该是体验性的、反思性的。凯尔伯(Kolb，1984)提出的一种循环模式已经被广泛地应用于远程教育中，包括：①体验某些活动或事件；②对这些体验进行反思；③认识这些体验并在此基础上产生新的观念；④从新观念出发，产生更新的变化和发展(奥蒙德·辛普森、李亚婉等，2007)。通过这种体验性的、反思性的过程，对支持服务人员的培训才会有显著的效果。

• 支持不应当是“一次性”的，需要培训后的继续支持，提供一种长效性的支持机制，以便在深化先前培训成果的同时，为进行新一轮的体验性的、反思性的培训做好铺垫。

三、非学术性支持服务活动

在本节第一部分中，我们总结得出目前的非学术支持涵盖了信息与管理支持，文化及情感支持，资源、设施与技术支持，经济支持以及咨询服务与能力测评等各个方面，接下来将对上述非学术性支持服务的实践形式做出进一步的阐释。

(一)信息与管理支持

为学生提供持续的、完备的、高质量的信息与管理支持服务，是在线教育机构品牌建设的重要切入点(张德明，2008)。信息服务主要指为学生提供从入学前到学业完成时的课程信息，如选课通知、课程安排、作业安排等各种信息。随着技术的发展，信息的传播方式也发生着变化，从早期的电话、短信到现在的QQ、微信，信息的传播变得愈加快速和便捷。管理服务主要包括学生在学习过程中的自由选课、专业调换、学分认证与转换、学业计划制订等方面的服务，可想而知，管理支持的建设十分有赖于相应的管理信息的推送与获取(邹范林，2010)。管理支持与信息支持密切相关，为学生提供准确、及时的信息支持是高效、有力的管理支持形成的基础。

• **案例：学堂在线小助手——信息支持**

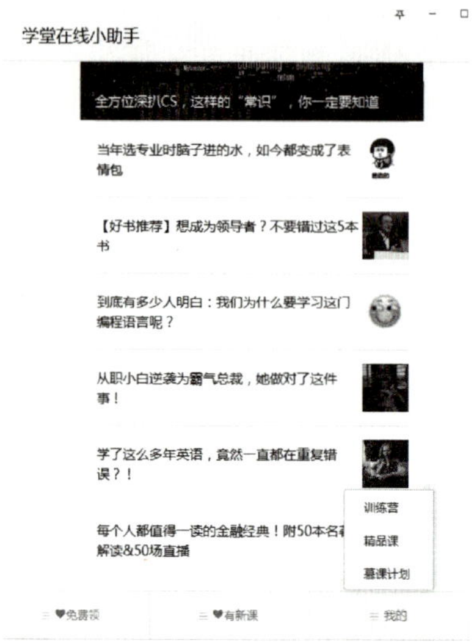

图 3-24　学堂在线小助手截图

学堂在线是国内领先的慕课教育平台之一，经过多年的探索与实践，该平台在在线教育支持服务方面积累了不少经验。学堂在线小助手(见图 3-24)是该平台的微信公众号，用户注册的时候可以选择绑定微信号，之后用户就可以通过微信掌握自己的学习信息(点击右下角"我的"，可查看个人学习情况)，也可以通过微信接收到平台的课程推荐信息。随着微信的普及，依托微信开展管理服务将是一条行之有效的途径。

(二)文化及情感支持

鉴于在线教育师生时空分隔的特点，师生之间较难产生传统课堂中的情感依赖关系，隐性情感培养的缺失是在线教育的短板。除了为学习者提供心理咨询和课外活动组织服务，建设各类学生社团、创设丰富的校园文化也是消除学生孤独感、增强院校归属感的重要手段。在国内外的在线教育机构中，学生支持服务部门采取了多种措施来为学习者提供情感支持，其中最为典型的方式是在线学生社区和线上线下的学生活动。同时，学生社团作为学生社区的重要组成部分，也是提供非学术性支持服务的重要环节。在线教育机构可以在门户网站提供学生社团门户页面，呈现各类学生社团的活动信息，学习者可以根据自己的兴趣加入相应活动。此外，学习者还可以通过门户网站申请加入已有学生社团，也可以申请建立新的学生社团并招募成员。例如，台湾空中大学和凤凰城大学均有丰富的社团活动。

• **案例一：台湾空中大学社团**

在台湾空中大学，主要有三种社团：第一种是服务性社团，以社会服务为宗旨，包括慈爱社和救生社；第二种是学术性社团，包括文学社、哲学社、日研社、应研社、咨询社等；第三种是康乐性社团，包括合唱团、茶艺社、养生社、摄影社、戏剧社、舞蹈社等。每个社团都有社长、副社长及联系电话和活动时间。社团活动非常广泛，而且很多社团会利用一定时间义务为社区进行演出（王晓明，2003）。

• **案例二：凤凰城大学网上社区**

凤凰城大学网上社区提供了多种活动，以丰富社区文化和生活。而且凤凰城大学建立了网络社区乐园，有网上商店，可以购物和开展各种活动，如图 3-25 所示。学生在网上商店可以购买 T 恤，可以购买背包等学习所需的物品，也可以购买校友会提供的衣服、帽子、水杯等。

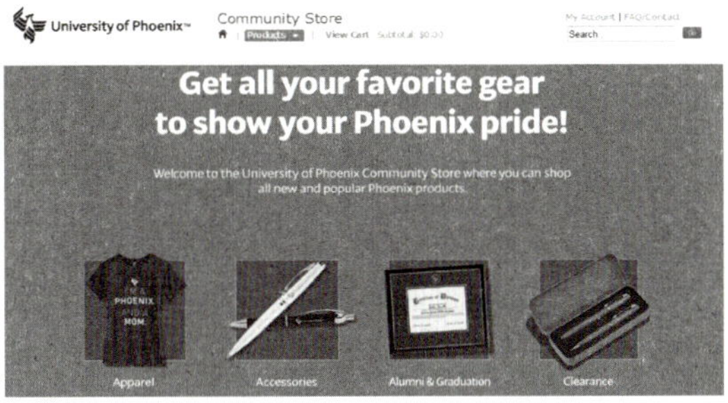

图 3-25 凤凰城大学网上社区

由于学生社团是由学习者自己组织的，学习者的主动性和积极性能够得到自由发挥，这为在线学习者在这种虚拟学习社区中进行互动交流、谈论协作、共享知识提供了空间（吕倩，2012），各种学生社团活动也大大促进了学习者间社会人际网络的形成，增进了学习者间的联系与友情，为学习者在线学习创造了良好的人文环境。学生社团也由此成为在线教育文化建设的重要内容与特色。

除了开放大学的学生社团和学生社区，各类在线教育机构也在不断探索为学生提供文化及情感支持的新路径。下面我们以幼儿英语教育企业 VIPKID 为例，来了解在线教育培训机构如何给学习者提供情感支持。

• **案例三：VIPKID 英语教学中的情感支持**

VIPKID 是一个为 4～15 岁的少儿提供一对一的在线北美外教英语教学的教育企业，在国内的在线幼儿英语教育行业中拥有一定的市场占有率，可以算是领跑者。目前，VIPKID 采取了多种方式为学生提供情感支持。

• 轻松和蔼的外教风格

外教在教学过程中和孩子更像是朋友关系，互相关心。同时，外教也借助生动有趣的课件、道具，利用表情、肢体动作、歌声等吸引学生注意力，提高学习兴趣。例如，借助“AR”变脸，进行角色切换，扮演兔子、斑点狗等，提高了低龄学习者的学习兴趣。

• 多人小班课的情感支持

除了一对一的主修课程，VIPKID还有不限人数的免费公开课，孩子们可以和其他小伙伴一起上课，缓解一对一学习的孤独感。

• 线上社区活动

学生可以在VIPKID客户端通过“V星萌娃秀”观看其他小伙伴的星秀视频，有利于营造轻松、和谐、互助的社区氛围。

• 线下夏令营活动

线下夏令营活动促进了孩子和教师之间的情感交流，增强了社区归属感。例如外教用英语带着孩子们一起做比萨。

(三)资源、设施与技术支持

资源、设施与技术是在线学习赖以发生的条件，但是很多在线学习者在资源、设施与技术获取与使用上需要帮助。因此，为了保证在线教育的顺利进行，促进在线学习，在线教育机构需要为学习者提供相应的资源、设施与技术支持。

在这里，资源指与学习者学习相关的各种课程资源和学习材料。在线教育机构可以为学习者提供多种形式的课程资源和配套的辅助学习资源，包括印刷教材、音像教材、多媒体课件、数字工具、网络资源和网络课程等，以满足学习者和教学的多元化需求。

• 案例一：阿萨巴斯卡大学图书馆服务

阿萨巴斯卡大学图书馆(http://library.athabascau.ca)除了为学习者提供流通服务、馆际互借、信息台、咨询台和图书馆指南，并为其提供远程访问、电子传递、教学服务之外，还支持为网络学习者定制他们的服务和资源。在新模式下，图书馆作为一个促进者，为学习者提供持续的支持。具体的服务主要包括以下几种。

①为学习者提供一系列的电子工具，诸如Google Scholar、WebFeat等，允许学习者使用同一个接口检索大量的电子资源。

②提供了“链接解析软件”，如SFX，允许学习者链接到不同的数据库来检索全文。

③为学习者提供个性化数字图书馆，简化访问常用资源路径，并允许学习者在个人工作区建立自己的数字典藏，来创造一个更加友好的在线学习环境。

④提供“图书馆Web 2.0”：图书馆服务人员使用博客、Wiki、播客等创造性工具为学习者提供服务和指导。

⑤社会性书签的利用：图书馆服务人员为学习者提供社会性书签工具，使学习者能够对他们感兴趣的材料进行分类，并与其他学习者分享资源。

⑥电子教参的使用(如数字阅览室 DBR)：在电子教参模式下，可以通过网络让特定课程的教师选择的材料安排到位。该系统只允许阿萨巴斯卡大学社区的用户访问，网络学习者通过该系统能够在各个课程之间查询，为访问课程参考提供了多种途径。

⑦使用即时通信软件，及时回复学习者的问题。

⑧建立虚拟图书馆查询联盟，提高图书馆为学习者开展有效服务的能力。

⑨除了为学生提供图书馆培训和开发教学材料的传统角色外，图书馆服务人员还参与在线课程的设计和开发，以此来提升学生信息素养。

⑩充分考虑到移动设备的需求，为移动端的学习者提供下载、订阅和收听服务。

• 案例二：奥鹏多样化资源库的构建

资源库对于课程资源的提供是必不可少的。基于资源库构建技术，奥鹏打造了备课资源库和学科案例库，同时提供基本知识和境遇化的案例，支持不同层级、不同学科的教师选修课程，有针对性、高质、高效地解决问题。

以“师训宝”为例，奥鹏通过整合平台现有优质培训师资，打造了全国师资共享平台“师训宝”专家库。如图 3-26 所示，参训教师进入专家库界面后，可根据“课程领域/学段/学科/职称”等字段筛选所需专家，以及在专家详情页查看专家介绍、擅长领域、授课记录等，还可以向专家发起会话。

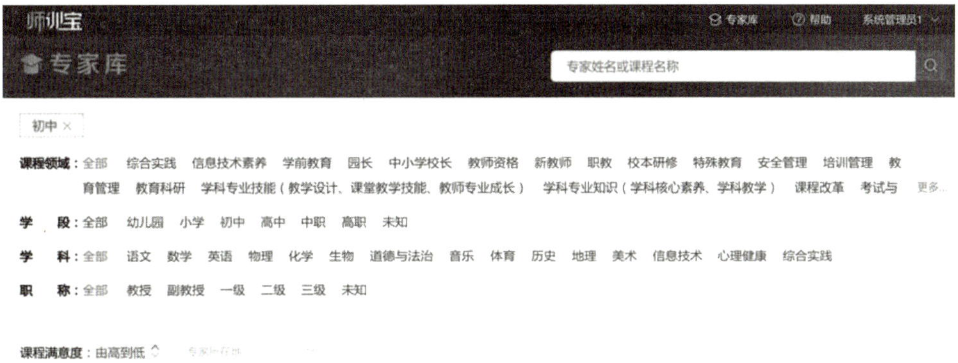

图 3-26　奥鹏教师教育专家库资源

除了资源支持外，在线教育机构还为学习者提供了各种形式的技术支持，解决学习者在使用在线学习平台与技术工具中的技术问题，确保远程学习的顺利进行。可以选择的技术支持方式包括技术应用 FAQ 和技术问题咨询。

技术应用 FAQ：根据以往在线学生在使用在线学习技术中经常遇到的问题，编写教育机构在线学习技术的常见问题列表(FAQ)，一方面通过呼叫中心服务不断整合新的常见问题、更新技术相关 FAQ，另一方面将 FAQ 纳入学生手册中，让学生可以方便地查阅。

技术问题咨询：通过呼叫中心服务和网络教学平台的技术问题咨询邮箱支持在线学习者在使用有关教学和学习技术时的技术问题咨询。此外，在在线教育机构的各级办学机构与学习中心中也会配置相应的技术支持人员，为寻求技术帮助的学生提供技术咨询服务。诸如为学生提供课程学习所需的计算机硬件辅导，提供软件包、安装建议或指导，提供病毒防范指导、E-mail 注册和密码保护等。

设施是在线教育得以开展的物质基础条件，主要包括各类信息服务系统、信息传播媒体以及配套运作软件等。各类教学和通信设施及设备服务可以由在线教育机构的总部提供，但更多的是由建立在各地的学习中心就近提供，具体包括数字图书馆、实体图书馆、计算机多媒体教室和网络教室、视听阅览室、电子或电话答疑系统、语音实验室、校园广播、计算机校园网等。随着技术的发展，在线教育机构为师生提供的技术与设施支持也愈发丰富多样，掌门一对一就是一个较为典型的例子。

- **案例三：掌门一对一的设施与技术支持**

掌门一对一是一家提倡一对一精英陪伴式辅导的互联网教育公司，其主要形式是选拔具有名校背景的大学生，通过真人实时视频的形式为全国各地中小学生提供在线一对一精英陪伴式辅导。掌门一对一的前身是 2005 年成立于深圳的状元俱乐部。状元俱乐部本来是一个以名校学生过来人身份向学弟学妹们分享高考经验的公益组织，于 2009 年更名为掌门教育，创立第一家线下品牌店，并于 2010 年正式进军在线教育领域。之后，该公司便凭借良好的教学效果及发展前景获得多轮投资和融资，引起业界的广泛关注。

由于掌门一对一采取线上视频讲解辅导的形式，在实际教学中非常需要技术与设施支持，以确保实时互动教学的顺畅与成效。

每一位学生报名之后，掌门一对一都会为其配备一位班主任教师全程护航，其主要负责教师和学生、学生家长之间的沟通协调。如果师生上课时遇到突发技术问题，例如远程视频无法传输声音、无法连线等情况，班主任教师会立即协调上课时间，并安排技术人员分别于教师端和学生端进行调试，从而帮助解决问题。

在设施支持方面，手写板是远程演示的必备工具，因此掌门一对一为师生专门研发了一套手写板，配合其客户端使用，保证了书写体验的流畅性、一体性。同时，手写板的嵌入也大大提高了课堂上的师生交互程度，让远程讲课更有参与感、沉浸感。

（四）经济支持

经济支持主要指在入学之初和学习过程中为学习者提供各种类型的学习资助服务。

资助服务包括两类：一是面向经济困难的学习者提供各类资助、补助和学费减免，以消除他们就读中的经济障碍，为其提供更加公平的学习机会；二是面向成绩优异的学习者提供各类奖学金，以激励他们的学习积极性，激发其学习潜力。学生在入学之初就可以根据自己的情况申请助学金或学费减免等相关学生资助项目，学生在就读期间还可以在不同学习阶段申请有关助学金以及奖学金资助。

- **案例：凤凰城大学经济支持**

以凤凰城大学为例，该大学减少学习者负担的方式包括五种方式，如图 3-27 所示。

(1)奖学金：除了国家的奖学金，还提供学校、社区奖学金以及第三方赞助的奖学金，并且给学生提供获取信息源。

(2)贷款：联邦政府给符合特定条件的学习者提供贷款，凤凰城大学本身也提供低利率的贷款。

(3)学校补助：主要有两种方式，一是学习者可以通过学习转换补偿，减少学费；二是学校实行“分期交学费”制度，每次交一门课程的学习学费。

(4)学费偿还：即“学费延迟计划”。学习者从自己的雇主那里获得信息，公司对学习者的学费进行付还。

(5)美国政府交税政策支持：由于凤凰城大学的学习者多为在职成人学习者，其学费可以部分抵消收入所得税。

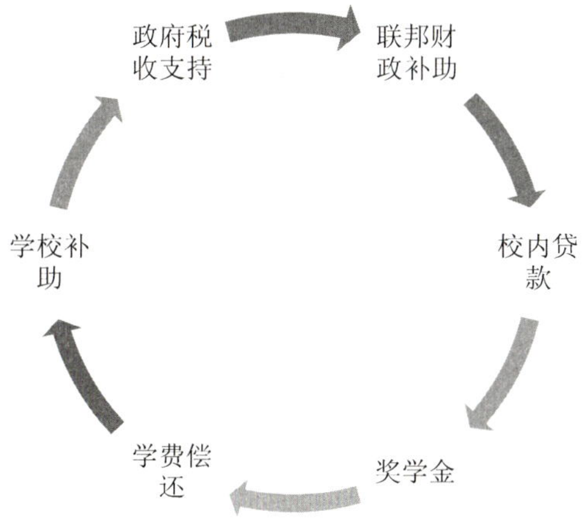

图 3-27　凤凰城大学经济支持

(五)咨询服务

每一位学习者都是独特的，都有自己的学习特点和需求。近年来，随着经济的发展和人民收入水平的提高，人们对教育的需求更加多元化，也越来越关注教育教学过程中个性化学习需求的满足。在传统的教育教学中，人工的咨询服务是满足学习者个性化需求的重要方式。对学习者的咨询提供解答、帮助和建议等服务，是学生支持服务子系统的一项核心服务工作。国内外的开放大学，例如凤凰城大学、国家开放大学等都在咨询服务方面进行了尝试，它们通常设立有咨询顾问、班主任和呼叫中心等相关的人员和部门，通过电话、邮件、论坛、手机短信等多种交互方式为学习者提供咨询服务。随着技术的进步与发展以及在线教育机构的兴起，越来越多的新技术元素例如大数据技术、人工智能等开始融入到学习支持服务中，为咨询服务的建立提供了更多元的渠道。

- **案例：咨询服务**

在国内外的开放大学实践中，已经有了较为成熟且成功的咨询服务方式。下面我们以国家开放大学、阿萨巴斯卡大学为例进行简单介绍。

➢国家开放大学：国家开放大学的咨询服务主要由远程接待中心完成。远程接待人员利用远程接待系统，通过电子邮箱、热线电话等形式为学习者提供信息查询、问题咨询、业务受理、投诉建议等服务。若一线坐席人员无法回答学习者的问题，则转由相应的职能部门人员予以解答。

➢阿萨巴斯卡大学：基于信息中心与自动回应信息系统开展咨询服务，其中信息中心是所有问题咨询的首个联络点。信息中心的服务人员回应入学程序、课程的选择(职业发展)和传递方式、学习资助、考试、导师信息、会议的组织信息等基本的信息。另外，阿萨巴斯卡大学还开发了一个“ASK AU”自动回应信息系统。

(六)能力测评

远程院校及在线教育机构对学习者的测评服务是支持服务的重要组成部分。从服务类别来说，测评服务主要提供的就是各种类型的非学术性支持服务，如入学前的心理健康测评、血压等身体健康状况测评、专业选择测评、学习风格测评、资源偏好测评；从服务流程来说，测评服务涉及学前、学习过程中和学习周期结束后；从测评的方式来说，针对不同的测评活动，一般通过问卷(包括在线问卷)、机考、测评试卷、在线测评工具等方式进行测评。通过各类测评服务的支持，远程院校及在线机构能更好地了解学习者的内心状态和学习动机情况，更好地为在线学习者提供针对性、个性化的支持。

就智能测评系统而言，在各类测评服务及其院校中，英国开放大学和凤凰城大学的职业能力测评服务是比较完善的，下面分别进行介绍。

• **案例一：英国开放大学的职业能力测评**

英国开放大学为学习者提供了专门的职业咨询服务，通过这些服务，学习者可以进行职业规划，鉴别特定职业对个人能力、兴趣的要求，申请工作和面试等。其中，职业能力测评是一项重要的服务内容，通过让学习者反思自己的兴趣、价值、需要、优缺点和设计行动方案，以及了解当前职业的技能需求，帮助学习者明确自己的职业方向和条件，让学习者认清自己所选择专业和课程的潜力和优势，并选择合适的就业方向，如图 3-28、图 3-29 所示。

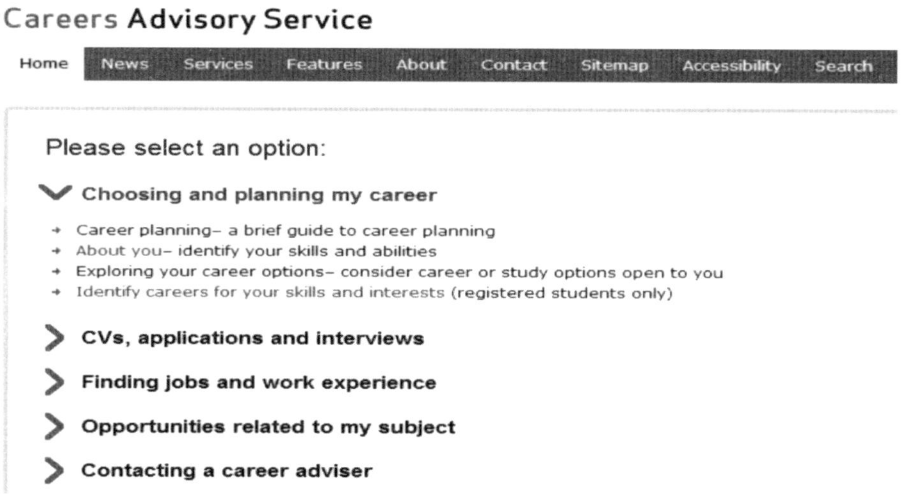

图 3-28 职业指导服务

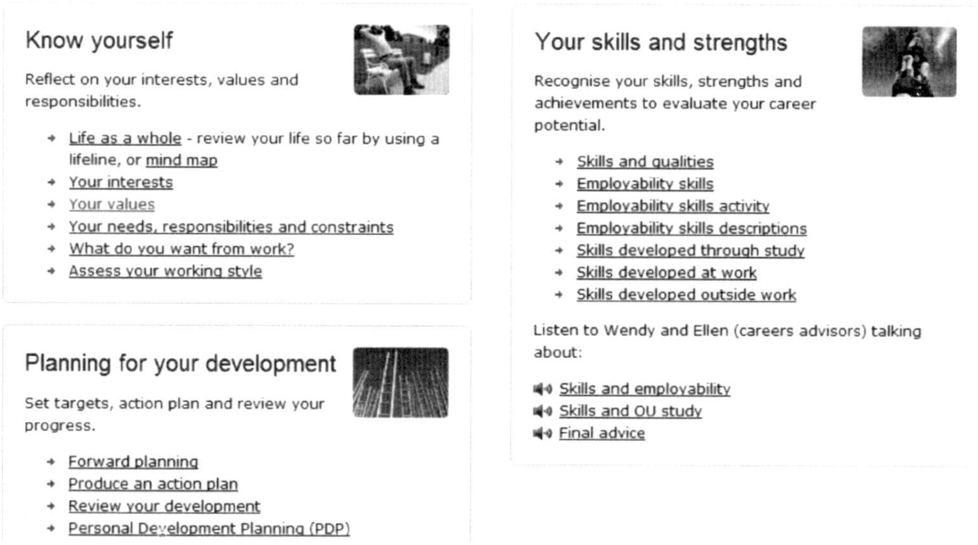

图 3-29 职业技能测定

• **案例二：凤凰城大学的职业指导**

凤凰城大学在职业指导和职业测评方面做得也很出色，提供了职业指导系统(Phoenix Career Guidance System)和相关的职业服务(Phoenix Career Services)。其中，职业指导系统有多个组成模块，它帮助学习者鉴别最感兴趣的职业内容，并帮助其发展职业技能；它也帮助学习者规划职业发展路径、设立目标，并帮助其找到合适的雇主；它还帮助学习者选择最合适的职业，并帮助其选择最合适的课程，为就业做准备，如图 3-30、图 3-31 所示。

图 3-30　职业发展路径

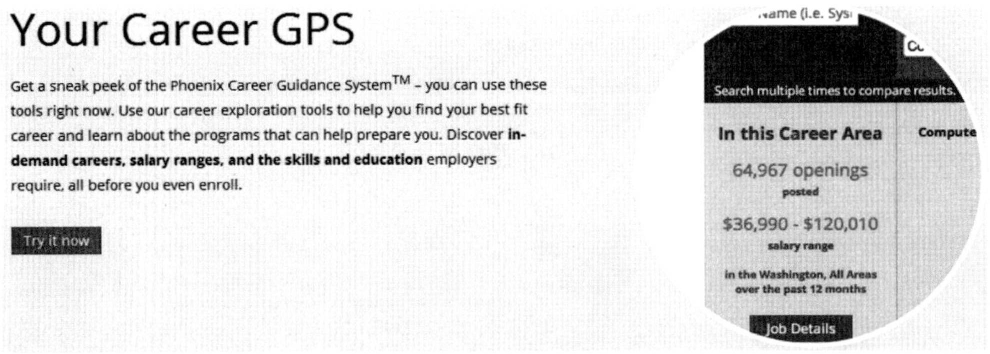

图 3-31　职业 GPS 导航

远程院校及在线教育机构提供的学术性支持服务和非学术性支持服务为学习者的学习提供了全面的支持，这些综合服务既可以由远程院校或在线教育机构直接提供，也可以由中间机构提供，如呼叫中心。呼叫中心服务是为学习者问题咨询与帮助的一种服务，它类似于医院的分诊台，根据学习者的问题提供相应的帮助。

在线教育的呼叫中心服务是借鉴企业呼叫中心的客户服务理念，面向在线教育机构的注册学生、社会求学者以及远程教育教学点搭建的学习支持服务平台，它是在线教育机构提供咨询服务的主要途径之一，也是在线教育机构的信息支持、管理支持、技术支持、情感支持等各类非学术性支持服务的综合体现。其主要职责是通过电话、语音信箱、电子邮件、BBS、短信、传真、信函等多种接入形式，为学生、教师和社会咨询者提供信息查询、业务咨询、投诉受理、服务追踪等服务。呼叫中心是学生咨询问题、反馈信息的渠道，是学生与教育机构联系的重要桥梁，也是为学生提供权益保障的重要部门。呼叫中心的标准化流程和个性化服务使在线教育机构能够为大量的学习者提供及时、便捷的咨询服务、情感服务等，从而实现规模效益。

具体而言，呼叫中心的职能主要有以下几种。

• 电话受理咨询服务：为学生提供报名咨询、在校学习、毕业后三个阶段的专业咨询答疑服务。

• 电话呼出关怀服务：在报名、在读、毕业等各个阶段为学生提供客户关怀回访服务，维持与学生客户的关系。

• 首问制服务：要求第一位接触咨询事件的员工一直负责跟踪此事的进展情况，直至事情得以圆满解决。

• 投诉处理：建立投诉反馈机制，定时抽查客服人员的服务态度和服务质量，及时处理客户投诉。

• 信息收集、管理和反馈服务：通过多种手段收集、汇总学生各类学习问题、学习需求以及对学校的建议和意见，为学校改进教学、管理工作提供第一手的资料(张苛，2012)。

• 直接营销：呼叫中心提供的支持越来越被看作一种服务，学生客户期望通过电话和互联网能够获取这种服务，并且是同相应的产品集成在一起提供给他们。通过与学生客户的这种联系，会促使他们选择更多的产品和服务(安德森，2005)。

• 手机短信通知提醒服务：通过手机短信为学生发送各类教学教务方面的个性化通知提醒。

• 邮件通知提醒服务：通过邮件为学生发送各类教学教务方面的个性化通知提醒。

• 在线咨询室、QQ、微信辅导服务：为不同阶段学生提供全方位 24 小时咨询、QQ 在线答疑。

四、面向特殊学生群体的支持

与传统教育相比，在线教育摆脱了时空的限制，使学习者能够在任何时间、任何地点进行自主学习，因此吸引了更加广泛的具有不同背景的学生接受远程教育。由于学习者来源的多样性，部分学习者较之于一般的学习者有其特殊性所在，诸如一些学习者先前处于不利教育环境中、一些学习者属于残疾学生、一些学习者是需要照顾家人的家庭主妇、还有一些学习者可能是国外的学习者等情况。这些特殊性决定了他们的需求有所不同，因此面向不同的特殊学生群体的支持服务也会有所不同。

（一）特殊学生群体类型

在在线教育情境中，除了残疾学生这类容易为在线教育机构和教师关注到的特殊群体，处于不利教育环境（如弱势群体、单亲家庭等）中的学习者、有心理健康问题的学习者、年龄较大（50 岁以上）的学习者、不同性别的学习者、国外的学习者、不同文化背景的学习者也是特殊群体，需要在线教育机构和教师给予特殊的关注和支持服务。这类支持服务是对特殊学生群体的人文关怀，使他们能够摆脱远程学习的孤独感和无助感，激发和维持学习动机，进而顺利地完成整个学业周期。

针对每一类特殊学生群体，都应该先确定这类学生及其需求，进而为其提供相应的支持服务。辛普森在介绍中，将特殊学生群体分为弱势群体学生（即处于不利教育环境中的学生）、残疾学生、年龄较大学生、海外学生、不同文化背景的学生、特殊场所（如监狱）学生、有心理健康问题的学生以及不同性别的学生等几类。

弱势群体学生由于以往的教育经历（如先前学业失败、不愉快的学习过程、疾病、家庭破裂等原因）和当前的处境（如失业者、轮班工人、远离院校的学生等），对目前的学习缺乏自信、动机不足，缺少一定的学习技能，并且有对失败的恐惧。

对于残疾学生来说，在线学习是获得教育的重要形式，因此给他们提供均等的学习机会和学习待遇是非常重要的。院校要密切关注他们的不同学习需求，要真心地去了解他们，进而及时满足残疾学生的身心需求。

有心理健康问题的学生很少愿意承认自己的心理问题，提出的要求也往往使得支持人员不知所措、很难实施。如精神分裂学生的支持工作就比较具有挑战性，他们很难集中注意力，思路往往不合乎常理。抑郁症学生也会由于外部事件变得狂躁，或者在交流时毫无反应、拒绝帮助等，往往很难接受支持。因此，及时了解精神分裂学生、抑郁症学生、孤独症学生等有心理健康问题的学生的特点和需求是很有必要的，以便于确定提供支持的范围。

特殊场所学生如狱中服刑的学生、精神病院的学生，由于先前的痛苦经历，学习对于他们来说会产生比较大的压力。而且在这些特殊场所，学习者较少有机会获得电话、互联网等媒介。他们面临着更多的问题，诸如周围环境的干扰、自由时间的缺少、紧张气氛的围绕等。这类学生参与在线学习的需求并不太强烈，对他们来说，在线学习提供了一种接受教育的方式。

年龄较大学生往往认为在线学习是一种不错的学习方式，更符合其需求。他们同年龄较小的学习者并没有太大的差异，完全可以将先前丰富的工作经验应用于学习上。只是这类群体在远程学习中容易感觉疲劳，不熟悉在线学习环境，需要更长的时间来适应在线学习、完成网络学习的任务。

海外学生由于语言和地理空间问题，容易感到“与世隔绝”，产生孤独感，较少有机会与远程院校的教师取得紧密的联系，这就容易对他们的学习动机产生影响。不同文化背景的学生所持价值观是不同的，对待远程开放学习的态度也就不同，因此院校应该提供针对这类学生适当程度的支持，而且应该提供有差别的支持。

不同性别的学生主要指承担照顾家庭义务等的女性，她们因为会承担更多家庭工作而缺乏精力与时间，并且可能会承担社会期待带来的压力，因此在线教育机构应该给予她们更多的资源和支持服务。

(二)为特殊学生提供支持

虽然我们在上文已经阐述了各类特殊学生群体及其遇到的问题，但是要具体到为各类特殊学生群体提供实质性的服务，这确实是个庞大的、细致的、极具挑战性的工作。

对于弱势群体学生，可以为其组织一些培养学习技能的导学研修班，多鼓励这些学习者，增强其学习信心，根据其兴趣采用通过小组学习为其提供支持等措施。

对于残疾学生，可以分为视觉、听觉、运动等方面提供不同的支持。应该有为残疾学生着想的意识，尽量避免刺激他们本已脆弱的内心。一方面要把握适当的时机加以帮助，并且有足够的耐心来帮助他们；另一方面要不带偏见地对这类学生提供各类支持，如为视觉障碍的学生提供音频资料、大字体的学习材料、盲文材料以及光线清楚、安静的场所；为听觉障碍的学生提供助听器、文本，安排解说员；为身体活动不便的学生提供计算机、轮椅、用车安排和装订好的各类材料，对其作业和考试给予特殊安排；为有阅读困难症的学生提供录音机和计算机，方便其将笔记和辅导内容记录下来等。

对于有心理健康问题的学生，在线教育机构一般会很谨慎地提供支持的方案。如患有焦虑症、恐惧症的学生，他们对在公共场所和人群中有一种过分的恐惧，这就需要院校在为其提供心理疏导的同时提供一种安全的环境或者熟悉的群体，放松其身心，使其专注于学习而不是心理的压力。又如患有抑郁症的学生，对待他们要多多鼓励，给予他们尽可能大的灵活性，在必要的时候积极主动联系他们，平常的时间则应较少去打搅他们的生活和学习。再如患有孤独症的学生，只有耐心地去辅导、多多鼓励，在实际中，他们往往沉迷于自己的世界里、做一些非学习的事情，因此提供相应的支持显得颇为困难。

对于年龄较大学生，虽然不用提供特殊的支持，但是院校要敏锐地察觉到他们的各种请求并提供各种支持。平时还要多鼓励他们积极参与网络课程和讨论，以尽早适应这种学习方式。对于海外学生和不同文化背景的学生，机构可以多采用电子邮件、网络电话的方式联系他们，尊重不同地区的文化，提供均等的教育机会，精心安排不同的支持服务过程。对于特殊场所学生，机构一般应派辅导教师去帮助他们进行学习，并且对他们进行鼓励，以使他们树立生活和学习的信心。对于不同性别的学生，在线教育机构应该提供更加灵活的学习时间、更多的学术类支持和技术支持、更丰富的交互活动，及时地回应其提出的问题。

本章小结

本章我们主要学习了在线学习中的学习支持相关内容，了解了学习支持的几种分类理论，并以辛普森的分类为主，展开对各类学习支持服务的具体说明。

我们可以基于支持内容将学习支持分为认知支持、情感支持和系统支持，基于学业周期将学习支持划分为响应学生在不同学业阶段需求的各类支持服务，基于服务情境将学习支持分为学术性支持和非学术性支持。

学术性支持是指促进和优化在线学习过程的认知、智能、学术知识等方面的支持，包含的支持活动类型主要有课程导入、教学组织和实施、学习辅导与答疑、学习过程追踪记录与监控、激励学习动机与学习投入、学习评价与反馈、学习技能发展、构建良好学习环境、专项学习活动指导等，不同教学理论指导下的学术性支持各有侧重。辅导教师作为提供在线学术性支持的主要角色，在在线教学的各个阶段承担不同的职责，来辅助学生达成在线学习目标。学术性支持的具体活动包括制订辅导计划、导学、促学、评价与反馈。

非学术性支持服务是在线教育机构为促进在线学习者顺利完成学业而提供的与具体课程无关的支持服务，它与学生的课程学习内容、智力、认知没有直接关系，但是与学生的学习具有紧密联系。它并不针对特定的课程内容，而是在线教育机构从情感关怀、技术辅助、信息服务、管理层面等侧面对学习者的学习起到帮助作用的服务形式。在竞争愈加激烈的在线教育行业，非学术性支持服务的质量将会对在线教育机构的竞争力和生存能力产生较大影响。从目前的实践来看，非学术性支持服务活动包括信息与管理支持，文化及情感支持，资源、技术与设施支持，经济支持，咨询服务与能力测评等方面。非学术性支持的定位是一种服务，相关的从业人员必须具有服务意识，当然也需要具有相关的专业知识与技能。因此，对在线教育从业者的培训工作也是一项长期的、阶段性的任务。

关键术语

学术性支持
Academic Support

课程辅导教师
Course-tutor

非学术性支持服务
Non-academic Support Service

学习反思与活动建议

1. 结合本章学习支持分类相关内容，查找阅读相关文献，了解学习支持的其他分类理论，总结各理论分类视角及分类结果，对比各理论分类标准异同并完成下列表格。

理论提出者	分类标准	分类结果	各支持含义

2. 结合第二章及本章所学内容，从学术性支持、非学术性支持中分别选取二到三类在线教育机构为在线学习者提供的学习支持服务活动，整理分析活动要点及活动组织需要考虑的学习者特征或需求，完成表格，并思考“以学习者为中心”的思想如何在活动规划与实施中得以体现。

学习支持服务	活动类型	活动要点	需要考虑的学习者特征或需求
学术性支持			
非学术性支持			

3. 结合你以往的在线学习经历（如果没有，请自选在线教育项目或者在下列参考项目中选择一个进行体验），尝试根据本章所学内容，和其他同学组成小组，分析此项目所提供的学术性支持服务、非学术性支持服务的具体活动及相应的支持策略，并讨论反思项目所提供的学习支持服务的优缺点，针对不足之处提出建议。

参考项目：

- 洋葱学院
- 编程猫
- 新东方英语
- 沪江网校
- 英语流利说
- 学堂在线
- VIPKID少儿英语

补充资料

1.[英]奥蒙德·辛普森．远程教育学生支持服务的理论与实践[M]．刘永权，译．北京：中央广播电视大学出版社，2013.

该书是我国引进的国外学习支持服务理论与实践的经典著作之一，作者基于自身在英国开放大学多年的实践经验，对英国开放大学学习支持服务的理论与实践进行了系统梳理和介绍，并提出学术性支持与非学术性支持的学习支持服务分析框架。相关内容涉及学生支持服务、学术性与非学术性支持服务、学生支持服务理论、学习支持服务的媒体与成本效益等内容。该书对英国开放大学的学习支持服务的介绍能够让你更好地体会远程教育中学习支持的作用，并更好地理解学术性支持和非学术性支持的实践方法与设计。

2.[美]戴维·H．乔纳森．学会解决问题：支持问题解决的学习环境设计手册[M]．刘明卓，全慧等译．上海：华东师范大学出版社，2015.

该书详细阐述了关于问题解决的研究和实践，不仅从理论上描述了不同问题的类型、解决方法、情境和认知技能要求，而且结合实践案例探讨了学习环境的基本构成。书中对于问题设计的讨论将有助于你更好地理解本章学术性支持服务和非学术性支持服务相关活动设计的要求，掌握有关学习活动设计的方法。

3.邹范林．远程教育保障：学习支持与策略[M]．北京：中央广播电视大学出版社，2009.

该书从学术理论和教学实践角度重点介绍了学习支持服务的相关知识，在理论方面关注远程学习者的特征及远程教育学习支持服务体系的基本框架和要素，在实践方面以中央广播电视大学为例探讨了学习支持服务的组织形式及其相关策略和保障措施。书中对远程教育学习支持服务的概述、对学习支持服务对象的分析、对远程学习者的支持服务、对远程教育机构及其教师的支持服务等内容都为本章内容的学习提供了启示。该书为你理解学习支持提供了另一个视角。

第四章

在线学习支持服务的模式与技术

本章概述

通过以上章节的学习，你对学生支持服务的概念、理论、内容(学术性支持和非学术性支持)和典型服务方式已经有所了解，那么学生支持服务是如何组织并提供给学习者的呢？主要借助于哪些技术系统或工具？本章将重点关注在线学习支持服务的供给途径和技术工具，介绍在线学习支持服务的典型模式与技术。本章共包括四个小节。前三个小节对各类在线学习支持服务模式进行介绍，包括机构供给服务模式、公共服务供给模式和基于课程的服务模式。这一部分首先介绍学生支持服务系统的构成和主要的实践模式，然后介绍服务模式特征、典型的服务方式与活动、典型的案例分析，最后分别进行模式发展趋势的分析总结。第四小节介绍在线学习支持服务所依托的主要技术系统与工具。本章学习内容旨在帮助你更好地理解在线教育支持服务系统，为培养运用理论知识分析在线教育支持服务的实践能力打下坚实的基础。

章结构图

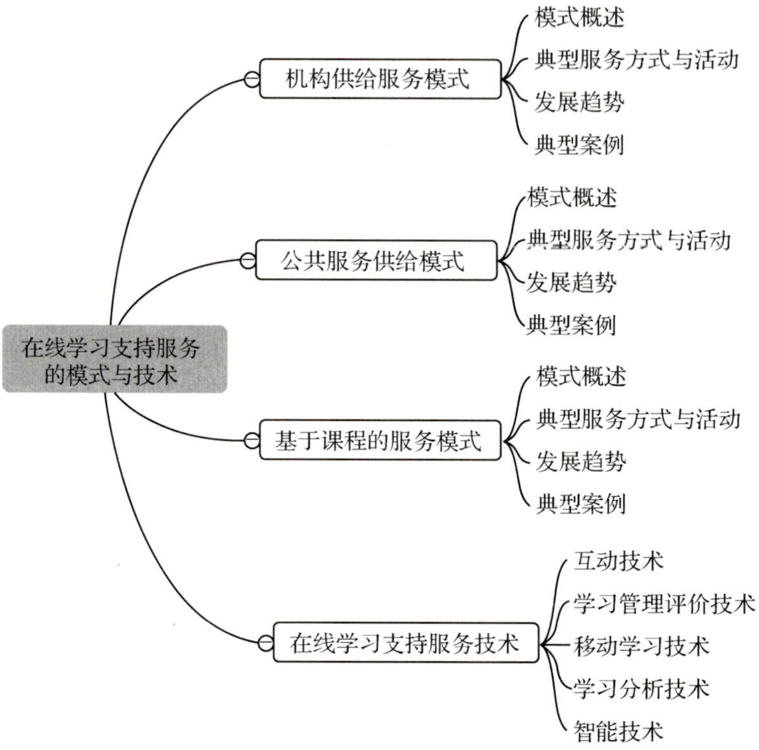

学习目标

1. 能够简述机构供给服务、公共服务供给服务和基于课程服务的典型服务方式与活动。

2. 能够阐述机构供给模式与公共服务供给模式的差异。

3. 能够阐述不同教学理念指导下课程学习支持服务模式的差异。

4. 能够简述机构服务供给模式、公共服务供给模式和基于课程服务的发展趋势。

5. 能够列举机构服务供给、公共服务供给服务模式的典型案例。

6. 能够举例介绍在线课程的课程学习支持服务实践。

7. 能够描述在线学生支持服务的主要技术类型。

8. 能够列举在线学习支持服务实践中应用的常见技术。

9. 能够分析不同技术对于开展学习支持服务的支撑作用。

第一节　机构供给服务模式

机构供给服务模式是传统远程教育机构提供学生支持服务所采用的主要方式，该模式由提供远程教育项目的机构和院校向学习者提供支持服务。随着远程教育机构教学模式向在线教学模式的转变，机构供给服务模式成为在线学习支持较早出现的服务供给方式。该类支持服务供给模式有怎样的特征？有哪些典型的服务方式？在具体的实践中，各在线教育机构和院校是如何实现对学生的支持服务的呢？上述主题都是本小节将要探讨的。

小节目标

1. 能够阐述学习支持服务的机构供给模式。
2. 能够简述机构供给服务模式的典型服务方式与活动。
3. 能够简述机构供给服务模式的发展趋势。
4. 能够描述一个机构供给服务模式的实践案例。

一、模式概述

基于英国开放大学远程教育实践形成的学生支持服务体系对现代远程教育学生支持服务产生了深远的影响，由提供远程教育项目的远程教育院校依托地方学习中心网络向分布在不同地区的学习者提供学习支持服务成为第二代远程教育学生支持服务的主要供给方式。远程教育进入到第三代双向通信的阶段后，这种服务供给方式在很长一段时间内仍然占有主导地位。随着传统远程教育院校教学模式向各种在线教学模式转变，这些院校的在线学习支持服务供给方式仍然继承了这种机构供给模式，通过院校搭建的地方学习中心网络提供服务。当前，很多提供学历和非学历教育项目的在线教育院校以及提供个性化辅导的中小学网校大多采用该类服务模式。

在机构供给服务模式中，依托于地方学习中心网络提供的在线学习支持服务组织通常有两级或者三级架构。两级架构由在线教育机构总部与地方学习中心构成，在线教育机构总部负责规划学习支持服务基本项目与相应服务规范，对地方学习中心的服务能力与服务品质进行审核、评估和管理。地方学习中心则根据总部的支持服务规划与要求，向学习者提供信息、人员、资源、技术等支持服务。此外，地方学习中心也会在不违反总部支持服务规定的情况下，结合其地方学习者需求与自身服务资源提供一些特色服务。这类支持服务模式的三级架构比两级架构多出一级地方管理中心，总部仍然负责对支持服务的总体规划、设计与管理，制定相关规范与标准，对地方学习中心的审核、管理、评估等具体事务则主要委托给地方管理中心来行使。通常如果地方学习中心较多，就有可能设置地方管理中心，以分担总部在地方学习中心管理方面的压力。在这类架构中，地方管理中心通常是总部设置的地方管理部门，而地方学习中心则既可能由总部直接建设，也可能是地方学校、培训等相关机构加盟，接受总部的审核与管理。

机构供给服务模式中的支持服务通常应用在具有连续性的、周期较长的学习项目中。为了保证学习者能够在相对漫长的在线学习项目中坚持下来并达到预期的学习目的，机构供给服务模式通常会提供更多元化的支持服务。因为在线学习时间越久，学生遇到的学习障碍和问题就会越多，尤其是学生自身能力、心理压力、外在环境、学业管理等因素带来的问题会更加凸显。所以在该类模式中，通常根据学习者的学业周期，从认知支持、情感支持、系统支持等角度搭建较为全面的支持服务体系。

以地域为中心的机构供给服务模式在精准把握和快速响应当地学习者需求方面具有显著的优势，学习中心分布在学习者生活和工作的社区中，拉近了学习者与在线教育机构的心理距离，能够较好提升学习者对在线学习和在线教育机构的情感投入。然而，该模式对地方学习中心的服务能力和服务规范具有较大的依赖性，为保证服务质量，不仅需要对地方学习中心的资格进行严格审核，还需要建立有效的地方学习中心服务监督与管理机制，并为地方学习中心提供业务指导或培训等服务，以提升其服务能力。

近几年，随着网络基础设施的不断升级，以及网络通信、大数据等技术的发展，该模式呈现出一些新的发展趋势，总部开始直接通过网络向学习者提供一些公共支持服务，同时鼓励地方学习中心根据其服务优势资源借助网络向更多地区的学习者提供支持服务。如从 2014 年年初开始，英国开放大学尽管并未打破原来的地区中心架构，但是地区中心的服务功能与对象已经发生变化，一些地区中心开始承担一些向全国各地学生提供的服务(侯松岩，2017)。这种变化实质上是通过互联网实现了对总部以及各个地方学习中心支持服务资源的优化配置，充分发挥了总部与地方学习中心各自的服务优势，优化了该供给模式的服务资源配置能力与灵活性，借助互联网和地方学习中心网络，为学习者构建更优质、有效的个性化支持服务网络。

二、典型服务方式与活动

虽然采用机构供给服务模式的机构与院校实际提供的学习支持服务方式与活动会存在差异，但是导师制、呼叫中心、基于学习中心的服务是这类模式下较为传统和典型的服务活动与方式。

(一)持续关注的导师制

由于机构、院校的学业周期较长，从学生入学前到毕业期间将会面临许多学术性和非学术性的问题。因此，给予学生持续的长期关注是非常关键的一个要点。英国开放大学在早期构建学生支持系统时，借鉴牛津大学和剑桥大学的个别化指导方法，整合了更多人文关怀、对话、面对面互动等因素，并将学生支持拓展到课程学习之外的整个学业生涯中，在学生入学后给学生分配一名导师，陪伴其学业的全过程，以期让学生在从入学咨询到毕业的整个学业过程中都能够获得持续关怀和个别化指导。当时的支持系统设计了函授教师、课程辅导教师和教育咨询教师三类教师角色。函授教师负责远程批改、评价学生的作业；课程辅导教师负责在当地学习中心提供面对面的课程辅导；教育咨询教师负责在当地学习中心提供广泛的教育性指导，如怎样学习等。其中，教育咨询教师是学生一入学就分配给学生的，他们在学生的整个学业过程中给学生提供持续的关怀与指导，这就是导师制，它是对西沃特持续关注理论的实践应用。然而实践证明，学生尤其是新生的需求是多维的、复杂的、不断变化的，他们在课程学习中难以区分哪些困难需要向辅导教师求助、哪些困难需要向班主任求助，更希望通过更为单一的渠道获得所需的各种支持。

由此，英国开放大学从 1976 年开始尝试一种新的导师制模式——“辅导—咨询教师(tutor-counsellor)”模式。在这种模式下，每一名入学新生都被分配给当地学习中心指定的一名“辅导—咨询教师”(以兼职为主)，该角色融合了课程辅导教师与教育咨询教师的角色，负责新生第一年全部基础课程的指导和其他咨询、支持工作。相关工作主要以面对面的形式开展，也会根据学生需要辅以信函、电话、网络等形式。“辅导—咨询教师”的主要职能是帮助新生快速适应开放大学的环境、制度与课程学习，成为合格的远程学习者。学生遇到问题都可以向“辅导—咨询教师”求助，“辅导—咨询教师”遇到解答不了的问题则向开放大学其他部门求助以获得解决途径。第一年之后，“辅导—咨询教师”不再承担课程辅导职能，而只担任学生的教育咨询师，在学生就读期间继续为学生提供稳定、持续的支持服务，对学生的发展负责。

该模式不仅确保学生在整个学业过程中能够获得持续的关注与个性化支持，而且能够帮助刚进入开放大学的新生快速适应新环境的学习，这对于提升学业完成率是非常有帮助的。对学生而言，“辅导—咨询教师”是引领他们进入开放大学学习的第一位教师，是可以信任的学业导师和求助的首要人选。第一年的课程辅导与教育咨询服务使“辅导－咨询教师”与学生建立了牢固的信任关系，而且增进了他们对彼此的了解，为后续更有针对性的教育指导与咨询奠定了良好基础。直到2000年之后，地区中心开始建立教育指导小组承担学生顾问的工作，“辅导—咨询教师”才逐渐被取消。

英国开放大学的“辅导—咨询教师”模式为各国远程教育院校设计给学生提供持续关注的服务职能提供了成功的经验，即人为割裂的服务职能可能并不适应学生的支持需求，在有效解决问题的前提下，学生需要的是较为简化的求助方式与较低的求助成本。机械的职能划分与复杂的支持机制，会让学生在寻求支持的过程中产生负面的情绪甚至挫败感。然而，聘用既能辅导基础课程又能长期开展教育指导的教师是非常困难的，绝大多数院校是在课程辅导教师身上适当赋予了一些提供情感支持与系统支持的职能。如阿萨巴斯卡大学的课程辅导教师就需要能够解决学生的一些个性化的问题、处理较为简单的技术问题等。

(二)呼叫中心模式

呼叫中心模式是机构、院校供给的另一种典型的学习支持服务方式。在网络普及之前，导师制是远程教育院校为学生在整个学业生涯提供持续关注与个别化支持的主要模式。随着网络技术、计算机技术、移动技术等技术的发展与可获得性提升，服务行业建立在用户数据库与服务知识库基础上的呼叫中心模式被引入到在线学生支持服务实践中。这种服务模式建立在学生档案数据库与支持知识库基础上，是一种支持大规模个性化服务的模式，而且基于数据库的快速应答，节省了大量的人力成本，受到越来越多的在线教育机构的青睐。

对于学生而言，尽管不再被安排固定的教育咨询师，但是他们通过热线电话或者互联网接入地区教育指导小组的任何服务人员，都能在服务人员熟知自己基本情况的基础上获得新问题的解决方案，这样的服务让学生同样感受到了持续关注与个别化支持。对于在线教育机构而言，呼叫中心模式具有非常重要的意义。一方面，它降低了个别化支持的整体成本；另一方面，它为在线教育机构积累了非常珍贵的学生数据，这些信息原来有很多是隐含在教育咨询师的大脑中的。

随着技术的发展与成熟，呼叫中心模式所服务的范围不局限在一个地区，很多院校将其作为覆盖多个地区的线上接待服务方式，服务方法与内容也在不断丰富和优化，如提供自动语音服务、主动信息服务、一站式服务等。该模式是在线学生支持服务实践者借鉴服务业进行服务模式创新的成功典范，不仅为个性化学生支持服务的经济模式探索提供了实践依据，而且促进了在线学生支持服务的规范化发展。该模式的另外一个具有深远意义的作用在于它支持了学生支持服务组织模式从院校提供向第三方提供的转变，在呼叫中心服务技术的支持下，一些机构、院校和第三方服务供给方合作，面向多所院校提供优质的学生线上接待服务。这也是我们将要谈到的学生支持服务模式的另一个变革。

(三)基于学习中心的服务

基于学习中心的服务是机构供给服务模式下主要的服务供给方式。学习中心是远程教育机构深入市场、面对客户的基层组织，主要为远程教育机构的教学提供辅助支持，开展招生宣传和生源组织，进行日常管理并提供现代远程教育支持服务。从实践来看，学习中心主要具有三大功能：一是招生，二是日常管理与学习支持，三是考试服务。在实际操作中，学习中心往往侧重招生、考试服务两方面工作。

印度英迪拉·甘地国立开放大学的学习中心的定位是通过合适的教育技术形式来帮助学生独立学习的地方，美国凤凰城大学的学习中心的定位是可以帮助学生注册、获得学习包、参加面对面或电话辅导、提交作业、参加考试、获取图书馆服务或其他学生支持服务的地方。尽管实践环节存在一些差异，但基本上可以将学习中心定位为：远程教育院校在各地社区建设的学生支持服务体系的基层组织机构，远程教育和远程教学的活动基地，远程教育教学信息的双向交互通道和教学资源的集散地，远程教育信息技术设施向社区辐射延伸的节点和终端(丁兴富，2002)。

世界各国学习中心的管理和职责各有特色，学习中心的差异主要体现在以下三个方面：所有权的差异、资助的差异、使用权的差异。所有权的差异是指学习中心的教学组织及一切与之相关的人、财、物的所有权的归属存在差异。资助的差异是指学习中心是否由在线教育组织机构资助，有的学习中心将学生的学费作为主要资金来源，有的学习中心由国家直接拨款建设。使用权的差异是指学习中心是由一个在线教育机构使用，还是与其他在线教育机构共用。

学习中心的建设形式也是多种多样的，艾伦·泰特把学习中心分为5种类型，分别为租用模式、合伙模式、独享模式、公民模式及企业模式。租用模式是指只有在开会或导学时才从其他的机构租用房屋；合伙模式是指通过联盟与其他机构和组织共同提供场所和服务；独享模式是指在线教育机构租借或购买一些物业供院校自身单独使用；公民模式是指当地的社区可以利用自有资源为当地的居民提供服务，从而节省在线教育机构的开销；企业模式是指工作单位自己成立学习中心。表4-1列举了三所开放大学学习中心建设、管理和职责情况。

表 4-1　三所开放大学学习中心建设、管理和职责情况

学校名称	学习中心数量	管理层级	建设模式	学习中心职责
英国开放大学	13 个地区中心，2000 多个学习中心	总部、学生服务中心、地区中心和学习中心	由总部直接派出	各地区中心主任负责各地的学术和行政管理
印度英迪拉·甘地国立开放大学	1100 多个学习中心	总部、地区中心和学习中心	地区中心与邦政府合作，并由总部授权自治	地区中心负责管理学习中心，学习中心同时也是资源中心、培训中心、集合点，为学生提供各种学术、管理和信息服务
加拿大阿萨巴斯卡大学	3 个学习中心	总部、学习中心	直接派出，直接控制	学习中心是提供学习支持服务和考试的场所

在中国，目前学习中心主要有两类：一类是经教育部批准开展现代远程教育试点的高等学校自建自用或共建共享的学习中心(对应机构模式)，另一类是经教育部批准开展现代远程教育教学支持服务的社会公共服务体系所建设的校外学习中心(对应公共服务体系模式)。学习中心属于远程教育的服务机构，不具备远程教育招生、教学、颁发学业证书的资格。尽管所有权和运行机制存在差异，但其基本职责都参照和执行了教育部关于学习中心建设和职责的规定，主要包括：

• 贯彻执行国家、地方有关现代远程教育的方针政策，认真执行试点高校现代远程教育的各项规章制度。

• 根据试点高校的要求和工作安排，配合试点高校开展招生宣传和组织生源等活动；做好学生报到注册工作；校外学习中心(点)不能跨省开展招生宣传和组织生源工作。

• 配合试点高校做好学生学籍管理工作。

• 保证现代远程教育技术装备的正常运转，保证对学生学习的服务支持。

• 承担试点高校下达的教学环节的组织管理工作。

• 落实学风、考风建设和学生思想政治教育等工作，承担保证考试纪律的责任。

• 保护试点高校有关教育资源的知识产权，防止非法使用。

• 负责学生日常管理工作。

• 接受所在地省级教育行政部门或其授权机构的检查和评估。

三、发展趋势

(一)地域特征弱化与云服务

正如前面提及的，网络技术的应用与普及、通信技术与远程服务技术的能供性以及人们在技术环境下学习与交流的适应性，使得物理距离不再是影响学生支持响应度与效果的主要障碍。过去，我们曾经将地区学习中心作为学生支持的基本组织单位，现在互联网和移动技术等现代通信技术的应用已经打破了这种组织模式，院校总部可以通过互联网对网络所及的地区提供可快速响应的个性化支持。因此，支持服务的组织模式不再根据地域进行划分，而是根据不同的教育层次或专业项目甚至不同学校的学生支持需求进行划分。一种从地区中心模式向云服务模式转变的支持服务组织模式变革正在进行。

传统学生支持服务主要基于从院校或公共服务体系总部到地区中心再到下属学习中心的层级式组织架构来提供。有些支持体系不包含地区中心，学习中心直接对接总部。总部负责支持服务的规划、管理和评价，地区中心承担该地区学习中心管理以及具体支持服务工作的组织和落实，地区学习中心是学生获得具体教学辅导和教育服务的主要场所。这种层级式组织架构支持的是基于地区组织开展支持服务的模式，地区中心和学习中心扮演了教育服务代理人的角色。不可否认，该模式在促进在线环境下教与学的再度整合、满足本土化支持需求、给学生提供持续关注、增强学生归属感等方面发挥了重要作用。然而，基于该组织架构的支持服务的质量在较大程度上受限于地区学习中心的服务能力，不利于各地区服务资源的共享与整合，教育机构也很难根据各地学生需求快速改进整体服务体系与标准。

在当前新技术环境、教学模式和教育需求的背景下，以地区为中心的支持服务供应模式已经不再适用，正如泰特指出的那样：

以地理因素为组织原则这种做法在很大程度上已经不复存在，学生支持服务与核心课程的教学也不再分开进行。由于使用信息通信技术，在何处提供支持服务已经不那么重要，英国开放大学在第二代远程教育实行的劳动分工原则(根据这一原则，学生支持服务工作应该由独立的部门负责组织)基本上也完成了历史使命……(艾伦·泰特，等，2014)。

在这样的背景下，英国开放大学的地区学习中心已经不再局限于本地区的支持服务工作，开始分担学校部分面向全英各地学生的支持服务工作。与此同时，面对日益激烈的市场竞争、不断增长的个性化需求，国内外传统开放大学与在线教育机构也纷纷开始探索打破地域和机构限制、借助互联网汇聚和整合更多服务资源的新型服务供应模式。随着云计算技术的发展成熟与普及，以及各类在线学生支持服务资源的丰富与数字化，更多地采用云服务将成为未来公共服务体系开展支持服务的重要发展趋势。公共服务机构负责将各个区域、行业和院校的各种在线教育支持服务资源集中，然后根据院校、企业、学习中心等各类各级在线教育与培训机构的需求，对服务资源进行标准、灵活的封装，向用户提供更加个性化的有效服务方案。综上，云服务模式可以发挥公共服务机构在聚合教育服务链所需各类服务资源、服务链管理、服务行为规范、服务资源优化配置、个性化服务方案设计等方面的优势，消除了传统支持服务资源的天然屏障，体现了支持服务的开放性、灵活性与个性化等特征。

(二)外包与社会化协同

整合机构外的其他支持服务资源，通过社会化协同方式向学生提供支持服务，成为机构供给服务模式未来发展的重要趋势。用户信息和业务过程的数字化、网络化，以及互联网不断增强的计算和联通能力，使得这种社会化协同成为可能。社会化协同是指在线教育机构将部分支持服务业务委托和外包给其他机构或个人，与其他机构或个人基于互联网为学生协同构建一体化的支持服务体系。社会化协同将原本在机构内部的业务分工拓展到机构之外，整合机构外的专业力量分担支持业务，从而将有限的资源投入到更擅长的支持业务中。因此，社会化协同能够有效整合和优化支持服务资源，提升服务质量与效益。从学生的角度来说，他们不仅能够获得更优质的服务，而且拥有了更多开放选择的权利。

随着社会上支持服务资源信息的进一步共享、相关技术支持系统的发展和完善，基于更大规模的社会化协同模式提供学生支持服务成为可能。服务业务分工进一步细化，更多专注于特定业务的服务供应商或开发商都有机会加入到协同工作流程中，基于强大的协同工作平台无缝衔接，为学生提供一体化的优质服务。图 4-1 呈现出在“互联网＋”时代，在线教育机构基于社会化协同方式，依托已有学习中心网络，采用云服务的方式向在线学习者提供学习支持服务的架构(李爽，2016)。如图所示，服务供应采用社会化协同模式，机构外的支持服务资源在强大的服务业务网络平台支撑下，加入服务业务的协同供应链，将服务项目上传到服务云端或供应到服务站点。来自机构内外的支持服务供应者开发的各种在线服务应用和服务项目，可以根据用户需求或课程需求进行灵活封装，更好地满足用户和课程的个别化支持服务需求。在线学生支持服务采用 OMO 服务模式，线上的服务云端与线下的服务站点网络优势互补、无缝衔接，为学生带来一体化的支持服务和优质学习体验。对海量服务业务数据的分析是该架构有效运行的基础，数据成为“互联网＋”时代在线学生支持服务的基本要素。对用户信息、学习、互动、应用、消费等各类数据的记录、采集、存储、共享、分析与挖掘，是在线学生支持部门优化学习过程、提供个性化服务、实现服务智能化的前提。

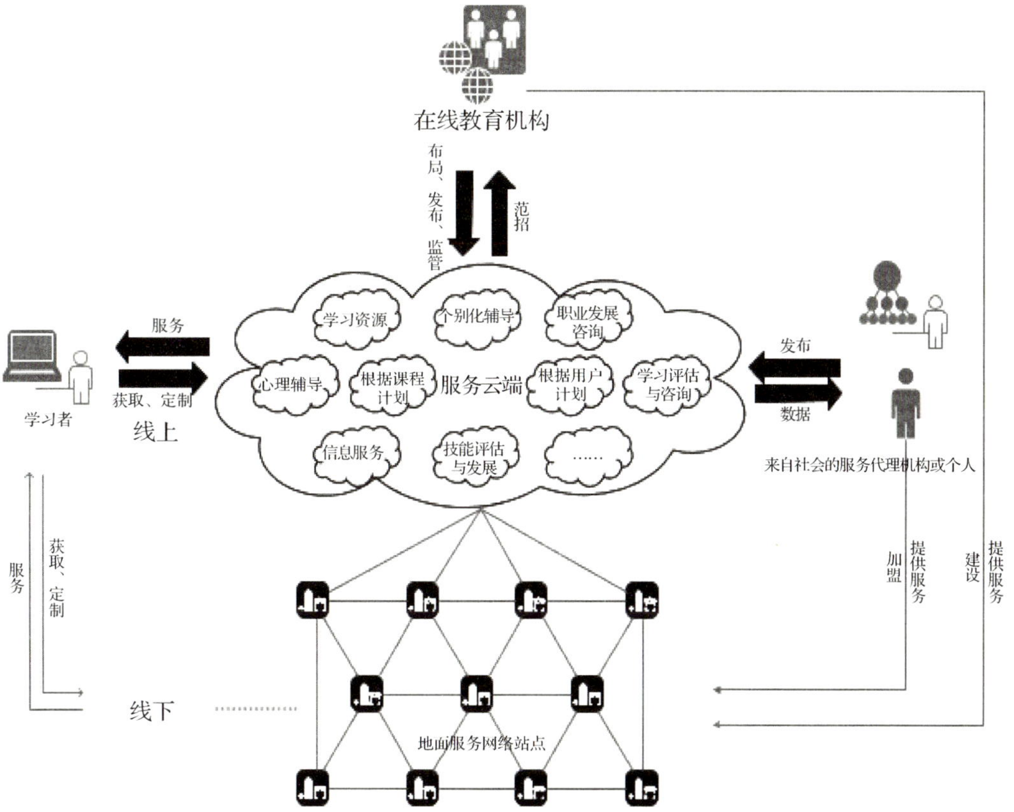

图 4-1　"互联网+"时代在线教育的学生支持服务架构

(三)基于学生数据的智能服务

远程教育步入在线教育阶段的一个重要进展，就是在线教育机构能够方便地记录、保存、分享、加工学生的各种数据，包括个人基本数据、学习过程数据和学生反馈、求助数据等。数字化网络教学平台和其记录的海量学生数据以及学习分析技术的发展，为建立更加科学的预测和诊断支持服务系统提供了有力支撑。早期学生支持的预警服务主要依赖于服务人员的经验，很难被有效管理和科学评价，因此很长一段时间，远程学生支持以解决问题和响应需求为主。网络时代，随着学生数据可获得性的增加、数据加工与分析能力的提升，在线教育机构可以更深入地挖掘各种学生数据中所隐含的规律与趋势，进而构建更加科学的预测模型，并基于这些模型对相关数据进行实时监控，及时诊断可能产生的问题，提出预警并及时给予支持。由此，机构供给服务模式从原来以响应为主的支持模式逐渐转向具有更强智能性的预警与响应并重的支持模式。

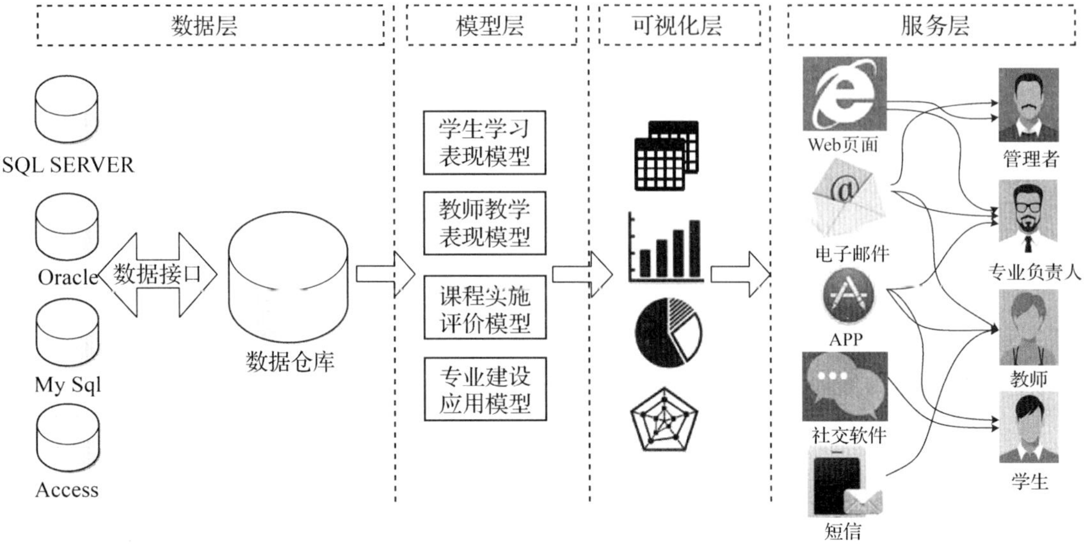

图 4-2　大数据分析模块架构

除了采集与分析大规模学生数据以提供预警式支持，在线教育机构还可以采集更加完整的学生个体特征数据，包括入学时登记的人口学信息、利用心理特征评测量表采集的学生相关特征变量数据(如自我效能感、动机、学习风格等)、在网络教学平台上的行为数据等。纵向的学生个体全面数据以及横向的大规模学生数据的存贮与挖掘，为在线教育机构更全面和准确地了解学生的个性化需求及其动态变化提供了可能，从而为智能化的在线学生支持模式的构建奠定了基础。实践中，随着远程教育各项业务能够上线完成，很多开放大学与在线教育机构已经在布局和构建自身系统的教育大数据中心，以支持基于学生全数据挖掘和分析的支持服务供给。图 4-2 呈现了国家开放大学研发的大数据分析模块架构，揭示了国家开放大学如何将线上业务记录的各类数据转化为推进和优化管理、教学、学习所需的信息和知识(杨志坚，2019)。该大数据分析模块架构分为数据层、模型层、可视化层以及服务层。在其中的可视化层，最简单的方式是以二维表格形式呈现各模型报表；也可以聚焦模型中各个层次的每个指标，运用柱状图、饼图、雷达图、折线图、云图等呈现每个指标的具体情况；还可以对模型中的各级指标以及基础数据进行相关分析、聚类、关联规则、社会网络分析、文本挖掘、预测等二次计算，然后以散点图、聚类图、社会网络图、文字云图、预测图等形式呈现出来。综合数据层、模型层与服务层，学校数据中心可以以 Web 页面、电子邮件、APP 等多种方式向各类用户推送学情分析结果。智能化学生支持模式不仅能够确保学生支持服务的效率与质量、提升学生的服务体验与满意度，而且能够有效降低学生支持服务的人工成本。

四、典型案例

接下来，我们结合具体的实例来分析学生支持服务的机构模式，通过分析案例帮助你思考这些在线教育机构或院校是如何实现对学生的支持服务的，以及它们各自有什么特色。

(一)英国开放大学

学生支持的概念最早起源于英国开放大学，该校在学生支持服务方面积累了丰富的实践经验。根据英国开放大学 2014 年年度报告显示，该校自成立以来已经培养了 300 多万名学生，目前在校人员超过 20 万人，是英国最大的大学，通过对在校人员的调查，其满意度达到了 91%。英国开放大学的毕业生对学校的满意度长期位居英国高校前列，这与学校坚持“以学习者为中心”的理念和完善的学生支持服务是分不开的。英国开放大学现在拥有地区中心 13 个、学习中心 2 000 多个、兼职辅导教师 8 000 名，在 90 多个国家设立了考点，采取统一筹划、分级管理的原则，形成了一套从学校总部到地区学习中心再到各学习站点的纵向管理体系。接下来，我们从学生学习过程的角度分析英国开放大学的学生支持服务系统。泰特将英国开放大学学生学习过程分为如下八个阶段(侯松岩，2013)：认知(awareness)、思考(consideration)、决定(decision)、导学(orientation)、准备(preparation)、学习(study)、复习(revision)和反思(reflection)。其中认知、思考和决定属于学习前的准备工作，导学、准备、学习、复习和反思属于学习过程中的支持服务(见第三章图 3-2)。除此之外，还有学习完成后的支持服务，主要是关于学习评价和学生重复学习的支持服务。

我们从学习前的支持服务、学习过程中的支持服务和学习完成后的支持服务三大方面分析英国开放大学的学生支持服务。

1. 学习前的支持服务

根据泰特的观点，一个学生在进行课程学习前，要经过认知、思考和决定这三个主要的阶段。因此，为了让学生从认知到思考再到最终决定学习，即把潜在的学生变成现实的学生，学习前的支持服务就显得非常重要。服务内容主要包括大量的咨询、解答、行政、组织工作，这些工作主要由英国开放大学总部的学生服务中心和下属的 13 个地区中心负责完成。那么，总部如何提供学习前的支持服务呢？图 4-3 列出了总部所提供的学生支持服务的形式和渠道。

一个有学习意向的潜在的学生，可以通过什么形式了解英国开放大学呢？学校网站是一个很好的渠道，在网站上可以了解到这个学校的基本情况、特点、机构设置等，然后可以进入专门的学院网页详细了解信息。学生还可以在网站上下载或者与学生服

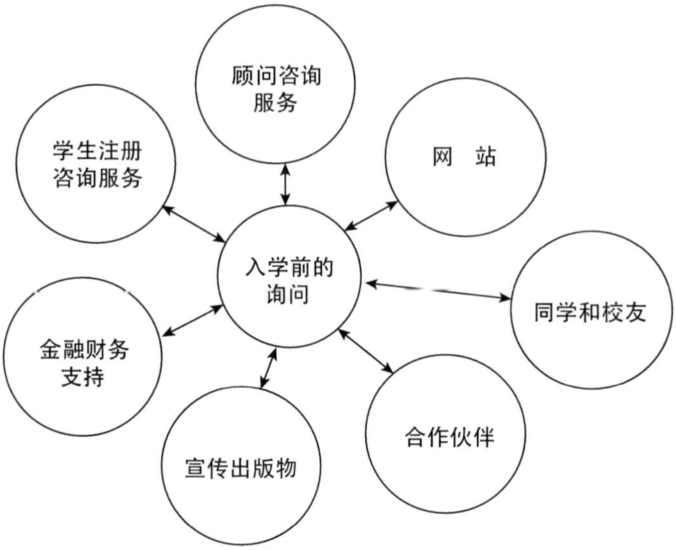

图 4-3　课程学习前的学生支持服务的形式和渠道

务中心联络免费获取课程手册（Study at the OU），这也是使用频率最高的一种学习前的支持服务。课程手册包括本科阶段的课程简介、研究生阶段的课程简介、短期课程简介、职业资格课程简介和研究生学位课程简介，不仅提供课程模块的名称和相关介绍，还提供其他信息，如开课时间、费用、课程之间的衔接、学习方式、资助方式、所获资格、如何注册等。

地区中心如何向学生提供学习前的支持服务呢？有条件的学习者比如英国本土的学生，可以到距离居住地最近的地区中心进行咨询。通常来说，面对面的咨询会迅速减少很多疑惑和不解。在地区中心，学习前的支持服务内容主要进行市场推广和入学咨询。地区中心所提供的支持服务主要是面对英伦三岛和欧洲大陆的学生，而对于国际学生来说，最直接的方式就是致电英开总部的学习支持服务中心了解详细的情况及报名注册流程。

我们可以看出，不管是总部的学习支持服务中心还是地区中心所给予的咨询和信息解答过程，其目的都是协助即将选读某个学科的潜在生源正确地做出选择。

2. 学习过程中的支持服务

学习过程中的支持服务是英国开放大学学生支持服务系统的核心和重点，学习过程的大致流程如图 4-4 所示。

具体的学习流程我们这里不展开分析，重点关注英国开放大学在课程学习过程中提供的学生支持服务类型，大致有以下三方面：

第一，由课程制作团队设计的以网络或纸质形式呈现的课程。学生注册课程后，会收到由学生服务中心寄来的纸质函件——致学生的一封欢迎信，主要是提前告知学

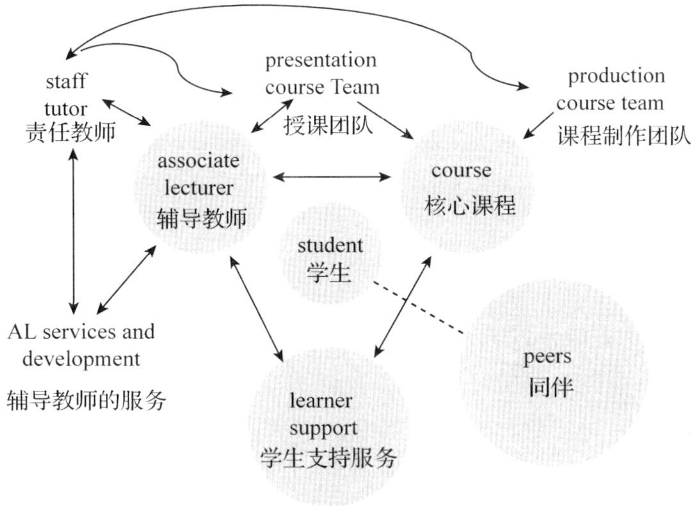

图 4-4　课程学习过程中的学生支持服务

生在课程开始之前，将会获得什么样的课程资料。大约一周后，学生会收到总部寄来的课程包。这个课程包也是学生主要的学习资料，内容包括：英开远程教学模式简介、课程宣传光盘、课程学习时间表、课程主教材、作业说明(或者叫作考试指南)、学生学习计划表、学生复习表等。学生收到课程包以后要通读所有资料内容，对即将开始学习的课程有一个初步了解，这样就能最大程度地减少对在线学习、对课程内容本身、对考试要求等方面的陌生和恐惧感。

第二，辅导教师(在英国开放大学叫作 associate lecturer，也叫作 tutor)。辅导教师在学生课程学习过程中的职责包括：为学生提供相关的辅导，评价学生的作业、给出书面的反馈；通过面对面的方式、电话的方式或者电子教学手段为学生提供学习支持；监控学生的整个学习过程，在特定环节如提交作业和考试之前重点联络学生；作为学生学习过程中的第一联络人，如学生遇到其他的问题，给学生提供合理、适当的建议并转到相关部门；帮助学生学习、拓展与课程相关的学习技能。

第三，行政组织管理方面的支持。学生服务中心通过“客户关系管理”系统 VOICE 来管理学生的数据库，记录的内容包括从打进的第一个电话开始到注册课程学习中的每一个过程所需要的帮助，以及课程学习结束后是否继续学习其他课程、是否中断学业等信息甚至到就业的过程。

3. 学习完成后的支持服务

学生完成课程学习后的支持服务主要是评价学生的学习过程，以及一些其他的后续支持服务。学生结业考试后的 2～3 周内，学生服务中心以信函或邮件的形式告诉学生结业考试的成绩，以及在整个课程学习过程中的学习成果是否能够获得学分等。对学生结业考试的反馈，由辅导教师依据课程学习前发给学生的作业说明中所罗列的学习成果来进行考核和评价。学生在收到评价(考试)反馈的同时，也会收到来自学生服务中心的另一封纸质函件，其基本内容是在学完某门课程后，接下来要怎样计划下一步学习、即将获得的这些学分将能帮助学生获得什么样的文凭、接下来学习什么课程能够帮助学生获得这些资格和学位。这实际上是帮助学生规划继续学习的路线图，也是实现继续招生的一个有效宣传和推广手段。

(二)国家开放大学

国家开放大学(The Open University of China)是我国最大的在线教育机构，是教育部直属的以现代信息技术为支撑，学历教育与非学历教育并举，实施在线教育的新型高等学校。学校有注册在籍学生 359 万人，包括近 20 万名农民学生、10 万名士官学生和 6 000 多名残疾人学生。学校在中央广播电视大学基础上组建，面向社会全体成员，强调优质教育资源的集聚、整合和共享，以及以现代信息技术为支撑，探索其与教育的深度融合。

国家开放大学既有广播电视大学系统的基础，又是一所新型的大学。学校在进行体系重构的同时，将现代信息技术与教育深度融合，提出了“六网融通”的教学和服务模式(见图 4-5)。“六网”包括网络核心课程、网络教学团队、网络学生空间、网络学习测评、网络教学管理和网络支持服务(韩仪、崔乃鹏等，2014)。

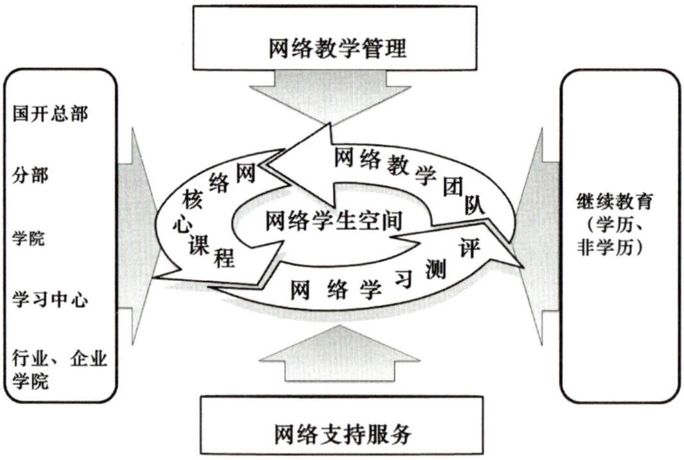

图 4-5　国家开放大学“六网融通”的教学和服务模式

“六网融通”的教学和服务模式的实质是一个以信息技术为支撑的在线教学机构构建的一套完整的支持服务系统，该模式下学生学习的具体流程如图 4-6 所示。该流程图中列出了国家开放大学为学生提供的 50 项服务内容，涵盖了学生从入学到毕业的全过程。

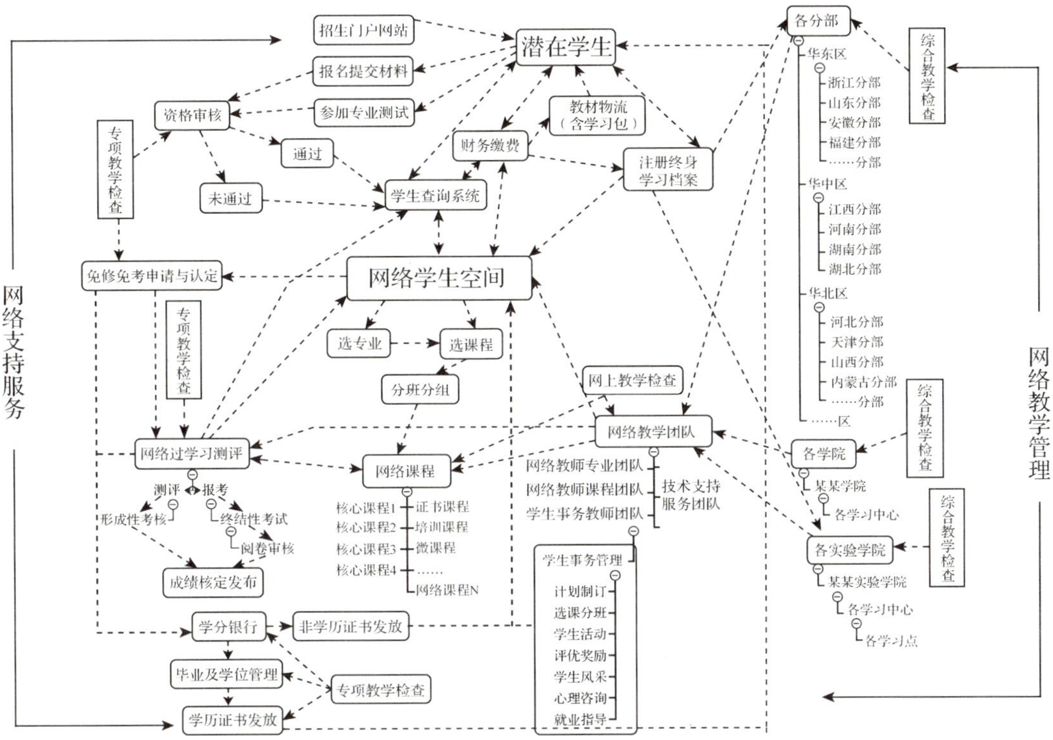

图 4-6　“六网融通”的教学和服务模式下学生学习的具体流程图

我们首先从实施主体即学校的角度将国家开放大学为学生提供的 50 项服务内容按照实践的业务流程划分为四个环节，即招生学籍管理、学生事务管理、教师团队管理和学习测评管理。然后从学生的角度把学生学习过程需要的各类服务划分为技术支持、管理支持、学习技能支持、情感支持、学业支持和校外支持六大类，形成了国家开放大学学生支持服务系统二维表（见表 4-2）。

表 4-2　国家开放大学学生支持服务系统二维表

	技术支持	管理支持	学习技能支持	情感支持	学业支持	校外支持
招生学籍管理		招生宣传；入学资格审查；注册学籍；课程注册；免修免考；学籍异动；毕业管理；学位管理	入学水平测试			招生宣传

续表

	技术支持	管理支持	学习技能支持	情感支持	学业支持	校外支持
学生事务管理	电脑技能；上网技巧；网考技能	招生咨询；政策答疑	学习方法；学习小组；网上社团；趣味小组	爱国教育；道德教育；素质教育；国开文化教育；奖学金；学生评优；学分奖励；心理咨询；就业指导；文娱活动；体育竞赛；志愿者；学生会		困难救助；助学金；就业
教师团队管理		分班分组	学习进度提醒；选课指导		教学安排；导学；助学；课程实践	
学习测评管理		报考；成绩核定发布			测评；形成性考核；终结性考试；阅卷审核	

（三）凤凰城大学

美国凤凰城大学自2009年起推出面向远程初学者的三项计划，即入校前培训、第一年适应课、及时补救课程，获得了社会的认可。包括将学习支持服务时段提前，增设面向潜在学习者的在线学习体验项目，重视初学者入学培训与第一学年课程学习支持服务的有效结合，将学习基础补救时间延长至整个开放学习历程，以及加强对学习者学习能力的持续评估与反馈。这些实践表明学习支持服务应注重培养在线学习初学者的责任意识、发挥预防功能、提供持续和及时的知识及技能补救等，对提高学生学习保持率和完成率有借鉴意义。

凤凰城大学的学生支持服务模式具有灵活、扁平化的特征，虚拟网络混合模式的在校大学生已经达到30万人。学生可以获得24小时在线服务，除博士生课程之外，包括注册入学、缴纳学费、购买资料、图书阅读、教学研讨、完成作业、考试评估、课程实验、毕业典礼等所有的环节均可以在网上完成，这些有赖于以先进技术和统一模式在全美范围内建立起来的由120余个分部(Campus)和学习中心(Learning Center)所组成的连锁式教育支持服务体系(郭文革，2014)。

（四）成都七中网校服务模式

成都七中网校的在线教学模式是机构院校与企业合作的在线学习支持服务供给模式的典型案例。2002 年 9 月，四川成都七中与东方闻道有限公司合作成立七中网校。作为我国中学网校的一种实践模式，七中网校与其他面向城市地区或经济条件较好的城乡地区学生提供的课下辅导支持服务不同，它主要面向农村与少数民族地区的中学，采用在线课堂直播方式开展远程教学，开创了一种与常规课堂教学结合更紧密的新型在线教学实践模式——“四同时——四位一体”教学模式（又称直播教学模式），即“同时上课、同时备课、同时作业、同时考试”，在远端学校配备远端教师、技术教师、成都七中的把关教师、授课教师一起组成的“四位一体”的教师协作团队，协同教学和提供教学服务。

在办学模式上，双方按照各自擅长的领域进行分工。成都七中负责教学和资源提供，东方闻道公司负责市场和支持服务，远端学校则负责本校直播班教学和学生的管理，并为学生提供学习支持。在直播教学模式中，成都七中负责教学投入、教学活动和经营支持，东方闻道公司负责设备投入、技术投入和经营活动，远端学校在购买直播教学服务的同时，本身也需要在设备、管理等方面进行投入。

在课前，直播教师和远程教师共同进行备课，并针对具体的教学工作进行研讨。远程教师可以获取直播教师上课所用的所有教学材料，以便为远端学生提供学习支持。此外，有的远程教师为了让自己的学生更好地适应七中的教学，会连夜整理七中教师事前发送的课件，编制成学案、布置成作业让学生预习。

在课上，利用计算机和现代信息传输技术，将成都七中教师和学生的视频图像、音频信号和课件资料等实时传输到各个远端学校。远端学生也可以将自己的图像和声音反馈给七中课堂，实现和七中教师之间实时的双向交互，使远端学生融入七中课堂，与七中学生同堂上课。除了同时上课环节的视音频数据传输，还通过卫星实现同时备课环节的实时双向交流，传递课件、作业以及考试题等数据。成都七中的直播教师给他们本班的学生上课，维持七中的正常教学，而远端学生则通过屏幕在另一端与他们进行同步的学习。远程教师需要组织整个课堂，保证直播教学的顺利进行，可以在屏幕另一端见缝插针地给学生讲解问题。此外，远程教师还需要在课上注意学生的表情，记录其疑惑的瞬间，思考课后怎样对学生进行补足。

课外，远端学生需要付出很大的努力才能够跟上成都七中的进度，而各科远端教师则利用晚自习的时间给学生们答疑解惑、培优补差。

在教学活动上，远程学校会给学生们提供“留学”的机会，让成绩较好的学生能够有机会前往成都七中进行为期一周的学习，感受七中的学习氛围。此外，远程学校还会组织学生们给自己敬佩的七中“偶像”学生写信，以此来鼓励他们。类似的活动充分激发了远程学生的学习积极性，减轻了他们的学习孤独感。

为辅助直播教学，网校建设了直播教学官方网站，用于发布有关直播教学的新闻、介绍各远端学校、优秀课件演示、直播教学所需软件下载、校园电子期刊发布。此外，网站论坛还通过设置各种板块为网校学生分享创作、交流学习心得、传播七中文化提供了途径。网校方还通过电子邮件、QQ 群等方式为前端教师和远端教师交流提供支持。除了“天网”（卫星网）与“地网”（互联网），网校方还通过手机等通信手段向远端学校及时发送重要通知，提供直播班教学管理支持。

通过对以上案例的分析我们可以看出，机构模式的在线教育院校在学生支持服务的设计上会充分考虑学生学习的全过程，建立相应的服务流程，制订服务的规范和标准，从而能够形成一个完整的支持服务系统。同时，机构模式的在线教育院校往往会依托总部、分部和学习中心，形成一个实体的支持服务的组织体系，各层级和人员会有相对固定的职责分工。当然，随着信息技术的深入融合，各在线教育机构基于网络的教学和管理越来越趋于扁平化，部分业务趋于中心化，传统的地区中心模式在逐步变化，地区中心业务定位和功能也会逐步发生变化，如英国开放大学原来的学习中心功能正在逐渐减少。最后，你可能会发现，学生支持服务是一个动态的、逐步完善的过程，即使是系统化了的学生支持服务也不会局限在固定的模式中，其内部诸要素还是会不断调整以适应新的需要。

第二节　公共服务供给模式

基于传统的对学生支持服务概念的理解，远程教育院校一般会设置专门的部门为学生提供支持服务，并接受院校的管理和评价。随着现代在线教育实践的发展，各在线教育机构的学习支持服务表现形式、机构规模和运作方式有了很大的不同，根据自己不同的办学情况和办学规模进行了多种形式的学习支持服务模式研究和实践。公共服务供给模式即是办学机构与服务机构之间的中介平台提供在线学习支持服务的模式。本小节从概述讲起，具体阐述公共服务供给模式的典型服务方式与活动及其发展趋势，最后列举两个典型的实践案例，帮助你理解公共服务供给模式的组织架构与运作方式。

小节目标

1. 能够阐述学习支持服务的公共服务供给模式。
2. 能够简述公共服务供给模式的典型服务方式与活动。
3. 能够简述公共服务供给模式的发展趋势。
4. 能够描述一个公共服务供给模式的实践案例。

一、模式概述

公共服务供给模式是远程教育公共服务体系在网络时代的发展与完善。1999年起，教育部组织实施了“现代远程教育工程”，先后批准清华大学等68所高校开展现代远程教育试点，现代远程教育得到了前所未有的飞速发展，逐步成为中国高等教育的重要组成部分。我们知道，从远程教育的特点和学生的情况来看，师生的时空分离是远程教育的核心特征。由于学员分布于全国各地，设置校外学习中心和提供咨询、招生、考试等各项支持服务成为开展远程教育的必备条件。而从现代远程教育试点高校本身来看，其依靠自身力量又很难在人员配置和教学设施等方面较快满足大规模学生学习所需的各类在线学习支持服务的要求。因此，伴随中国现代服务业的发展，借助公司化的管理理念、依托现代信息技术、充分利用国家教育资源构建第三方的公共服务体系就显得尤为重要了。

所谓在线教育公共服务体系，是指在办学机构和服务机构之间架设一个面向多元用户的公共平台，以提供优质的学生支持服务，同时采用“外包”的服务模式对办学机构、服务机构以及学习者之间的利益关系进行合理管理，并在优质资源的共建共享过程中发挥统一协调的作用(平凡、杨顺起、吉喆，2011)。在线教育公共服务体系的主要任务包括：

• 按照在线教育教学支持服务的共性要求，提供基于计算机网络的远程学习环境及支持服务系统。

• 根据办学机构的办学特点，协助其开展招生、学生学习过程支持服务、教学与管理服务、网络校园文化建设等方面的工作。

• 提供考点、标准化考场及考试组织、管理与服务。

• 保障教学资源的高效传输，促进教学资源的共享和优化整合。

• 承担教育行政部门和办学机构委托的专项服务工作。

公共服务体系的机构组织、功能定位和运作模式都与机构提供支持服务的模式有很大的差异，它具有以下特点：

• 组织的独立性。除了为远程教育试点院校提供支持服务以外，公共服务体系的其他各方面都是独立的。

• 功能的专有性。公共服务体系的专职角色是承载并传递教学资源与服务。

• 作用的依附性。公共服务体系是服务于在线教育机构的，不单独承担教育教学任务。

• 运行的高效性。由于公共服务体系的独立性和专有性以及自身过硬的技术平台，保证了运行的高效性。

实际上，我国远程教育公共服务体系的思想源自国际上一些高等教育的创新实践。例如 1998 年英国规划的产业大学，它并不是真正意义上的大学，而是一种开发和推行远程学习的组织，也是学习者和办学主体之间的一种中介机构。产业大学与各级各类的教育产品提供者和服务者(如学院、大学等各类学校、教育机构，图书馆、俱乐部等地方学习中心，各种私营性质的教育提供者等)结成密切的合作伙伴关系，整合学院、大学和图书馆等现有设施和教育资源，构成“全国学习网”，为学生、教学主体提供服务。法国远程教育中心也扮演了这种公共服务的角色。中心以“为学生提供学习服务”为指导思想，通过和法国高校签订合作协议的方式，以中心为统一的平台，允许学生注册中心的高等教育课程，学习合格并通过高校的考试后取得该校文凭。

综上，公共服务供给模式在保持办学机构、学生支持服务机构与学习者之间的资源协调与共享上发挥了积极作用，同时也发展了独立的支持服务运作机构。建设公共服务体系为众多办学机构提供服务，减少教育资源的重复建设和浪费，能促进教育资源的整合、优化、共享和综合利用。同时，建设一支服务完善、管理规范和运作高效的专业化队伍，能进一步加强教学支持服务、规范网络教学过程的管理与监控、保障远程教育的质量。更为重要的是，公共服务体系的建设与发展有利于充分利用信息技术，形成遍布城乡、深入基层的全民学习的开放式学习网络，为构建终身教育体系和学习型社会服务(任为民，2007)。

2001 年，国家批准启动“中央电大远程教育公共服务体系建设试点”项目，由中央广播电视大学和电大在线远程教育技术有限公司共同组建“奥鹏远程教育中心”(简称“奥鹏教育中心”)，希望依托广播电视大学系统的教育资源，实现建立远程教育公共服务体系的构想。2007 年 2 月和 2008 年年初，教育部又先后批准了弘成集团和知金教育咨询有限公司参与开展公共服务体系的建设，与有关高校联合开展“现代远程教育公共服务体系建设试点”(邹范林，2009)。截至 2014 年年底，奥鹏、弘成和知金构成了我国网络教育的三大公共服务体系，其基本信息如表 4-3 所示。

表 4-3　我国网络教育三大公共服务体系基本信息表

名称	开始运行时间	合作单位	学习中心数量	依托单位
奥鹏公共服务体系	2001 年 12 月试运行，2005 年 4 月正式运行	40 所网络教育学院	1400 多个	全国各地的广播电视大学系统
弘成公共服务体系	2007 年 2 月	18 所网络教育学院	27 个	弘成科技发展有限公司
知金公共服务体系	2008 年年初	14 所网络教育学院	14 个	知金科技发展有限公司

随着在线教育市场发展成熟与个性化服务需求日益迫切，远程高等教育的公共服务思想开始在更多在线教育服务场景中得到创新应用与发展。在政府的支持与管理下，依托地区或跨地区教育体系内优质教育资源，借助教育大数据和人工智能等技术向学习者提供各类优质个性化学习服务，成为公共服务思想在“互联网＋”时期的新形态。这种公共服务供给不再只是 B2B 的模式，即公共服务机构与院校合作，协助其提供教育项目或课程的学习支持服务，而是呈现更多样化的供给模式。如公共服务机构在政府监管下，通过汇聚或优化配置教育系统内教育服务资源，直接面向学习者提供在线个别化辅导、学习资源服务、直播课等服务。

二、典型服务方式与活动

(一)基于呼叫中心的远程接待服务

快速有效地响应学生需求，是在线学生支持的重要功能。在学生需求中，存在大量与机构系统管理和资源应用有关的问题。为了快速、准确地响应这些需求，一种建立在用户数据库与服务知识库基础上的呼叫中心系统，受到越来越多在线教育机构的青睐，并成为当前在线学生支持服务的重要服务技术。在该技术支撑下，在线教育机构向学生提供以信息咨询为主的远程接待服务。2000 年之后，英国开放大学在地区中心成立的教育指导小组，就是基于这种呼叫中心技术提供学业咨询服务。该服务取代了英国开放大学之前的导师制。指导小组的服务人员并没有被指派给具体的某个学生，他们主要基于学生在开放大学的学习档案给本地区学生提供个性化的咨询服务。

基于呼叫中心的远程接待服务作为当前经济环境中产品服务的主流技术，是在线学生支持服务的基本构成，支持自动语音服务、主动信息服务、一站式服务、多席服务、7×24 小时服务、多方式呼叫服务等。通过知识库和坐席设计，呼叫中心具有强大的服务能力，一方面能够不断增加新的服务业务，另一方面可以灵活应用在不同范围和规模的远程接待服务中，既可以服务于一个地区或一个学院(如阿萨巴斯卡大学商学院的呼叫中心），也可以服务于整个机构（如英国开放大学的VOICE系统），甚至可以为多个在线教育机构提供公共的远程接待服务（如奥鹏公共服务体系的远程接待中心）。呼叫中心技术基于知识库的自动语音服务，有效地缓解了人工服务的压力，降低了支持服务的成本。在用户数据库和知识库的支持下，经过良好培训的远程接待人员能够给学生提供个性化的优质响应和服务，支持多方式呼叫与7×24小时服务大幅提升了学生需求的接受率与响应速度。综上可知，基于呼叫中心的远程接待服务不仅能够提升学生需求响应的速度和质量，而且有效地提升了学生用户的个性化服务体验，实现了个性化信息咨询服务的规模经济。该服务方式对于在线学生支持的另一个重要意义在于，它有力地支持了学生支持服务的提供者从院校向第三方提供商的转变，从而促进了在线教育服务资源的优化与整合。

然而，值得讨论的是，基于呼叫中心的远程接待服务尽管能够提供个性化的信息咨询与反馈服务，但是与持续的个别化支持相比，给学生带来的是不同的服务体验。因为呼叫中心的服务是基于用户基本资料信息、知识库和呼叫记录提供的个性化反馈，以信息咨询为主，难以向学生提供复杂问题的个性化解决方案。此外，这种呼叫服务难以让学生产生由持续的个别化支持带来的信任感和情感依赖。学生通常会将持续的个别化支持看作为其提供的全方位的专属服务，而将呼叫服务看作面向全体学生用户的信息咨询服务。

（二）个性化的资源推荐

除了奥鹏等公共服务体系的基于呼叫中心的远程接待服务模式，基于特定公共合作方式的在线学习支持服务模式还可以实现整合多家办学机构的优秀师资与学习资源，支持辅导、学习资源的共享与个性化推荐。其中，双师服务是指在互联网等通信技术的支撑下，实现校内校外教师基于特定合作方式，共同为学生提供面授和线上相结合的教学和学习服务的模式。实践中，根据不同的教学与学习需求，存在多种双师服务模式。有些模式中，在线教师是主讲教师，校内教师以个性化学习辅导为主；有些模式中，校内教师是主讲教师，在线教师以个性化学习辅导为主。

北京师范大学未来教育高精尖创新中心设计和开发的“智慧学伴”平台的个性化资源推荐模式，也是双师服务的一种模式。在开展在线辅导时，可以通过共享屏幕、实时语音、手写面板三个重要的移动端功能，让学生与网络上任意一位具有双师资格的优秀学科教师进行在线交流，辅导的过程支持文字、图片、视频、语音等多种形式，学生端和教师端可以及时查看共享屏幕，类似教师在面对面给学生讲解试题。在线教师除了在线辅导，还可以创建并发布微课，在微课中设计讨论、提问、投票等教学活动。这样，通过优质教师资源的跨学校、跨区域的精准匹配，学生能够按需获取个性化、适应性的资源和服务，从而在帮助学生解决学科问题的基础上，实现扬长避短、精准、个性化的学习。

“智慧学伴”个性化推荐与学习的具体实施过程如图 4-7 所示。教师通过审核取得双师资格，并设置个人学科特长。学生则根据在线测评结果，结合教师的学科特长标记实现双师智能推荐，同时也支持学生自主选择意向教师，学生在此基础上可以开展非实时的双师微课学习或一对一在线实时辅导。

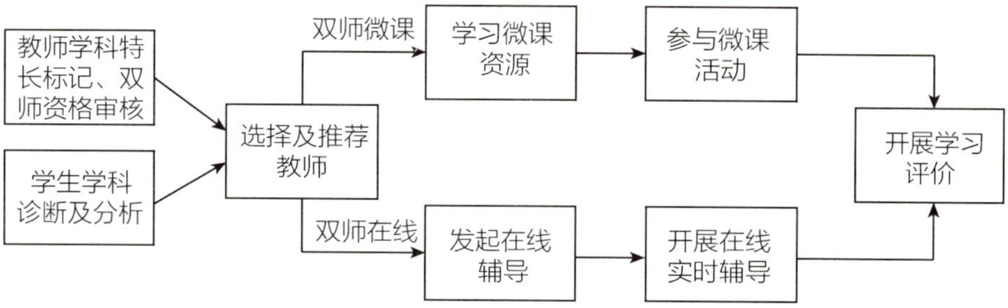

图 4-7 “智慧学伴”个性化资源推荐服务基本流程

教育公共服务已成为当今世界各国政府最为重视的公共服务领域(刘春等，2015)，而未来教育发展的基本趋势是灵活、开放、终身的个性化教育。双师服务作为政府主导的个性化公共服务模式的探索，成为构建多元、线上线下融合、适应学习者日益增长的个性化学习需求的教育公共服务供给体系的一个大胆尝试，为国内外如何实现师资资源的均衡、如何提供个性化教育公共服务供给提供了参考(陈玲等，2017)。

三、发展趋势

“互联网＋”时代，在线教育机构的学生支持服务模式与方式在继承和发展学生支持服务传统的基础上不断拓展与创新，以更好地适应新的课程需求与市场需求。在学生支持服务实践演变与创新的过程中，用户中心特征更加突出。支持服务更关注学生的学习和就读体验，尽可能满足学生个性化需求。学生不仅可以更灵活地选择服务内容、方式和途径，而且可以定制他们需要的教育产品和课程。为兼顾个性化服务的规模、质量和成本，智能化服务、O2O 服务模式和社会协同服务供给方式逐渐成为未来在线学生支持服务发展的主要方向。

(一)云服务

随着云计算技术的发展应用，云服务模式成为在线学生支持服务供应的重要趋势，学生支持服务趋向数字化、网络化，支持服务供给趋向社会化协同。云服务是用户基于互联网按需获取和使用 IT 资源服务(基础设施、平台、软件、数据等服务)的模式，用户无需考虑服务器所在位置、服务所需配置环境、技术细节，只要与云服务提供商执行现用现付的协议即可使用相应的服务(杨志和，2014)。云服务具有资源优化整合便捷、动态扩展、成本较低、方便获取等特点，可支持用户实现跨平台获取各类资源服务，如工具软件、内容资源、信息咨询等。

在云服务技术支持下，在线学生支持可以实现基于互联网发布、管理、获取及交付服务与相关资源。在线教育机构根据不同的教育用户需求，将上传至云端服务平台的服务资源进行调配和灵活封装，从而提供个性化的服务方案。这些服务资源包括机构内部相关部门以及承担特定服务业务的代理机构提供的各类支持服务，如学习资源推送、与其他学习者的社会交往、自我学习监控、学习同伴智能代理等。教育用户根据需求从云服务平台检索、获取并动态扩展其所需的服务项目。同时，用户下载和使用应用的数据也为教育机构分析用户的需求和偏好提供了数据，成为改进服务业务和优化资源的重要依据。

综上，支持服务的云服务模式采用了一种扁平化的网络化的支持服务供应模式，消除了传统支持服务资源的地域和机构屏障，实现了基于数据分析对分散的支持服务资源进行有效配置与优化整合，提升了支持服务供应链的供给灵活性和供给效率，有力地支持了个性化服务供应与定制(李爽，2016)。

(二)O2O

O2O(Online to Offline，线上到线下)模式是“互联网+”时代在线教育学生支持公共服务供给的另一个发展趋势。O2O 是指将线下的服务方式与体验与互联网支撑下的线上服务相结合，发挥线上、线下的服务优势，搭建线上线下一体化教育服务平台的服务模式。

线上服务的独特优势包括用户召集、服务资源汇聚与调配、快速响应、个性化服务、用户数据采集与生成等方面。实践表明，线上服务包括三个核心要素：个性化服务应用、用户社区和用户数据分析。线上服务可以根据用户需求开发丰富多样的服务应用以满足用户的个性化需求。在线构建用户社区促进了用户间的社会联通和互动，不仅有助于促进用户间互助支持，增强用户黏性和归属感，提升用户忠诚度，而且有助于拓展潜在用户、召集新用户。用户数据分析是实现个性化和智能化支持的基础。用户上线，进行注册、登录、应用、支付等各种活动，将生成各类用户数据，通过分析和挖掘这些数据，将其转化为优化教育产品和服务、提供个性化服务的生产力。线下服务在体验式学习、技能训练、促进深度互动、激发情感、增进人际关系、文化建设等方面具有优势。线下服务站可以支持各类依赖情境、体验的各项服务与活动的开展，如课程教学实验、协作研讨、工作坊、新课程及服务预售体验、社区成员线下活动等。

综上可见，在 O2O 模式中，学习者可以获得整合线上线下服务优势的良好学习体验。面对新的技术环境和市场环境，在线教育机构想要探索适合自身情况的O2O服务体系，不仅要积极推进教育服务的网络化建设，搭建学生支持的云服务平台，而且还要依托和挖掘已有地方学习中心、教育培训机构的支持服务资源，建设各地区实体服务站点，实现线上和线下的立体互动，引导用户上线享受灵活多样的个性化服务，支持用户的线下体验、互动和实践(李爽，2016)。

(三)在线教育与社区教育融合

推进在线教育与社区教育的融合也是公共服务供给模式未来的发展趋势。公共服务体系在政府支持与监管下，汇聚、整合了多方机构、院校的优秀师资与课程资源，在面向广大在线用户提供在线学习支持服务的同时，也可以与当地各依托单位及学习中心相互融合，充分利用自身的海量优质资源，吸引当地社区人员加入到在线学习的行列中。这就使得公共服务体系提供的学习支持服务面向的对象不仅仅局限于网络世界中的在线学习者，还包括更广大的社区居民，进而扩大了在线教育的受众。这种融合将在线教育与地区教育资源有机结合，推动了学习型社会的建设与发展。

四、典型案例

(一)奥鹏远程教育中心

奥鹏远程教育中心(以下简称奥鹏)是由教育部高等教育司2001年批准立项试点，2005年4月正式批准运营的远程教育公共服务体系，也是教育部批准成立的远程教育内容服务运营机构。学生服务与运营管理是奥鹏的核心。一方面可以为学生提供全方位的支持服务，规范实施合作高校各项学籍管理规定；另一方面可以为学习中心提供建设与运营管理保障支持工作，同时还可以对学习中心支持服务的培训与运营实施有效的管理，为确保合作高校的远程学习支持服务提供落地支撑平台。

奥鹏接受高校和其他教育培训机构的委托，通过设在全国各地的学习中心(当地的网络教育超市)为高校和其他教育培训机构提供全国范围内的招生组织、教学教务管理、学生事务管理、考试组织与管理等远程教育校外支持服务(见图4-8)。学生可以直接通过奥鹏和学习中心报读任何一所与奥鹏合作的高校。在当地学习中心的指导下，学生可根据自己的时间安排课程学习。奥鹏和当地学习中心会为学生提供报名咨询、课程辅导、学习事务服务、考试服务、毕业服务等。奥鹏的服务特色是：第一，降低高校和学习中心的运作成本。第二，提高运行效率和反应速度，学生提出的问题，呼叫中心24小时之内必须解答。第三，在实施标准化的基础上满足高校个性化的需求。奥鹏对学员提供的个性化的一站式服务有以下特点：

• 学业顾问负责学习过程

奥鹏在全国各地设有1000多家学习中心，设有专门的学业顾问负责学员在入学咨询、报名、考试、选课、缴费、课程学习、毕业申报等学习全过程中的指导和帮助，让学员的学习十分便利。

• 导学教师陪伴

奥鹏提供功能完善的教学管理服务平台，让合作高校的导学教师方便快捷地解决学员在学习过程中的疑难问题。学员可以通过BBS、邮件和实时答疑系统随时提出问题，对于学员提出的问题。导学教师保证在24小时内予以回复。

• 呼叫中心全方位服务

奥鹏为学员设立了24小时全方位服务的呼叫中心，通过全国免费咨询电话和服务热线，以及BBS、QQ等即时通信工具，为学员提供即时的全方位学习支持服务。奥鹏“短信通”及时向学员发送教学、考试、学生活动等信息，学员无论多忙都不会遗漏重要信息。学习鼓励、学习任务等提示有助于学员消除学习中的孤独感和畏难情绪。

• 网上交流通道

奥鹏专门设立的“乐乐邮”是方便学员和教师之间沟通的专用邮箱，防止作业等信息丢失。根据学习需要设立的专门论坛让学员与导学教师可以方便、自由地讨论问题，建立快捷的学习互动通道。

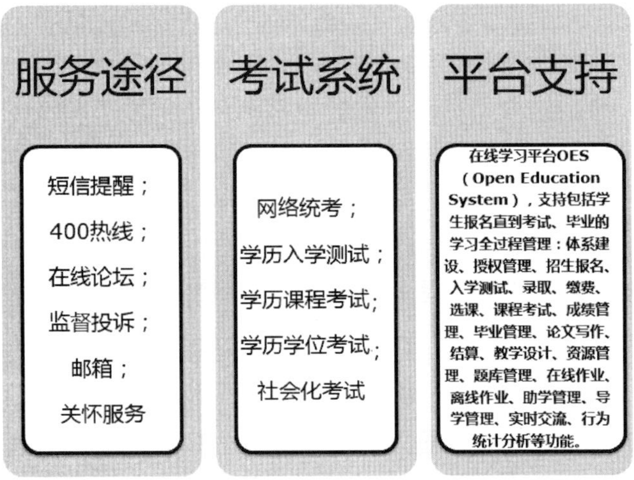

图4-8 奥鹏服务类型(奥鹏远程教育中心内部资料)

奥鹏的多层级服务机制主要由技术平台和线上服务相结合，实现教师、教学资源和学生三者的有效互动(见图4-9)。教师提供辅导答疑与教学活动设计，教学资源提供智能搜索与智能导航，学生进行线上与线下学习、自学与寻求辅导。此外，还提供全

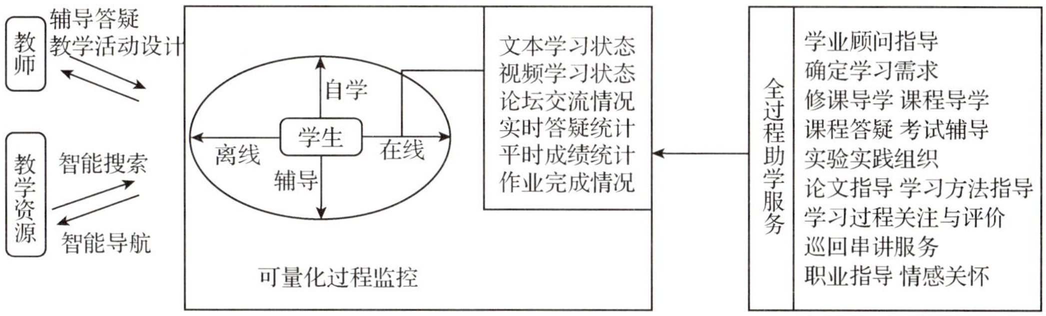

图 4-9　奥鹏的多层级服务机制(奥鹏远程教育中心内部资料)

过程的助学服务，比如学业顾问指导、职业指导与情感关怀等。总体来说，奥鹏的多层级服务机制呈现了全过程、可量化、产品式的服务模式和网络化、智能化、一站式的教学服务体系。

在实践摸索中，奥鹏形成了以学籍管理服务、区域督导服务、综合运营管理服务为三个支撑点的学生服务与运营管理服务模式。在学籍管理服务中，采用项目负责制与业务节点负责制相结合的矩阵式管理，以教育部管理政策为导向，以合作高校学籍管理规定为依据，充分研究公共服务体系的特点，形成了适应奥鹏体系的学籍管理和服务流程与规范，保障学籍管理每个环节规范、准确和高效执行。区域督导服务承担了对学习中心体系建设与运营管理的支持服务，对学习中心的启动建设引导、学生服务业务培训、重点业务推进、运营发展现状分析、服务规模质量提升规划等进行全方位的培训与指导，进而有力地保障了对于学生的落地支持服务。综合运营管理服务对在线学习支持服务体系健康持续发展给予有效控制与保障，确保整体运维安全、顺畅、零风险。奥鹏的发展方向是从为学员提供学历教育的学习平台向提供技能、培训证书的学习平台转化，并逐步成为学习资源的汇集者、学习信息的交换中心、学习者的聚集中心。

公共服务体系是远程教育发展到在线教育阶段的必然产物，是远程教育的“服务”的产业性与其外部环境相互作用的结果。网络教育公共服务体系应引入企业管理理念和行为、市场运行机制、第三方服务模式，遵循教育规律和市场规律，平衡和协调教育社会性、公益性功能与网络教育服务业商业性、营利性追求，实现服务主体和办学主体的分离，并接受政府监管以及来自办学机构和学习者的双重监督(曾海军、范新民、马国刚，2008)。

(二)“智慧学伴”——北京市中学教师开放型在线辅导计划

随着在线教育服务需求的多元化发展，公共服务供给模式也开始应用在更多的在线教育服务场景中。汇聚地区教师资源、向学生提供个性化在线辅导的“智慧学伴”这一中学教师开放型在线辅导管理服务平台，就是典型的例子。

该平台可以为学生提供优质的师资与课程资源，针对学习者的不同学习需求提供个性化在线辅导。“智慧学伴”旨在解决学生日益增长的个性化的、高品质的、灵活的、终身的教育需求和基于学校的、标准化的、班级的、单一渠道的服务供给方式之间的矛盾。

北京市教委率先起草了《北京市中学教师开放型在线辅导计划(2016—2020年)》(征求意见稿)(双师服务)，委托北京师范大学未来教育高精尖创新中心成立开放型教师在线辅导计划运营主体，通过搭建中学教师开放型在线辅导管理服务平台，以“互联网+”和大数据深化创新教育基本公共服务方式，实现教师服务属性精细化的萃取和在线流转，为中学生提供精准化、个性化、多样化的在线教育服务供给，从而促进优质教育资源供给侧结构性改革和个性化教育服务模式的创新，保护、发现并发展学生的个性和特长，探索并培养学生在未来教育的开放式学习环境中的学习方式的转变和养成，增强全市学生及其家长的实际教育获得感，并率先以通州区为试点，为31所学校的七年级、八年级学生提供在线教育服务。

第三节　基于课程的服务模式

本小节将为你介绍基于课程的服务模式。与前面的机构供给服务模式和公共服务供给模式相比，基于课程的服务模式具有新的特征。这种以课程为单位提供在线学习支持服务的模式更加注重教学模式与课程组织方式以及教学交互中的人际互动，更加灵活、多样地满足不同学习者的个性化需求。本小节从以人际互动为特征的课程学习支持服务经历的互动模式演变过程谈起，介绍基于课程的服务模式的典型服务方式与活动、未来发展趋势以及相关的典型案例，帮助你理解在线课程教学的理念与其学习支持服务的模式。

小节目标

1. 能够阐述不同教学理念指导下课程学习支持服务模式的差异。
2. 能够简述基于课程服务模式的典型服务方式与活动。
3. 能够简述基于课程服务模式的发展趋势。
4. 能够举例说明在线课程的课程学习支持服务实践。

一、模式概述

基于课程的学习支持服务聚焦学术性支持，是传统远程教育学习支持服务的核心构成，也是机构供给服务模式和公共服务供给模式支持服务的主要构成。随着MOOC和各类直播课等非正式学习在线课程的发展，针对特定学习需求所设计开发的短小精悍的在线课程迅速增长，教育市场学习者个性化学习需求全面释放，各类人群的非正式学习需求剧增，能够满足人们及时学习需求的非学历在线课程取代了周期长、内容多的教育学历项目和证书项目，成为更受青睐的在线教育产品。在这样的背景下，基于课程的在线学习支持服务逐渐成为一种更加独立的在线学习支持服务模式。

基于课程的在线学习支持服务是课程教学团队为促进课程学习，根据在线课程的教学需求，在课程学习前后向学习者提供的一系列学习支持服务。相应支持服务模式建立在课程教学人际互动模式基础上，很大程度上受到课程教学模式与教学组织方式的影响。随着在线课程教学理念从认知—行为主义向社会—建构主义、联通主义不断发展和丰富，在线课程的师生互动模式也更加多元化，建立在师生互动模式基础上的课程学习支持服务模式也在不断演化。

1. 认知—行为主义课程的师生互动模式

在早期函授教育期间，学生支持实践中，课程学习过程的人际互动以教师与学生个体间的互动为主，是一对一的互动。教师与学生之间主要通过书信或电话方式进行互动，因为电话通信较为昂贵，所以学生主要通过书信来向教师求助。可是，书信往返周期比较漫长，学生较少使用书信向教师询问学习问题。因此，基于作业的互动是当时教师与学生最为主要的互动方式。教师通过评阅学生的作业来把握学生学习进度、诊断学习问题，给学生提供详尽的作业改进建议，并通过肯定学生的进步和努力等方式来激励学习的动机。学生从教师对作业的评阅中可以获得作业与学习改进的建议以及学习的激励，这样的互动本质上是围绕作业开展教学辅导与学习支持。设计能够更好地反映学生在达到课程学习目标方面的学习进步与问题的作业，是这类互动有效促进学生课程学习的前提。而教师对学生作业的反馈内容，则成为这类互动能否有效激励学生的关键(李爽，2016)。

2. 社会—建构主义课程的师生互动模式

在社会—建构主义教学理论的影响下，在线课程开始重视促进认知、激励动机、问题解决，学习小组成为课程学习鼓励的学习组织形式，而对学习小组的支持也成为学生支持新的实践范畴，教师与学习小组间互动的模式逐渐推广。在泰特、辛普森、索普等人的定义中，都关注了对学习小组的支持。早期对学习小组的支持通过学习中心、会议系统实现，而这类支持往往具有相对严格的时空限制，对早期远程教育支持独立学习的理念有一定背离。因此，如果设计与安排不合理，会受到学生的反对。互联网的应用有力提高了教师与学习小组间互动的模式的灵活性，不但可以支持组内学生进行同步或异步的深度交流和协作，而且可以支持教师对整个小组学习过程的引导、指导、促进与监控。在这样的背景下，索普提出，远程教育课程中的学生支持将从第二代 ODL(Open and Distance Learning)开放与远程学习的支持模式转变为基于在线协作学习的 ODL 支持模式(Thorpe，2002)。而这两种支持模式体现的是不同教育理念下的课程中的师生互动模式(李爽，2016)。

图 4-10 呈现的支持模式是英国开放大学学生支持的传统模式，其中，学生支持常以师生间为促进学习者学习课程材料的一对一的互动为主。随着网络教学的发展，英国开放大学的课程开始融合更多协作和对话学习。在网络教学中，在线课程会将学生本身作为课程开发的重要资源，在课程中重视建构学生经验、观点和知识。这种基于协作与对话的学习模式不同于工业化远程教育中的学习，加里森和安德森(1999)将其称为小范围远程教育(little distance education)，与大范围远程教育(big distance education)相对应。他们认为，这种远程教育模式更适合以培养精英为目的的研究型大学。索普将这种课程中的教学交互定义为第二种支持模式(见图 4-11)。该模式中，学习小组取代了课程材料成为学生学习的重要资源和互动对象；教师的支持对象从学生个体转向了学生个体与学习小组并重。正如索普所指出的那样，在网络教学中，学生与同伴和教师可以很方便地通过同步或异步的方式进行交流，这使得远程教育有潜力提供个性化的学习(Thorpe，2002)。创造扩展的对话和互动机会意味着在线教学会经常将学习小组作为学生主要的资源和教师关注的焦点，而不再只是个别学生希望采用的一种学习组织方式。

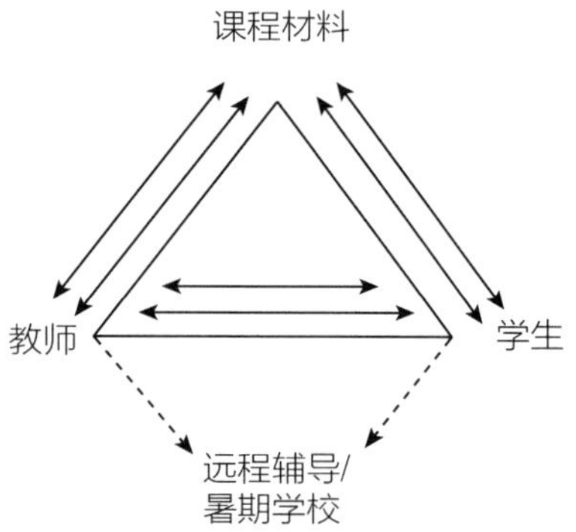

图 4-10　第二代 ODL 课程的支持模式

3. 联通主义课程的师生互动模式

随着联通主义学习的出现，人们逐渐认识到开放学习社区对于学习的价值。学生的社会性学习在更大范围的开放学习社区中展开，学生从与他人的联通、互动中建构个人知识，形成和优化个人知识网络。

在联通主义课程中，课程学习建立在学生的自主探索以及基于开放社区的社会性学习基础上。学生的学习效果包括学生在学习中所联通的有价值的知识节点数量，以及个人建构的知识网络。在这类课程中，

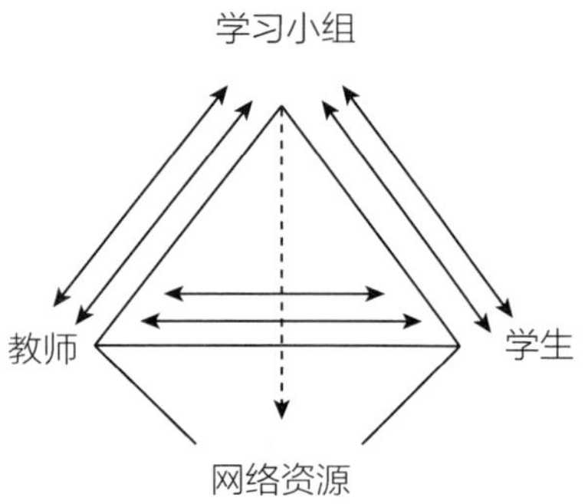

图 4-11　在线协作学习 ODL 课程的支持模式

教师只是学生知识网络的一个节点，学习社区对于学生的认知支持作用大于教师。学生在自主寻找与所探究主题有关的资源节点，会不断形成和发展相关的社会关系网络，学生与网络中节点的互动成为其学习的主要方式。网络互动模式具有传递性、开放性与灵活性的特点，学习者与社会网络中的节点进行信息互动，并借助更加开放的社会网络和互动，拓展社会关系及个人知识网络，促进个人意义建构与社会性知识创造。

综上所述，在网络时代，一种新的在线课程学习支持模式已然出现，如图 4-12 所示。学习社区取代学生小组成为学生学习重要的认知资源和支持环境，教师支持的对象也从促进学生小组转向促进学习社区(李爽，2016)。随着学习社区逐步发展成熟，学生在线学习的主要支持者也将从教师转向社区成员，教师化身为学生知识网络中的一个节点，师生的关系弱化，学生与社区成员之间的联系增强。教师在互动中的角色，从答疑解惑者转变为社会性学习和社区发展的促进者，其主要责任也转变为促进社区建设、社区互动与活动，包括建设社区规则与文化、促进社会联通、激励社区互动、引导社区活动等。这种学习支持模式也促使一种分布式协作的学习支持工作模式逐渐普及。未来，教师以分布式协作分工方式提供课程学习的认知支持将成为重要趋势(李爽，2016)。

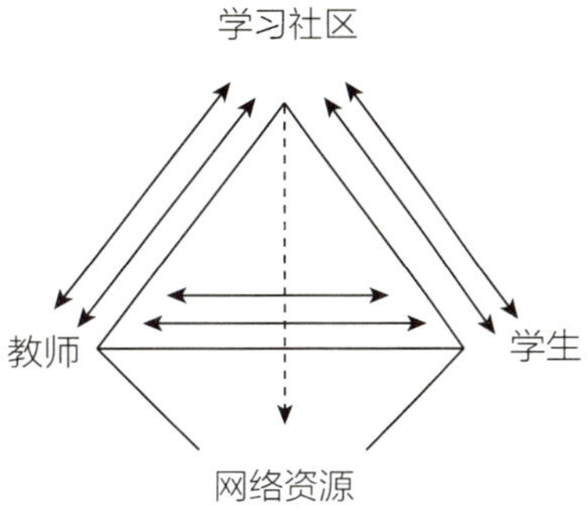

图 4-12　社会联通环境下在线课程学习支持模式

二、典型服务方式与活动

(一)自主学习课程的典型服务

大部分在线课程是基于学习者自主学习的课程。课程预先设计开发出课程学习材料，学生主要根据课程教学大纲自主学习课程学习材料，自主参与课程互动、探究、自测等学习活动，完成学习。在这类课程中，学习支持服务的核心任务是促进学生的自主学习，相关课程通过提供支持材料、学习资源、答疑咨询、学习分析与激励和组织互动活动、促进同伴间的互助等方式来支持学习者的在线自主学习。

自主学习课程会采用不同的教学方法，从而具有不同的人际互动模式、支持模式与支持重心。但是，各类课程都具有如下的典型学习支持服务活动：课程导学、信息服务、活动引导、辅导答疑、资源服务、课程社区。

1. 课程导学

课程导学是自主学习课程的重要服务活动，其主要功能是帮助学生快速了解课程和适应课程学习。课程导学服务通过提前开发课程指南、教师课程导学视频、课程学习常见问题库等导学材料以及教师组织课程学习的线上或线下破冰活动等方式开展。在第三章详细介绍了课程导学相关活动，这里不再赘述。课程导学服务通过导学材料和导学活动两种方式提供。导学材料提前设计开发出来，通过课程教学平台或纸质材料的形式分配给学生；导学活动则由课程教师根据需求与条件在课程教学平台或线下学习中心组织。

2. 信息服务

自主学习课程的另一个典型服务活动是向学生提供信息服务，确保学生了解课程教师最新学习要求与建议、课程动态与进展、自身学习情况、课程同伴学习情况等课程信息。信息服务既包括向学习者定时推送相关信息，也包括提供信息方面的查询与咨询服务。课程信息服务通过课程教学平台或 APP 的通知与提醒、人工或智能信息咨询、进度查阅、学习报表等方式提供给学习者，有些课程还会以邮件、微信公告、短信、QQ 等途径推送给学习者相关信息或提供相关信息咨询服务。信息服务不仅让学习者保持对课程要求、进度、动态的了解，而且能够增强他们对课程的归属感，提升学习体验，激励课程参与，促进学习反思。

3. 活动引导

为了确保学生能够有效参与课程预先设计的自主学习活动或教学互动活动，课程需要为学生提供活动参与的脚手架，引导和支持学生完成各类课程活动。这些脚手架可能是学习材料、学习工具，也可能是教师的引导和启发、与同伴的讨论等。脚手架支持学习者了解如何参与到活动中，如何获得有用的信息和资源，如何处理和加工信息与数据，如何解决活动中的认知问题，如何高效完成任务等。一些活动引导由课程教师团队提前设计相应学习材料，整合到学习活动材料中，通过课程教学平台或纸质材料传送给学生；一些活动引导则是课程教师根据教学计划组织相应互动活动时。根据互动活动情况；通过活动要求、启发式提问、教学策略、补充活动材料等方式来提供。

4. 辅导答疑

辅导答疑是自主学习课程提供给学生的传统学习支持服务，是解决学生课程学习个性化问题的主要途径。课程通过课程教学平台论坛、课程 QQ、课程微信、视频会议系统等多种互动渠道支持学生与课程教师的便捷联系，向学生提供辅导答疑，也会组织一些实时的在线辅导答疑活动或在学习中心进行线下集中辅导答疑。

5. 资源服务

在线学习者的学前基础、学习能力、学习兴趣存在较大的差异，如有的学生需要更多的补充案例等资源，来更好地掌握所学内容；有的学生需要补充一些相关基础知识，或掌握一些学习技巧；有的学生学有余力，需要更多的拓展资源；有的学生喜欢通过测试练习来掌握知识等。为满足学生自主学习的个性化学习需求，课程往往会提供案例、术语表、自测题、模拟考、学习经验和技巧、工具等各类学习资源供学习者自主选择。这些资源有些是课程提前设计开发好的，有些是课程教师组织学习者分享和协同建构的，有些则是课程教师在课程开展过程中根据学习需求临时补充和整理的。这些资源分布在课程教学平台的相关模块和区域，也会通过课程 QQ 或课程微信等发送给学习者。

6. 课程社区

课程社区是自主学习课程提供支持服务的重要途径，充分发挥了同伴互助在学习支持服务中的作用。基于 Web 1.0 的传统在线课程，大多依托论坛建设课程社区。随着 Web 2.0 技术的发展和各种社交软件的涌现，很多课程基于博客群、QQ 群、微信群等方式搭建课程社区。这些社区具有更显著的开放、共享、民主的特征，支持社区成员间的相互联通与熟悉以及多样化的便捷互动与分享。课程社区借助社区中学习者多样化的学习背景、知识和经验，为学习者构建了一个有力的同伴支持网络。同伴互助和支持有效发挥了网络快速汇聚资源和信息的价值、学生自身实践经验在帮助同伴理解和解决学习问题方面的作用、同伴互助关系对于增强社区归属感和消除学习孤独感的作用。在线学习社区规模越大，同伴支持的响应速度就越快，问题解决能力就越强，学生经验的分享范围就越大。因此，拥有大规模学习用户的 MOOC 具有形成强大同伴支持网络的潜力。在基于联通主义的 MOOC 课程中，课程社区是学生形成、扩展和优化其知识网络的重要资源，也是课程知识生成和发展的重要途径。

(二)直播课程服务模式

近几年，直播课程发展迅速，成为一种越来越普及的在线课程形态。与自主学习课程相比，直播课程借助直播教学平台，支持教师教学内容与过程实时传递给学习者，支持教师与学习者之间的实时多元互动，使得在线课程能够更接近面授课堂中的教学交互模式，增强了在线教学的趣味性与互动性，为在线教育领域增添了活力，尤其受到基础与学前在线教育用户的青睐。

2016 年是直播元年，从新东方、学而思、网易云课堂等巨头，到跟谁学、学霸君、猿辅导、沪江网等创业公司，还有腾讯、YY、斗鱼这类综合直播平台，都争相推出教育直播频道(陆敏艳、陈淑琴，2017)。2017 年，直播行业稳健发展，更多领域的直播课程涌现出来。在线教育直播技术也日臻完善，出现了 ClassIn、Zoom 等较为成熟的在线直播互动教学平台。这些平台支持师生基于手机、平板、电脑等多类终端进行一对一、一对多的在线实时音视频互动、文本聊天、桌面共享、电子白板应用、课程录制等活动，使得在线课程的学习体验不仅具备了面授课堂实时互动的特征，而且能够更好地兼顾个别化学习需求。未来，随着互联网、云存储、语音识别等技术的进步与用户需求的不断增长，我国直播行业的发展前景十分可观(韩刘洋、和学新，2015)。

相比自主学习课程，直播课程的主要优势在于其教学知识传递与互动的实时与直接性，从而在很大程度上缩短了师生因为空间距离所产生的心理距离，促进了教与学的整合，提升了教与学的有效性。在直播课程中，学习支持服务的关键从自主学习课程的促进自主学习转向促进直播课程上和直播课程下的学习的有效衔接，从而实现直播课程学习效果的最大化，如督促课前预习、小测试，课后作业的提醒，课上教师对课前测验或课后作业的点评等。激励学习者在缺乏教师监控的情况下较好地完成课下任务，是直播课程学习支持服务的重要任务。

直播课程中的直播互动模式也会影响学习支持服务模式。在一对一的直播课程中，教师通过与学生的互动和对学习状态的动态评估向学生提供个性化学习辅导。而在小班直播课程中，教师一方面需要与每位学习者适时互动，让班级所有学习者感受到教师对他们的关注，激励全班积极参与到课程学习中，另一方面需要关注和评估全班同学学习状态，及时发现存在学习问题的学生。在直播公开课程或讲座课程中，主讲教师在直播讲解的同时还需要安排助教及时回应和整理直播过程中学习者在留言区提出的问题。讲授模式通常安排互动环节，主讲教师可以首先回应已经整理好的问题，然后与参与直播的学生进行实时互动。

尽管不同直播课程的学习支持服务会受到互动模式的变化的影响，但是大部分直播课程的学习支持服务也存在一些共性，如下几类服务活动是直播课程较为典型的学习支持服务。

1. 能力测评服务

能力测评服务有三个功能：一是在选课之前作为学习者先前知识能力的测评，从而向学生推荐合适的课程；二是在课程学习中对学生进行能力测评，评估和诊断学习者的学习问题，为学习反思和教学调整提供依据；三是在课程学习的最后测试学生能力，对学生学习结果进行总结性评估，为课程的后续学习提供依据。

2. 课程推荐与匹配

根据学习者的能力测评结果与个人兴趣，向学习者推荐合适的课程。这种课程推荐既可以是人工推荐，也可以是基于个性化推荐算法的自动化推荐。

3. 直播组织与管理

直播课程有定期的直播活动，所以需要做大量组织与管理工作，包括提供直播平台和活动参与的培训与咨询服务，发布直播活动与任务，动员学习者参加直播，督促和检查直播任务完成情况，在直播过程中激励大家积极参与互动，规范直播过程中学习者的行为，协调和解决与直播活动相关的出勤、学习、技术等问题。直播组织与管理工作是保证直播教学和学习效果的前提。通常课程会根据直播模式对学生进行分班并分配带班教师(又称作班主任教师)，承担直播组织与管理工作。

4. 课程通知与学习提醒

与自主学习课程提供的信息服务相似，直播课程同样需要向学习者提供课程动态、进展、最新任务等相关信息服务。相比自主学习课程而言，直播课程的灵活性相对较低，结构性和计划性更强，需要学习者能够尽量准时参与直播活动，并完成直播课程安排的课前与课后任务。因此，它对课程通知与学习提醒服务具有更高的要求，除了通过课程学习平台、课程微信群等课程空间发布相关信息与通知之外，往往还会配合个别化信息推送、人工服务等方式，与学习者沟通出勤、学习任务等事项。课程通知与学习提醒服务是使直播课程课上课下有机衔接、学习效果最大化的有力保证。

5. 课程资源与学习互动平台

直播课程通常会给学习者提供课程资源与学习互动平台，支持学习者获取课程回放、课程学习资料、测试题等课程资源，了解课程安排与计划，进行课程预习、课前测试、课后练习、课下作业等活动，与教师、班主任和同学互动。

6. 学习分析与反馈

学习分析与反馈通常应用在直播活动互动分析与课下的学情分析中，为促进教师及时有效的学习评估和精准教学、学习者的学习反思和参与体验提供了有力支撑。随着直播教学互动平台技术的发展，很多直播课程能够较好地支撑师生互动的实时分析与可视化，让教师和学生能够实时了解随堂测、课堂小调查等互动的结果，提升教学的精准性和学习者的参与性。此外，学习互动平台会及时分析学习者参与课下任务与练习的情况，将其反馈给教师与学生，起到学情分析与学习激励的作用。

7. 课程社区

直播课程也会借助学习互动平台或微信群等途径搭建课程社区，激励学习者之间的互助交流，鼓励学习者分享他们的学习经验与课程相关资源，依托课程社区组织和开展各种课程的学术交流活动。

三、发展趋势

(一)移动化

随着互联网、移动终端设备技术的迅猛发展，媒体呈现出多元化发展的特征，基于网络平台的在线学习支持服务的提供也将沿着移动化方向发展。一对一、一对多的在线直播、辅导课程等，可以针对不同用户对教与学的不同需求提供解决方案。基于在线课程与项目的学生支持服务模式，能够提供更多适应性强、多样化的授课与沟通媒体。在线课程可以针对PC端、移动端等多终端同步进行在线的教与学，随意切换，充分诠释了在线教育打破时空限制的优势，能够提供便捷、满足不同用户需求的移动化服务。

(二)智能化

随着人工智能技术和教育数据挖掘技术工具的快速发展，课程服务业也开始朝智能化方向发展，能够根据学习者的个人特征、多样化学习需求和不同的学习过程，为学习者提供更加智能的学习支持服务，包括智能化的学习信息与资源推荐、学习路径推荐、学习伙伴推荐、智能化学习辅导、学习评价与学习预警等。智能化的学习支持服务不仅能够有效降低传统支持服务的人工成本，而且在学习者体验方面，能够根据学习者的差异化特征和需求提供合适的支持服务，在确保学生支持服务的效率与质量的同时也提升了学生服务的体验与满意度。

(三)个性化

随着网络技术与大数据的发展，基于课程的在线学习支持服务的个性化趋势愈加明显。比如个性化辅导，选择合适的个人辅导服务，师生一对一上课，教师根据学生个人学习情况定制适合学生的专属学习方案，使教与学更具有针对性。在线教育的个性化推荐服务，通常指根据学生的特征和需求为其推荐相应的学习信息和资源的服务。然而，随着用户行为数据的丰富、相关研究的深入以及推荐方法的发展，当前在线教育中的个性化推荐内容更加多样化。除了推荐学习信息和资源之外，还推荐同伴、学习路径、学习策略等。基于课程的在线学习支持服务模式的个性化特征弥补了传统教学方式的不足，让教学更科学、更系统，在线课程的个性化学习支持服务也将从课程资源、师资服务等方面向着更大的教学意义发展。

(四)社会化

随着 Web 2.0 技术的发展，在线学习社区逐渐成为开展在线教学活动的重要抓手之一。由于学习社区的同伴互助与支持往往能更加便捷、及时和有效地响应学习者的需求，促进基于在线学习社区同伴互助的社会化支持成为基于课程的服务模式的重要发展趋势。在互联网时代的在线社区中，成员乐于分享、相互支持，更加容易形成开放、密集的社交网络，为学生认知支持、情感支持的获取提供了新的途径。

从认知支持方面来看，不同背景的学习者互相交流、互相启发，对同一个问题也能够形成更加多元的观点；社区网络中的同伴互助和支持，有助于学生个体知识网络的形成、发展与优化；当遇到问题的学生向社区求助时，社区成员通常会以比教师或支持人员更快的速度回应其问题，而且其回应会更符合学习者的经验和需求。从情感支持方面来看，同伴之间的鼓励和支持能够增强学习者的社区归属感、消除学习中的孤独感和增进学习同伴间的互助学习关系。例如 MOOC 课程中的同伴互评的评价机制，不仅可以帮助教师摆脱大批量作业评价的繁重工作、激励学生的学习参与度，而且符合发展性评价理念倡导的评价主体多元化、形式多样化的要求(余胜泉、万海鹏，2014)。

四、典型案例

(一)英语流利说

“英语流利说”是上海流利说信息技术有限公司推出的一款针对有英语学习需求的群体的移动端语言学习应用，它是自主学习课程服务模式的一个典型案例，通过导学、助学和促学给学生提供了全面的课程学习支持服务。

在导学支持上，“英语流利说”提供详尽的课程说明和英语水平定期测试、每篇文章的课程导读，用五分钟测试用户发音的准确性和流利度以及词汇量的掌握情况，并根据测试结果和学习者选择的学习目标等级为学习者定制个性化的适应性学习计划。自动给出专家建议，包括每日学习时长，自动推荐与其相匹配的学习课程，并为其制订英语学习计划，全方位提升其英语听说能力。每日课程导读能够帮助学习者在初学时大致了解文章的概况，并带着问题去听讲解，使自己对文章的学习理解更具有针对性。

在助学支持上，主要是班主任的微信群服务，如答疑辅导、通知提醒、内容补充和课后检测。用户可根据当日的学习内容，针对词汇、语法随时向班主任提问。班主任会根据学生问题的情况，将共性问题集中在班级群中进行解答。在微信群中，班主任不仅会提供答疑辅导，还会提供针对当日文章的课后检测，并及时推送一些知识小卡片和文章的相关补充材料。在 APP 中，用户可根据时间自由设置学习提醒。同时，在微信平台也有当日课程通知提醒，对学习进行了双重的保障。

在促学支持上，主要包括建立学习社区、打卡返现、学习监控和咨询服务。在“流利吧”界面，用户可以找到自己感兴趣的圈子，发表帖子与其他用户进行交流讨论。用户还可以通过每日进度查看、了解自己的整体学习情况，实现对学习过程的自我监控。班主任也可以对学生表现进行评价，并根据学生在学习过程中的学习数据评估学生各项英语能力的变化，向学生提供评价结果，使学生能更有针对性地进行学习和训练。打卡返现不仅能调动用户学习英语的积极性，也能保证学习的顺利完成。在咨询服务上，不仅有微信班主任的咨询服务，还有 APP 电话咨询、平台的咨询。三个咨询服务的渠道能及时解答学习过程中的问题，全方位保证学习开展。

因此，“英语流利说”把握住了学习支持服务的核心要素——学生、人际互动、学习数据与时机。了解学生是前提，人际互动是核心，把握好支持的时机并利用学习数据进行学情分析与反馈是关键。它通过丰富的学习支持服务，以学生为中心，提升学生学习的积极性和持续性，降低了学生在线学习中的孤独感，提高了其学习成效。

（二）VIPKID

VIPKID是直播课程服务模式的一个典型案例，致力于为4～15岁的少儿提供一对一的在线北美外教英语教学。相比于传统的英语教学，VIPKID提供了灵活、个性化的英语教学，更加注重少儿的学习体验。

国内的数据监测平台Trustdata发布的《2018年中国收费类在线青少儿英语教育市场研究报告》显示，VIPKID市场占有率为68.4%，是行业的领跑者(见图4-13)。

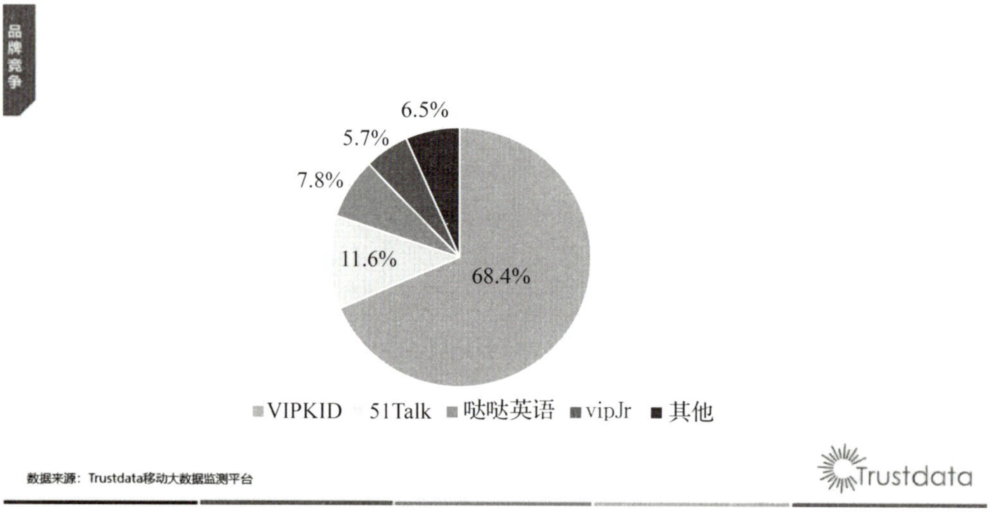

图4-13　2018年中国在线青少儿英语教育品牌核心营收占比分布

我们从认知支持、情感支持、产品定制支持和系统支持四个方面对VIPKID的学习支持进行分析。

在认知支持方面，该学习支持活动利用课前预习视频帮助学生提前感知学习内容，视频内容为有趣的故事或者教师在与教学内容相关的真实情景中拍摄的内容。课中借助AR、VR模拟教学情景，严格筛选经验丰富、语音地道、发音优美的北美优质教师，有利于学生感受并学习纯正发音、熟悉北美文化，并采集学生学习过程数据，例如面部表情、语音、手势等。教师在上课过程中可根据学生的专注度、情感等数据的变化，相应调整教学。课后提供“外教带你看世界”等扩展栏目、“VIPKID FM”的免费睡前故事、课堂回放、游戏化互动的课后习题等，以便学生再次回顾课堂、巩固知识。

在情感支持方面，课前在VIPKID课堂、客户端中设有伙伴式的吉祥物Dino，有利于吸引学生注意力，帮助学生融入学习情景。课中提供不限人数的免费公开课，缓解一对一学习的孤独感。课后提供夏令营等线下活动，增进情感交流与社区归属感。

在产品定制支持方面，VIPKID会通过课前英语水平测试，向学习者初步推荐相应教师，并通过课程中积累的学生学习过程数据和教师教学数据，进一步优化教师和学生的匹配算法。

在系统支持方面，该学习支持活动课前提供初学者使用上课工具、平台的辅导；课中支持家长观看孩子上课的直播视频，以便家长了解孩子的学习情况；考虑到时差需求，课后多教师 7×24 小时全天候在线提供服务，包括课程顾问、IT 工程师、班主任、教务教师、客服教师等。

第四节　在线学习支持服务技术

在线教育的发展与信息技术的发展息息相关，每一种新的信息技术的出现或应用都会引起新一轮的教育改革与创新。新的技术不仅带来了新的教学工具和方法，更推动了在线教育教学的创新与变革。信息技术的进一步应用，必将更有力地支撑在线学生的学习需求。本小节将通过互动技术、学习管理评价技术、移动学习技术、学习分析技术和智能技术五类技术，为你介绍在线学习支持服务技术与应用。

小节目标

1. 能够描述在线学习支持服务的主要技术类别。
2. 能够列举在线学习支持服务实践中应用的常见技术。
3. 能够分析不同技术对于开展学习支持服务的支撑作用。

一、互动技术

人际互动是在线学习支持的基本活动。在线教育情境中，师生的互动、学生与教育机构或代表的沟通需要通过媒介和技术才能实现。因此，互动技术是教育机构基于人际互动提供学习支持，向学生提供人文关怀的前提条件，进而成为各类学习支持系统中的基本技术构成。下面，我们将为大家介绍三类在线学习支持中用到的互动技术，包括传统互动技术、社会性软件、远程会议系统等。

(一)传统互动技术

传统互动技术主要是指第一、第二代远程教育即函授教育和广播电视教育阶段的互动技术，包括邮政、电话和面对面函授。函授教育阶段，函授教育学校将文字材料通过邮寄方式传送到函授学员的手中，学员通过阅读文字材料进行学习，在学习中遇到疑难问题就给学校教师写信请求解答，学校教师也是通过给学员写回信来解答学员提出的疑难问题。广播电视教育阶段，光盘等材料通过邮寄的方式发到学员手中，学员和教师之间的交流也主要是邮寄的形式。中国邮政特快专递自 1980 年开办以来，有着比较迅速的发展势头。EMS 的经营范围遍及 31 个省、自治区、直辖市，几乎覆盖全国了。依托中国邮政强大的网络优势，EMS 将其业务延伸到全国各乡镇甚至广大的农村地区。中国邮政对我国远程教育的发展起到了非常关键的作用。除了邮政，电话通信也是第一、第二代远程教育阶段非常重要的互动技术，它起源于 19 世纪中后期，与第一代远程教育的起源时间非常接近。电话通信是以双向实时语音方式进行信息交换的通信方式。电话通信经历了从模拟信号到数字信号的转变，经济成本也有所降低。早期的电话通信需要一些大型设备的支持，使用花费较高。随着数字信号的发展应用，电话通信的技术投入降低，用户使用费用也相应降低，使用率也随之升高。迄今为止，电话通信仍然是一种基本的语音互动方式，但是有了更丰富的形式和更便捷的方式。在互联网时代，这种语音通信也不再仅依靠电话实现，借助电脑、平板、手表等智能终端能够更便捷地进行语音通信。

（二）社会性软件

随着互联网的普及，免费、便捷的大众化社会性软件逐渐成为各个在线教育机构与学习者以及学习者之间联系与互动的工具。社会性软件是支持群体交流的软件的统称。早期的社会性软件主要立足于服务个人，支持个人在网络上的社会交往，如以 QQ、MSN 为代表的即时通信工具（Instant Messaging）。随着 Web 2.0 技术理念与工具系统的发展，不仅出现了能够更好地支持个体自我展示与互动的 Blog、微博等社会性软件，而且出现了能够更好地服务于群体的社交需求，有力地促进社会网络建立、多用户互动、群体协作、自组织社区形成与发展的社会性软件，如 Wiki、微信等。

在 Web 1.0 时代，社会性软件的概念尚未形成。随着网络的普及，各种支持个体间社会性沟通的即时通信工具逐渐成为人们重要的通信工具。因此，在线教育机构将其用于提供信息服务、教育咨询服务和组织同伴交流。如我国绝大部分高校的网络教育学院在地方学习中心的班主任都会建立班级 QQ 群，用于给学生提供信息、咨询与情感支持，并促进学生间的互动、互助与良好社会关系的建立。

在 Web 2.0 时代，随着大数据、云计算、虚拟现实、人工智能等技术的快速发展，具有用户中心、用户内容生成、社会网络、知识社会化等特征的各类社会性软件纷纷出现。除了已有的即时通信工具之外，一些支持信息聚合、个人出版、协作、社会性网络服务的工具与平台开始出现，如 RSS、Tag、Blog、Wiki、SNS 等。

当前的社会性软件建立在六度分隔、社会—建构主义、150 法则、联通主义等理论基础上，已经成为大众进行互动通信与社会交往的重要工具。与此同时，社会性软件在促进学生学习投入、社会性知识建构与联通学习方面的作用也引起了教育界的更多关注，人们对于社会性软件的教育应用与意义有了更多的尝试与反思。

管锦亮(2011)认为社会性软件应该具备下面五个特点：①开放性。有些社会性软件对所有属于该团队的成员是开放的，成员可以在网络上发布资料，提出自己的见解。②共享性。社会性软件最能体现网络时代知识特征的就是共享性，学习者可以共同分享研究成果、合作进行专题研究，从而大大提高了学习效率，达到共同进步的目的。③交互性。社会性软件的交互性体现在用户在使用期间可以进行同步或异步交流，同步交流的如微信、QQ、MSN等，异步交流的如E-mail、Blog等。这样就使得师生间、生生间的交流更加充分、协作更加密切，也使得相互间的交流不受时间和地理位置的影响。④平等性。每个人都有使用社会性软件的权利，每个成员都平等享有学习知识和管理知识的权利，都可以提出自己的见解。在Wiki中，团队里的每个成员都是Wiki的管理员，有相同的责任和义务。⑤易用性。使用社会性软件不需要专业的网站开发能力，其操作简单、容易上手，不需要专门的培训，所以深受广大教师和学生的喜爱。权朝俊(2013)认为社会性软件在网络交互模式和知识传播模式上起到了变革性的作用。传统网络交互模式是单向的基于浏览器服务器(B/S)架构的运行机制，用户只能读取网络服务器发布的信息资源，而不能将自己创作的内容共享给其他用户，是信息资源的接受者。毛向辉(2003)指出，与传统的软件相比，社会性软件在更大程度上反映了社会的真实存在和真实关系，同时促进了建立在这些信任特性上的信息和知识交换。

整体而言，与传统互动技术相比，社会性软件具有如下优势：

- 低成本、易获得。
- 支持及时、方便的通信。
- 支持基于多种媒体信息的通信。
- 支持多对多的互动模式。
- 支持学习者在虚拟环境中社会存在感的形成与社会交往需求。
- 有助于基于虚拟空间的学生社群的形成与发展。
- 有助于良好在线学习氛围与文化的形成与发展。
- 有助于学生积累在线学习中的个人社会资本。
- 促进在线学习过程中知识的社会化建构与流通。

社会性软件有力推动了个人从互联网的浏览者变为互联网的主体和生产者，网络社会交往的积累更有助于个人社会资本和知识的积累。社会性软件作为个人网络化的工具，使得真正的知识社会化成为可能，有助于形成基于虚拟空间的知识群和人际社群。

在在线学生支持服务中，社会性软件的上述特性能够为在线学习者提供方便的交互机会，能创造出一种超越时空限制的社会意义建构的机会，从而有效地提高在线教育中学生的自主学习、应变学习和感悟学习能力。借助社会性软件建立虚拟知识社区，则是在更广范围内实现知识的共享与交流。

随着在各领域的广泛应用，社会性软件已经向着多功能、综合性、多用途、多平台支持的方向发展，微博、微信既可以用来发布信息，也可以用来获取、共享、存储、管理信息及沟通交流。随着移动通信技术的发展，社会性软件必将在在线教育学习领域具有更好的应用前景，有力支撑对在线学习者的个性化指导，而多平台支持的社会性软件将成为未来的一大发展方向。在在线学习支持服务中，社会性软件使得师生超越时空限制。

(三)远程会议系统

视频会议系统（Video Conference System）包括软件视频会议系统和硬件视频会议系统，早期的视频会议系统能够实现让不同地区的个人或群体通过现有的各种通信传输媒体以视频、语音的方式交流，参与会议收看、收听、表决等全过程的功能。视频会议系统打破了空间的界限，使得远距离的实时沟通和协作成为可能(丁娅力，2012)，已经广泛地应用于在线学习中。许多大学建有远程教育网络，数百万学生通过视频会议系统接受大学的远程教育。

随着移动互联网技术的进步，视频会议系统逐步向着多网协作、移动化、互动化、开放化的方向发展。随着音频、视频处理技术和计算机网络技术的飞速发展，交互式远程视频直播技术成为目前的主流直播互动系统技术，并应用于各种不同的在线教育形式中(吴博靖，2013)。它摆脱了传统视频会议有人数限制、非公开、交互少的局限性，是视频会议系统的技术发展。基于直播互动系统的直播互动教学由于交互性更强，是一种更有效的在线教学方式，对教学效率效果有显著提升，同时也能更好地促进教育资源均衡、扩大教育受众范围等(杨炳华、何俊颖，2018)。艾瑞咨询发布的《2017 年中国直播互动教育行业研究报告》也指出，直播互动教学在学习完成率和效果方面优势更突出。

目前，互动教学直播平台已经尽最大可能还原线下学习模式，教育直播系统也做出了很多改善：提供公开课、小班课、一对一等多种讲课模式；支持 PC 端、移动端、微信端等多终端教学，打破地域限制；无需下载任何插件，不用进行提前录制等烦琐工序，一键授课；提供大屏幕、三分屏、文档等选择多样化课堂场景；提供直播互动功能，随堂测试、问答让授课过程互动起来，教师可随时掌握学生的学习状况，然后开展针对性的辅导和培训，提高了教学质量和效率；提供数据统计分析，可以更方便地获得学生的个人信息、学时学分、课堂互动内容与考核成绩等教学过程的数据。

以 ClassIn 直播互动平台为例，该直播互动平台基于多路音视频实时通信技术、多方互动白板技术、云存储技术、多方互动 PPT 技术、多方屏幕共享与远程控制、实时文档协同编辑器、IM 即时通信、视频播放器等多种技术和工具实现。它是一种多路互动视频直播课堂和在线教室平台，支持小班课、大班课、双师课、大直播等各类教学场景与互动模式(见图 4-14)。

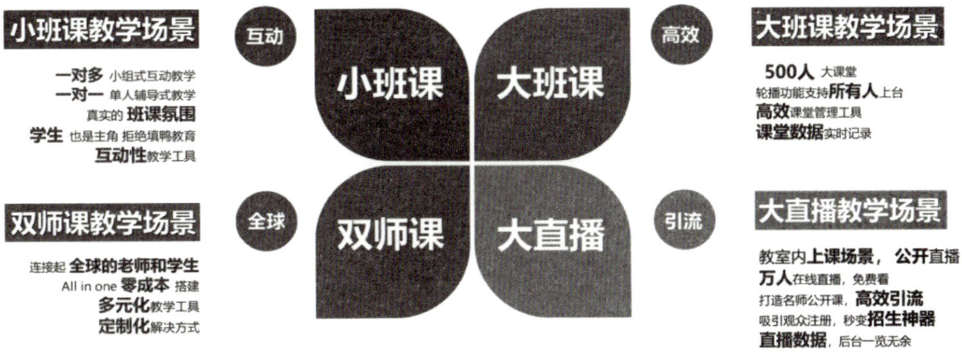

图 4-14　ClassIn 的四大应用场景

小班课教学场景中，一对多的小组式互动教学能够实现实时多人同步音视频互动，并借助互动性的教学工具如互动式小黑板、答题器、抢答器等营造真实的班级氛围，激发学生的课堂参与热情；大班课支持数百人的大课堂，轮播功能可以让全部学生轮流上台；双师课堂中能够连接全球的教师和学生，实现教师端和学生端的高频互动；大直播课支持大规模直播互动，为各类公开课的开展提供了技术平台。

作为整合教与学、开展学习支持的基本技术，互动技术在每一代远程教育中都起到了非常重要的作用。未来，互动技术将能够更好支持方便、灵活、敏捷的多模式、多场景的互动，不仅为师生带来沉浸式的互动体验，而且能够满足资源共享、高效互动、协同创造、数据分析、互动管理等更多样化、更高端的互动需求。

二、学习管理评价技术

从支持双向通信的互动技术向学习管理评价技术的发展是在线学习支持技术的重要变化。学习管理系统为在线学习提供了一个更加完整的自主学习支撑环境，支持在线教学与互动活动的设计、发布与开展，以及教师对学习者及其学习过程与绩效的管理、监控与评估。

学习管理系统的发展经历了从内容管理系统(Content Management System，CMS)到学习管理系统(Learning Management System，LMS)再到学习内容管理系统(Learning Content Management System，LCMS)的过程。其中 CMS 侧重对学习对象和学习内容的管理，LMS 侧重对学习活动与过程的管理，而 LCMS 则是 LMS 的学习管理功能与 CMS 的内容管理功能的一个集合体(曹晓明等，2006)。面向学习过程与绩效的学习管理系统是当前在线教育较为主流的学习管理评价技术，常见的学习管理系统有Blackboard、Moodle、Sakai等。Blackboard的课程管理系统——Blackboard Learn教学管理平台具有四个核心功能板块(邓国民，2013)：一是提供网络课程传递和管理的学习系统；二是用于创建校园网络社区的社区系统；三是用于集中管理课程内容的内容管理系统；四是专门用于记录和分析学生评价结果的系统。图4-15呈现了Blackboard的学习者页面，由图可见，Blackboard提供了信息、内容、讨论、小组、预警等功能。

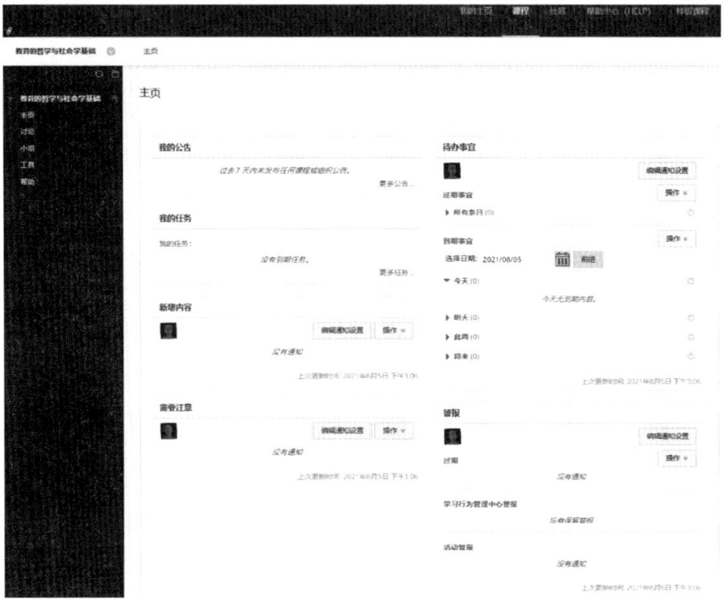

图4-15　Blackboard的学习者页面

尽管不同的学习管理系统在具体功能上有一定差异，但是绝大部分都能够支持在线教学所需的学生管理、课程部署、学习内容发布、学习过程跟踪、师生互动交流、学习绩效评价等功能。归纳起来，学习管理系统能够为在线学习者提供如下学习支持。

第一，自主学习支持。利用学习管理系统，学习者可以根据自己时间适当安排自己的学习计划。对在线教育教学机构而言，支持自主灵活学习的学习管理平台有助于开展差异性教学。如依据学科特点和学生认知特征，设计多种类型和层次的学习资源和活动，让学生根据自身情况选择内容与活动，按照自己的步调学习，与学习内容充分互动。由此可见，LMS提供的丰富学习支持工具以及尽可能高的可定制性，为个性化学习支持服务提供了支撑。

第二，管理性支持。LMS提供的教学监控工具为教师教学过程调控和教学决策提供了有力支撑。如LMS可以支持教师对在线教学活动与资源的个性化发布，并能够记录学习者对资源和活动的访问情况等相关行为数据，分析工具对这些数据进行统计分析，供教师了解学习者参与各类活动的情况以及学习绩效。LMS同时支持对作业的提交、管理、批阅与反馈，并提供了电子档案功能，支持师生对学习过程中学生绩效与成长的管理、反思与改善。

第三，互动支持。LMS提供了BBS、Blog、系统邮件等协作交流类的空间与工具，支持生生、师生之间进行学术讨论、协作与情感交流，为个人和集体的知识建构提供了有力支撑。这些空间与工具为学习者提供了更有力的互动支撑环境，从而支持师生之间多样化的互动交流需求，并有利于学生的小组协作学习、集体创作、互相评价和促进，能充分调动学习者之间的积极互动，加强教学中教师和学生之间以及学生和学生之间的人际互动，完善课堂教学(骆莎、黎加厚，2007)。

随着信息技术的发展，LMS自身也在发生着巨大的变化，发展衍生出很多更加专一或者更加全面的系统，比如说LCMS(学习内容管理系统)和LAMS(学习活动管理系统)。LCMS在侧重支持教学的同时兼顾对所有内容的管理，它和LMS不是两个独立的系统，而是属于互补兼容型。LAMS是由澳大利亚悉尼MacQuarie大学的James Dalziel领导的项目组开发的，是目前应用得最好的学习设计支持工具之一(丁霞，2010)，它是一套课程规划工具，允许教师在技术支持下组织教学中的各种活动。LAMS既构成了一个生成的环境，也构成了一个运行管理和实施的环境，包含了使用者管理、学生的进度传递运作、教师同步监督学生进度以及最重要的进度序列编辑与改编等环境。LAMS是相对比较专一的系统，侧重于为学习设计教学活动。图4-16是LAMS的学习活动设计页面。

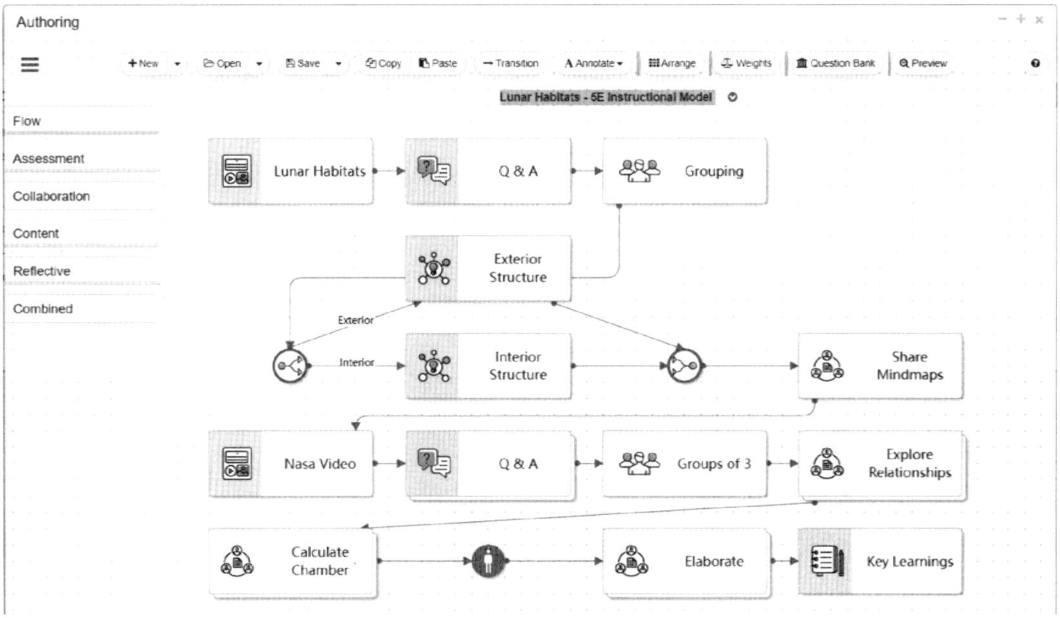

图4-16　LAMS的学习活动设计页面

此外，移动学习管理系统也将是学习管理系统未来发展的一个重要突破口。在早期学习管理系统阶段，大部分在线学习者主要通过 PC 的浏览器进行访问学习。随着移动技术的迅猛发展，基于各种移动终端进行在线学习的需求将越来越凸显，支持移动应用的学习管理系统将成为重要的系统研发方向。特伦托大学开发的移动学习门户 Porta-bile，旨在把移动学习技术应用到大学的真实学习过程中。为了支持学生的移动学习，研究者关注移动学习中的技术因素与 E Learning 系统以及学术机构的信息系统的整合，以此构建移动学习管理系统。这个系统的功能包括分发教学材料，用户验证和授权，收集用户与系统互动的数据，提供移动服务等(Luigi Colazzo，et al.，2008)。

三、移动学习技术

移动技术作为一种新兴的技术形态，无缝式地融入人们的日常生活，给教育带来前所未有的机遇和挑战。当前世界各国都十分重视移动学习方式在正式学习中的应用，许多教育工作者已经利用平板电脑、智能手机等工具在课堂内外为学生促成了多种类型的学习体验。

远程教育区别于传统教育的本质特征是教与学的时空分离，如果没有技术的支持，教与学的时空分离会使得教师和学生之间的交互变得很弱，学习效果变差。在线学习中，学习者深受时间和空间的限制，移动技术的出现使得学习者不必拘泥于特定的时间和地点，随时随地都可以学习。在线学习支持服务中，教育机构能够利用移动设备和移动网络开展教育活动、传递教学信息，从而使面向终端的移动学习能够满足学习者随时随地学习的要求。如果把移动学习看作学习者通过移动设备与学习内容进行交互的过程，可将移动学习技术大致归为终端设备和通信技术。

1. 终端设备

可用于移动学习的终端设备种类很多，我们通常说的主要是平板电脑和智能手机。移动学习终端设备最主要的特征是轻便、可移动，这些设备通常是个人的。学习者利用终端设备来进行移动学习，终端设备是移动学习的基本保障。在线学习者通过移动学习技术中的终端设备上网获取学习资源，经过学习能很好地与学习资源等产生交互，进而得到方便、灵活、个性化的学习支持。

2. 通信技术

目前应用于移动学习的通信技术除了提供传统的移动通信语音业务，还实现了多媒体信息服务，同时可以支撑更快的下载速度。移动通信技术发展到现在，4G 已经非常普遍，5G 时代也正在到来，上网速度大幅提升，更加有力地支持了移动学习。WAP 无线应用协议是一组向移动终端提供互联网应用和服务的开放式协议，是一个用于解决手机上网浏览问题并适用于不同无线网络技术的全球性无线网络规范。

基于随时随地学习的特点，移动学习在国内外得到迅速的发展。英国 Ultrallab 实验室的 M-Learning 项目设计和开发了一系列的学习材料，并在已开发的移动学习系统上进行了实验，选取了 90 个移动设备租借给学生，结果表明学习者对移动学习都怀有激情。62%的学生表示他们在使用了移动设备之后，对未来的学习充满了渴望。在这62%的学生当中，82%喜欢使用个人电脑，80%喜欢使用手机，76%喜欢和与自己年龄相当的同伴一起学习。

余胜泉结合行为主义理论、认知主义理论、建构主义理论和情境认知理论，提出了三代移动学习的发展。第一代移动学习是知识传递，包括基于行为主义的内容传递与课堂反馈(如课堂即时信息反馈系统、基于短消息的移动学习服务、播客等)和基于认知主义的内容设计两个阶段。第二代移动学习是认知建构，包括基于问题的学习、移动探究式学习、参与式模拟的学习体验、社会性学习、移动探究实验室、移动教育游戏、手持式设备在学科教学中的应用等。第三代移动学习是情境认知，其核心组成包括普适计算设备、泛在通信网络、无缝学习空间和学习与分享设计，突出情境感知与社会交互。

三代移动学习的提法比较好地结合了技术和理论因素，归纳了移动学习的一般发展脉络。国内移动学习的实践中，比较常用的是提供行为主义活动和教学支持活动。一个典型的例子是上海电大的“移动校园”，该项目包括两个部分：一是提供移动学习与支持服务，进行导学、自学、助学方面的服务，这些服务大多是进行学习内容的传递；二是提供移动管理服务，包括通知、提示、查询、测评、咨询、投诉与建议和人文关怀等服务。而国外的一些项目，则已经开始关注通过设计移动学习资源和学习活动来达到建构主义活动、情境性活动、协作性活动以及非正式和终身学习活动的层次。例如 M-Learning 项目，该项目是一个泛欧洲的研究和开发项目，其目标群为欧洲社会16～24 岁被边缘化的年轻人。他们没有受过良好的教育，不能正确读和写，无法进行简单的运算，没有资格参加任何社会组织的培训；他们没有工作，甚至无家可归。但他们所共有的是手机，用它来发短信、聊天、玩游戏。这个项目就是要研究能否利用这些年轻人手中的手机激发他们学习的热情，给他们提供学习的机会，从而增加其就业机会，提高其生活质量。M-Learning 主要提供 Java 游戏、测验、MediaBoard、掌上电脑学习资源以及开发工具等资源，同时对其下的各个子项目进行了详细的活动设计，重视情境创设、协作、内容呈现方式的设计。目前项目范围已经扩展到中小学、大学、研究生教育、成人教育、边缘人物的教育。

以无线通信技术为基础的移动学习在中国已拥有了成熟的发展条件，它在在线教育和企业培训领域有广阔的发展前景，而且随着计算机技术和无线通信技术的飞速发展，越来越多的新技术被整合到移动学习领域，这就为在线学习者提供了更加完善的学习环境和更加到位的学习支持服务，使得真正意义上的随时随地的学习成为可能。此外，移动技术逐渐朝着集成化、普及化、便携化和网络化的趋势发展，在未来 5～10

年间，诸多功能将可能融合到一个可随身携带的手持式设备中。

移动学习是新的教育思想与信息技术结合的产物，它对现代远程教育、满足学习者的学习需求起到积极推动作用。移动学习作为第五代远程教育典型技术代表，相较于网络教育，除了运用了计算机多媒体、突破了传统的粉笔、黑板的教室空间外，还具有移动性、便携性、定制性、情境相关性等，对正在蓬勃发展中的现代远程教育有着不可估量的影响。当然，从技术的角度来看，移动学习现阶段还存在一定的发展障碍。首先是终端设备的问题：目前的移动设备键盘小，屏幕小，解题速度慢，信息处理较慢，存储能力有限。随着掌上数字装置的普及，其质量和性能也因微型技术及移动带宽、数据网络的进步而不断提高。相信在不久的将来，终端设备将不再成为制约移动学习发展的因素。其次是互联网与移动设备之间的交互问题：除了多媒体信息、WAP 协议与 HTML 协议的转换外，由于移动学习面对各种用户，他们的终端设备不一样，通信协议也不同。如何统一协议规范，将有限的资源进行无限的表现也是移动学习面临的主要问题。

四、学习分析技术

学习分析技术是在教育大数据背景下应运而生的新兴领域。学习分析既是“互联网＋教育”的重要成果，也是“互联网＋教育”的主要推动力量。学习分析能够挖掘和发现教育数据中的教学和服务知识，为教育服务质量和服务模式的创新奠定重要基础。有关学习分析的实践可以追溯到计算机管理教学(Computer Managed Instruction，CMI)(顾小清等，2012)。早在 20 世纪 60 年代末，CMI 就开始通过教育数据分析辅助个别化的教学决策。20 世纪 90 年代末，随着网络课程和网络教学平台的普及，大量的学习数据被自动记录在网络日志中，人们开始对这些记录在日志中的在线学习数据感兴趣。同时，以用户数据分析为核心的网络分析技术广泛应用于商业领域中并取得了成功，这些成功经验被教育者应用到国家、地区、学校等较为宏观的层面的在线学习行为分析中，推动了学术分析领域的发展。2004 年，高等教育领域“智能辅导系统”和“人工智能系统”的研发掀起了人们发掘教育数据的热潮，其中包含了大量对学习数据的分析和挖掘，为学习分析领域的孕育和成熟奠定了基础(Baepler P.，et al.，2010)。

2010 年，学习分析专家乔治·西蒙斯认为，学习分析是通过应用智能化数据、学习者数据与分析模型，实现对信息与社会性连接的发掘，并为学习提供预测与建议。近年来，各学者也对学习分析做出了不同的定义，虽然各自的解读有所不同，但已有共识。学习分析通过各种工具对教学过程中的各种数据进行收集、管理、分析，并将分析结果反馈于教学中，用于优化学习；学习分析技术是对学习分析应用过程中有关的工具、方法、使用技术的研究(王莎莎等，2019)。高键等人(2013)认为，学习分析由五个部分组成：①数据收集。这些数据可以来自学生的基本信息(数据仓库)，也可以是学生在学习生活中的行为信息，如学生的兴趣爱好、经常使用的学习工具等数据信息。②分析。使用学习分析工具对收集的数据进行需要分析，结果以图表等可视化的形式呈现在各种媒体上。③学生学习。学习分析的核心分析对象就是学生学习，告知教师学生在做什么、将时间花在什么地方、获取了哪些内容及学生学习的进展如何等方面的问题。④反馈。学习分析的结果可以提供给教师、学生以及管理者。学生可以将分析结果作为自身学习的一个监督量表，而教师和管理者则是依据分析结果重新规划教学活动、提高教学质量。⑤干预。学习分析不仅仅是判定学生处在什么样的一个学习状态中，更是通过学生课程学习产生的数据掌握学生在课程学习中的特定阶段和特定活动，为学生个性化学习和指导提供了依据。

随着学习分析在全球范围的兴起，国内很多高校和研究机构都意识到教育大数据中所隐含的教学价值，开始纷纷投入到学习分析系统的研发与应用中。“智慧线”就是北京师范大学远程教育中心和智慧学习研究院联合研发的一款支持精准管理和科学决策的在线教育大数据分析系统，该系统面向网络学院、开放大学、职业教育机构和技能培训机构，为它们提供专业、敏捷的教育大数据服务，包括数据采集、数据汇聚、数据清洗、模型构建、挖掘分析、报告制作、报告发布、应用集成等方面，帮助其建立基于大数据的决策管理体系。在在线教育机构中，决策者、教师和学生都面临诸多问题，如决策者缺乏量化决策管理工具、难以及时发现危机、难以实施持续的优化与改进；教师无法精确掌握学生学习状态、缺乏学习内容效果数据反馈、难以预先发现问题并及时干预；学生缺乏及时的反馈和激励、难以了解学习水平和进展、缺少学习成效综合评价。“智慧线”针对上述各类用户的问题，建立有关在线教育的大数据测评体系，帮助用户准确、及时、连续地掌握在线教学活动的状态和效果。图 4-17 是“智慧线”的总体架构。

学堂在线是 2013 年由清华大学发起并建立的全球第一个中文 MOOC 平台，也是我国在国际上较有影响力的 MOOC 课程平台。学堂在线建立初期便同时搭建了大数据学习分析平台，该平台旨在通过对课程数据的分析以及对学习分析结果的图示化方式，为管理者、教务人员、教师等相关人员实时掌握课程情况提供帮助。学堂在线大数据学习分析平台分析的数据主要分为课程基础数据、教学过程数据和教学结果数据。其中课程基础数据包括选课人数、学习活跃度和学生学习习惯等；教学过程数据包括答题、互动和学情预警等；教学结果数据包括学生成绩、课程健康度等。

基于对课程数据的分析需求，学堂在线大数据学习分析平台主要设置了三个功能模块来支持对课程数据的分析：黑板报、学生分析、问题聚焦。管理者、教务人员和教师可以根据功能模块中数据反映的结果实现对学生学习过程的描述、监控、评价和预警。进入平台，相关人员可以根据需要选择相应的课程和轮次。在进入具体的一门

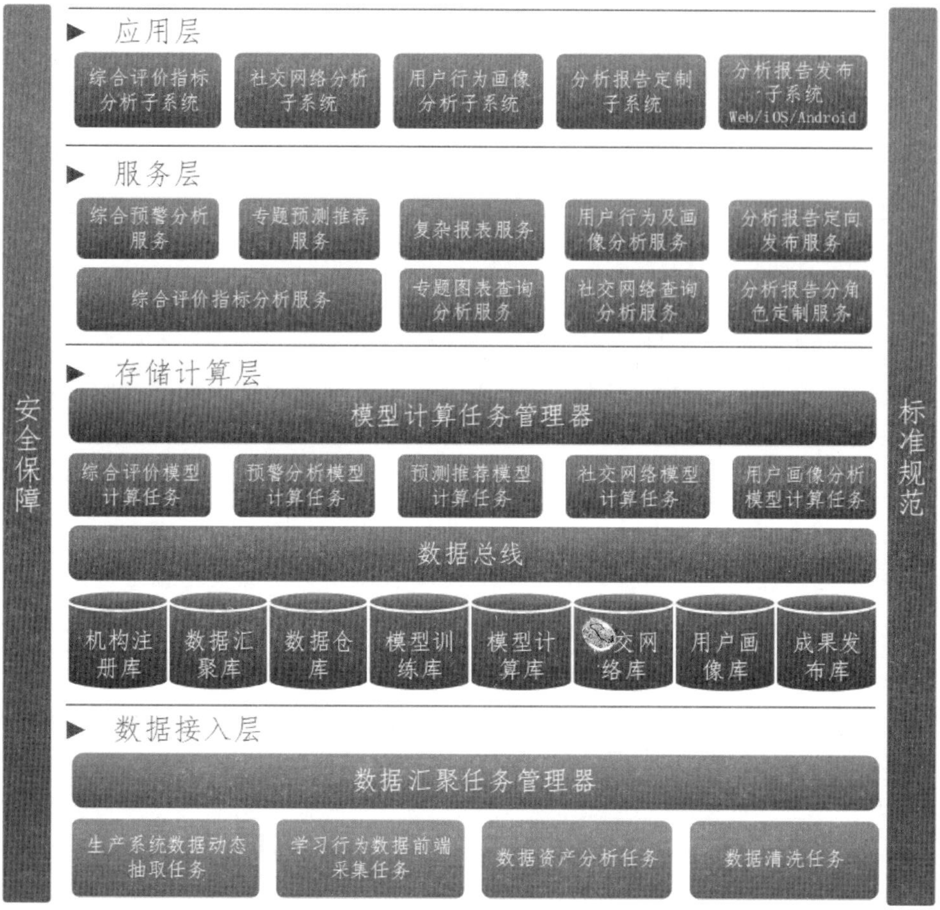

图 4-17 “智慧线”的总体架构

课程后，他们能清晰地看到平台对课程数据分析后的图示化结果。在导航条中从左到右能看到课程的一些基本信息：开课情况、学生数、课程健康度，以及供跳转的班级数据和轮次数据按钮。

学堂在线大数据学习分析平台每天要生成几千份报告。以 2016 年 3 月为例，每天约 300 门课程正在开课，每门课程 21 个指标，每天处理 1.2 亿条答题记录和视频观看记录，每天生成 6 000 多份数据统计报告。基于这些报告，管理者可以有效地快速掌握平台当前运行情况，评估教学效果，及时发现问题。平台除了能直观展示这些数据统计报告外，还提供了报告的表格下载通道(见图 4-18)。针对每一门课程，除了学生分析中的数据为在线表格外，其余数据(黑板报、学生行为和成绩评价)皆提供了下载通道，便于相关人员查看和进一步分析。

图 4-18 学堂在线大数据学习分析平台下载通道页面

综上，学堂在线大数据学习分析平台基于稳定的技术保障，能对课程数据进行分析并实时生成报告，运用图示化方式展现课程基础数据、教学过程数据和教学结果数据，包括课程的选课人数、健康度，学生的学习活跃度、学习习惯、答题情况、讨论发言、选课明细情况，以及成绩、学习进度和互动模式等。平台实用的教学管理功能为管理者、教务人员和教师评估教学效果、监督和引导教学过程提供了便利，是在MOOC课程运用学习分析技术的典型案例。

五、智能技术

(一)个性化推荐

个性化推荐技术是当前较为主流的在线信息和资源服务技术，该技术根据用户的特征、兴趣和行为记录与模式，向用户推荐相关信息或资源。随着在线教育对用户的个性化需求的重视，个性化推荐技术也逐渐受到教育机构的青睐，在教育领域得以广泛应用。

个性化推荐系统主要由用户、推荐内容、推荐过程、推荐结果四个部分构成，其中用户和推荐内容可以看作推荐系统的输入，而推荐结果是推荐系统的输出(牟智佳和武法提，2015)。用户是推荐系统的重要构成，如何准确获取体现用户特征的数据是个性化推荐的核心问题(陈桃利，2013)。为实现有效的学习资源或信息的个性化推荐，相关推荐系统需要采集学习者有关数据，并构建相关的学习者特征模型和需求模型，让系统明确用户的特征与需求。推荐内容是推荐系统可以推荐给用户的资源或信息。个性化学习推荐系统的推荐内容包括学习资源、学习路径、学习策略和学习伙伴等。推荐过程是推荐系统的核心技术，决定了推荐系统的精准性。该部分采用特定方法对用户数据和推荐内容进行处理，确定适合用户特征和需求的推荐内容。在个性化学习推荐系统中，除了学习资源与信息的推荐之外，有些系统还会根据学习者的性别、偏好和风格，向学习者推荐一些学习界面，这些界面在颜色和版式存在差异，使学习者获得更好的个性化体验(刘庆，2013)。

(二)自动化问答系统

自动化问答系统是以自然语言处理等多种人工智能技术为基础、使用 Web 作为表现形式的智能问答系统，在搜索引擎的基础上融入了自然语言的知识与应用，与传统的依靠关键字匹配的搜索引擎相比，能够更好地满足用户的检索需求。在线学生支持服务在个性化、智能化的方向上少不了自动化问答系统的支持。

远程教育早期，关于课程的答疑主要通过信件以及 E-mail、BBS 的方式。随着互联网信息技术的发展，国外相继出现一批比较成熟的答疑系统，比如美国麻省理工学院(MIT)的 Start 答疑系统、Ask Jeeves 公司的 Ask Jeeves for Kids 答疑系统、芝加哥大学的 FAQ (Frequently Asked Questions) Find 答疑系统等。这些系统功能简单实用，而且有比较高的智能性。但国外答疑系统的主要研究对象是基于英文的，采用对英文自然语言问题的处理技术，因此它们大多数不能处理中文答疑。国内的智能答疑系统研究起步比较晚，相应的技术发展不成熟，目前有两类比较典型的智能答疑系统，分别基于 FAQ 库和全文检索。国内许多科研机构和高校投入了大量的精力进行中文智能问答系统的研究，出现了一批比较完善的基于中文问句的智能问答系统，它们包括中科院计算所的《红楼梦》人物关系问答系统、清华大学的校园导航系统、哈尔滨工业大学的基于常问问题集的问答系统、北京理工大学的银行领域问答系统等。

在线学生支持服务技术支撑系统中的自动化问答过程中，系统首先对用户的自然语言问句进行分析，对问题进行相似度计算，按照相似度高低的顺序反馈给用户。自动化问答系统的通用体系结构可以分为三部分：问题理解、智能检索和答案抽取。问题理解也称为问题分析，主要处理用户输入的用于提问的自然语言。它的处理过程是：首先将用户输入的中文问句进行分词，然后去除问句中的停用词和疑问词，保留对问句起重要作用的关键词，最后对提取的关键词做词性标注。问题理解的主要作用是将用户输入的自然语言转化成计算机能够识别和处理的格式。智能检索的主要用途是根据用户问句的关键词序列搜索相应的答案，这里是根据语义计算算法将与用户提问相关的问题找出来并进行排序。信息检索的关键就是对答案的权重进行计算并排序。自动化问答系统的“问题—答案库”通常都比较庞大，所以应该根据系统的类型采用不同的检索方式，从而使检索高效、准确。互联网上的搜索引擎返回的结果是与用户问题相关的一大堆网页，而自动化问答系统返回的结果是针对用户问题的准确而简短的答案。所以，通过智能检索得到的问题答案，按照排序的结果，只需要提炼返回权重最高的作为返回结果提供给用户，如图 4-19 所示。

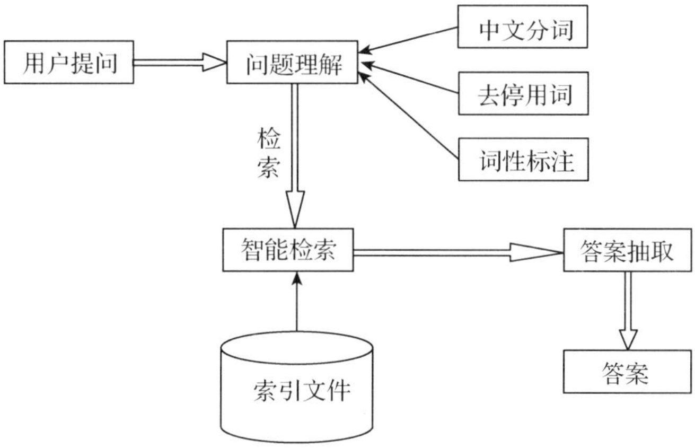

图 4-19 自动化问答系统的通用体系结构

随着计算机网络技术和人工智能技术的快速发展，自动化问答系统越来越多地出现在人们的日常生活中，并且起到越来越重要的作用。对于传统的教学方式而言，通常学生遇到的学习问题只有在课堂上或安排的教师答疑时间才能得到解决，而自动化问答系统没有时间限制，它能够及时给学生提供相关的答案。在在线教育情境中，由于教师和学生在地理位置上的分离，教师不能面对面地对学生进行解释和演绎，学生必须自主学习，它要求学生进行独立的探索和思考。当学生百思不得其解时，及时、完整、准确的答疑和帮助便成了必不可少的内容。自动化问答系统能够及时解答学习者的疑难问题，消除学习者的学习障碍。目前，国内的在线教育自动化问答系统多是嵌套在学习管理系统中，作为它的一个子系统存在，具有智能自动化问答功能的独立的平台或系统非常少。现有的自动化问答系统在提问关键词的匹配上，经常答非所问。尽管几乎所有的在线教育系统都提供基本的自动化问答功能，但就系统功能和答疑效果而言，还存在种种不足，主要表现在系统的智能性不够、答疑手段单一、答案结构不良、呈现方式不够丰富。随着人工智能技术的发展，上述问题也有望在未来得到解决。

(三)基于大数据的人工智能技术

在线教育课程现场教学感不足的主要原因，在于课程缺乏适应性以及互动性。依靠将大数据应用于在线教育中，可以通过积累学生在学习过程中的相关数据即时分析学生对教学的掌握程度，提供在线问答建议及讨论交流机会，从而帮助学生提高现场教学感，提升学习效果(Earl & Katz，2006)。而在大数据的支持下的人工智能的人脸识别技术、语音识别技术、自然语言理解技术，可以帮助在线教育实现如课堂教育一般的师生互动。

首先，应用大数据，可以记录学生学习过程中对每个知识点的学习时间、重复浏览次数和课堂习题正确率等相关数据，并进行深度挖掘、分析和对比，从而能够准确分析学生掌握程度与教学目标间的差距。这个差距从教育培训专业理论角度可以认为是学生培训需求的一部分，进而能够准确把握学生学习需求，并据此即时答疑或调整课程计划，有效帮助学生提升学习效果。与此同时，通过精准掌握学生需求，可以实现教育的个性化需求，真正做到因材施教。

其次，应用大数据，可以即时记录学生疑问并进行后台数据对比，提供准确答疑并实现线上即时答疑，这样完全可以极大地改进传统一对多学习过程中难以实现的即时答疑功能。此外，针对具有相同疑问的学生，可以通过即时组织讨论组或者后台专家解答等形式，开展具有针对性的学习互动活动，从而增强互动教学体验(樊娜、黄雪琴，2015)。

最后，在大数据的支持下应用人工智能技术，能够进一步掌握学生的课堂学习情况，加强学生的现场课程体验，实现个性化教学与实时互动。通过人脸识别技术可以捕捉听课学生的面部表情，从而记录学生的课堂表现、专注度以及是否有疑问等，并从这些信息中判断学生的接受程度，反馈给授课教师，据此及时调整教学方案、教学计划、教学方法等，有助于实现个性化教学，真正做到因材施教(闫志明等，2017)。而通过语音识别技术与自然语言理解技术，可以使在线教育更接近实时课堂教育。在线课程可以通过提问、安排讨论等形式进行，利用语音识别识别技术学生回答与讨论的内容，利用自然语言理解技术认知学生所表达的内容的含义，结合大数据进行对比判断，然后再次通过这两种技术将信息反馈给学生，像课堂教育一样实现互动交流。

可见，大数据及人工智能将显著优化在线教育的现场教学感，而且能够准确判断分析每一名学生的掌握程度，洞察其知识技能盲点，并针对每名学生的薄弱环节提供指导，有效实现个性化教学。在不久的将来，通过大数据及人工智能的协助，能够充分实现在线教育的现场教学感，使得更多的学生愿意选择在线的方式接受教育培训。

在实践探索中，应当致力于利用大数据及人工智能提升在线教育系统性和课程完成率、优化在线教育质量、减小在线教育教师压力、助力改变在线教育理念等。

本章小结

本章分为四个小节，主要介绍了在线学生支持服务的各类实践模式与各类技术工具和系统。纵观远程教育发展历程，新学习环境下"互联网＋"时代的在线教育机构的学生支持服务模式，在继承和发展学生支持服务传统的基础上不断拓展与创新，以更好地适应新的课程需求与市场需求。学生支持服务系统与各类实践模式一直在更新迭代，形成能够即时响应在线教育各种需求的服务体系。了解本章介绍的三种实践模式，会帮助你更好地理解在线学生支持服务的供给模式与服务方式。

每一代远程学生支持服务的顺利进行都离不开技术的支撑，技术是网络时代在线学习支持服务的根本保障。随着信息技术的不断发展，各类新兴技术也在不断更迭。本章中为大家介绍的各类在线学习支持服务的技术工具与系统，会帮助你了解现有的应用情况。现在我们觉得非常新颖的技术未来几年可能会消失，但是为现代在线学习者提供学习支持服务的发展方向不会改变。未来，在线学习支持服务定会向着更加个性化、智能化的方向发展。技术作为提供在线学习支持服务的辅助手段，也会不断衍生、变化、发展。

关键术语

双师服务 Double-Teacher Service	学习中心 Learning Center	在线学习公共支持服务体系 Public Support Service System for Online Learning
学习分析 Learning Analysis	O2O Online to offline	呼叫中心 Cell Center

学习反思与活动建议

1. 请结合本章所学内容，归纳总结机构层面两种学习支持服务供给模式的相同点与不同点，完成下列表格。

服务模式	相同点	不同点
机构供给		
公共服务供给		

2. 请挑选一种在线学习支持技术，结合本章所学内容，自行搜索相关文献阅读，思考该技术对于开展学习支持的支撑作用是什么，未来的应用前景与发展方向如何？与你的同伴分享你的调查与思考。

3. 请你登录奥鹏、弘成和知金教育三家单位的官方网站，或查阅其他最新的资料，结合本章对它们业务范围和组织形式的介绍，了解公共服务体系的最新动态和发展趋势，形成关于学习支持公共服务最新实践的调研报告并与同伴分享。如果有条件，可以去你所在地区附近公共服务体系的学习中心实地调研。

4. 请基于你所体验过的院校、公共服务或者在线课程等，与同伴分析它们所提供的在线学习支持服务的模式特征、服务方式、活动和采用的相关技术，并对成果进行分享与交流。

补充资料

1. 严冰．现代远程教育公共支持服务研究[M]．北京：高等教育出版社，2012.

该书将理论和实践相结合，分析了现代远程教育公共支持服务的概念和基本内涵、组织架构、内容体系和发展模式，从多视角剖析了公共支持服务的建设和发展，对于把握远程教育及公共支持服务的发展规律和特点，运用辩证的、发展的观点看待现状、把握趋势具有一定的参考价值和实践指导意义。书中关于现代远程教育公共支持服务研究的介绍将为你理解本章介绍的公共服务供给模式打下基础，并对认识未来在线教育公共服务发展提供启示。

2. 郭文革．中国网络教育政策变迁 从现代远程教育试点到 MOOC [M]．北京：北京大学出版社，2014.

该书从认知理论视角阐释了中国网络教育政策变迁的根本原因、多层次地展现了中国网络教育发展图景、总结了中国网络教育的有效实践，不但对于网络教育及其政策具有理论意义，而且对于网络教育的未来发展和实践有着较强的现实意义。书中的网络教育政策梳理与介绍，将帮助你更好地理解本章介绍的网络教育政策支持下在线学习支持服务模式的实践与发展。

3. 李爽．基于学习分析的在线学生支持[M]．北京：中央广播电视大学出版社，2016.

该书聚焦于“互联网＋”时代教育变革背景下的在线学生支持理论与技术创新，重新解读“互联网＋”时代和大数据时代在线学生支持的概念与特征，强调学生数据与学习分析技术在分析和促进学习支持服务的个性化、智能化等方面的价值，系统介绍了基于学习分析的在线学生支持的关键技术与方法。书中关于“互联网＋”时代在线教育中学生支持服务内涵与框架的重构，以及基于学习分析的支持服务方法与技术的介绍，为你认识新时期在线学生支持服务的定位、内涵与技术提供了有益启示。

第五章

在线学习支持服务的规划与设计

本章概述

在线学习支持服务作为在线教育机构课程或相关项目、产品的基本构成与核心竞争力，是各类在线教育机构布局和规划自身教育项目、课程或产品时需要系统考虑的要素。面对人们对教育服务质量的重视以及日益增长的个性化教育服务需求，构建在线学习支持服务子系统对在线教育机构而言充满了挑战。正如英国开放大学学习支持服务专家西沃特所指出的那样，学习支持服务是以学习者这类特殊用户为中心的具有服务业特征的子系统，面对多样化的学习者群体以及他们多元化的服务需求，学习支持服务可以包含无限的要素。然而，对于一个特定的在线教育机构而言，有限的资源和成本决定了其构建的在线学习支持服务体系只能包括有限的要素。任何一个在线教育机构在搭建自身教育项目或课程的在线教育系统时，都会思考学习支持服务的规划与设计问题，即选择哪些要素纳入学习支持服务子系统中，以及如何将这些要素整合起来，使其与其他子系统有效协作，为学习者顺利完成教育项目或课程、取得学业成功提供有力支撑。本章将主要围绕上述问题，介绍在线学习支持服务的设计依据、设计流程与基本方法。

本章共包括三节。第一节通过梳理远程教育系统结构经典理论，对新时期在线教育系统的演变及其特征与构成进行了探索，并在网络时代在线教育系统特征与结构的基础上，分析学习支持作为在线教育系统子系统的功能演变与特征，以期为在线学习支持服务子系统的规划与设计提供理论依据与更全面的系统视野。第二节介绍了在线教育机构在构建本机构教育项目或课程的整体学习支持服务体系时需要考虑的因素与典型流程，以及各环节中需要思考的主要问题与可借鉴的方法。第三节聚焦具体课程中学习支持的设计，重点介绍课程辅导活动的设计与促进学习的方法和准备工作。

章结构图

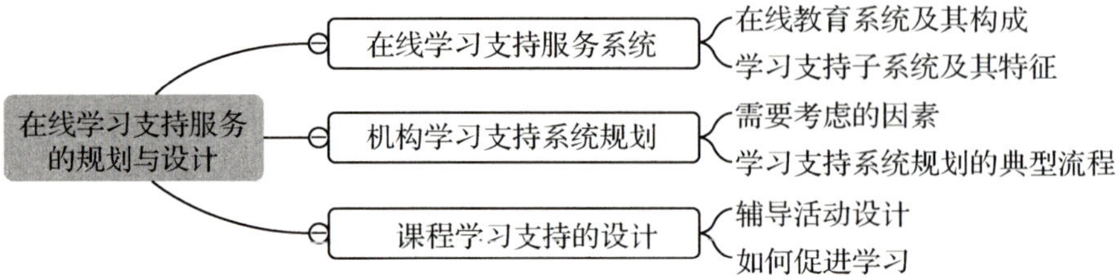

学习目标

1. 能够阐述在线教育系统的基本构成及其相互关系。
2. 能够阐述在线学习支持服务系统的功能与特征。
3. 能够简述机构层面学习支持服务系统规划的主要流程与工作。
4. 能够简述课程层面学习支持服务的主要设计工作。
5. 能够掌握机构层面学习支持服务系统规划的一些基本策略。
6. 能够掌握课程层面学习支持服务设计的一些基本方法。
7. 能够基于系统观对实践中机构层面的学习支持设计方案进行分析。
8. 能够从教学和学习者需求对实践中课程学习支持服务的相关设计方案进行分析。

第一节　在线学习支持服务系统

如果将在线教育机构看作由多个子系统构成的提供教育教学产品与服务的在线教育系统，那么在线学习支持服务系统无疑是在线教育系统的重要子系统。该子系统是在线教育系统与学习者交互的主要中介，也是在线教育系统提供教育教学产品与服务的主要窗口。在线教育机构在规划和设计其教育产品或项目的学习支持服务时，需要系统分析、评估和审视其教育产品或项目的教育服务需求、预期的服务目标、可以获得的服务资源以及可以选择的服务技术，对支持服务项目、供给方、服务人员、流程、技术进行系统规划，使其能够有机协同工作，并且与在线教育系统其他子系统相互配合，共同满足教育用户的学习与发展需求。只有秉持这种系统观，才能设计出可行、有效的在线学习支持服务系统。本节，我们将基于对远程教育系统结构经典理论的学习，反思和总结机构层面在线教育系统的典型构成与特征，并讨论学习支持作为远程教育系统的重要子系统，在网络时代在线教育系统中的功能演变与主要特征。

小节目标

1. 能够基于远程教育系统结构理论描述远程教育系统的基本构成。
2. 能够阐述“互联网＋”时代在线教育系统呈现出的新特征。
3. 能够阐述“互联网＋”时代在线教育系统的构成与结构。
4. 能够阐述学习支持服务在在线教育系统中的作用。
5. 能够阐述在线学习支持服务系统的主要特征。

一、在线教育系统及其构成

系统是由部分组成的整体，即由相互关联、相互制约、相互作用的若干部分组成的具有特定功能目标的有机整体(丁兴富，2009)。每个在线教育机构所提供的在线教育产品、项目与服务的研发和运营，都是复杂的系统运作。无论是认识、分析还是设计、开发特定机构的在线教育产品、项目与服务，都需要秉持一种系统观。在线教育机构提供和运作的在线教育实质上是一个系统，是由相互关联、相互制约、相互作用的若干子系统构成的有机整体，而提供相应的在线教育产品或项目及其服务便是该系统的功能目标。正如美国远程教育学者穆尔指出的那样，远程教育是一个庞大的系统，忽视系统成分之间的相关性和实践来源将很难形成对远程教育系统结构的全面认识(Moore & Kearsley，2011)。从系统观的视角来认识和分析在线教育系统，将有助于理解在线教育系统的基本构成以及各个构成之间的关系，包括这些构成如何相互影响和制约，如何协同工作以支撑在线教育产品、项目与服务的研发与运营。这是设计和规划在线教育系统及其各个子系统的前提。

那么，在线教育系统的构成是怎样的呢？在线教育是远程教育在网络时代的实践发展形式，远程教育系统结构经典理论为理解在线教育系统的构成提供了重要依据。

(一)远程教育系统结构经典理论

鲁尼在 1975 年提出远程教育系统的六要素说，他认为远程教育系统包括教育计划、教学资源、学生服务、管理、评价和财政六大要素(冯晓英、李秋劼、陈丽，2013)。教育计划包括机构目标、课程目标；教学资源由课程各部分教学产品、媒体所需的教学内容准备等构成；学生服务由信息、教学、测验、咨询、许可等构成；管理由人员、交流、服务、记录、程序、采购、储备等构成；评价由根据目标对机构的评价、研究、管理有效性、有效地利用收益、提供和发展等构成；财政由收益、会计、预算、开销、成本等构成。各子系统之间存在不同的相互影响和制约关系，如教育计划将会影响教学资源与管理的规划和设计；管理将会支撑、协调和管理其他五个子系统的运行；教学资源的研发将受到其他五个子系统的影响；评价需要定期对其他五个子系统的运行过程和成效进行评估，进而推动整个系统的优化。

1981年，凯依和鲁姆勃尔提出一种归纳性更强的远程教育系统结构，将远程教育系统子系统归纳为课程子系统、学生子系统、后勤子系统和管理子系统(Kaye & Rumble，1981)，如图5 1所示。课程子系统的主要功能是设置课程以及设计和开发课程材料；学生子系统的主要功能是在学生就读期间管理学生学习过程、为学生提供各类学习支持服务、处理和应对学生就读期间相关事务；管理子系统的主要功能是对远程教育系统以及相关子系统进行规划、管理和调控，统筹其他三个子系统；后勤子系统的主要功能是负责远程教育系统中所需人、财、物等资源的征集、分配、支持和管理。凯依和鲁姆勃尔的远程教育系统结构理论将鲁尼的六要素说进一步整合，强调了面向学生的教育教学服务在远程教育系统中的核心地位，并突出了管理子系统对于其他子系统的规划、管理和调控。

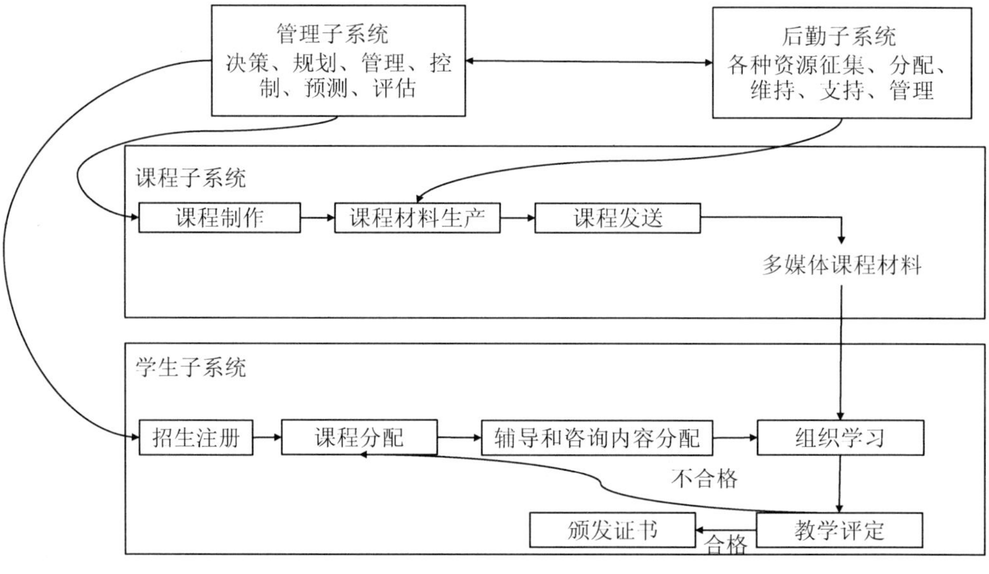

图5-1　凯依和鲁姆勃尔的远程教育系统结构

1996年，穆尔从远程高等教育实施过程的视角对远程高等教育系统的构成要素进行了梳理。穆尔首先提炼出资源/信息、设计、传送、交互、学习环境五个与远程教育教学密切相关的基本要素（Moore & Kearsley，2011），如图5-2所示。资源/信息确定教育目标和内容来源，需要综合学生需求、机构支持理念以及有关历史哲学观点；设计包括课程的设计与制作；传送负责基于各种媒体将课程材料传递给学生；交互通过各种互动向学生提供帮助和支持，以促进和协助学生顺利完成课程学习和学业；学习环境关注如何为学生创设良好、有效的学习环境。穆尔指出，需要通过政策与管理架构来统一管理和掌控上述五个与教育教学密切相关的基本要素，协调各个要素之间的关系和运行情况。

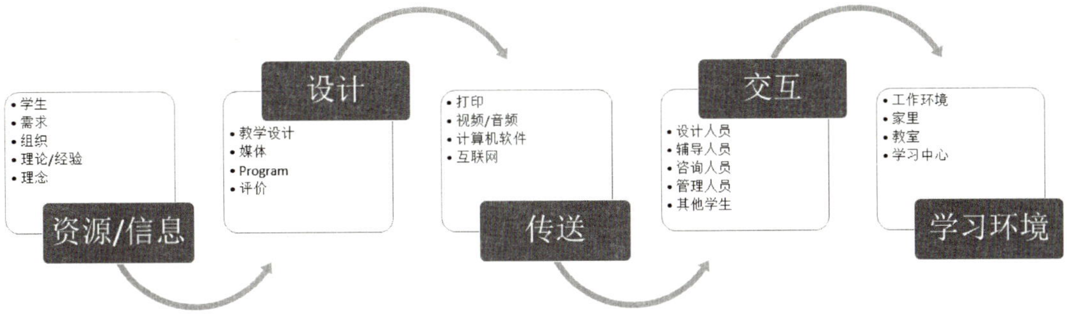

图 5-2　穆尔的远程教育教学要素

从上述三个远程教育系统结构经典理论来看，学生学习支持和课程设计与制作是传统远程教育系统的基本构成，这两个构成以不同的形式出现在系统结构理论中，分别对应体现了传统远程教育系统的典型产品形式和服务。霍姆伯格早在 1985 年就指出，课程资源开发与学习支持服务是远程教育系统最主要和基本的两大功能，远程教育系统就是通过发送事先准备好的课程材料和为学生提供学习支持服务开展远程教学（Holmberg，2005）。除此之外，从远程教育系统结构经典理论中可以看出，远程教育系统是围绕远程教育课程设计开发与学习服务两大核心功能所构建的有机整体，除了体现核心功能的课程与学生两大子系统之外，还包括规划、协调、支撑和管理这两大子系统有效运转和输出质量的管理子系统以及后勤子系统。前者负责确保整个系统的有效运转以及产出，后者负责确保系统运转所需供给稳定、优质、高效。

（二）在线教育系统结构

在线教育系统是远程教育系统在网络时代的主要体现。该系统以提供在线教育课程产品与服务为核心功能，是由相互关联、相互制约、相互作用的若干部分组成的有机整体。传统经典远程教育系统结构主要建立在第二代远程教育实践基础上。然而，建立在单向传播模式基础上的多媒体教学，已不再适用于以便捷人际互动和教学生成为特征的在线教育系统。在第二代远程教育的教学中，课程教学可以划分为课程设计开发与学习支持服务两个阶段。因此，课程子系统与学习支持子系统虽相互关联，却保持相对独立。而在当前通信条件和技术环境较好的在线教育系统中，时空分离不再成为教学交互的障碍，师生间教学交互活动不仅明显增加，而且形式多样，有力促进了教与学的再度整合。与此同时，教学的生成性比重提升，具有更强的建构性特征，越来越多的课程的教学法逐渐从第二代远程教育的认知—行为主义教学转向社会—建构主义教学，课程不再完全预设，而是在师生互动与社会性建构中不断发展。以课程制作为主要功能的课程子系统与以人际交互为特征的学习支持子系统之间的边际开始模糊。

此外，随着开放和在线教育市场的快速发展，用户为中心的市场格局逐渐形成，在线教育用户构成更加多元，早期在线学习者以学历教育为主的格局已经被打破，越来越多更关注产品和服务质量的非学历教育学习者、非正式学习项目或产品的学习者用户涌入在线教育市场。当前的在线教育消费者更加成熟，作为学习者，他们不仅更加关注学习内容与过程、更加在乎学习体验，而且由于个性化需求进一步释放，更加在乎课程、产品和服务与自己需求的契合程度。因此，相比传统远程教育机构，在线教育机构需要更加关注学习者作为在线教育产品或服务的用户或消费者的需求，能够根据他们的需求及时调整、改进产品或服务，并通过流程再造或技术创新提升产品或服务在满足个性化需求上的能力。

面对日益激烈的在线教育市场竞争，在线教育机构需要不断增强自身的产品研发与服务能力。近几年，随着互联网相关技术基础设施与技术工具的全面升级与发展，以及越来越多的社会力量加入在线教育服务行业，社会协同开展在线教育成为可能。很多在线教育机构开始整合外在力量提升其研发与服务能力，体现在通过与第三方合作或外包的方式研发产品或提供学生支持服务与后勤服务。在线教育机构通过合作或外包研发或服务的方式能够较好弥补其业务资源或能力的短缺，吸纳和整合社会上的优质教育服务资源，提升其在线教育产品或服务的质量。而这种社会协同的生产与服务模式，使得在线教育系统相比传统远程教育系统具有更强的开放性。未来，这种开放性特征将更加突出，在线教育供给方的社会协同将成为在线教育供给的重要方式之一，以更好地响应用户为中心的教育市场。

综上，在线教育系统呈现出课程子系统与学习支持子系统的融合、重视和响应学习者的学习体验和个性化需求、研发或服务的合作与外包三个特征，这些特征使得在线教育系统结构相比传统远程教育系统发生了变化。数据信息子系统成为在线教育系统确保产品与服务质量、有效运作的基本构成，课程、学生、后勤和管理等传统远程教育系统子系统的功能与关系也相应地发生了变化。“互联网+”时代，在线教育系统结构(见图 5-3)的基本构成包括课程设计开发、学习支持、数据信息、管理和后勤五个子系统，整个系统在管理子系统的统一规划、管理和协调下，在数据信息子系统的驱动下，以课程设计开发与学习支持为核心功能，以后勤子系统为保障，协同运作。

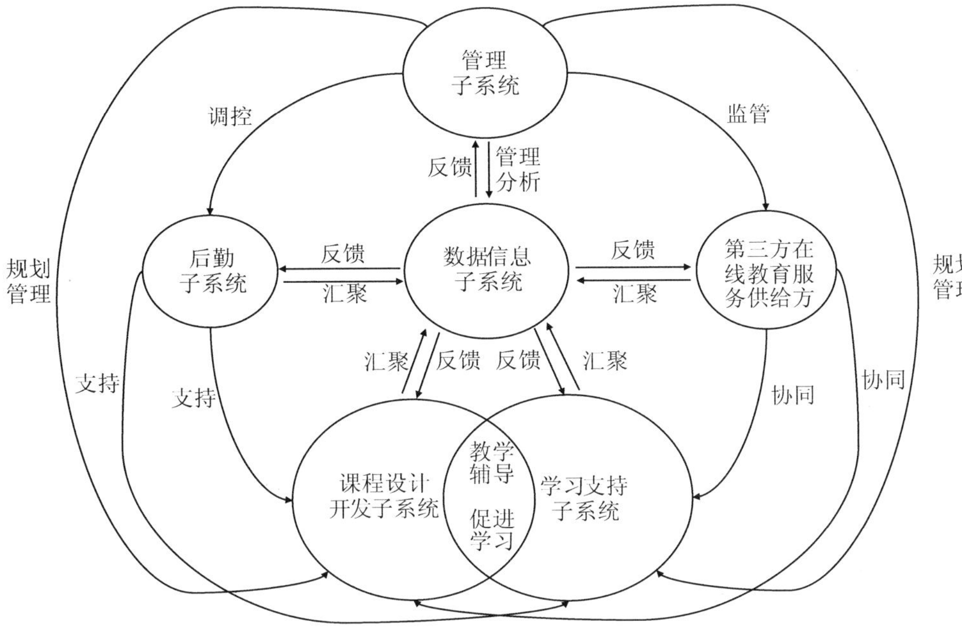

图 5-3 在线教育系统结构

课程设计开发子系统与学习支持子系统仍然是在线教育系统的两大核心子系统，但是两大子系统之间的关系不再相对独立，而出现了交叉融合，交叉的部分体现了在线教育教学的生成性特征。建构式、联通式学习在相关在线教育课程中的比重越来越大，学习者的参与以及在学习过程中建构的内容成为在线课程的重要构成，而促进学习者的参与、联通、互动与建构即面向过程的学习支持便成为在线课程的基本元素。两大子系统交叉的部分便是在课程学习过程中组织开展的教学辅导与促进学习活动，这些活动既是课程教学的基本构成，也是发生在课程情境中的学术性支持的主要任务。两大子系统非交叉的部分则分别体现了其独特的功能，前者以课程预设与开发为主要功能，包括课程要素的设计、课程材料与环境工具的开发，后者则以在学生整个学业过程中提供各种以非学术性支持为主的支持服务为主要功能，包括人员服务、信息服务、资源服务、技术服务等。

新增的数据信息子系统以增强在线教育系统对市场需求和用户需求的响应与适应能力，汇聚与分析在线教育系统内各个子系统的数据与信息，提升系统的协同运作效率为主要功能。该子系统作为在线教育系统的数据中心，是大数据时代系统了解市场与调控自身的重要构成。它通过采集、汇总市场和用户相关数据，挖掘市场潜在需求与发展趋势，采集系统内各个子系统有关运行数据，挖掘用户满意度、参与度、忠实度、学习偏好、问题、未来需求等信息，以支撑在线教育系统的有效运作，增强系统根据市场需求与用户表现和反馈进行产品研发、项目优化、服务改进、质量评估与管理的能力，从而提高产品与服务的质量，对大规模个性化需求作出有效的响应。

管理子系统的主要功能是在市场需求和用户分析的基础上有效规划、调控、评估和优化在线教育系统各个子系统以及系统运行流程，通过机制建设、过程监控、绩效评估、变革管理等途径有效管理和不断提升在线教育项目、产品和服务的质量。后勤子系统的主要功能是负责在线教育课程与服务所需资源的征集、采购、分配、支持和管理，以确保在线教育系统的两大核心子系统顺利与有效运转。

除了上述五个基本构成，有一些在线教育系统还会包括另一个构成，即第三方在线教育服务供给方。该构成是在线教育服务供给社会协同趋势的体现，能够有效提升在线教育机构的技术力量与服务能力。在线教育机构通过业务合作、技术或服务外包的方式与其他社会机构或个体共同研发教育产品、提供学习支持服务与后勤服务，能够更好地支持学习者的多元需求。第三方在线教育服务供给方受在线教育机构的统一管理，对这类合作机构或个体的管理成为管理子系统的新增功能。

综上，学习支持仍然是在线教育系统的核心功能。作为在线教育系统的重要构成，学习支持子系统的运转并不是孤立的，它在管理子系统的统一规划与布局，统一规范、监管与调控和定期更新与完善下，在数据信息子系统的支撑和驱动下，在后勤子系统的配合与支持下，在与课程设计开发子系统有效互动与协作的基础上，才能有效运作。学习支持子系统的规划与设计不能脱离在线教育系统的教育服务目标和其他子系统展开，会受到在线教育系统的市场定位、服务目标、已有资源、可用成本、技术条件、课程和产品需求、核心业务及其流程等因素的影响。对学习支持子系统进行规划与设计是在线教育系统整体规划与设计的重要工作，需要秉持系统的设计理念，立足于在线教育系统的市场定位与服务目标。进行在线教育系统的整体规划时，明确学习支持子系统的服务目标、基本服务架构以及与其他子系统的对接方式至关重要。

二、学习支持子系统及其特征

在传统远程教育系统结构相关理论中，学习支持服务一直是远程教育系统的关键构成。随着具有工业化特征的第二代多媒体教学的远程教育系统演变为更关注个性化需求的在线教育系统，学习支持服务在系统中扮演的角色更加重要。

(一)学习支持系统的功能

开展在线教学与服务是在线教育系统的核心功能，在线教育机构通过研发在线教育课程教学产品项目并使其有效服务于各类教学的需求来实现服务。在第二代远程教育系统中，远程教育课程教学具有合理化、劳动分工、机械化、装配线、成批生产、准备工作、形式化、标准化、功能变化、客观化、垄断等工业化特征(武丽志，2005)，学习支持以辅助学生掌握标准化生产的课程材料为主要功能。因此有些学者指出，在第二代远程教育系统中，学习支持尽管是不可缺少的要素，但仍然是课程系统的辅助(Tait，2000)。在第二代远程教育系统中，学习支持存在的基本需求在于：远程学习者学习课程材料会存在个别化问题，因此在这个过程中需要指导、辅导等支持，帮助他们掌握课程材料。除了这一基本需求之外，学习支持子系统也关注学生在远程学习周期中可能会遇到的其他障碍，如因为工作或家庭带来学习时间或财政上的压力，缺乏录音录像设备等学习工具，不知道机构关于调整课程考试时间或修读学分的相关政策等。

综上可知，在第二代远程教育系统中，学习支持的主要功能定位是响应和解决学生的个性化问题，以确保学习者能够顺利完成课程材料的学习，以及顺利完成远程教育项目。学习支持系统的这一功能定位在远程教育系统引入计算机网络作为课程传播媒体之后，也没有发生实质性的变化。在第三代远程教育系统早期，以计算机网络为传播媒介的课程仍然大多具有标准化特征。由于互动的便捷性和低成本，学习支持中人际互动显著增加，但仍然以响应和解决学生的个性化问题为主要功能定位。

进入“互联网＋”时代，在线教育市场从供给导向转向需求驱动的市场格局，在线教育产品或项目激增的同时，类型更加多元，用户更加成熟，不仅更关注学习品质与学习体验，而且全面释放了个性化需求。在这样的背景下，提供个性化优质教育教学服务成为在线教育系统的核心目标。在线教育教学的质量不再只体现为标准化教育产品制作流程与技术要求，更体现为教学产品和服务对用户个性化学习需求的满足程度。相应地，学习支持作为在线教育系统中与学习者直接接触和交互的子系统，成为学习者获得和感受个性化教育教学服务的主要窗口。其主要功能定位不再只是响应和解决学习者的个性化问题，更是提供个性化教育教学服务，包括帮助学习者选择更适合其需求的产品与服务，根据学习者的课程学习或产品应用情况为其提供不断调整或优化的学习服务以增强教育产品或项目对其的适切性，提供学习或学业预警，提供学习管理的工具与服务等。学习支持从补救性、响应性的问题解决式服务向更加主动的智能型个性化服务转变。

在线课程或产品与学习支持的关系也发生了变化。在线教育系统中，在线课程或产品更重视用户或学习者的参与和生成，以及在学习和产品应用过程中对个性化学习需求的适应。因此，在课程研发阶段开发出的课程往往只是一个半成品，只有课程资料、学习活动、工具等课程材料、计划与资源，当学习者学习资料、参与活动、使用工具时，获得和体验到的个性化学习支持服务是课程的重要构成。由此，学习支持服务成为在线课程的基本构成，这不仅是增强了课程对个性化需求的适应能力，体现建构主义课程生成性的特征(Thorpe，2002)，而且实际上也是课程的过程性与生成性本质的体现。因此，在在线教育系统中，课程设计开发子系统与学习支持子系统不再彼此独立，而存在交集。

此外，在教育大数据技术支撑下的学习支持系统具有更强的采集、汇聚和处理学习者学习过程数据的能力，这使得学习支持系统承担了越来越多的优化在线教育系统其他子系统的功能，这种功能在辛普森定义的非学术性支持，服务的改革类职能中也体现出来。作为在线教育机构与学习者之间的中介，学习支持不仅向学习者提供和解释机构提供的在线教育服务，而且向机构反馈和解释学习者的学习状态，以及对流程、制度、课程、教师、服务等方面的意见与建议。在日益增强的学习者数据采集与挖掘技术支撑下，学习支持系统获取的学习数据更全面，对数据的挖掘与分析能力也将显著提升。因此，结合与学生的沟通和对学生的了解，学习支持能够发现更全面和深层次的问题，提出更可行的改进建议。

综上，学习支持子系统是在线教育系统实现其教育服务功能的重要子系统，是在线学习者与在线教育系统双向沟通与互动的主要窗口。在学习者学业期间向其提供个性化学习服务，以支持和促进其在线课程学习的顺利完成和不断改善。

(二)学习支持系统的特征

根据功能与定位，作为在线教育系统基本构成的学习支持系统具有以学生为中心、动态生成性、交互性和数据驱动四个特征，理解这些特征是学习支持系统规划和设计的前提。

1. 以学生为中心

以学生为中心是学习支持系统的核心特征。学习支持系统作为在线教育机构的重要子系统，其主要功能是给在线学习者提供课程学习的支持服务。学习者是学习支持的服务对象，他们的发展与需求是学习支持系统一切工作的出发点与立足点。将学习者当作“用户”这一理念，在学习支持系统体现得最为突出。有效的学习支持服务工作建立在对学习者学习特征和学习需求的认知基础上，并将其教学规律和方法有机整合起来，选择应用先进、规范、人性化的方式和技术服务于学习者。无论是课程中提供的学术性支持，还是机构提供给学生的信息、资源、环境、技术等方面的非学术性支持，都围绕着学习者的学习特征、发展需求与服务需求进行规划、设计与供给。

因此，学习支持系统的规划、设计就应该立足于学习者，采集和了解学习者的教育和社会背景、学习认知发展情况、学习兴趣与偏好、学习条件与困难等特征，通过有效的数据采集与管理机制不断更新，将支持服务建立在对学习者特征与学习特征的动态和准确认知的基础上，以满足个性化学习与服务需求为最终目标。以学生为中心强调支持服务立足于学习者的特征和需求，但是并不意味着满足学习者的所有需求。因为作为一种教育服务，学习支持以学习者的发展为目标，要同时遵循育人和教学规律，能够激发学生的内在学习动机，挖掘其学习潜力、培养其学习能力。让学习者能够有效完成在线学习，减少对学习支持的依赖，是学习支持的另一个重要目标。

2. 动态生成性

学习支持是面向学习者学业与学习过程提供服务的，其服务对象的差异性和学业过程的动态性、个性化特征都增加了学习支持的内容与方式的不确定性。在线教育机构很难预先设定所有学习支持服务的内容、时机与方式。因为即便在线教育机构在调研的基础上知道学习者会需要哪些服务，也无法准确知道哪位学生在什么时候需要这些服务。因此，学习支持虽然需要提前规划和设计，但是与课程设计开发相比，具有非常显著的动态生成性特征。评估学习支持服务的质量并不依赖于是否已经规划和设计了周全的服务，而是这些服务是否真正满足了学习者的需求。正如西沃特所指出的那样，学习支持具有服务业的特征，生产与消费是同时进行的。

基于学习支持的动态生成性特征，一方面，学习支持系统的规划与设计需要增强对每位学习者特征与需求的认知，尤其是对服务需求差异性的评估，能够对支持服务内容、时机与方式进行较为全面与合理的预设，提升学习支持在特定服务中服务多类需求方面的能力。另一方面，学习支持系统需要设计如何实现对学业和学习过程的有效追踪、分析与干预，只有这样才能及时捕捉、精准挖掘学习支持与服务需求的瞬间，提升学习支持服务在促进学习者发展和优化学习体验方面的作用。

3. 交互性

交互性是学习支持系统的另一个突出特征。学习支持系统是在线教育系统与学习者的中介，这是我们在前面的学习中不断强调的学习支持的功能。学习支持一方面需要将学习者的需求、建议和意见等反馈给课程设计开发子系统、管理子系统、后勤子系统，为调整和改进课程与产品以使其更符合学习者和市场需求提供依据，并为改进和优化管理机制、服务流程、资源配置提供依据，另一方面需要用学习者能够理解的语言向学习者介绍和解释课程、技术平台与工具、服务流程与标准、机构制度与政策等。上述工作决定了学习支持系统需要同时与学习者和在线教育系统其他子系统保持良好、密切的互动和沟通，以增强其对学习者和在线教育系统其他子系统的理解，准确传达和解读需求或规则，从而增强学习者与在线教育系统之间的相互理解，提升在线教育系统对学习者个性化需求的适应能力以及学习者的学业满意度。

学习支持系统的交互性特征要求在进行其规划与设计时考虑如何有效设计帮助学习者了解机构、课程与服务的导学服务与信息服务，高效的学习者反馈和调查机制，以及学习支持系统与其他子系统的沟通机制，能够将双方的需求及时、准确地传达给对方。此外，学习支持系统还需要具有较强的对需求与问题的挖掘能力，基于学业和学习过程数据挖掘出学习者的潜在需求，及时发现和诊断课程与产品、服务、管理方面的问题。

4. 数据驱动

在更注重个性化需求和精准服务的“互联网+”时代，数据驱动已经成为在线教育系统的重要特征，这一特征在学习支持系统中更加突出。以学生为中心、动态生成性、交互性的特征使得学习支持系统的有效运作必须依赖于对学习者数据、学业过程、课程学习过程数据的及时追踪、深入挖掘和科学建模。在“互联网+”时代，学习支持面临着提供大规模个性化支持服务的挑战，凭借服务规范和个人经验的人工服务时代因为其较高的成本和有限的服务效率已经过去。智能化的服务技术将成为学习支持的主要服务方式，如课程、资源、教师的个性化推荐服务和智能学伴、智能导师、智能学习环境等。此外，随着在线教育系统具有更强的开放性，可能会有更多社会机构与个人加入到学习支持供给中，通过用户数据和需求数据实时调控和配置相关服务、通过服务数据实时监控和评估相关服务的需求也更加强烈。

数据驱动的需求与特征要求学习支持系统在规划与设计时能够全面分析数据采集与分析需求，将有关需求反馈到在线教育系统的数据信息子系统，建立服务流程和业务与数据系统的关联，将服务流程和业务的有关决策建立在数据分析的基础上。根据不同学习支持服务提供方和服务对象的需求，设计有效的数据采集与分析方案和可视化交互分析报表，以支持服务供给与消费的多种数据分析需求。

第二节　机构学习支持系统规划

学到现在，你应该可以列举出很多学习支持服务元素，如学校的基础设施、仪器设备、教师的辅导、咨询服务、先前学习评估、学分转换、考试、图书馆、个性化的交互和应答、信息管理、学习资源的提供……似乎我们还可以继续列举下去。在这些学习支持服务元素中，有些是课程学习所需的指导与辅导，有些是为了解决学习者对在线教育运作方式或管理规则不熟悉而遇到的问题，有些是为了帮助学习者克服因为学习时间、条件或资源不足而导致的学习障碍。在第三章的学习中，我们归纳出两大类学习支持及其典型服务，这两大类学习支持发生在课程教学和在线教育院校或机构服务两个层面，我们将其定义为学术性支持和非学术性支持。

尽管遵循相似的学习支持分类框架，每个在线教育机构的学习支持体系仍然各具特色。一方面在线教育机构的课程或产品服务需求会存在差异，另一方面，在满足个性化需求上，学习支持服务的投入可以是无限的，这对于资源有限的在线教育机构而言并不现实。机构需要根据其服务目标、已有资源等因素进行取舍，将有限的资源投入到能够产生最大价值的支持服务中。本节，我们将学习如何规划机构层面的学习支持系统，包括需要考虑哪些因素、规划的关键流程以及相应环节需要思考的问题与可借鉴的方法。

小节目标

1. 能够描述规划机构层面学习支持系统需要考虑的因素。
2. 能够描述机构层面学习支持系统规划的基本环节与主要工作。
3. 能够列举学生在不同学业阶段或不同方面可能需要的支持服务。
4. 能够列举规划机构层面学习支持系统时可选择的应对资源有限问题的策略。
5. 能够描述服务组织架构、服务流程与相关角色的设计思路。
6. 能够阐述远程教育背景下技术选择的 ACTIONS 模型。

一、需要考虑的因素

对于在线教育机构而言，在规划自己的学习支持系统时应该考虑哪些因素呢？西沃特指出，市场定位（我为谁提供服务）、服务类型（我能提供什么服务）、发送系统（我怎么提供服务）、组织形象（我怎么让人家接受我的服务）、文化环境（我怎么提高我的服务）等因素通常是人们构建支持服务系统时需要考虑的（Sewart，1993）。艾伦·泰特认为，学生支持服务系统的开发是一个系统性构建的过程，学生群组特征、学科或课程需要、科技基础设施、地域、规模、系统管理六个因素都会影响到支持服务系统的构建（Tait，2000）。

• 学生群组特征是规划学习支持系统必须考虑的因素，主要包括性别、年龄、家庭地位、在职或下岗、可以自由支配的收入、教育背景、地理位置、语言、种族和文化特点等。

• 学科或课程需要也是构思学生支持服务首先要考虑的因素，它关系到教学和评估的安排。

• 科技基础设施要考虑在传递学生支持服务过程中学生使用什么技术，以及什么技术适合机构和组织。

• 地域在这里不仅是地理概念，更是一个社会学范畴。泰特认为地域包括多种因素，如郊区人口、材料运输价格和可行性、禁止外出等因素，这些因素会影响学生和导师的会谈，也可能涉及学生需求。

• 规模关系到系统提供服务的业务量、决定系统构建的方式，招生规模将影响对媒体和课程以及学生支持服务的投资。

• 系统管理要考虑中心—外围管理模式、信息流动管理、质量保证和机构预算等。

综上，我们可以将影响在线教育机构学习支持系统规划的因素归纳为五个方面：市场定位与用户、机构愿景与目标、课程或产品需求、已有资源与条件、管理与改进。

（一）市场定位与用户

在线教育机构规划学习支持服务体系时，首先应明确所要服务的对象是怎样的群体。市场定位与用户是进行学习支持构建需要考虑的首要因素，该因素与机构所要提供的核心课程或产品是什么密切相关。在线教育机构在确定其课程或产品定位时，其潜在用户群体就已经确定下来，这一群体就是机构学习支持服务所要服务的对象。在规划学习支持系统时，在线教育机构需要了解和评估潜在用户的情况，如用户的大致规模，用户的年龄、性别和地域分布，用户的工作、家庭和教育情况，用户的兴趣爱好、知识能力、学习动机与期待，用户基于课程或产品进行学习的条件与障碍，以及用户之间在上述特征方面的差异性，等等。这些特征因素对于确定学习支持服务的服务目标、服务内容及其优先级，可选择的服务方式与技术、服务组织架构都具有重要影响。

（二）机构愿景与目标

尽管用户需求是规划学习支持服务的重要依据，但是在进行学习支持服务规划决策时，在线教育机构结合其核心教育产品、市场定位与市场发展趋势所确定的发展愿景和教育服务目标，是学习支持服务规划的立足点与出发点。在线教育机构的发展愿景与服务目标有助于机构定位其核心用户群与核心需求、确定其教育产品的特色服务。机构将已有学习支持服务资源聚焦和专注于建设其特色服务，有助于在规划学习支持服务时从机构长远目标、可持续发展等视角考虑学习支持服务系统的设计与搭建。

（三）课程或产品需求

学习支持是课程或产品的基本构成，促进和支持学生基于课程或产品的学习是学习支持在育人和促进学生发展方面的核心功能。因此，分析课程或产品需求是规划学习支持服务需要考虑的核心因素，如课程材料如何传播、课程教学基于的教学方式是什么、课程学习中有哪些组织形式、课程如何评价学生的绩效、课程作业都是什么形式、课程是否需要用到一些技术工具或设备、课程教学中是否有活动需要面授场地或人员支持等。上述这些课程或产品需求都会影响机构学习支持服务体系的构建，如课程教学需要的师生比大致是多少，课程或产品需要给学习者或用户提供哪些信息支持，学习中心是否需要提供相关设备与工具支持，是否需要促进小组在线协作或小组建设，是否需要促进学习者之间的联通与内容生成，是否需要培训或支持学习者进行工具或技术的安装与使用，等等。由上可知，课程或产品需求会对学习支持服务中的媒体技术的采用、技术平台功能、人员配置、学习中心建设与服务供给等元素尤其是学术性支持服务体系产生影响，是决定机构学术性支持服务的重要因素。

(四)已有资源与条件

在构建学习支持服务体系时，用户与课程或产品需求固然重要，但是在线教育机构能够投入学习支持服务的人力、物力和财力都是有限的，难以满足所有需求。在线教育机构总是需要立足于机构的愿景与目标，根据已有的资源与条件，对用户与课程或产品需求进行取舍，确定哪些是核心需求、哪些是基本需求、哪些是可以舍弃的需求，或者选择成本效益更高的支持服务方案，如技术外包、合作服务等。此外，在进行支持服务建设决策时，在线教育机构会选择与其资源条件特色更符合的方案或项目。如具有较强技术研发力量的在线教育机构，可能会选择通过研发智能服务系统来提供个性化支持服务，而不是依赖较高的人力投入(如较高师生比或7×24小时人工响应)。

(五)管理与改进

在前面的学习中，我们已经了解学习支持并不是独立运行的系统，而是在线教育系统的一个子系统，受管理子系统的管理与调控，且需要与其他子系统进行密切配合。为此，学习支持服务系统的搭建需要从系统运行与发展的视角考虑学习支持服务的管理与改进，如了解相关子系统的运作方式，考虑如何与相关子系统进行及时、全面的信息与数据交换；如何实现管理子系统对学习支持系统运行进行全面的质量评估与质量管理，及时发现和改进现有学习支持系统的问题；如何通过技术、方法或机制创新支持在线教育系统的创新与变革等。

二、学习支持系统规划的典型流程

基于对上述因素的考虑，我们接下来进行学习支持系统的规划，可以参考这样的思路：学生需要什么样的支持服务？提供哪些服务来满足学生的需求？这些支持服务通过什么样的角色来提供？提供这些支持服务需要使用哪些媒介和方法(Thorpe，1999)？根据这样的思路，我们将学习支持系统规划的典型流程归纳为学习者用户需求分析、服务内容确定、服务组织架构与流程设计、媒介技术选择与研发四个主要环节。

(一)学习者用户需求分析

任何支持服务的规划与设计都是从了解并分析学习者需求开始的。分析学习者群组特征是要弄清楚学习者学习在线课程或使用学习产品的潜在需求与困难，思考他们可能会需要什么样的支持服务，以及为什么需要这些服务。

在线教育机构根据前期对潜在学习者的市场调查，初步了解潜在学习者的规模及其性别、年龄、地区、身体情况、家庭情况、工作情况、教育情况、经济条件、社会角色、学习条件与环境、学习时长、学习动机以及对学习结果的期待等情况，形成关于潜在学习者的整体画像与差异性的认知。在这个基础上，结合机构提供的在线课程学习或产品使用需求对学生学习基础、学习能力、学习条件、学习投入等方面的要求，分析和预估学生可能需要怎样的支持以及相应的服务规模。表 5-1 提供了一些学生可能需要的支持服务示例。

表 5-1　学生可能需要的支持服务示例

在开始学习之前	认识到他们需要学习 确定他们希望从学习中获得什么 评估他们当前的经验和能力 选择适合的在线学习课程 确定完成学习的最佳方式 适应在线学习的方式 寻找在线学习的伙伴 制订有效的学习计划 获得经济上的资助
在课程学习中	理解课程的价值与要求 学会使用课程提供的资源和工具 理解课程材料中的内容 将课程内容与他们的工作经验相结合 确定课程中的哪一部分是重点，哪一部分可以略过 与课程同学相互了解，并愿意与他们分享和讨论 有效管理学习进度，使其与课程进度保持一致 及时了解自己学习的进步与问题 知道如何改进自己的学习 能够获得一些有益的学习资源

续表

在学习评价方面	明确并理解他们将如何被评估以及评估标准是什么 学会准备计分作业、测验或考试 学会对测验或考试做好心理准备 了解教师或专家对他们的评价 学着客观评价自己所取得的进步 确定他们何时有资格参加能力测试或期末考试 根据他们的考试成绩确定接下来的安排
在解决工学矛盾上	制订学习时间表 及时获得关键的学业和学习提醒 组成学习小组，进行同伴互助与激励 改善学习技能(阅读、做笔记、计算等) 使用更加灵活方便的学习技术(移动学习) 解决因为工学矛盾而产生的学业计划调整问题 获得应对工学矛盾引发的各种问题的经验或建议 当感觉压力较大或迷茫时，获得鼓励与支持
学习条件与环境	需要舒适、安静的学习环境 需要学习设备的支持 需要协助安装有关技术工具 需要解决突发的与技术、设备使用有关的问题

对学习者的服务需求分析通常建立在对潜在学习者的构成与需求调查的基础上，在课程或产品的预报名或预售环节对潜在学习者的构成、规模及各类学习者的比重等情况的再度评估也为需求分析提供了重要依据。在该阶段，需要既了解特定用户群又具有学习支持服务经验的专业人员进行合理且深入、细化的需求分析，同时也需要邀请熟悉课程或产品学习需求的专业人员参与解释和确认课程或产品的具体需求。学习支持服务系统的设计者往往会基于一个支持服务的框架来梳理、调研以获得各种需求，如根据学术性支持或非学术性支持的分类框架梳理出课程内教学团队需要关注的支持服务需求，以及在线教育机构为支持和促进学习者顺利完成学业所要关注的非学术性支持服务需求。设计者还可以根据课程学习流程或学业流程进一步细化梳理这些需求，并将这些需求与学习者在学习认知、情感、管理方面的知识及能力局限和障碍联系起来。在该阶段，对需求的归类梳理不仅会促进分析者思考学习者为什么会需要这样的支持，从而挖掘根本需求，也会为后续设计服务框架与项目提供依据。此外，细致的需求分析会对学习者所需要的支持服务进行优先级的排序，以便于后续确定和设计服务项目时参考。

尽管基于系统的市场需求调研与前期预报名或预售环节的调查可以提前对学生所需支持服务进行合理估计，作为搭建学习支持服务框架的依据，但是对学习支持服务需求的分析和评估并不是一次性的，需要不断更新对实际学习者的服务需求的认知。这是因为：一方面，实际学习者用户群体的需求可能和最初对潜在学习者的需求的评估结果存在差异，如规模差异(某类人群比预想的多)等；另一方面，前期评估缺乏基于学业或学习过程性数据的对需求的精准挖掘。因此，需要在线教育机构根据实际学习者用户信息及其学习与服务应用数据、用户反馈的意见，反思和更新已有的需求分析结果，以确保所定义的支持服务需求建立在对学习者的特征、需求和困难的全面、准确和不断更新的认知的基础上。

(二)服务内容确定

完成学习者用户需求分析之后，接下来要从机构愿景与目标出发，结合已有的服务资源，对需要提供哪些支持服务以及由谁提供支持服务进行设计与决策。在本节第一部分，我们学习了规划和设计学习支持服务需要考虑的因素。学习者用户需求分析环节重点考虑的是市场定位与用户、课程或产品需求两个方面，本环节则需要综合考虑机构愿景与目标、已有资源与条件等因素，对需求分析定义的学习者支持服务需求进行筛选、取舍、细化、整合等设计，最终确定机构的服务内容与项目。

首先需要根据机构愿景与目标对需求分析定义的服务需求进行评估，确认哪些服务需求和机构愿景与目标保持一致，哪些已经偏离。任何在线教育机构都无法满足学习者的所有需求，都会立足于其服务目标，在需求与资源之间寻求合理的平衡点，突出其服务特色。一种做法是将和机构愿景与目标不太符合的非关键性或小众服务需求舍弃，把重点放在和机构愿景与目标一致的服务需求挖掘和服务设计上。如某机构致力于提供高品质的线上个性化学术性支持，那么就可以酌情舍弃专项情感咨询、就业辅导、学习场地服务等不是特别核心的非学术性支持服务，将更多资源投入到个性化学术性支持服务项目与技术的开发中。

筛选出和机构愿景与目标更贴合的需求后，进一步根据已有服务资源和技术研发力量确定服务内容与项目，并设计有效的服务供给。在该环节，设计者需要考虑如何设计服务内容与项目才能最大化利用现有的人力、物力、财力等服务资源与研发力量来满足核心需求，首先评估满足核心需求会需要怎样的投入。例如，需要在多少地区搭建线下学习中心？需要构建怎样的呼叫中心系统？需要哪些角色和多大规模的支持服务人员？是否需要技能的测评服务？需要怎样的技术研发投入(如手机应用、智能系统、学习报表系统)？之后，进一步根据现有服务资源与研发力量，判断其是否支持理想的服务内容与项目设计，分析在资源紧张的情况下是否存在成本效益更高的服务项目选择，以及有些核心需求是否缺乏足够的服务资源与技术力量支持。

在该阶段，服务投入成本与效益是机构需要考虑的关键问题。在现有服务资源与研发力量有限的情况下，有如下策略可以选择。

1. 分期规划

综合学习者需求和机构愿景与目标，根据现有服务资源与研发力量对学习支持服务体系的搭建进行分阶段的规划。在短期规划中将现有服务资源与研发力量投入核心服务需求，并规划在中长期如何不断优化，将短期规划中未能关注的服务需求在中长期规划中逐步建设和完善。

2. 外包或合作

对于那些需要满足的重要服务需求，如果缺乏现有服务资源研发力量，可以选择技术服务外包或者合作的方式来控制服务投入成本。例如：与在线教育公共服务机构合作，请他们承担非学术性支持服务项目；与第三方技术公司合作，请他们研发相关支持服务工具与系统；将测评服务外包给专业教育测评机构等。

3. 应用智能技术工具

依赖于人工方式实现的传统个性化支持服务往往需要较高的成本投入，其边际成本也很高，也就是每增加一名学习者所需要增加的成本会比较高。研发智能或自动化服务技术将有效解决服务规模增加带来的成本投入增长问题。基于学习者和在线学习丰富的数据挖掘研发个性化自动推送或智能服务工具，成为当前越来越多的在线教育机构提升服务质量与成本效益的选择。

4. 建设学习者社区

学习者本身就是非常重要的支持资源，他们之间可以分享各种有益的经验和资源，相互支持，解决认知、技术、情感、个人等各类问题，并有助于归属感、学习自信、成就感、快乐等积极学习情感体验的产生。因此，搭建友好易用的学习者社区平台、建设有效的社区机制与文化、激励和促进学习者互惠互赖、形成自组织的同伴支持网络，是有效的支持服务策略。

（三）服务组织架构与流程设计

确定服务内容后，接下来需要考虑由谁来提供这些服务，以及如何组织服务内容的供给，包括宏观层面的服务供给组织架构设计和具体的服务流程与角色设计。

1. 服务供给组织架构设计

在线教育机构需要根据服务需求以及服务资源和研发力量搭建合理的支持服务组织架构。在第四章的机构模式中，我们曾经介绍过经典的学习支持服务机构模式通常都包含了两级到三级组织架构来提供服务，即总部与地方学习中心，或总部、地区中心与地方学习中心。在这类组织架构中，学习中心与地区中心主要给学生直接提供一些线上难以有效实现的线下服务，包括面授活动组织、资源和设施服务、学生活动组织与场地服务等。在线教育机构需要根据学习者的地区分布情况以及现有资源考虑地方服务机构网络建设的方案，如在哪些地区建设学习中心，是否需要地区中心来实现对学习中心的管理，学习中心采用怎样的方式来建设(是自主建设、合作建设还是租用场地等方式)，总部将管理学习中心的职能放在哪个部门等。

当在线教育机构缺乏学习中心建设与运营资源时，也可以考虑与提供在线教育公共服务的机构合作，请他们的学习中心承担学生线下服务等相关支持服务工作，这样就不必建设和管理学习中心。

也有一些在线教育机构主要通过网络来提供服务，线下服务项目较少。这类机构的组织架构设计主要集中在对支持服务部门的设置与分工上，如果临时有一些线下服务活动，可能会通过租用场地或与第三方服务机构合作等方式来实现。随着互联网、大数据与云计算等相关技术的发展，线上可以支持的服务项目与活动越来越多，地域不再成为提供支持服务的主要影响因素，在线教育机构可以减少对地方学习中心的依赖，学习中心则主要聚焦于提供真实学习体验、面对面的学术与社会互动等需要实际参与的服务活动或项目供应。与此同时，面对个性化需求不断增加的多元化用户，邀请第三方教育机构加入提供有关服务，或通过社会化协同开展支持服务的组织方式将会越来越多。

通常机构内部的支持服务部门设置会将学术性支持服务与非学术性支持服务的职能部门分开，学术性支持服务的职能部门主要关注课程教学组织与实施过程中的支持服务管理、组织、运行等业务，非学术性支持服务则往往由多个职能部门分担，如学生事务中心、数字化资源部、技术服务部、招生宣传部等。不同机构的支持服务部门设置会因为其核心业务流程与组织架构不同而存在差异。

2. 服务流程与角色设计

确定服务供给组织架构后，需要基于服务需求与组织架构进一步设计各项服务的供给流程以及相应流程中所需要的服务角色。该环节的设计不仅要确定各项服务经由哪些途径、角色、部门或机构提供给学习者，而且要确定各项服务启动的时机与条件，比如是在学业周期的特定阶段提供，还是学生申请获得，或是当学生被诊断出学业困难或障碍时获得。在该环节的设计中，在线教育机构需要充分考虑用户对服务申请与获得方式的偏好和倾向，以及如何通过流程规范与角色职能明细来确保服务的质量，即需要同时兼顾服务效率与品质。

学习支持服务角色分析与设置是学习支持服务设计的重要工作，在该环节需要确定角色职能、工作要求、能力要求与岗位需求。服务角色本质上是服务职能，即相关服务工作的组合。在对不同情境下服务流程的设计过程中分析和确定学习支持服务相关角色，实质上就是对支持服务职能与工作的梳理和分析。服务角色的有效设置将会优化服务流程、提升服务质量。实践中，较为典型的支持服务角色包括课程辅导教师、班主任、学习顾问、图书馆馆员、咨询服务人员、学习评价教师、远程接待人员等。

不同机构或院校对这些人员的角色岗位设置或组织归属可能有一定差异，但基本工作职责有相似的地方。需要注意的是，在支持服务角色的分析与设计中，在线教育机构需要充分重视学习者的同学、家人、朋友或者同事，思考如何充分发挥这些角色在相应服务中对学习者的支持作用，并激励或帮助学习者获得这些角色的支持。

不同角色的支持服务人员需要具备不同的专业背景与能力要求。例如：辅导教师需要具有相应课程学科领域的专业背景与教学经验，班主任需要具有较强的亲和力、组织能力、倾听与移情能力、沟通能力和问题解决能力等，学习顾问需要具有丰富的学习支持服务经验、沟通与咨询服务技巧、问题诊断和解决能力等。在进行角色设计与工作分析时，需要界定每个角色应具备的基本与核心专业能力，为相关角色的聘用提供依据。

随着人工智能技术的发展及其在教育中的应用，各类智能代理逐渐成为越来越重要的在线学习者学习支持服务角色。这些代理基于对学习者数据的智能化动态采集、挖掘和分析，向学习者提供各类个性化的支持服务，如以激励动机、信息服务和情感关怀为主要职能的智能学伴代理，以答疑解惑为主要职能的智能助教，以一对一学习辅导为主要职能的智能辅导教师等。

(四)媒介技术选择与研发

基于什么媒介技术与方式来提供服务是确定服务组织架构与角色后需要考虑的问题。在线学习支持服务的供给方式可以归为两类，一类是基于人际互动的服务，另一类是基于技术的自动化或智能化服务。

基于人际互动的服务是远程教育学习支持服务的传统服务方式，相应服务角色与学习者通过面对面或借助通信技术进行互动的方式向学生提供有关服务，如传统导师制中导师对学生的指导、课程学习中的答疑解惑、班主任与沉默学生的沟通、学业咨询服务等。基于人际互动的服务是学习支持服务中体现服务人性化的有效途径和不可缺少的服务方式，在学术辅导、情感支持、动机激励方面具有不可取代的作用。通信技术与人际互动技术和工具的快速发展使得在线人际互动的便捷性、灵活性与互动体验显著增强，学习支持服务可以以较低成本整合社交软件、会议系统、呼叫中心等技术，实现基于人际互动的服务。尽管在线人际互动的体验越来越好，但是在一些情境下，面对面互动在激励认知、情感和行为投入方面仍然是最好的选择。如在课程学习之初，面对面的课程导学活动可以快速建立良好的师生关系，激励学生的学习热情与动机。

基于技术的自动化或智能化服务是在线学习支持服务中应用越来越多的服务提供方式。相比传统远程学习，基于各类在线教学平台和个人学习空间的在线学习能够记录更丰富和完整的学习者数据和学习过程数据。在数据挖掘技术和理论建模的支撑下，这些数据可以转化为学习支持服务所需要的服务需求与服务内容，实现预警式、自动化、个性化的支持服务，例如学业预警服务、信息推送服务、资源推荐服务、自适应测评服务、智能文本或语音问答服务、智能辅导服务、自动选课服务、专业推荐服务等。基于技术的自动化或智能化服务能够有效解决以传统人工方式提供个性化服务的高成本投入问题，实现大规模的个性化服务目标。

在线教育机构在服务媒介与方式的选择与设计上需要综合考虑服务需求特征、服务内容特性、已有技术条件与成本等多重因素，托尼·贝茨提出的远程教育背景下技术选择的 ACTIONS 模型为在线学习支持服务媒体技术的选择提供了重要的依据（Dron，2014）。贝茨认为，应该按照可获得性、成本、教与学、交互性和用户友好性、组织因素、创新性、速度的顺序考虑对技术的选择。

• 可获得性：学习者无法获得的技术将没有任何价值。学习者是否能够获得相应媒体技术应该是媒体选择需要考虑的首要因素。可获得性并不是简单地指技术或设备是否可以获得，还要看是怎样获得的。在线教育机构应优先选择学习者能更方便地获得的支持服务技术。

• 成本：技术的购买、研发与运行需要投入多少资金是在选择媒体技术时接下来要考虑的因素。在资金有限的情况下，昂贵的技术即便具有较强的性能也只能舍弃。成本效益是从机构视角考虑的重要因素。

• 教与学：技术在多大程度上能够有效支持预期的或内隐的教学需求？在满足特定教学需求方面，总有些技术要比其他技术更合适。

• 交互性和用户友好性：该技术是否能够支持学习者与内容、教师与其他人进行互动？

• 组织因素：应用该技术会对机构组织提出哪些新的需求或在机构组织内部存在怎样的障碍？这里涉及特定情境下的多个维度和多个系统因素。

• 创新性：该技术的创新性怎么样？是新技术吗？体现了技术的发展趋势吗？创新性因素提醒设计者考虑对先进技术的整合，选择先进技术增加了技术应用的可拓展性与可持续性。

• 速度：该技术能够以多快的速度来创造和改变服务？

第三节　课程学习支持的设计

课程学习支持是大部分在线教育机构的学术性支持服务的核心，尽管在规划机构层面的学习支持服务体系时考虑了机构各类课程教与学的需求，但是只能确保机构层面的学习支持服务体系为课程学习支持提供人员、设施、技术、环境等基础支撑，还需要课程教师、教学设计者和有关辅导教师结合具体课程教学的需求以及学习者特征对其进行详细设计。这个设计过程实际上是课程教学设计的一部分，是面向学习过程和学习需求的更细化的设计，聚焦于如何支持、促进和优化课程学习。本节，我们将学习课程学习支持的设计，主要围绕课程辅导活动和促进学习两方面的设计进行介绍。

小节目标

1. 能够描述课程学习支持服务与机构支持服务体系之间的关系。
2. 能够简述课程辅导活动设计的三个核心任务。
3. 能够简述课程辅导方案设计的主要工作。
4. 能够简述学习活动细化设计的主要工作。
5. 能够简述师生互动、自主学习活动细化设计的要素与相关要点。
6. 能够简述课程学习支持人员从哪些方面筹备促进学习的工作。
7. 能够阐述绩效目标动机与学习目标动机激励的差异。
8. 能够简述课程学习社区的作用及其构建方法。
9. 能够阐述学习反思对在线学习者的价值以及促进反思的方法。

一、辅导活动设计

课程辅导活动是在线课程学习过程中由教师组织开展的教学、学习指导与支持活动，既包括预先设计好的师生互动活动，如研讨活动、小组活动、答疑辅导等，也包括教师对自主学习活动的指导和支持，以及教师根据实际学习情况临时调整、组织的教学活动。课程辅导活动大多面向学生个体或群体的个性化学习需求，这使得它很难在课程设计之初进行统一、详尽的设计，往往需要由辅导教师面向特定地区或班级的学习者在课程教学大纲的基础上进行更细化的设计。课程辅导活动设计包括制订辅导计划、细化设计学习活动、设计学习追踪与分析三个核心任务，这三个任务体现了课程辅导教师根据具体学习者需求以及学情的动态变化对课程教学设计方案的细化设计，从而使课程教学设计更好地适应真实的学习者群体的具体需求，确保教学目标的有效达成。

(一)设计整体辅导方案

课程教学设计方案尽管建立在对课程学习者群体的整体分析之上，但是面向特定地区或班级等具体学习者群体时，它很难直接作为教学辅导方案，需要辅导教师结合自身教学经验、根据具体学习者需求进行细化设计。制订辅导计划是影响辅导活动效果的重要环节，一方面将标准化的教学设计方案转化为更符合特定学习者群体学习需求的辅导方案，另一方面也促进辅导教师对辅导工作行动方案进行提前规划。

辅导教师需要首先熟悉和理解课程教学大纲以及设计方案中关于课程目标、内容、资源、学习平台、教学活动和学习路径、学习评价方案等方面的分析，深入了解所辅导学习者群体的情况，如学习者人数、教育背景、家庭和工作情况、学习条件、学习基础、学习期待与差异等；之后结合在线教育机构提供的课程学习支持服务资源、设施与项目，制订有效、可行的课程辅导计划。课程辅导计划是辅导教师在教学大纲基础上整合其个人经验与教学艺术的过程，也是确保课程预期学习效果的关键过程。对于以地域为节点的支持服务体系而言，它也是教学设计方案的本土化过程。制订辅导计划的主要工作包括(李爽、喻忱，2015)：

• 分析课程教学大纲重难点，反思其对所辅导的学习者而言是否需要调整。

• 结合重难点分析各教学单元的学习活动，初步设计相应单元学习活动的辅导任务，选择有效的辅导策略与技术，尤其是重难点的辅导策略与技术。

• 根据辅导需求，计划和安排课程的面授辅导与在线辅导活动，确定面授辅导与在线辅导的初步实施方案，包括辅导时间、辅导环境(辅导场所或在线环境)、辅导前准备工作、辅导活动所需的部门或人员支持等。

• 根据课程学习评价要求，并充分考虑辅导的重难点，对课程学习的形成性评价进行优化调整，制订能够更好地激励和促进学习投入的形成性评价方案。

• 根据辅导计划，确认课程辅导所需辅导资源，如设施、场地、技术工具、人员等，并制订准备和落实资源到位的计划。

• 制订课程辅导的关键时间表，这个表可以提醒辅导教师把握关键辅导活动、反馈学习评价及相关重要时间点。此外，基于这个表，辅导教师还可以制订提醒学习者准备和参加相关辅导活动的课程学习时间表。

在制订辅导计划时，辅导教师需要提前规划和确定辅导活动开展所需的特殊环境与条件，尤其需要提前确认面对面辅导活动的需求，因为面对面辅导活动往往需要提前协调场地、设施、人员等资源。

如何才能合理安排面授活动呢？面授活动较多将影响在线教学的灵活性，但在条件允许的情况下，适当的面授活动将对激励学习动机、形成积极学习情感、提升学习成效具有显著作用。在线活动与面授活动在教学和促进学习方面各自具有独特的优势，理解这两种辅导方式所适合的学习活动将有助于辅导教师更好地选择和应用它们。

面对面环境容易激发更强烈的学习情感、拥有更真实的临场感、获得更及时与完整的教学反馈，因此在促进师生关系建设、让学生感知教学存在、建立学生的社会存在感、创设学习环境与情景、组织以头脑风暴和观点碰撞为目的的师生互动等方面有着在线辅导难以比拟的优势。在线环境为教与学都提供了更加灵活的方式与充足的时间，所以在引导系统学习和探究学习、促进深入研讨和反思学习、提供个别化辅导、给学生提供持续性关注等方面具有优势。根据上述分析，我们可以列出一些分别适合两种辅导方式的活动示例，具体见表 5-2。

表 5-2　面授活动与在线活动示例

适合面授辅导方式的活动	适合在线辅导方式的活动
• 课程导言 • 构建师生关系的关键节点活动，如第一次与教师和同学的相互认识等 • 小组建设的关键节点活动，如组建小组活动、小组问题解决等 • 重难点辅导 • 需要创设情景的探究学习课堂辩论 • 与重难点目标相关的在线教学交互活动的深化、成果交流与总结 • 与重难点目标相关且缺乏在线环境支撑的实验与实践活动	• 新单元学习的引导(学习重难点、方法、时间) • 有线索的师生和生生交流，组织与促进小组的学习，对学生学习参与度和进度的监控，在合理诊断的情况下给学生提供的个别化辅导 • 在合理诊断的情况下对教学做出的及时调整(补充知识、增加教学交互等) • 组织与引导学生间的互助 • 为学生提供或推荐更有效的学习资源 • 让学生感受到教师对其的持续关注

(二)细化设计学习活动

在课程教学设计中，对学习活动的设计通常只是对活动目标、要求的初步设计。在实际教与学的过程中，最初设计方案中的师生互动活动、学生自主学习活动都可能需要根据实际学习者情况、辅导条件、学习条件进行更详细的设计甚至局部调整，使其更好地适应特定学习者群体。细化设计学习活动是课程辅导教师从实际学习者和辅导条件出发来设计有效、可行的教学与学习支持方案的过程，而细化设计确定的学习步骤和提供的学习资源、学习建议将为在线学习者带来有益的学习脚手架。

接下来分享的 cMOOC 课程学习周报设计案例，是课程教师在实际教学过程中对当周学习活动的细化设计的实例。在这个案例中，课程教师根据 MOOC 课程以周为基本教学步调的学习特征，通过学习周报来支持学习者每周的在线学习。

案例分析：cMOOC 课程学习周报设计案例

MOOC 课程通常是以周为基本教学步调的大规模在线课程，教学内容与活动按周更新。对于那些希望按照基本教学步调进行 MOOC 学习的学习者而言，课程如果每周都能提供本周学习安排、建议、资源等方面的架构素材，将对他们非常有用。

由北京师范大学陈丽教授团队主持的 cMOOC 课程“‘互联网＋教育’：理论与实践的对话”，就是基于上述考虑设计了课程学习周报，为学习者提供每周学习的指导。

课程每周都会发布当周的学习周报，周报中包含了五方面的内容：

1. 本周主题内容引导

介绍本周所要学习的主题内容及其与以往学习内容的关系，主要意图在于说明当周内容的学习价值，激发学生学习兴趣，帮助学生建立其与已有学习内容的关系，引导学习者的知识建构。

2. 本周主题学习目标

呈现本周学习目标，并同时呈现本周内容所属大主题的学习目标，主要意图在于让学习者明确本周学习目标及其与大主题学习目标的关系，以支持学习者进行学习的目标管理与反思。

3. 本周直播预告

呈现课程本周直播活动的主题、主持人、参与嘉宾、嘉宾发言内容、时间等信息，并附上往期该主题课程直播介绍与链接，帮助学生提前做好直播学习的准备。

4. 本周学习任务

首先根据时间线呈现本周每天的学习任务，然后按照任务分类呈现任务参与要求或链接(见图 5-4)。如在本周论坛讨论活动分类中，学生可以看到本周讨论的话

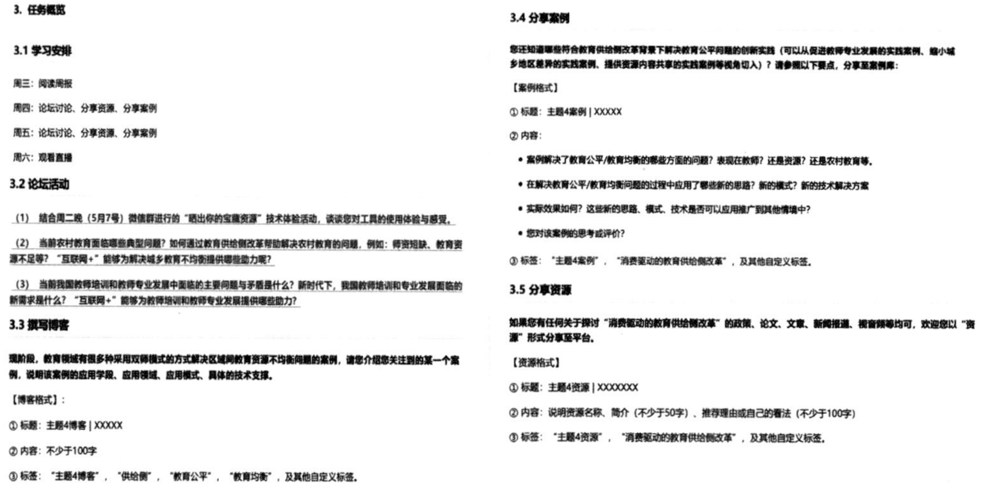

3. 任务概览

3.1 学习安排

周三：阅读周报

周四：论坛讨论、分享资源、分享案例

周五：论坛讨论、分享资源、分享案例

周六：观看直播

3.2 论坛活动

（1） 结合周二晚（5月7号）微信群进行的“晒出你的宝藏资源”技术体验活动，谈谈您对工具的使用体验与感受。

（2） 当前农村教育面临哪些典型问题？如何通过教育供给侧改革帮助解决农村教育的问题，例如：师资短缺、教育资源不足等？“互联网+”能够为解决城乡教育不均衡提供哪些助力呢？

（3） 当前我国教师培训和教师专业发展中面临的主要问题与矛盾是什么？新时代下，我国教师培训和专业发展面临的新需求是什么？“互联网+”能够为教师培训和教师专业发展提供哪些助力？

3.3 撰写博客

现阶段，教育领域有很多种采用双师模式的方式解决区域间教育资源不均衡问题的案例，请您介绍您关注到的某一个案例，说明该案例的应用学段、应用领域、应用模式、具体的技术支撑。

【博客格式】：

① 标题：主题4博客 | XXXXX

② 内容：不少于100字

③ 标签：“主题4博客”，“供给侧”，“教育公平”，“教育均衡”，及其他自定义标签。

3.4 分享案例

您还知道哪些符合教育供给侧改革背景下解决教育公平问题的创新实践（可以从促进教师专业发展的实践案例、缩小城乡地区差异的实践案例、提供资源内容共享的实践案例等视角切入）？请参照以下要点，分享至案例库：

【案例格式】

① 标题：主题4案例 | XXXXX

② 内容：

- 案例解决了教育公平/教育均衡的哪些方面的问题？表现在教师？还是资源？还是农村教育等。
- 在解决教育公平/教育均衡问题的过程中应用了哪些新的思路？新的模式？新的技术解决方案
- 实际效果如何？这些新的思路、模式、技术是否可以应用推广到其他情境中？
- 您对该案例的思考或评价？

③ 标签：“主题4案例”，“消费驱动的教育供给侧改革”，及其他自定义标签。

3.5 分享资源

如果您有任何关于探讨“消费驱动的教育供给侧改革”的政策、论文、文章、新闻报道、视音频等均可，欢迎您以“资源”形式分享至平台。

【资源格式】

① 标题：主题4资源 | XXXXXXX

② 内容：说明资源名称、简介（不少于50字）、推荐理由或自己的看法（不少于100字）

③ 标签：“主题4资源”，“消费驱动的教育供给侧改革”，及其他自定义标签。

图 5-4　cMOOC 课程学习周报中的任务设计示例

题，且可以直接点击进入话题讨论；在本周撰写博文分类中，学生可以看到博客格式要求等。本周学习任务给学习者的学习搭建了清晰的框架，让学习者不仅可以明确本周每天的学习活动及其要求，而且可以方便地参与到相应活动中。

5. 本周推荐资源

向学习者推荐与本周主题相关的文献、网络资源以及课程学习者分享或原创的内容。其中，课程学习者分享或原创的内容又进一步分为博文、案例和其他资源三类。学习者在该栏目下可以直接下载文献或点击网络资源链接、课程学习者分享或原创的内容链接，获取相应资源。

从上述的周报设计案例中可以看出，教师不仅明确了当周直播教学活动的具体安排，而且将学生的学习任务安排规划到每一天，这在课程教学设计环节很难完全预设。实践中，对辅导活动的细化设计主要聚焦于两类活动，即师生互动活动与自主学习活动。

1. 师生互动活动细化设计

师生互动活动是在线教学的重要活动类型，如直播活动、在线答疑、在线研讨、小组学习等，是引导和促进学生理解课程内容、促进学生间观点与经验分享、发展学生的批判性思维等高阶思维能力的有效途径，深层次互动还将促进知识的共建与创新。然而，大量的研究表明，在缺乏有效引导的学生互动中，个体的认知投入与群体的协作知识建构水平都非常有限(Onrubia & Engel，2009；李爽、汤琦、王辞晓，2014)。因此，促进师生互动尤其是激励学生投入度、引导深层次互动，需要精心设计。师生互动活动细化设计的要素与相关要点如下(李爽、喻忱，2015)。

• 活动主题：从教学目标出发，结合学习者的背景与经验，确定本次活动的主题是什么，并将主题以学生理解的方式表述出来。

• 主题情境：创建能够吸引学生参与互动的主题情境。主题情境赋予主题更多的现实意义，如以案例、问题、任务等方式引出互动主题。

• 互动方式：根据互动主题特征和线上与线下互动的优势，确定是面对面、在线还是线上线下融合的互动。

• 互动组织形式：综合考虑不同规模互动的特点以及互动话题的分解与综合需求，从配对、小组和班级互动等组织形式中选择一种或多种。

• 活动步骤与关键互动节点：设计学生完成该互动任务需要遵循的活动步骤，尤其要考虑设计一些促进深度互动的步骤(如寻找观点差异、观点分类等)。之后，分析出直接影响互动效果的关键节点，从而为引导互动提供依据。

• 活动时间计划：充分考虑不同方式与组织形式下深度互动所需的时间，制订出较为合理的互动活动时间。

• 活动资料：选择和整理能够促进学生深度互动的阅读资料，既包括能够帮助互动形成共同理解起点的前期阅读材料，也包括在活动过程中帮助消除偏见、分歧或帮助分类与总结观点的阅读材料。

• 活动支持工具：设计开发出一些能够促进较高认知投入和高质量交互的认知工具，如观点整理表、观点对比韦恩图等。考虑在关键节点所需支持工具的设计。

• 活动成果：明确互动活动的最终成果是什么，描述出成果的具体要求：是个人成果还是小组成果，是表述观点的论文、学习反思、构想还是行动方案等。

• 活动评价：设计能够合理评价并有效激励学生活动绩效的方案，包括该活动在整个课程学习的形成性评价分数中所占比例、评价内容、评价主体、评分标准与量规等。

2. 自主学习活动细化设计

自主学习是在线学习的主要方式，但它对绝大多数学习者而言是一个挑战，他们在自主学习中会需要认知、情感、管理等方面的支持。为了能够给学习者的自主学习提供有力支持，根据实际学习者的情况细化设计自主学习活动非常必要。尤其是细化设计那些对学生具有更高认知挑战的自主学习活动(如探究、实践反思活动等)，为学生的自主学习提供及时激励与学习框架。自主学习活动细化设计的要素与相关要点如下(李爽、喻忱，2015)。

• 自学任务及其要求：分析课程最初教学方案中对相关自学任务的要求，在保持学习目标不变的基础上，从所辅导学习者的实际情况出发，设计更符合学习者需求的自学任务及其要求。在该环节，需要通过设计帮助学生建立自学任务与其课程学习或实际生活的相关性，从而更好地激励学习者参与到自学任务中。

• 任务步骤与时间：分析任务目标与学生特征，设计出学生完成自学任务所需要的关键步骤以及时间。

• 任务所需资料：设计完成任务本身所需的阅读资料、实验或实践材料。

• 任务脚手架：提供给学生各种类型的帮助，使他们完成一项无法独立完成的任务，是辅导教师对学生学习支持的主要体现。脚手架设计是在学习者分析与任务分析基础上，设计本地学习者完成该任务可能需要的认知的、情感的、技能的等多方面支持服务，如促进认知的工具、同伴互助、教师引导等。还需要关注元认知脚手架的设计，如帮助学生制订计划、提供策略建议等。此外，该要素的设计中还要兼顾学生差异。

• 任务成果：明确自主学习活动的最终成果是什么以及相关要求，最好能够给出相关成果范例。

• 活动评价：设计能够合理评价并有效激励学生学习绩效的方案，包括该活动计分占比、评价内容、评价方式、评价主体、评分标准与量规等。

（三）设计学习追踪与分析

学习者的多样性和差异、学习过程的动态变化，都增加了教学设计的难度。教学与辅导活动都很难被完全预设，相当比重的教学是教师在与学习者的互动中生成的。辅导教师需要能够及时捕捉到被教学方案忽略且有价值的学习需求，准确诊断学生的学习问题，并根据诊断快速调整原有教学策略和活动，制订出更有效的教学方案。这些教学生成有赖于教师敏锐的观察力、丰富的教学经验和精准的判断力，也有赖于教师对于学情的准确把握。

在实际教学过程中，教师需要实时监控学习过程与进展，及时发现和诊断学习问题，并基于此调整与优化最初的教学进度与策略。而辅导活动的一个重要作用就是在教学大纲的基础上根据实际学情动态调整与优化最初设计方案，以提升教学的适应性，实现因材施教。

为此，在最初的学习支持设计中，需要提前考虑如何追踪学习过程，包括：分析体现学习绩效和投入的指标有哪些、这些指标如何测量，进而确定采集和监控哪些学习数据；设计数据分析的视角与方法，如整体学情的分析、具体指标对比分析和动态演变分析、不同学习者学情的对比分析等；对学习绩效或投入的达标要求、预警基准等进行设计等。实质上，该环节是对学习分析的提前规划与设计，为实际教学基于学习过程的动态监控和评价进行调整、优化和生成做好了准备。

实践中，越来越多的在线课程将对学习者学习过程的分析纳入到课程设计与教学实施的环节中。在课程设计之初，就会提前设计对教学评估与改进、学习支持有用的数据及其分析方法，以支持教学的动态调整与优化。我们仍然以 cMOOC 课程“‘互联网＋教育’：理论与实践的对话”为例，该课程的学习分析功能支持教师对学生画像的分析，对各个主题学习活动参与度与互动情况进行可视化分析，为教师评估教学、诊断教学问题、优化教学提供了有益的支撑。图 5-5 是 cMOOC 课程“‘互联网＋教育’：理论与实践的对话”对学生及其学情分析的功能页面截图，课程支持对学生来源、兴趣以及学习行为投入、活跃时间、内容生成等方面的分析，为教师了解学习者以及课程学习投入与偏好等提供了有力支持。

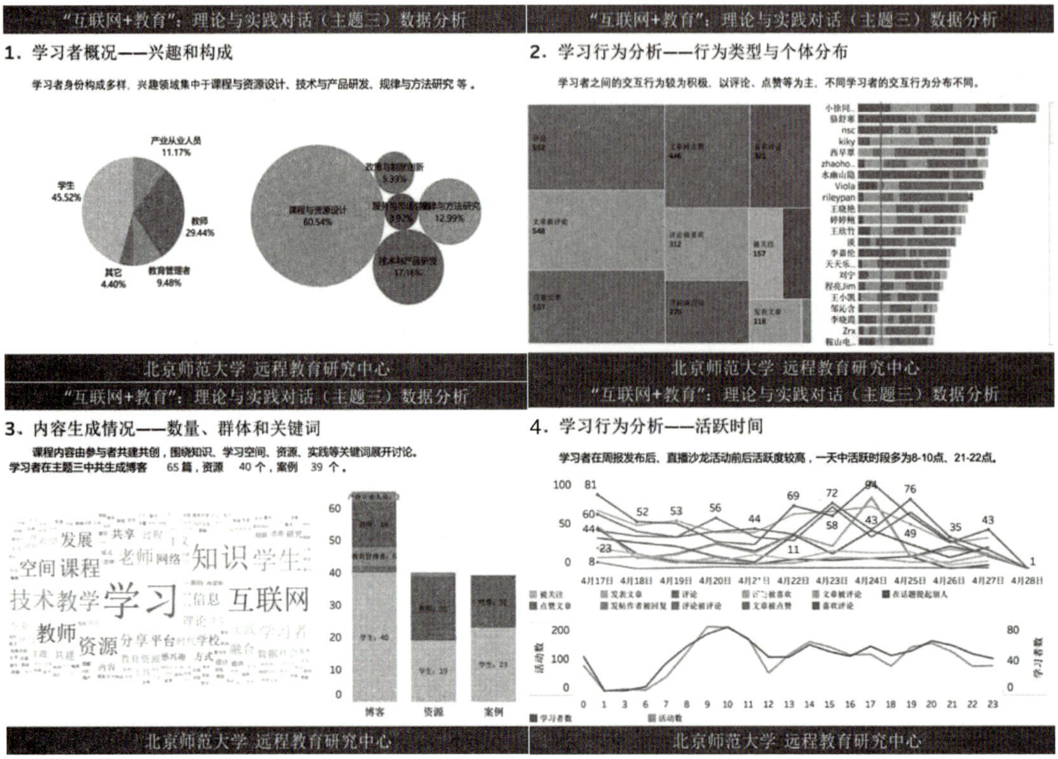

图 5-5　在线课程学习分析功能实例

二、如何促进学习

促进学习是课程学习支持除了课程辅导之外的另一个非常重要的功能。课程辅导活动主要围绕对课程内容与材料的认知和学习展开，促进学习活动则更关注学习者在学习中可能遇到的技能、情感、管理等方面的困难或障碍，因为这些困难或障碍将会影响学习进展或成效，甚至导致放弃或辍学。教师可以从动机激励、资源建设、社区构建、促进反思四个方面着手促进学习的规划与筹备。

（一）动机激励机制与策略设计

激励学习者学习动机是学习支持的重要任务。在线学习者不仅会面临更多的学习压力和障碍，而且往往缺乏自主学习的能力，这些外在和内在因素将会动摇他们坚持学习的信念。由此，教师往往需要提前考虑和设计如何激励并维持其学习动机。

动机是一种驱动力（如内在状态、需求或条件）或一个驱使个体行动的目标（Elliott & Dweck，1988），是激发、保持和规范个体行为的基本心理过程（Pintrich & De Groot，

1990)。Dweck和Leggett(1988)提出的社会—认知的动机模型定义了两种动机目标，即绩效目标(Performance Goals)和学习目标(Learning Goals)。绩效目标引导个体为了获得他人对其能力的正向评价而行动，学习目标则引导个体为了提升他们的能力而行动。Dweck和Leggett(1988)进一步验证了两种不同的动机目标将会产生不同的投入模式，追求绩效目标(能力评价)将导致个体很容易陷入无助的状态，而在同样情景下追求学习目标(能力发展)的个体将会形成一种掌握导向的参与模式。

绩效目标与学习目标实质上分别对应了激励学生学习的外在动机与内在动机。如果个体参与某项活动或任务的行为受活动或任务之外的某些结果的驱动，那么其行为动机就是外在动机；而如果个体参与行为主要由活动或任务的某些特性引发并维持，那么其行为就是内在动机引发的(Remedios，Ritchie & Lieberman，2005)。从动机激励的角度来看，外在动机与内在动机在激励学生参与学习方面同样重要。内在动机虽然会促使学习者产生更高的认知投入和学习策略使用，但是激发内在动机需要较多的条件，如学习者的需求、兴趣、自我效能感和学习内容特征等，很难在课程学习之初就成功激发大多数学习者的内在动机。而获得更好的课程成绩或他人的肯定，则可能在某种程度上激励更多学习者参与到相应活动中。因此，教师在设计动机激励机制与策略时需要兼顾外在动机与内在动机的激励，并促进外在动机向内在动机转化。自我决定理论指出，外在动机可以通过不同形式的调节实现内化，这种内化可以表现为四种不同形式的动机水平调节，即外部调节、内摄调节、认同调节和整合调节（Grolnick，Ryan & Deci，1991）。其中，促进动机的认同调节和整合调节对于动机内化具有更强作用，即个体将社会认可的规则、价值观整合到自我之中，在完成相关目标或遵循规则上，具有更强的自我决定成分（衷克定、冯菲，2009）。根据社会—认知的动机模型，我们可以通过两种途径来激励和维持学习动机。

1. 绩效目标动机激励

激励绩效目标动机是通过相关机制或策略让学习者明确意识到自己在学习活动中的表现将获得更好的课程学习评价、教师或同伴评价。教师可以将与教学重难点密切相关的学习活动表现与成果纳入课程学习评价机制，以激励学习者积极参与到课程设计的重要学习活动中。尤其是在具体的评分设计中，增加需要较高认知投入的活动如讨论、自主探究、问题解决等的评分比重。评分规则也要更加细致，不仅激励学生认真参与此类活动，而且让学生明确知道如何有效参与到相关活动中。

除了课程学习评价机制，教师还可以设计一些互评互助机制、引入互动技术和工具，让学习者在学习中能够经常获得来自教师和同伴的评价、反馈或求助。例如：鼓励同伴之间的作业、博文、帖子等作品的共享或互评，让学生明确教师会定期关注和反馈其在线学习表现和在线互动内容，给学生及时推送来自教师和同伴的回复，鼓励班级同学之间互相帮助解决问题等。教师还可以将互评互助机制与课程学习评价机制关联起来，设置适当、合理的评分规则来激励同伴之间的互评互助。互评互助机制有助于学生产生更好的能力知觉和归属感，这是促进外在动机内化的两个重要因素（衷克定、赵海玲，2007）。

2. 学习目标动机激励

激励学习目标动机是通过相关机制或策略让学习者认识到自身能力提升和发展的必要性，以及学习对于其相关能力发展的重要价值。学习目标动机激励设计的重点是构建学习与学习者能力发展的关系，并让学习者充分认同学习对其自身发展的内在价值和长远价值。

通常学习目标动机激励从课程导入环节就需要开始，教师可以通过小调查、班级分享等方式了解学习者的学习动机与需求，挖掘学习者的能力发展需求，并阐述本课程对于能力发展的价值，引导学习者就通过课程学习来发展他们的相关能力达成共识。在课程导入活动中设计一些同学间的分享，包括分享学习的动机、在工作或学习中能力发展的需求、对课程学习的期待等，以促进学生形成关于通过课程学习获得相关能力发展的共鸣。

此外，课程知识应用的案例资源在促进学习者认同课程内容的价值、建立课程学习与自身能力发展的关系上具有显著的作用。教师也可以设计研发一些课程知识应用的实践案例，形成案例资源，支持学生在案例学习中体会课程知识的价值。除了教师准备的案例，还可以设计有关机制与活动来促进学习者分享学习经验与收获、围绕真实问题或案例进行研讨，如建立学生案例分享机制，或组织相关分享活动让学习者分享课程知识应用案例以及知识应用的反思，或组织相关问题研讨活动让学生体验真实问题的复杂性以及用课程知识解决问题的方法与价值，从而帮助学习者将课程内容和能力发展及实际工作与生活建立联系。

（二）学习支持性资源设计

对于在线学习者而言，可获得的、有用的课程资源是学习的有力支持。每个课程教师在规划其学习支持框架时，都需要考虑课程学习支持性资源设计与建设的问题。在课程教学设计与研发阶段，通常已经研发出一些与课程学习内容或活动密切相关的课程学习资源，包括相关教学视频、学习习题、拓展阅读材料等。但是这些资源在支持特定学习群体的实际学习方面作用是有限的，需要课程教师从对课程学习认知、管理等各类困难的需求出发，设计与建设一些更有针对性的、多元的学习支持性资源。

课程学习支持性资源包括课程学习常见问答资源、课程学习专项支持资源、课程学习经验资源等类型。课程学习常见问答资源是以课程学习中学习者询问次数较多的问题为线索组织整理的相关问题解决方法的资源，这类资源汇聚了课程介绍、学习要求解读、课程管理问题解决、课程学习引导等多种内容，在引导学习者快速适应课程学习方面较为有效。课程学习专项支持资源是根据课程学习需求或学习者实际需求设计的学习资源，如课程案例资源、考试复习资源、技术工具资源、专用术语资源，这类资源的主要功能是弥补课程教学设计研发资源在针对特定学习需求方面的不足，教师可以结合实际学习者的需求进行灵活设计。课程学习经验资源主要是将学习者的学习经验搜集后结构化以支持后续学习者的学习，这类资源具有显著的情境化特征，为后续学习者提供了多样化的学习实例，不仅能够分享有效的学习方法，而且有助于课程归属感和学习社区的形成。

课程学习支持性资源中，有些需要教师专门研发，有些则是课程学习过程中生成的。教师可以通过相关机制促进学习者生成相关资源，如学习经验分享机制、案例分享机制、工具与技术分享机制等。有些生成性内容还需要教师进行定期结构化整理与筛选，教师也可以设计一些机制，组织学习者分工对特定生成性内容进行筛选与结构化整理，以支持相关资源的检索、使用与优化。为支持课程学习支持性资源的不断优化，教师还可以基于技术功能构建资源的评价机制，筛选出大家公认的好资源，逐渐淘汰无人问津或存在问题的资源。

(三)课程学习社区构建

课程学习社区是由课程师生组成的以课程学习为主要目的的一种虚拟学习社区(Virtual Learning Community)。虚拟学习社区又被称作网上学习社区或在线学习社区(Online Learning Community)，是指在某一特定网络空间中，由学习者和助学者(包括各类教师、组织管理人员等)共同组成的，具有持续的师生、生生互动关系的社会集合体及其网络活动区域(马洪亮，2006)。在课程学习社区中，师生以课程学习和学习者发展为目的的互动和互助有力促进了师生之间形成更加紧密的积极互赖的人际关系，为课程学习者提供了一个强大的学习支持网络。它通过建立伙伴关系、分享、问答、讨论、协作等方式促进学习，对学习者提供认知、情感、管理等各方面的支持，使在线学习者消除了他们在学习中的孤独感、感受到自身的社会存在，这对于他们的学习有非常重要的支持作用(陈丽，2004)。

课程学习社区的作用的有效发挥有赖于社区成员的积极参与以及他们之间积极互赖关系的形成，这对于分布在不同地方、相互并不认识和熟悉的在线学习者而言是有挑战性的，仅仅依靠自发而形成有效互助的课程学习社区较为困难。课程教师如果希望借助课程学习社区来促进学生的学习，就需要对课程学习社区进行专门的设计和建设。课程学习社区的设计包括搭建社区互动空间、制定社区规则、设计社区活动。

1. 搭建社区互动空间

合理有效的社区互动空间是社区形成与发展的环境条件。教师首先需要考虑依托怎样的在线学习平台、模块或技术工具来搭建课程学习社区的互动空间。互动空间应该能够支持学习者与教师方便、灵活地进行多种方式的互动，并通过互动建立和增强社会关系。实践中，很多课程依托于课程学习平台中的论坛模块来支持课程学习者之间的互动。虽然论坛能够较好地支持互动内容结构化整理，但它是以内容生成为主要功能，在促进社会关系和支持互动方面存在局限。因此，许多课程将整合师生日常互动的常用社交软件作为社区互动的主要空间，如QQ、微信等。整合不同类型互动空间搭建社区互动空间可以有效发挥它们在支持互动方面的优势，但是教师需要注意避免不同空间对学习者的分流，通过合理的空间整合与社区规则设计引导学习者在不同空间进行充分而有序的互动。确认社区互动空间后，教师还需要对空间结构与功能进行规划，如结合相关在线空间特征，设置社区成员即时留言空间、预设主题讨论空间、小组讨论空间、资源工具共享与交流空间等。随着越来越多的社区设计元素、先进互动技术与学习分析技术的整合，在线学习平台将可以有力支撑社会关系的建构，并有效汇聚多空间互动数据、融合多类在线空间以支持学习者基于多空间的无缝联通与便捷互动。

2. 制定社区规则

社区规则是关于社区成员与活动管理、行为规范、活动组织、成员评价等方面的规定。社区规则体现了社区目标与文化，是影响社区成员参与社区行为的重要因素，也是促进社区形成与发展的重要因素。教师在设计社区规则时应当有意识地设计促进分享、相互尊重和信任、民主协商、积极互赖等社区文化建设的行为规范、活动和评价机制。例如：在行为规范上要求成员遵守基本的在线对话礼仪、鼓励基于证据的辩论、在论坛中进行异步话题讨论等。在社区活动方面，在课程关键时间节点组织全社区成员参加活动，如在课程初期组织成员相互认识和自我介绍，在课程期间组织学习困难与经验交流等，并制定社区成员发起活动的申请、审批与管理规则。在评价和激励机制方面，设计一些激励参与、分享、互助的机制，如发布每周、每月排名前十的积极参与者、分享者、乐于助人者名单，乐于助人者享有问题获得优先回应的特权，分享者可以优先获得社区成员研发的优质资源等。

3. 设计社区活动

为了促进社区成员积极互赖关系的建立，教师还应当提前设计一些需要或鼓励社区成员一起参与的分享与交流活动。在前面介绍社区规则时，我们已经谈到教师可以规定一些活动是成员必须要参加的，这些活动就需要提前进行设计与准备。最具代表性的是课程初期的成员相互认识和自我介绍活动、课程期间的学习困难与经验交流活动、课程后期的学习反思活动。教师设计这些活动的时候，需要设计活动意图、活动空间、活动要求、活动步骤等基本活动要素，如果可能，给出相关参与示例，如自我介绍的示例、往届课程学习者分享的经验等，帮助学习者理解如何更好地参与相关活动。在设计相关活动时，教师可以考虑充分发挥往届课程学习者在促进学习方面的作用，整合他们在课程学习和实践领域的经验和资源，在当前学习者与往届课程学习者之间建立联系，构建课程不断扩展的学习社区。

（四）促进学习反思

学习反思是学生对自身学习经历进行回顾和思考的一种活动。反思性学习是文献中所公认的对于学生认知与发展具有积极作用的一种学习活动。反思是反思性学习的核心特征，属于心理学元认知概念的范畴，是一种精神的自我活动与自省方法（吴秀娟、张浩、倪厂清，2014）。杜威在经验学习理论中就已经开始强调反思的重要性。经验学习理论认为有意义的经验是通过反思获得的，反思建立了新旧经验之间的联结（李宏伟，2002）。反思性学习将经验学习理论中对学生经验的反思引入到各种学习活动中，它是学习者在特定学习情境下以元认知为指导，自觉对自身认知结构、学习活动及其所涉及的相关因素进行批判性审视，对将要开展的学习活动进行创造性的预见，对学习活动过程中发现的问题进行科学性探究，对整个学习活动过程进行有效的调控，以促进问题解决、学会学习、自我发展的学习活动方式（吴秀娟、张浩、倪厂清，2014）。可见，学习反思不仅是对学习内容、过程、方法的回顾，而且是面向未来的思考，通过对已有经验的检验和探究来改善未来学习和发展自我。

促进学习反思，培养学习者成为反思性学习者是在线学习支持的重要工作，也是逐渐被远程教育机构所关注的学习支持服务任务与目标。远程教育领域曾经进行过关于自主学习能力是远程学习者入学的前提条件还是远程教育机构的培养目标的争论，最后越来越多的远程教育机构认识到，绝大部分远程学习者是缺乏自主学习能力的，学习支持服务的功能不仅是解决学习者的问题，帮助学习者顺利完成学业，而且包括发展学习者的自主学习、反思性学习等相关能力，增强他们自身克服和解决问题的能力。从这个意义上来讲，支持服务的目的之一是让学习者有能力不再依赖机构提供的支持服务。在第三章中，我们曾经介绍过，有学者将这种以发展学习技能为目的的支持服务定义为发展性支持服务，与补偿性支持服务相对应（陈丽、龚静，2005）。史蒂文斯和凯利在泰特提出的认知、情感和系统三维支持服务模型的基础上增加了反思性支持，主要用于支持、关注学生的动机，包括给学生提供信息、建议、指导、学费支持和其他支持，使学生进一步明确目标、增强学生学习动机和学习能力，从而构建出情感（Affective）、反思（Reflective）、认知（Cognitive）、系统（Systemic）四维远程教育支持服务系统模型（Stevens & Kelly，2012）。该模型成为英国开放大学学习支持服务系统的基础模型。

促进学习反思能够有效帮助在线学习者对其在线学习经验进行深层次的检验与探究，促进深度学习，并不断改进其未来的学习与思维方式。反思性学习相关理论将学习反思看作个体有意识地认识社会情境和经验的复杂过程（Brockbank & McGill，

2006)，其目标是澄清和创造社会情境和经验对于个体自身的意义，从而促进个体观念和认识的变化(Boyd & Fales，1983)。归纳起来，学习反思对于知识建构、元认知发展、学习方法策略改进、目标管理、培养学习责任意识等都具有重要意义。

• 帮助学习者反思和建构所学内容的深层次意义，建立所学知识与已有知识的关系。

• 帮助学习者对自身思维过程与认知方式进行反思与优化，养成元认知习惯，训练和提升元认知能力。

• 帮助学习者思考自己学习方法策略的合理性与有效性，形成改进学习方法策略的方案。

• 帮助学习者根据学习目标对自身学习进度、绩效进行更全面、科学的评估，形成更有效、可行的学习投入计划。

• 促使学习者学会承担学习的责任乃至自身发展的责任。

学习反思并不是在学习结束时的学习总结，而是在学习过程中对学习内容、学习工具材料、学习活动、学习方法、思维方式、学习结果、学习动机等学习相关因素的不断检验、探究，学习反思是不断循环深入的过程，既有对某个学习活动的经验的反思，也有对某个单元，甚至整个课程的学习的系统反思。需要从培养学习者的学习反思意识和习惯开始，将学习反思环节渗透在学习过程和活动中，并给学习者提供促进其反思的框架与信息。

为了有效促进学习反思，教师除了在学习过程中有意识地鼓励学习者反思之外，还需要预先思考和确定课程重点支持和促进学生对哪些方面的反思，并围绕这些反思对象设计系列学习反思活动、反思脚手架和相关学习分析报表。

1. 聚焦反思对象

学习反思的对象有很多，在课程支持服务资源有限的情况下，教师需要综合考虑课程目标与内容特征以及学习者特征，确定课程学习支持需要关注的重点，并设计有关活动与材料来促进和支持相应反思。例如，课程在内容以基本理论和知识学习为主时，更关注对学习内容的反思，通过反思使学习者有效建立课程内容与实际生活的联系。又如，由于学习者以在职成人为主，学习时间紧，压力较大，更需要学习管理方面的支持，所以课程更关注对学习管理或学习方法的反思，帮助学习者有效管理其学习进度，提升学习效率。

需要指出的是，尽管课程在促进学习反思方面有所聚焦，但是教师仍然可以在整个教学过程和支持服务中有意识地强调和引导学习者主动进行多方面的学习反思，培养学习者的学习反思意识和习惯。

2. 设计反思活动与脚手架

根据课程聚焦的反思对象，教师可以设计多种类型的反思活动或在学习活动中增强反思环节来促进学习反思，如单元学习反思活动、学习时间管理活动、学习工具应用经验分享活动或单元学习活动中的学习反思环节等。相关反思活动或学习活动中的反思环节可以是综合性的反思，也可以是聚焦某方面的反思；可以是教师介绍相关反思方法与技巧，也可以是同伴间分享相关经验，还可以是学习者对已有学习经验的探究与提炼。

学习者往往不是成熟的反思性学习者，他们不知道如何反思，也不知道如何从已有学习经验中获得有价值的信息和知识。因此，教师需要在反思活动或学习活动中的反思环节中设计相应的脚手架。脚手架可以是关于如何反思的方法介绍、以往学习者的反思示范，也可以是呈现反思维度和部分示例的反思表格、有方法指导的绘制思维导图的任务等。学习者在脚手架的支撑下，能够循序渐进地展开他们的反思，并掌握反思的方法。

3. 规划学生的自我学情分析

相比于传统远程学习者，基于在线学习数据挖掘和分析所形成的学习分析报表是在线学习者所获得的促进反思的有效支架。多维度、高精度的学习数据的可视化分析帮助学习者对自己的学习情况进行纵向、横向的对比分析，有效支撑了他们对自己的学习投入、学习行为轨迹、学习偏好、学习进度、学习成效等方面进行深入探究和批判性审视，从而及时发现和诊断学习问题，实现对学习的及时和精准调控。为促进学习反思，教师需要结合学生数据的可获取性与已有数据挖掘能力，确定哪些数据需要被采集、这些数据如何转化为有价值的指标或如何进行挖掘与分析、如何将分析结果反馈给学习者、如何实现学习者与学习分析系统的交互以支持他们个性化的反思需求等。

普渡大学的学习监测系统课程信号（course signals）就为学习者提供了这样一种促进其反思的学习分析支持。该系统基于一种学业成功的预测算法模型，根据学校所采集的学生数据，对学习者的学业成功与失败进行实时预测，并将预测结果以红色（失败风险较高）、黄色（潜在的成功问题）、绿色（较大的成功可能）三种信号灯的形式反馈到学习者课程首页，提醒学习者进行学习反思。该系统同时还将预测结果反馈给教师，教师根据预测结果实施不同的干预，如向学生的 LMS 主页发送相关信号的具体指标，让学生了解他们在哪项指标中存在问题，或向学生发送电子邮件或者提醒，或给学生留言以帮助他们意识到学习状态的问题，或向学生推荐学术咨询师或者学术资源中心，或与学生面谈。该系统的成功预测算法中关注学生的四项指标：①学习绩效，即学生当前获得的课程得分点；②努力，根据学生与课程平台的交互来测量；③先前学术历史，包括学术准备、标准化测试分数等；④学生特征，如居住地、年龄等（Arnold & Pistilli，2012）。

本章小结

在线学习支持服务是在线教育系统的重要子系统，规划与设计在线学习支持服务需要具有系统观，从所属在线教育系统的定位、功能、运作需求出发，理解“互联网+”时代在线教育市场格局转变、新技术发展与教育服务理念转变对在线学习支持服务子系统功能与结构的影响，在规划与设计中充分体现学习支持子系统以学生为中心、动态生成性、交互性、数据驱动的特征。

学习支持子系统的规划与设计包括两个层面，一个是机构层面学习支持体系的规划，另一个是课程层面学习支持框架的设计。规划机构层面学习支持体系需要综合考虑市场定位与用户、机构愿景与目标、课程或产品需求、已有资源与条件、管理与改进等因素，典型的学习支持服务规划流程包括学习者用户需求分析、服务内容确定、服务组织架构与流程设计、媒介技术选择与研发四个环节。课程层面的学习支持是在机构层面的学习支持服务体系框架下，结合具体课程教学与实际用户的具体需求，以促进、优化课程学习过程为主要目的的学习支持，主要的设计任务有两个，一个是直接服务于课程内容与材料学习的课程辅导活动设计，另一个是针对课程学习中可能遇到的技能、情感、管理等问题的促进学习活动与资源的设计和准备。前者包括制订辅导计划、细化设计学习活动、设计学习追踪与分析三个核心任务，后者包括动机激励机制与策略设计、学习支持性资源设计、课程学习社区构建、促进学习反思四个方面。

Aa 关键术语

系统
System

在线教育系统
O—nline Education System

在线学习支持子系统
Online Learning Support Subsystem

课程辅导
Tutoring Activities

促进学习
Facilitating Learning

虚拟学习社区
Virtual Learning Community

绩效目标导向
Performance Goals Oriented

学习目标导向
Learning Goals Oriented

反思性学习
Reflective Learning

学习反思与活动建议

1. 请选择一门你所完成过的在线学习项目或课程，或者在下列参考项目中选择一个进行体验，结合你的学习体验，对该项目或课程产品中学习支持服务的功能与特征进行分析，并与同伴分享和讨论你选择的案例与分析结果。

参考项目：

- 洋葱学院
- 编程猫
- 新东方英语
- 沪江网校
- 英语流利说
- 学堂在线
- VIPKID 少儿英语

2. 请登录国家开放大学的官网，了解国家开放大学基本情况。国家开放大学远程接待中心全天候面向在籍学生和社会人员提供各类咨询，已开通免费服务电话，可以作为背景资料收集的重要来源之一。

结合第四章中关于国家开放大学的案例分析，以及从学校官网搜集到的学校层面的学习支持服务的信息与资料，尝试综合理解国家开放大学学校层面构建的学习支持服务体系，尝试分析国家开放大学现有学习支持服务体系的合理性和需要改进与优化的地方。

3. 请在中国大学 MOOC(http：//www.icourse163.org)、学堂在线(http：//www.xuetangx.com)等 MOOC 平台选择一门 MOOC 课程，注册并体验一到两周。结合本章第三节课程学习支持的设计介绍的思路与方法，对这门课程的课程辅导和促进学习方面的支持进行梳理与分析，评价相关服务设计的合理性，并提出改进建议。

补充资料

1. Zawacki-Richter，Olaf and Terry Anderson，eds. Online distance education：Towards a research agenda[M]. Athabasca University Press，2014.

该书从宏观、中观与微观三个层次分别概述了远程教育的系统与理论，远程教育的管理、组织与技术，远程教育中的教与学等主要议题，旨在为远程教育者、研究人员和政策制定者提供参考。该书兼具思想性、实践性和前瞻性，对在线和远程教学的新方法持开放态度。通过阅读该书，你会更加理解在线教育学习支持服务设计的相关理念与理论，以及设计的复杂性。

2. 陈丽．远程教育学基础[M]. 北京：高等教育出版社，2004.

该书作为我国远程教育领域的经典教材，主要介绍了远程教育的发展及其基本理论。全书分为 8 个模块：远程教育的历史与发展、远程教育学的基本原理与基本规律、远程教育中的教学与辅导、远程教育中的学生学习与学生支持、远程教育的系统结构与质量保证、远程教育中的教学设计与课程开发、远程教育中的媒体与资源、远程教育中的专业文档与专业写作。通过阅读该书，你将从远程教育发展历史、理论与方法中更好地认识远程学习支持服务的发展历史、基本理论与基本方法。书中关于学习活动设计方法的介绍，为认识和掌握课程学习支持服务的设计提供了有益参考。

第六章

在线学习支持服务的质量保证与评估

本章概述

通过前几章的学习，我们可能对学习支持服务的概念、理论、内容(学术性支持和非学术性支持)及相关工具已经有所了解，清楚了一个完整的学生支持服务系统的构成。那么，各在线教育机构和院校又是如何保证和管理学习支持服务质量的呢？本章首先介绍了在线学习支持服务的质量内涵、质量要素和质量保证等相关概念，然后进行了各种服务质量、课程质量中支持服务质量的典型案例分析，最后以管理、评估和改进为脉络，梳理了学习支持服务系统的质量保证模式和策略，从而为我们运用理论知识分析实践打下坚实的基础。

本章节包括在线学习支持服务的质量和标准、在线学习支持服务质量保证与评估两个小节。第一节介绍了学习支持服务的质量相关概念，通过列举国内外支持服务质量的典型案例及关键要素，总结了共有的核心质量要素，并明确面向国家、行业、机构的不同的服务质量标准，以及服务质量标准在不同的在线环境中和在线学习的不同阶段的差异。第二节介绍了学习支持服务系统和校外学习中心的质量监管，并基于对支持服务质量保证的典型案例分析，解释了服务质量的监管流程和理念；最后基于质量评估的价值、如何开展评估，从系统优化、数据分析、组织管理体系创新等方面提出学习支持服务的评估与改进策略，以提供更优质、有效的学习支持服务。

章结构图

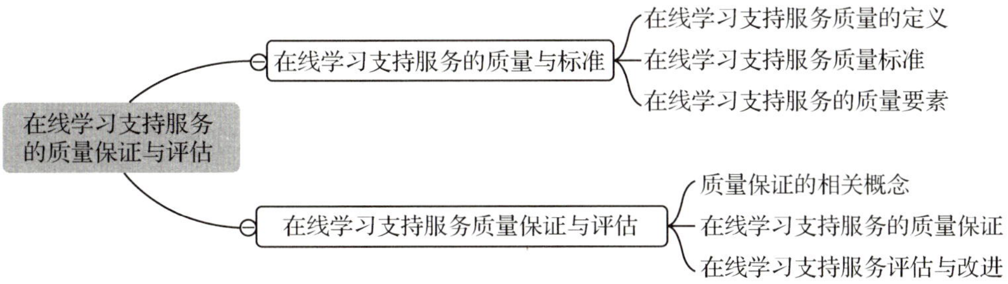

学习目标

1. 能够阐述“服务质量”“质量管理”“质量保证”的内涵。

2. 能够列举国内外学习支持服务质量相关标准。

3. 能够描述服务质量标准的主要定位与作用差异。

4. 能够简述在线学习支持服务的质量要素。

5. 能够举例说明在线学习支持服务质量保证的实践方法。

6. 能够理解基于过程数据开展在线学习支持服务质量评估的重要性。

7. 能够简述在线教育机构学习中心的规范与管理要点。

8. 能够简述在线学习支持服务核心角色的主要专业能力需求与能力发展措施。

9. 能够简述改进在线学习支持服务的主要方式。

第一节 在线学习支持服务的质量与标准

学习支持服务是远程学习得以顺利进行的重要条件和保证，也是远程教育院校保证远程教育质量的基础和关键。因此，如何测评远程学习支持服务的质量也就成为一个亟待解决的重要问题。学习支持服务的质量是衡量远程教育机构的办学能力和质量的重要依据；支持服务的质量标准既是支持服务系统各环节实施的重要参考，也是对支持服务系统管理的重要依据。那么，如何定义学习支持服务质量？有哪些关于学习支持服务质量的典型案例？又有哪些支持服务的质量标准？以上问题便是我们本节要学习的主要内容。

小节目标

1. 能够阐述“质量”“服务质量”的定义和内涵。
2. 能够列举国内外学习支持服务质量相关标准。
3. 能够描述服务质量标准的主要定位与作用差异。
4. 能够简述在线学习支持服务的质量要素。

一、在线学习支持服务质量的定义

(一)质量的定义

探索在线学习支持服务的质量和标准，首先需要就什么是在线学习支持服务质量达成共识。那么什么是质量呢？英语“quality”(质量)一词源于拉丁文，指某一给定实体的性质，只描述事实，不作价值判断或好坏区分。随着时代的发展，质量的定义中出现了价值判断的成分，已经含有评价的意思。《朗文当代英语词典》解释为“a high standard”，意思是“一个高的标准”。《汉语大词典》(2000)对“质量”的解释是“事物、产品或工作的优劣程度”。此外，也有人认为“质量”的概念最初来源于工业领域，质量必须是建立在一个过程之中，包括前期的产品设计、产品生产加工过程和后期的产品测试过程。美国著名的质量管理专家朱兰(J. M. Juran)博士从顾客的角度出发，提出了产品质量就是产品的适用性，即产品在使用时能成功地满足用户需要的程度。用户对产品的基本要求就是适用，适用性恰如其分地表达了质量的内涵(孙大伟，2005)。ISO9000：2000 标准将质量定义为一组固有特性满足要求的程度。

从上述定义可以看出，质量就其本质来说是一种客观事物具有某种能力的属性，由于客观事物具备了某种能力，才可能满足人们的需要。可见，事物的质量反映的是事物满足需求的程度，包含对事物的价值判断。事物的质量是动态的、发展的和相对的。有人提出，在线学习服务质量是指在线学习所具有的满足个人、群体、社会的明确和隐含需要的能力或特性的总和，这些特性往往通过受教育者、教育者和社会发展所要求的目标、标准、成就水平等形式表现出来(朱立明、刘俊强，2005)。从定义来看，在线学习支持服务质量应该从是否满足在线学习者、是否满足社会发展需求的角度来评判。所以，在界定在线学习支持服务质量定义的时候，我们要考虑多方利益主体的需求。

(二)服务质量的定义

由于服务具有无形性、异质性、不可分性，服务质量变得难以定义和测量(Carman，1990)。服务是“行为、过程和表现”(Zeithaml，et al.，2006)，这个定义表明服务不是一个有形的物质、不能被感觉和触摸，将服务与有形的产品区分开来。服务主要有两个因素：物质产品服务和提供服务的形式(Gronroos，1984)。但在不同的背景下，服务质量有不同的含义。例如，Bitner 和 Hubbert (1994)定义服务质量为“顾客对于组织和它提供的服务的优点和缺点的整体印象”。1988 年，有研究者采用因素分析法，重新定义了服务质量模型 SERVQUAL(Service Quality Model)，开发了 SERVQUAL 量表，包括 5 个维度，即有形性、可靠性、响应性、保证性和移情性(见表 6-1)，该量表已被广泛地应用于各行业部门。

表 6-1　SERVQUAL 量表

维度	解释
有形性	物理设施、设备以及服务人员的外貌
可靠性	可靠、准确地履行服务承诺的能力
响应性	帮助顾客并迅速提高服务水平的意愿
保证性	员工所具有的知识、礼节以及表达出自信与可信的能力
移情性	关心并为顾客提供个性服务

1990 年，国际标准化组织将服务定义为“为满足顾客需要，供方与顾客接触的活动和供方内部活动所产生的结果”，将质量定义为“一种产品或服务满足明确和隐含需要的能力或特性的总和”(朗志正，1995)。该定义提示研究者，服务质量是由一些重要性不同的能满足人们需要的要素构成的一个体系，这些要素体现了消费者在评价服务质量时对服务的各方面、各阶段的认知和评价。目前主流的观点认为：服务质量是在服务提供者和消费者传递服务过程中的互动中产生的差异程度，它由消费者定义和感知(Gronroos，2002)。要测量的服务质量指的是感知质量，并把服务感知质量定义为顾客对服务绩效的期望和感知的比较结果(Parasuraman A.，et al.，1989；Gronroos，et al.，1984)，即 Q=P－E(Q 代表服务感知质量，即 Quality；P 代表顾客对服务绩效的感知，即 Perception；E 代表顾客对服务绩效的期望，即 Expectation)。

根据 ISO9000 国际标准，服务是一种无形产品，是在供方和顾客接口处完成的至少一项活动；质量是产品、体系或过程的一组固有特性满足顾客和其他相关方要求的能力；服务质量是指在供方和顾客接口处完成的活动满足顾客和其他相关方要求的能力。丁新和武丽志(2005)认为，远程教育服务质量反映远程教育机构或院校提供的远程教育服务满足受益者(学习者、家庭、企业、社会等)的明确和隐含需要的能力或特性的总和。严冰(2012)在管理学、国际质量标准和远程教育服务质量等研究和实践的基础上提出，公共支持服务质量是指公共支持服务机构按照人才培养目标，遵循教育规律和学习规律，通过和办学机构及资源提供方、教育需求方(学习者个体、政府和社会组织等)相互协调而开展的各种服务活动能够满足被服务者(学习者个体和上述其他相关方)需求的程度。综上，我们可以将在线教育服务质量定义为在线教育的提供者满足学习者的明确和隐含需要的能力或特性的总和。

可见，学习支持服务是通过教学及相关活动而使“教育对象”受益的一种有偿或无偿的行为，其服务质量体现在学生学业周期与教学各项服务产品与活动对学习者需求满足的程度。它不仅取决于学习者对学习体验的满意度，还体现在社会、机构对学习者参与社会的能力和贡献的认可度。

二、在线学习支持服务质量标准

质量标准是指对产品的结构、规格、质量、检验方法所作的技术规定，其目的是表示每一个特定的服务和组织水平每一次都应该达到的性能要求，是一种具体的、可测量的评价准则。学习支持服务的质量是衡量远程教育机构的办学能力和质量的重要依据；支持服务的质量标准既是支持服务系统各环节实施的重要参考，也是对支持服务系统管理的重要依据。那么支持服务的质量标准有哪些呢？以下选择了一些国内外的典型案例进一步具体分析。

(一)国际学习支持服务质量标准

1. 英国开放与远程学习质量委员会 ODLQC 标准

英国开放与远程学习质量委员会(Open & Distance Learning Quality Council, ODLQC)是英国开放和远程教育质量的守护者，它作为远程学习质量的第三方认证机构，制订了面向所有开放或远程学习的质量标准，包括家庭学习、函授课程、电子学习、混合和基于工作的学习。该标准用于评估各类学习质量是否达标，学习服务在评审符合标准后才能获得认证。该标准于 1998 年 9 月首次通过，并于 2006 年 4 月 1 日正式生效，每年都会进行审查和编辑。ODLQC 标准可细分成六个部分：结果、资源、支持服务、销售、提供者、合作的条款，其中支持服务的标准如下。

- 提供者有明确的承诺，帮助学习者实现其教育目标。
- 学习者对自己的学习负全部责任，并被告知提供者的角色是支持性的。
- 提供的支持足以满足学习者的合理需求，鼓励学习过程并促进课程的顺利完成。
- 提供迅速、及时、随时随地的支持。
- 提供的支持适合课程的水平。
- 提供者有足够的程序来处理学习者和提供者之间的任何困难，学习者充分了解他们可以解决这些困难的所有途径。
- 鼓励学习者完成课程，监测进展情况，并向学习者提供关于他们在学习期望和目标方面进展的及时和有用的评论。

2. BAOL远程教育学习中心质量评价指标

英国开放教育联合会(BAOL)旨在建立一个具有全球影响力的非营利动态社区，致力于创新、卓越和学习的最佳实践。“英国开放教育联合会质量标准”(BAOL Quality Mark)是学习中心和学习材料开发的质量标准，面向英国远程及开放教育学习中心(机构内部)进行质量认证，用于评价并对外证明其提供资源、服务的合理性和有效性。该质量标准主要包括管理、政策和战略、人员管理、资源、过程、客户满意度、人员满意度、对开放教育的影响和结果等方面，具体指标见表6-2:

表6-2 BAOL远程教育学习中心质量评价指标

序号	指标	简要说明
1	管理	对学习中心的管理制度与管理者管理水平进行评价
2	政策和战略	对远程教育中心的发展战略和策略进行评价，确定最佳的成本效益比
3	人员管理	对学习中心管理者、教师和其他工作人员的管理进行评价
4	资源	对信息资源、设备、技术、学习资料及投资情况进行评价
5	过程	对远程学习的全过程中的重要因素进行评价
6	客户满意度	对学习者学习的满意度进行评价
7	人员满意度	对学习中心工作人员的满意度进行评价
8	对开放教育的影响	对某一学习中心在整个远程教育领域内的地位进行评价
9	结果	评价学习中心最终的教学成绩及利润

3. 英国信息咨询和指导服务Matrix质量标准

Matrix公司是英国知名的咨询和支持服务标准认证机构。Matrix标准是一个国家质量标准，作为学习中心的评估体系标准，该标准为有效进行信息咨询和指导服务以促进学习者发展提供了质量标准框架。Matrix质量标准有8个要素。其中，4个要素有关服务的提供，包括19个提供标准；4个要素有关服务的管理，包括21个管理标准，如表6-3所示。英国开放大学在英国本土设立了13个地区中心，各地区中心下设若干学习中心，共有300多个学习中心。英国开放大学的每个地区中心都通过了Matrix公司提供的信息咨询和指导服务标准认证，以保障其服务质量。英国开放大学质量工作的特点包括团队合作、对学习体验的关注、针对学生的全面的支持服务体系、制度上确保有足够的人手和工作时间来保证学习体验的质量，以及保证质量的工作流程等。它的成功实践为世界远程教育的发展提供了案例，也为我国学习中心建设起到了很好的借鉴作用。

表 6-3　Matrix 质量标准框架

		要素	阐释
提供服务	1	告知人们提供服务的内容及获得服务的方式	有宣传活动保障有关服务的信息
	2	定义和理解人们对服务的使用	定义和理解提供的服务，并清晰传输重要政策和惯例
	3	提供获得信息的渠道和支持	以可获得的方式提供信息，并帮助人们利用这些方式
	4	支持人们获知各种机会并进行选择	提供信息、咨询或指导，帮助人们进行选择
管理服务	5	对提供服务进行计划并实施	确定可测量的目标并建立相应系统以提供服务
	6	员工素质及对员工的支持使其能够胜任提供服务	保持并发展提供服务的员工的能力
	7	获得关于服务质量的反馈	获得关于服务质量的反馈
	8	通过监控、评估和行动保障质量的不断提高	评估服务的有效性并对改进进行规划

4. 美国远程教育认证委员会 DEAC 认证手册

远程教育认证委员会（Distance Education Accrediting Commission，DEAC）成立于 1926 年，被美国教育部列为面向高等教育远程教育的第三方认证机构。它制定并实施了认证标准和程序，以审批远程教育机构，其使命是通过认证、同行评审和制度改进确保学生接受高质量的远程教育。它建立了完善的服务程序，以充分回应学生的询问、教育需求和个人差异，并鼓励项目完成。它采用公开的评分政策和公平、一致的评分制度，执行一定的评估程序开展评估。

2014 版 DEAC 认证手册中，提出了项目评估的 12 个维度的政策和实践标准。其中，“教育服务”和“学习支持服务”两个维度明确给出了评价标准：快速、准确回应学生咨询，保护学生隐私；灵活应对个体差异；帮助困难学生；优化机构和学生的交互，鼓励学生达成目标；允许学生评估课程；采用恰当的技术优化服务；必要时提供面授环节作为补充；评估学生成绩并提供咨询；提供其他支持服务（如财政援助、就业和校友服务）；拥有处理学生投诉的政策和程序。

2016 版 DEAC 认证手册中，将“教学和学习支持”作为第四大维度，该维度下共确定了 10 个核心标准，如表 6-4 所示：

表 6-4　教学和学习支持维度下的标准的具体内容

标准	具体内容
①适用技术	该机构使用适当和容易获得的技术，以优化机构和学习者之间的互动，提高教学和教育服务。学生、教师和相关从业人员接受培训，并支持用于提供教育服务的技术
②学生查询及意见书	该机构公布了学生可以用来提交查询和作业的所有方法，学校对所有学生的询问作出迅速的答复
③个体差异	提供学术建议和教学支持，以帮助学生实现符合最佳教育实践的、适用美国联邦和州法律的项目成果、课程学习成果和教育目标
④鼓励学生	学校的政策和程序优化了学校和学生之间的互动，积极地促进了学生的成功
⑤学生进步	学校实施了一项令人满意的学业进步政策，并向学生公开了这项政策。衡量学生学习成绩是否令人满意的标准包括用于评价学生成绩的定性和定量标准。如果学生未能达到学校的最低进步标准，学校将采取适当的行动
⑥课程评分方法	学生的成绩是通过公开的评分政策来衡量的，这些政策包括由合格的教师监督的准确、公平和一致的评分评估的及时返回。学校公布其作业评分制度、课程延长政策、不完整成绩的发放和完成情况，并公平、一致地加以应用。学生被告知他们的学业进展，并在整个学习过程中定期参加课程
⑦学生记录	妥善保管准确的学生记录，记录学生学业进展的政策和程序符合美国联邦和州法律以及专业要求。抄本随时可用，并以印刷或数码形式永久保存
⑧保密性和隐私	该机构执行适用美国联邦和州法律的政策，以保护学生的隐私
⑨学生支持服务	该机构为学生提供资助服务，包括资助辅导、顾问服务、就业援助及校友服务。任何就业援助及校友服务均会在院校的资料上刊登
⑩解决学生投诉政策	学校执行相应的政策和程序来回应、处理和重新调整学生的投诉(DEAC 要求各院校制订书面投诉政策和程序，以便接受、回应、处理和解决学生、教师、管理人员或任何一方的投诉，包括有充分理由认为某所院校不符合 DEAC 认证标准)

DEAC 认证机构十分重视项目对学生学习需求的响应与满足，包括组织教学人员和非教学人员定期与学生互动，确保学生的问题得到及时的答复，监控学生在学习过程中的进步，并提供个性化的学习支持；优化与学生的互动，并将这些互动的反馈融入不断改进的教学材料和教育支持服务中。DEAC 认证要求各院校保存准确、方便学生查阅的记录。同时，明确处理和执行学生投诉，利用从这个过程中收集的数据来观察服务模式和问题趋势，进一步对其审查，并纳入机构服务改进工作中。

5. 美国高等教育政策研究所《质量在线——网络远程教育成功基准》

美国高等教育政策研究所(The Institute for Higher Education Policy，IHEP)于 2000 年 4 月发布《质量在线——网络远程教育成功基准》(Quality On the Line：Benchmarks for Success in Internet Based Distance Education)。这份报告是应美国国家教育协会(NEA)和Blackboard公司的要求展开的研究的成果，其中包括七个评价基准：院校支持、课程发展、教学过程、课程架构、学生服务、教师培训、评核，共有45项评价标准。其中，学习支持服务主要包括以下五个指标。

• 学生可以获得帮助，指导他们成功地使用电子访问数据。

• 为学生提供实际操作培训和信息，帮助他们通过电子数据库、图书馆、政府档案、新闻服务等其他渠道获取资源。

• 学生应该获得项目相关信息，包括入学要求、学费、学习材料、技术和考核要求以及学习支持服务。

• 在整个课程或项目的学习过程中为学生提供技术支持，包括具体指导，诸如电子媒体的使用、课程开始前的练习，以及与技术支持员工的便捷联系。

• 对于学生提出的问题，学生服务人员要准确、快速作答，要有结构化的系统来处理学生投诉。

报告基于实证访谈，在对学生服务评价基准进行数据分析后指出，机构会通过各种方式提供技术帮助，如电话指导、电子邮件、实时聊天室和在线技术援助教程等。学校的技术人员每年还定期召开会议，根据学生的要求和投诉来改进提供技术服务的方法”。该报告所确定的评价基准非常重视远程学习服务在院校声誉、相对成本、技术支持、资源服务这几个维度上来评估其实现的程度，既有院校及学生都非常欢迎的质量保障要求，也有院校及学生并不乐意接受但必须强制执行的要求(赵国栋等，2000)。通过实证调查，报告指出，在学生支持基准下需要包括一个新标准：“面向学生服务人员的问题必须得到准确、快速的回复。”

(二)国内学习支持服务质量标准

对于学习支持服务的重要性，在国内也有较高的共识。以下为国内关于学习支持服务质量标准的研究和相关实践案例的介绍。

1. 国家开放大学支持服务质量标准

国家开放大学为学生提供的几十项服务内容是按照学习支持服务的各个阶段进行划分的，每一项服务内容都有相应的质量标准，我们以其中的“招生咨询”“入学资格审核”“入学水平测试”服务为例。

招生咨询是指直接面向学生群体接待学生报名咨询、对学生提出的疑问给予解答，并根据学生需求意愿、前置学历情况、收入情况、学习时间情况等，正确引导学生选择适合他们的专业及学习层次。为保证招生咨询工作质量，对于从事招生咨询工作的录取顾问，通常要求既懂得商业知识又懂得教育和技术方面的常识，还要有营销经历、交际能力强、热情、有进取心等。同时，招生咨询顾问还要重视与学生保持良好的关系，保证学生对学校的高认可度。

国家开放大学关于招生咨询工作的具体质量标准如下。

• 政策熟悉度：熟悉各招生专业的相关情况，包括入学条件、毕业证书、学分、学制等。

• 答疑真实准确性：对学生提出的问题正面回答，不能含糊。杜绝虚假承诺情况，如“不考试就能拿毕业证”。

• 招生报名形式：现场和网络结合。现场报名是指学生可自行前往报名点，提交基本信息及入学材料、选择报读层次及专业，并在现场缴费。网络报名是指学生可登录招生报名网站，录入基本信息、扫描入学材料、选择报读层次及专业，并在网上缴费。

入学资格审核是指审核学校的招生对象应具有的学历资格条件，是入学水平的保障。入学水平测试是帮助学校迅速了解学生目前掌握的学习能力、知识水平的方法。入学资格审核和入学水平测试要严格遵守相关招生管理规定，保证工作公平公正，具体质量标准如下。

• 入学资格审核效率：审核方式科学有效，审核工作流程规范，审核周期较短。

• 入学测试内容：内容既要覆盖基础知识能力，又要兼顾学生与学校匹配度。

• 入学测试方式：通过笔试、网络问卷、面试等方式，全方位审核考生素质。

• 入学测试效果：既要了解学生对知识的掌握程度，又要关注学生是否符合学校定位及愿景，即生源匹配度(韩仪等，2014)。

远程教育院校不仅有整体的各服务类型的支持服务质量标准，还会根据工作需要针对特定的学习阶段设置专项支持服务质量标准。国家开放大学每年组织的网上教学检查，就是对学生的“网上学习”这一重要阶段进行的专项检查。每年的网上教学检查指标会根据实践的变化有不同的侧重点，但基本结构中都包含了学生基于资源的自学、教师辅导、教学活动等网上教学的关键环节。表 6-5 是国家开放大学 2014 年网上教学检查的部分指标(内部资料)。

表 6-5　国家开放大学 2014 年网上教学检查指标(部分)

检查项目	观测点	
资源建设与应用	导学性资源	课程教学大纲、教学设计方案、考核说明、教师介绍等教学文件是否完善 导学性资源的质量(如学习方法和步骤的引导是否详细等)
	自学性资源	资源是否符合远程学习者的学习特点，满足科学性、教学性、针对性的要求 资源是否覆盖了课程的重要知识点 是否能根据教学需要及时建设或更新资源 资源的组织结构是否合理(如资源的标题是否能够准确表达资源的内容)

续表

检查项目	观测点	
资源建设与应用	更新与创新	能够根据课程教学的实际需要及时更新和补充教学资源 有所创新，能够引入微课程等新的理念和资源形式
	资源应用	学生是否能够很方便地查找到资源 学生使用资源的情况(资源点击量) 资源的浏览是否有技术问题(如速度慢、网页无法打开等)
日常辅导答疑(以论坛为主)	论坛设置	是否有独立的课程论坛
	版主设置	论坛是否有版主
	发帖情况	学生在课程论坛中发帖提问是否积极
	回帖情况	版主回帖是否及时
	回帖质量	版主回帖的质量如何
	教学策略	教师是否应用了一定的教学策略(如设计置顶帖、论坛导学设计、示范模仿等)
	扩展活动方式	教师是否利用微信、QQ、博客、微博、飞信、YY 语音等开展教学服务，并将相关信息在教学平台上发布
教学活动(包括实时、非实时的主题活动)	数量	组织的网上教学活动的数量是否满足要求(按国家开放大学文件要求，统设课程每门每学期至少组织两次网上教学活动，省开课程每门每学期至少组织三次网上教学活动)
	时间安排	网上教学活动的时间安排是否与教学进度相符
	主题设计	网上教学活动的主题设计是否新颖、实用
	参与情况	学生参加网上教学活动的积极性和交互质量
	活动的整理及发布	教师是否对网上教学活动过程的资料进行了整理及发布，且便于查找
综合检查	制度建设与政策保证 对 2013 年网上教学检查反馈意见的改进措施 是否形成了相对稳定的网上教学秩序	

2.《网络教育服务质量保证规范》

教育部教育信息化技术标准委员会为规范网络教育服务市场组织专家团队制定出《网络教育服务质量保证规范》(CELTS-24-2003)。该标准主要用于监控和测评网络教育机构的服务质量水平，并根据测评结果和服务质量保证标准督促其改进和提升网络教育服务质量，以最终保障学习者享受高质量网络教育服务的合理权益。网络教育服务质量基本框架主要从可靠性、响应性、保障性、有效性和关怀性这五个维度提出规范管理的要求(见表 6-6)。它从广义的网络教育服务的角度制定质量规范，包括对网络教育机构的规范性要求。这一框架将原本模糊、抽象的网络教育服务质量概念化为可测量、可量化的“质量”(张屹、胡小勇、祝智庭，2003)。

表 6-6 网络教育服务质量基本框架

维度	具体指标(项目)	解释
可靠性	可信赖性	教学机构对学习者的承诺是可信赖的
	网络系统的可靠性	教学网络的传递系统具有较高的可靠性、准确性、稳定性和快捷性
	解答问题的可靠性	在处理学习者提出的问题时，教学机构或教师的解答是可靠的
	评价的可靠性	教师对学习者的学习情况做出公正的、可靠的评价
响应性	服务请求的响应性	教学机构对学习者提出的服务请求应给予及时的答复(建议最长不超过 1 周)
	教师的响应性	对学习者的问题和作业应及时回复和批阅(建议最长不超过 3 周)
保障性	培养计划的完整性	教学机构应提供培养计划的详细信息，包括：学习对象、入学要求、学习目标、学习内容、学习材料、教学活动安排、评价过程、资格鉴定、学费及相关费用、完成学业的时间限定、中断或延期的条款、技术要求等
	提供课程相关信息	教学机构为所有学生提供一份表述清晰的完整课程信息，其中包括课程目标、学习要求、考核方式以及相应的评价信息内容
	个人信息的安全性	教学机构应保障其拥有的学习者个人信息的安全性和隐私性
	技术的指导性	教学机构在整个课程学习期间向学生提供技术服务与指导，包括向学生提供详细的有关软硬件使用的方法、课程考试前的操作实践机会及专门的技术服务人员
	教师的专业水平	教师应具备足够的专业知识以从事教学工作
	投诉机制	教学机构应建立学生投诉机制，并及时给予有效答复
有效性	科学性	学习资源应是可靠的、有效的，不包含错误、偏见或冗余信息，以公正的形式表达出来
	可访问性	学习资源应以合适的方式进行组织(如标题、地图等)，易于访问、获取
	完整性	学习资源应是完整的，在深度和广度上能提供与主题相关的信息，如学习前需、所需资源、评价标准等
	实时性	学习资源应定期更新，明确指出信息更新的人或组织、时间和频率
	媒体的选择性	媒体和技术类型的选择需整合到课程设计中，并有助于体现教学目标、符合教学目的、满足学习者需求

续表

维度	具体指标(项目)	解释
关怀性	学习时间便利性	教学机构应提供对所有学习者方便的学习时间
	辅助服务	教学机构应为学习者提供多项辅助服务，如日程代理、通信服务、资料服务等
	易用性	教学平台、学习资源等应容易使用和访问，对用户的输入信息尽量减少
	个性化服务	教师应了解学习者的需求特点，对学习者给予个别注意
	关爱性	教师应以关爱的态度对待每一位学习者
	舒适性	教学机构的场所(如机房)应宽敞明亮，让学习者感觉舒适
	互动性	在教学过程中，应引导学习者通过各种交互方式(如 E-mail、BBS、电话等)积极参与到学习活动中

3.《现代远程开放教育教学质量标准基本框架》

杜若等(2009)建立了《现代远程开放教育教学质量标准基本框架》。该框架把在线学习支持服务监控和评估作为一个重要维度，建立教学质量评估控制程序，运用适当的评估与测试操作程序对系统的学习支持服务进行监视，以确保教学质量及学生学习的持续性。该框架中确定的五个教育教学质量基本要素是教学资源建设、教学过程、学习支持服务、教学(教务)管理、教学条件保障。其中学习支持服务的质量保证目标要以学生为本，支持学生学习全过程的服务。提供学习服务应有助于学生的持续性学习，减少其在远程学习中的孤独感，提高学习效果，保证学生最终达到学习目标。学习支持服务的内容具体包括咨询服务、资源服务、学习过程服务、技术服务、学校文化、心理咨询、社会活动、服务效果、终身学习等，该框架也明确提出了学习支持服务的具体标准：

• 按期发放、传输与配送各种教学资源，满足学生学习和教师教学的需要。

• 提供远程学习的指导和咨询，创设合作学习和交互学习的环境。

• 教学信息和管理信息及时、畅通、无遗失地到达各级学校。

• 各相关部门对各级学校提出的各种问题进行分析、归类，找出学生、教师及学校的具体要求，及时提供相关的服务和问题解答。

4.《在线教育服务认证要求》

《在线教育服务认证要求》(CELTS-24-2018)由教育部教育信息化技术标准委员会颁布，国家认证认可监督管理委员会提出并归口。该标准规定了在线教育服务的服务资源、服务过程、服务结果和服务认证评价等方面的要求，适用于认证机构实施在线教育服务认证活动，也适用于在线教育服务组织规范其服务活动，以及组织的相关方(如行业协会、主管部门等)对其符合性的确认。认证结果分为通过和未通过，因此认证指标内容是实施在线教育服务质量认证的准入条件，主要包括服务资源、服务过程、服务结果这三个层面。在线教育服务资源测评表给出了在线教育服务认证活动的服务资源测评内容，主要包括基本要求、服务组织、服务环境和服务人员这四个方面，由服务认证审查员实施。在线教育服务过程测评表给出了在线教育服务认证活动的服务过程测评内容，主要包括服务信息提供、课程与教学和学习支持这三个方面，采用管理体系审核、专家审核、神秘顾客体验、数据测评综合评价的方法。在线教育服务结果测评表给出了在线教育服务认证活动的服务结果测评内容，主要包括功能性、时间性、文明性、舒适性、安全性和经济性这六个方面，采用顾客调查、神秘顾客体验综合评价的方法。每一个工具测评表都涵盖了一、二级指标以及其具体评价内容和权重。

（三）小结

学习支持服务质量标准一直是远程教育和在线教育相关标准的重要构成。无论是国内还是国外，构建学习支持服务质量标准体系的探索从未停止过。各国在线教育机构为保证支持服务质量，不仅制定了整体的远程教育服务质量标准，还有面向各类在线教学和课程质量的支持服务质量标准。从使用范围来看，现有的学习支持服务质量标准有的从国家层面出发，如 Matrix 质量标准、《网络教育服务质量保证规范》；有的面向第三方教育机构，如 ODLQC 标准、DEAC 认证手册；还有的面向机构和组织的内部评审，如 BAOL 远程教育学习中心质量评价指标。从各类标准的具体指标内容来看，大家普遍关注的服务要素大体兼顾学术性支持和非学术性支持两大方面。此外，有的标准既关注过程性的指标，如学习者学习全过程的学习引导服务，从入学到学习结束时的管理服务、情感服务等，也关注要素性的指标，如课程建设、在线学习平台等基础设施的搭建、专业化师资建设等。部分质量标准也关注在为学习者提供标准化服务的过程中，针对不同的学习者遇到的问题采取个性化的服务。从关注的视角来看，服务质量标准有的关注服务的内容，有的关注服务的过程，还有的关注服务的结果。也有的标准同时关注多个方面，例如，《在线教育服务认证要求》就包含了服务资源、服务过程和服务结果三个方面。从作用来看，服务质量标准有的是作为在线支持服务质量的准入门槛，评价服务质量等级，证明服务的有效性和合理性，也有的是为了引导机构和课程支持服务体系的改进和优化。基于上述的列举和分析，我们在确定学习支持服务质量标准时，先要考虑标准的定位和使用范围，后要考虑标准内容的指导性和规范性。

三、在线学习支持服务的质量要素

在具体的标准制定过程中，可以依据支持服务系统的构成从学生各类需求的角度来设置，如可以设置为情感性支持、反思性支持、认知性支持和系统性支持。也可以根据奥蒙德·辛普森的分类体系，把学习支持服务分为学术性支持服务和非学术性支持服务这两个组成部分。前者主要涉及在具体的某门课或一组课当中对学生在认知、智力和知识等方面的支持(如界定学科范围、解释相关概念、研究学科内容、测评、培养学习技能、追踪学习过程等)(顾静相、方慕真，2007)，后者主要包括给学生提供系统性、情感性和社会性的支持（如建议、反馈、推动、管理等）。此外，还可以从学生接受服务时间的角度按照各阶段来设置，如入学前、学习过程中、学习结束后等。严冰(2012)考虑到我国在线教育发展的特点和实施质量监管的可操作性，从环境建设、服务队伍建设、资源整合和应用服务、支持服务、学习中心建设与运行这五大方面来制定公共学习支持服务的质量标准。综合以上相关支持服务标准的划分，我们将在线学习支持服务的质量要素分为六个方面。

(一)技术环境

技术环境是在线学习支持服务提供服务的有形部分，包括计算机、网络、媒体设备等硬件环境，也包括基于计算机网络的软件环境，如在线学习平台、在线交互与线上学习环境等。在制定技术环境相关标准时，要根据机构、地区的服务规模和性质，秉持标准够用、适用的原则，从技术环境的教学性、易用性、可获得性和规范性四个方面考察其质量。

(二)服务队伍素质与能力

建立科学、合理的专业化服务队伍是保证在线教育服务质量的基础和关键。面对多元化的学生学习支持需求，在线教育机构往往需要设置多类学习支持岗位，配置由多类服务人员构成的学习支持团队。他们中有些人员专注学科课程辅导，有些人员专注学生工作，有些人员专注技术服务。学习支持服务团队的整体专业素养与协同工作能力是在线学习支持服务质量的生命线。因此，服务队伍的素质与能力是在线学习支持的质量要素。服务队伍建设要从专业知识和技能、资历、队伍的人员配置等方面全面开展。

(三)资源整合和应用服务

学习资源是学习者学习过程中直接学习知识和提高能力的载体，对于时空分离的在线学习来说，资源内容的可靠性、有效性和丰富性直接影响着学习者的学习质量(严冰，2012)。因此，资源整合和应用服务一直是学习支持的重要功能，学习支持教师与部门应重视对资源导航和需求分析、资源点评与反馈、资源整合与定制、资源应用服务的质量与效率等制定相关标准。

(四)学术性支持服务

学术性支持服务主要是指由教学人员提供的与学习课程相关的服务，包括对学生提供答疑和辅导服务、布置练习和自测并及时提供反馈、提供多样化互动交流渠道、对学习者进行持续关注、及时发现问题并预警等方式，帮助学生解决学业上遇到的问题和困难，促进学生对知识的理解和技能的进步。该要素的质量直接影响了学习者的在线学习体验和学习成效。

(五)非学术性支持服务

非学术性支持服务包括对学习者的信息服务、咨询服务、设施服务，对办学机构(资源提供方)的招生服务、考试服务、学籍管理服务等。其中，对办学机构的招生服务、考试服务、学籍管理服务等是与学习者直接相关、有密切联系并对服务质量影响较大的服务内容。

(六)学习中心建设与运行

学习中心是直接面向学习者提供支持服务的基层单位，是绝大多数在线教育系统与产品支持服务质量保证的重要基础。该要素质量涉及服务理念、服务资质、机构设置与人员配置、环境条件建设、服务运行等方面，相关标准应该为学习中心的准入、评估、规范服务运行提供依据(严冰，2012)。

第二节　在线学习支持服务质量保证与评估

学习支持服务的质量保证指采取有力措施，建立完善的支持服务系统，满足在线学习者在教学信息、学习资源、技术支持、人文关怀等方面的需要，指导和帮助学习者的自主学习的全过程，从而及时解决学习中遇到的问题和困难，为在线学习的顺利开展提供强有力的保障(朱晶，2006)。本节主要从学习支持服务的质量保证的相关概念入手，结合国内外相关案例、服务人员能力发展和学习中心规范与管理，向你介绍学习支持服务系统的质量保证与评估实践。

小节目标

1. 能够阐述“质量管理”“质量保证”的内涵。
2. 能够举例说明在线学习支持服务质量保证的实践方法。
3. 能够理解基于过程数据开展在线学习支持服务质量评估的重要性。
4. 能够简述在线教育机构学习中心的规范与管理要点。
5. 能够简述在线学习支持服务核心角色的主要专业能力需求与能力发展措施。
6. 能够简述改进在线学习支持服务的主要方式。

一、质量保证的相关概念

(一)质量保证

质量保证体系这一名词最早出现于1987年版ISO9000族系列标准，并最早应用于工业质量管理中。在1994年版ISO9000族系列标准风行全世界的同时，质量保证体系一词也被广泛使用(袁松鹤等，2012)。虽然教育中质量保证的概念和术语都来源于工业生产中对产品质量的控制，但其内涵和外延都发生了很大的改变。美国高等教育政策研究所发布的研究报告《远程教育中的质量保证》指出，远程教育质量保证就是远程教育机构制订课程目标并依据课程目标对教育结果进行评价的过程，这个过程涉及对课程内容、教学策略、资源、支持服务的检查，评价它们是否共同改善了学习环境并保证了学生的学业成绩。英国高等教育质量保证署(Quality Assurance Agency，QAA)对教育质量保证的定义为：维持并提高教学、学术和科研以及学生学习的质量和标准的全部体系、资源及信息的总和。因此，质量保证是一个涉及教学、管理、师资、设施等各个方面的系统工程，实施质量保证就要在这些环节上进行重点监控和评价。质量保证的目的是要促进质量的持续改进和提高。质量保证不是一个静态的过程，而是一个动态的循环往复、螺旋上升发展的过程。质量保证的目的是发现不足，提出改进质量的措施和策略，不是贴标签、作评判(梁国胜，2007)。

在线教育的质量保证可分为内部质量保证和外部质量保证。内部质量保证就是质量管理，是组织内部的过程性活动，包括计划、组织领导、控制、协调等。而外部质量保证有两方面的工作：一是建立评估指标体系，二是建立认证机构。前者既是质量评估的主要任务，又是质量认证的前期工作。张凤龙等(2002)在界定网络教育质量保证体系时，就将其分成两个子系统，一个是网络教育系统以外的教育行政主管部门为保证网络教育质量而建立的外部质量保证系统，另一个是网络教育机构为保证网络教育的质量而建立的内部质量保证体系。张秀梅和丁新(2003)在分析远程教育系统及其运行机制的基础上，结合ISO9000标准的八项质量管理原则提出了进行内部质量管理的五个理念，它们是：实施全面质量管理、以学习者为中心、合作共赢、动态管理和创建学习型组织。张伟远认为，我国远程教育质量保证体系应包括九个方面的内容：教学管理、专业设置、课程开发、技术运用、教学传递、学习支持、学习资源、成绩评估和参与人员。

基于以上对质量保证概念及质量保证体系的分析和归纳，我们总结出：①在线教育质量保证不是单一活动，而是涉及教育教学、管理、服务等各方面的系统工程；②质量保证的目的有两个，一个是确保和改进质量，另一个则是让外界确信在线教育能提供合格的教学和服务；③质量保证活动是按照一定的程序和标准开展的。因此，我们认为，在线教育质量保证是在线教育系统为使人们确信在线教育机构能提供合格的教育服务，按照一定的标准和程序，在内部对教育质量进行控制、审核和评估，从而确保质量的所有活动和过程。这种活动和过程的标志或结果就是提供"证据"，以确保用户和消费者对质量的信任。因此，严格说来，质量保证是对外而不是对内使用的（沈欣忆，2016）。

（二）质量管理

质量管理（Quality Management，QM）的概念来源于商业领域，最早由美国质量管理专家爱德华兹·戴明博士（Edwards Deming）提出，它用于评估产品或服务的价值，评估制造产品和提供服务方式的有效性，是指建立质量方针和质量目标与为达到质量目标所进行的有组织、有计划的活动。ISO9000 标准下的质量管理是"在质量方面指挥和控制组织的协调的活动"，是一种过程性活动，通常包括确定质量方针和质量目标，以及质量策划、质量控制、质量保证和质量改进。

质量保证是质量管理的一部分。在线教育中，质量保证和质量管理所指向的内容是一致的，都是采用现代教育技术手段，适应自主学习方式，基于多级的管理系统、统一的教学质量标准和资源建设的整合与共享并提供多功能学习支持服务、对教学过程进行质量监控的教学管理范式。但是，两者的目的是不一样的：质量保证是对外的，主要是为了获得外界对系统的质量的认可；而质量管理是对内的，主要是为了提升系统内部的质量和效率。所以，质量保证的工作往往是由政府或者非官方的与政府有关的组织机构主导（比如 QAA），而质量管理更多地是面向机构内部的以改善服务质量、促进服务流程规范化为出发点的组织协调活动（沈欣忆，2016）。

现代远程教育的质量管理更多地是服务质量的管理。图 6-1 呈现了在线教育服务质量管理体系的过程模型，它反映了在线教育机构对在线教育过程进行管理的主要步骤，由此确定具体的服务质量管理活动，即确定网络教育机构的管理职责，然后通过有效的资源管理实施网络教育过程，为学习者提供学习支持服务，让学习者在学习过程中得到学习的体验和结果并持续评价和改进学习过程和结果乃至服务质量管理体系，最终满足学习者及其相关方的需求。从图 6-1 可看出，在向在线教育服务质量管理体系提供输入时，学习者及其相关方起到了重要的作用，对学习者及其相关方满意度的监视需要评价学习者及其相关方对服务质量实际的感受信息，这种信息可以表明其需求和期望已得到满足的程度（严冰，2002）。

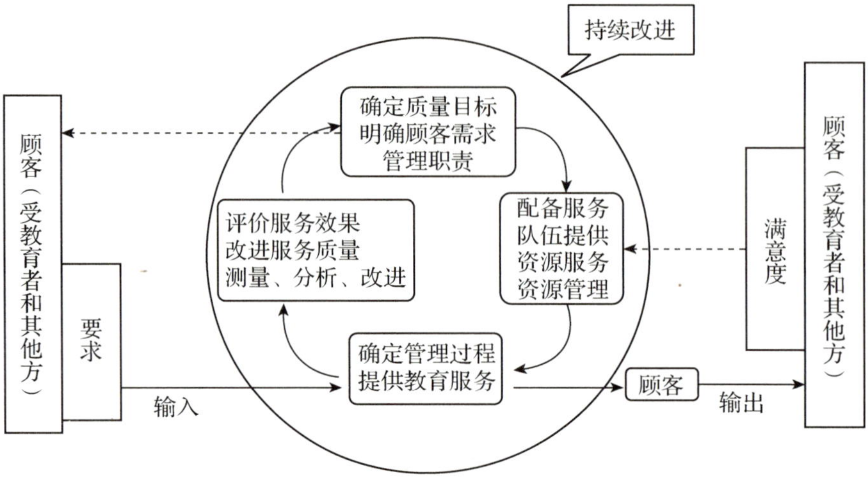

图 6-1　在线教育服务质量的过程管理和机制

二、在线学习支持服务的质量保证

我们选择了一些国内外有代表性和具有一定影响力的在线教育质量保证项目和案例进行介绍和分析，以帮助你更清晰地了解规范化服务流程及质量监管机制。

（一）相关实践案例

1. 欧洲质量管理基础

欧洲质量管理基金会（European Foundation for Quality Management，EFQM）创建了支持机构或组织进行内容自我评价和改进的模型——EFQM 绩优模型（EFQM Excellence Model），该模型提供了一个通用的自我质量评估的标准框架，是欧洲大陆使用最广的质量管理架构，适用于各种规模及组织结构的机构。作为欧洲质量奖及其他许多国家级质量奖的申报评定依据，它的基本原则是通过指定方针和政策发挥组织的领导作用，加强对员工、资源和过程的管理，获得顾客、员工和社会的满意，最终取得卓越的绩效。

EFQM 绩优模型用于在线教育中，是评价教育机构质量并为其提供质量保证的面向过程的标准，具体包括下设 32 个指标的 9 个部分：①领导；②战略与策划；③人力；④合作关系和资源；⑤过程；⑥顾客结果；⑦员工结果；⑧社会结果；⑨主要绩效结果。这 9 个部分中，前 5 个关注服务的实施部分，用于指导支持服务人员的任务的具体开展；后 4 个关注服务于学校的成效和结果，是来自结果的反馈信息，引导下一步服务实施的改进。基于 9 个部分内容的具体分析，EFQM 绩优模型中包含 8 个主导概念：①结果导向；②以顾客为中心；③领导和坚定的目标；④过程和事实管理；⑤人员开发和参与不断学习；⑥创新的改进；⑦发展伙伴关系；⑧公共责任。根据该模型可知，教育服务要以学习者为中心、以满足学习需要为结果导向，支持服务团队内部要有同一个清晰的组织目标，鼓励组织内部服务人员分享与交流工作经验，创建相互协作和不断创新、改进的服务文化。此外，在评估服务效果和程度两方面，远程教育机构应有定期的测量和学习活动，并用所得结果来修改计划和改善服务。

2. 马来西亚学术资格鉴定机构发布的开放和远程学习实践标准

马来西亚学术资格鉴定机构(Malaysian Qualification Agency，MQA)是在2007年11月1日成立的，由国家认证董事会(National Accreditation Board)、质量保证部门(Quality Assuarance Division)和高等教育部(Ministry of Higher Education)合并而成，主要任务是负责私立和公立的高等教育质量保证。这个机构建立的同时，出台了马来西亚学术资格鉴定机构法案(Malaysian Qualifications Agency Act 2007)。MQA采用马来西亚学术资格鉴定框架(Malaysian Qualifications Framework，MQF)作为保证高等教育质量的根本方法，监控和审查国家高等教育质量保证实践和认证，并负责制定国家层面的标准、学分以及相关内容。

MQA发布的开放和远程学习实践标准(Code of Practice for Open and Distance Learning)，是提供远程教育的高等教育实施机构的指导书。远程教育机构在开展远程教育项目之前，需要掌握和了解远程教育的相关知识和技能，知道如何去规划、开展和实施远程教育项目。该标准(2011年版)可以指导远程教育机构如何开始一个远程教育项目并且在开展过程中监控项目，其涵盖了11个方面，分别是愿景、使命、教学目标和学习成果、课程设计与发送、学生评价、学生选择和支持服务、教学人员、教育资源、项目检测与评价、领导和管理、持续质量改进。其中关于学习支持服务的相关要求包括：学生必须获得恰当、充分和持续的支持服务，包括身体的、社会的、财政的、休闲和在线设施方面的、咨询的(学术和非学术)和健康的服务；必须定期评估学习支持服务，以确保充分、有效和安全；必须有学生投诉机制；必须有指定的管理机构负责规划和实施学习支持服务，且服务人员具有相关工作经验；学术和职业咨询(包括在线咨询)的员工必须具备相应资质，并对咨询的问题保密；提供有效的指导，促进学生自我导向/自我管理的学习(谢询等，2016)。

3. 香港公开大学的质量保证机制

香港公开大学具有明确的质量理念："学校的宗旨是创建一种质量文化，学校的所有职员都认同并追求专业上的卓越。简而言之，保证质量是学校每个个人和团体的职责。为了争取所有职员的认可，公开大学允许职员为系统的开发、监控和评价提供自己的意见。"香港公开大学在香港学术及职业资格评审委员会发布的质量保证指南基础上从专业建设和批准、专业审查、修改和重新确认、课程开发和批准、课程审查和修订、学生支持和评价这6个方面来构建其质量保证机制。香港公开大学非常重视其质量保证，以课程为主线开展质量保证工作，从前期的专业建设、课程开发到学习支持和评价都有着严格的步骤和审核流程。

为保证学生支持服务的质量，香港公开大学非常重视对辅导教师的管理与培训。所有辅导教师都是兼职的，新入职的辅导教师必须付费参加学校举办的面对面培训。学校还开设了辅导课程供他们自学，向他们提供全面的远程教育和开放大学环境的信息资源及辅导技巧。不论是新入职的辅导教师还是工作多年的辅导教师，都必须付费参加针对其所辅导的课程开设的培训课程。辅导教师受学校为其配备的课程协调员直接监管，课程协调员定期检查辅导教师的工作。为了确保辅导教师的工作量不会超负荷，学校规定每位辅导教师最多同时辅导两门课程。

4. 教育部《现代远程教育试点高校网络教育年度工作自检要点》

为加强现代远程教育试点项目的教学过程管理与监控，及时了解和掌握试点工作的状态，有针对性地改进教学过程中存在的不足，促进试点项目健康稳定地发展，教育部从2001年启动年报年检制度，对普通高校网院、中央电大开放教育试点项目及公共服务体系实施包括学校自检、年报、抽查和年检4个关键步骤的监管。各个机构按照《实施办法》《现代远程教育试点高校网络教育年度工作自检要点》和《中央电大公共服务体系年度工作自检要点》的要求开展自检工作。《现代远程教育试点高校网络教育年度工作自检要点》主要包括11个部分，其中学习支持服务部分的主要内容如表6-7所示：

表6-7　学习支持服务自检指标

学习支持服务
1. 学习支持服务的机构和岗位设置，有关规章制度
2. 学习支持服务的途径和措施，个性化服务和学生网上学习情况(包括注册、缴费、选课、作业提交、答疑、互动和考试考查)；学生有网上学习活动，月参与率的统计和分析
3. 对学生的信息服务和咨询服务，对学生学习过程和学习状况的了解掌握和有针对性的服务情况，学生专业学习的问题回复情况，对学生反映情况、意见、投诉等的处理情况
4. 远程教育环境下的校园文化建设，对学生的人文关怀，学生思想工作，学风建设及提高学生综合素质的具体措施和效果

5. 国家开放大学的质量保证框架

国家开放大学建立了质量保证框架来监控系统的质量。该框架涵盖5个方面：教学资源建设、教学过程、学习支持服务、教学(教务)管理、教学条件保障，共35个指标(杜若等，2009)。为了支持学生学习，国家开放大学提供了多种多媒体材料、课程教学大纲、形成性评价手册、考试说明和其他学习资源。基于对学生需求的全面了解，尤其是经济发达和欠发达地区的学习环境的不同，在每学期开始之前，国家开放大学为学生提供了三种必修课的多媒体材料：印刷材料、音频材料和视频材料，同时提供在线资源。除此之外，国家开放大学还通过电话、电子邮件和(或)面授的形式支持学生的学习，并通过网络定期更新每门课程的学习要求、针对学生咨询的问题给予反馈、公布联系信息如课程协调员的电子邮箱及其办公室、提供考前复习资料等。

另外，国家开放大学为省级电大负责学生服务的教师提供了多种服务。所有教师都能够通过教师网站获得他们的教学和研究需要的信息，能够通过电话或电子邮箱征求国家开放大学教师的意见，能够获得教学评价的反馈，还能够参加培训会。教师通过培训学习如何开发课件、如何很好地应用网络技术、如何将远程教育的理论应用于实践、如何开展教学和研究。值得一提的是，国家开放大学特别支持教师开展研究工作，不论是学术研究还是远程教育研究或与技术相关的研究，还为教师组织研讨会和举办论坛，促进学术氛围的形成，并鼓励教师进行教学创新。国家开放大学还对兼职教师进行远程教育专业基础的培训，以帮助他们形成对远程教育的一般认识，习得有效的远程教学方法。

6. 网上人大在线教育质量保证体系

中国人民大学于1998年创办的网络教育学院——网上人大，是我国高等学校中最早成立的网络教育机构之一。网上人大秉持“教育以服务为中心、服务以学生为中心、服务以学习为中心”的育人理念，率先在国内实行了完全适合在职成人网络学习特点的“选课制”“学分制”“弹性学习期限制”“预约考试制”等教学管理模式，并依托强大的由专业教师、教学设计人员、媒体制作和技术开发人员、教学管理人员等组成的学习支持服务队伍，在专业课程学习指导、学习管理服务、信息咨询服务、技术支持、校园文化建设等方面发挥着重要作用，为在线学习质量提供了强有力的保障。

网上人大在与弘成科技发展有限公司长期合作的过程中，不断探索和积累经验，在保证在线教育质量上形成了自己独特的做法和认识，且形成了一套相对完整的在线教育质量保证体系。质量保证体系涵盖了在线教学的规划、在线教学基础设施的建设、教学系统设计、教学过程实施和教学评价这几个方面，主要围绕教学资源、教育系统、教学实施、教学评估这几个方面逐步实施并完善(郝成义、冯霞，2003)。

基于对以上相关案例的分析，较为常见的学习支持服务质量保证环节都关注到了对质量要素的保证，以及外部质量保证与内部质量保证的方法、工具和程序。通过对学习支持服务的质量保证活动，可以发现学习支持服务中的薄弱环节，及时改进服务的质量。质量保证在实践过程中会通过不同层面、不同方式来实现。有的建立了机构内部的质量保证部门，如北京大学医学继续教育学院设立了质量保证办公室，有的在政府监管下实施，还有的出台相应法案以监管质量，如马来西亚资质机构法案。不同机构关注的环节也有所不同，有的关注质量保证的评估改进环节，有的关注计划环节，有的则关注质量的持续改进。

(二)学习支持服务系统的管理

学习支持服务系统的管理主要包括服务人员的管理和系统的管理。

作为服务的提供者，对服务人员的管理对于保证服务质量至关重要。人员管理涉及人员聘任、职前培训、监管和评估、团队合作、继续培训、价值驱动管理等。

- 人员聘任是人员管理的基础工作，聘任前需要制订清楚的职位说明，包括具体的工作内容和对工作人员的要求，以及工作的评估标准等。在聘任过程中应保持公平公正，找到最佳聘任人选。
- 职前培训是对入职人员传达组织价值标准和工作流程的重要途径，有助于员工尽快熟悉工作环境，融入集体，接手具体工作。
- 有效的员工监管是保证服务要求的必要条件，需要根据组织文化的特点选择合适的监管方法。
- 学生支持服务涉及多个方面，因此教师和行政管理人员应组成团队，团队之间的有效沟通和合作有助于提高服务质量。同时，学生支持服务人员还应加强与其他部门的团队合作。
- 开展员工的继续培训和发展有助于弥补员工的不足，促进员工个人发展，使员工适应机构的未来变化并能够及时调整以满足机构的未来需求，因此对于机构的长远发展很有意义。
- 最后要加强组织的价值观建设，弥补技术性管理的不足。远程教育的基础价值观是帮助学生顺利完成学业，如果管理层和基层员工都能遵循这一核心理念，就会更加认真地对待学生、尊重和关心学生。

除了人员的管理，还有系统的管理，主要涉及以下几个方面。

- 系统软件的功能：远程教育机构一方面要根据工作需要不断提出新的技术要求，另一方面要将新技术不断应用到学生支持服务当中。只有这样，支持服务的质量才会不断提高。
- 数据管理：远程教育机构要及时并规范地对数据进行收集、分析、共享、汇报，这对提高机构效率和加强团队合作具有非常大的意义。
- 有效沟通：有效沟通需要计划和管理，首先应该明确沟通的对象、内容和方式，其次应该注意沟通的文化和态度。
- 监督和检查：既包括内部的监督和评价，也包括外部的检查(桑托什·潘达，2008)。

实践中，远程教育机构对支持服务系统的管理方式主要包括常规的程序化检查和年度的综合检查。常规的程序化检查是指由支持服务人员本身或机构内专设部门和人员实施，依据工作制度、工作规范、操作程序等检查并确保支持服务的各个环节有效落实。年度的综合检查在检查范围上更加广泛，在操作方式上大体包括自检、年报和抽检。自检是指各远程教育院校依据一定的标准对自身的工作进行统计分析并查找问题；年报是指各远程教育院校在自检发现的问题和年度工作数据统计分析的基础上形成年度报告；抽检是指各远程教育院校的上级部门或主管单位的专项抽查，一般是对年报数据的核实和复查，或对社会反映较多问题的调查。

(三)学习中心规范与管理

校外学习中心是配合教育机构开展在线学习的学习支持服务机构，其支持服务质量直接关系到在线教育机构的服务质量。以高校网络教育学院的学习中心为例，我们来了解学习中心的职责。高校网络教育学院的学习中心的主要职责是：贯彻执行国家、地方有关现代远程教育的方针政策，认真执行主办高校关于现代远程教育的各项规章制度；根据主办高校的要求和工作安排，配合主办高校开展招生宣传和组织生源等活动；承担主办高校下达的教学环节的组织管理工作，以及学生的日常管理工作。

在在线学习中，教师的主导地位逐渐淡化，学习者的自主学习意识逐步增强，学习中心在教育机构和学习者之间起到的桥梁作用也越来越突出。学习中心支持服务的规范和评价对提高学习者的满意度和保证在线学习支持服务的质量具有重要意义，以下介绍现有的和学习中心规范与管理相关的实践和政策文件。

教育部于 2002 年颁布了《关于现代远程教育校外学习中心(点)建设和管理的原则意见》(试行)，规定了省级教育行政部门对校外学习中心(点)的管理职责应相对集中，并由主管高等教育的领导同志负责。要重视现代远程教育的学生管理工作，积极组织各种形式的学生活动。在本省、自治区、直辖市范围内的校外学习中心(点)参加现代远程教育学习的学生，应作为本省、自治区、直辖市学生对待，具体如下。

• 对在本地区建设校外学习中心(点)实行审批制度，并负责监督管理。

• 向试点高校和校外学习中心(点)传达国家和本地区有关现代远程教育的方针、政策；提供人才需求信息，指导试点高校合理设置专业和制订招生计划；审查招生简章和招生广告。

• 负责对设在本地区内的校外学习中心(点)的管理，定期开展检查评估，对检查评估不合格的学习中心(点)责令整改、暂停或取消远程教育服务资格。对学习中心(点)的检查评估结果也将作为教育部对试点高校进行检查评估的重要依据。

• 未经审批就自行建立的校外学习中心(点)必须尽快履行审批手续。不履行审批手续的要责令停办。对在本文下发之前各试点高校设立的校外学习中心(点)要进行重新审批，对未通过审批的要限期整改或停办，并协助试点高校处理好有关善后工作。

• 对校外学习中心(点)的处罚意见需在征求有关试点高校的意见之后决定，并须抄报教育部。

• 开办校外学习中心(点)，必须由依托建设单位和试点高校共同向所在地省级教育行政部门申请审批。经批准的校外学习中心(点)为另外的试点高校服务，由校外学习中心(点)报新增试点高校有关材料向所在地省级教育行政部门备案。

• 省级教育行政部门在收到拟开办校外学习中心(点)的申请后要限期审批，及时将审批结果通知试点高校和依托建设单位，抄报教育部，并通报其他试点高校，向社会公布。

刘述和杨亭亭(2013)以教学管理作为切入点，从管理的角度来审视支持服务工作，提出了远程教育院校的学习中心支持服务规范(见表 6-8)，包含 10 项支持服务管理规范(即 10 个工作模块)、21 项服务项目、47 项服务要素和 23 项教学管理要素。

表 6-8　学习中心支持服务规范

10 项支持服务管理规范	21 项服务项目	全过程教学管理	
		47 项服务要素	23 项教学管理要素
学习中心建设	校园环境	校园文化建设、突发事件处理	基础设施管理、人员配置
招生工作	招生、入学、注册	招生宣传、招生咨询服务、招生报名、入学水平测试、入学资格审核	招生申报、招生总结
教学过程	资源配置、入学培训、教学安排、过程服务、课程测评、社会实践、毕业论文	教学准备、入学教育、课程教学安排、助学服务、形成性考核、社会实践、毕业论文	
教师管理	教师服务	教师聘任、教师培训、教学科研活动、助教服务、薪酬管理	教师考核与评价
学生管理	学生服务	学生思想教育、班级建设、学生社团工作、续修生的服务、学生激励、咨询服务、学生资助	
学籍管理	课程选定、学籍异动、毕业服务	新生注册、课程注册、学籍异动、学历认证、图像采集、毕业审核、学位审核	学生基本信息管理、毕业证书管理、学生信息数据统计
考试管理	国家统考、期末考核	考试命题、考试报名、考场管理、教育部网考、学位英语考试、成绩管理	考点管理、考试数据制作、考查编排、试卷管理、阅卷与成绩登录
教学检查与评价	教学评价	教学评价、评优活动	教学资源、面授教学、网上教学、形成性考核、社会实践、毕业论文、教学检查
技术支持	技术服务	技术培训、技术咨询、网络平台维护	日常教学办公设备的维护
综合管理	安全服务	财务管理、宣传报道、后勤保障	档案管理、文件管理

学习中心支持服务规范以学习者报名入学为起点、毕业为终点，将学习支持服务内容与教学管理工作整合为一体。这10个工作模块中，每一个对应一份支持服务规范文件，如招生工作对应《招生工作支持服务规范》。每个工作模块对应的支持服务规范文件都包括该模块的工作的具体目标、内容范畴、工作职责、流程、支持文件、记录6项内容，分别陈述该模块的工作的若干目标、具体的工作范畴、职责部门、工作的具体实施步骤、执行相关流程所依据的规章制度，以及流程执行过程中需要形成的记录表单。

曹伟和刘文君等(2014)将全面质量管理应用于学习中心服务的质量管理，建立现代远程教育公共服务体系学习中心PDCA全面质量动态过程管理模型，并以优化学习中心服务质量标准体系为核心展开实证研究。学习中心全面质量管理的具体实施采用戴明博士在20世纪60年代初提出的PDCA管理循环来展开。PDCA管理循环是质量管理活动所应遵守的科学工作程序，是全面质量管理的基本工作方法(胡剑波等，2011)。PDCA管理循环包含四个阶段：P代表“计划”(Plan)，即明确问题并对可能的原因及解决方案进行假设；D代表“执行”(Do)，即实施行动计划；C代表“检查”(Check)，即评估结果；A代表“处理”(Action)，即如果对结果不满意就返回到计划阶段，如果对结果满意就对解决方案进行标准化。模型反映了学习中心服务质量持续改进和各项工作完成必须经过的四个阶段、八个步骤，如图6-2所示。它是一种螺旋上升的循环，推动学习中心服务质量持续改进和提升。

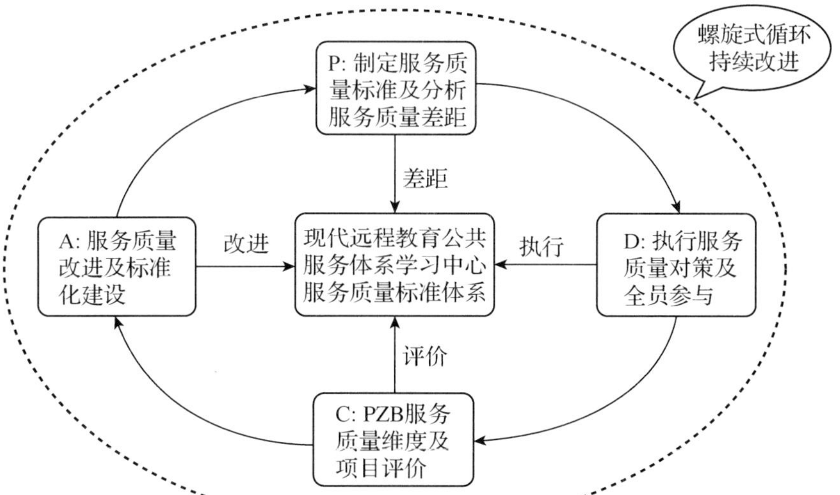

图6-2 现代远程教育公共服务体系学习中心PDCA全面质量动态过程管理模型

校外学习中心是在线教育质量保证体系建设中重要的管理和服务机构，对它的评价可以保证教学质量向下延伸。教育机构应建立对校外学习中心的评价机制，评价的主要内容应包括其招生、收费、办学行为等。对其服务条件，主要从教学服务系统、办学条件、师资队伍、教学辅导等方面进行评价。教学教务管理按照在线教育机构的教学计划、教学实施方案、教学管理要求开展工作，并充分利用机构的教学资源，积极引导、促进学生使用网上学习资源。执行并健全考务管理制度，严格按照国家和教育机构的要求组织实施各个环节的考试、考核和考查，有严格的保密和安全措施等考务工作规范，考风考纪严格，对违纪行为严肃处理等。要围绕服务理念、服务资质、机构设置和人员配置、环境条件建设、服务运行制定标准，形成完善、系统的学习中心建设运行标准体系，为学习中心的准入、评估和规范服务运行提供依据。

(四)服务人员的专业能力发展

学习支持服务人员的角色是多元的，支持服务的提供者可能会包括辅导教师、班主任、学习顾问、图书馆馆员、咨询服务人员、负责评价的教师、行政管理人员、研发人员、远程接待人员等，因此服务人员的能力需求也多种多样。不同机构或院校对这些人员的组织结构的要求可能有较大差异，但基本的工作职责和能力要求也有相似的地方。下面选取学习支持服务人员中比较核心的三个角色——辅导教师、班主任、学习顾问，对其专业能力要求做具体分析。

1. 辅导教师

在各远程教育机构，辅导教师的职责和侧重点可能会稍有不同，但大体而言，辅导教师承担的角色主要有：学科专家、获取其他资源的教师、过程性反馈的提供者、解决个人学习问题并鼓励学生的助学者、学生的评价者。在规划辅导教师的角色和提供的服务内容时，我们要考虑的问题有：辅导教师的选聘和准入机制是什么？辅导教师的工作流程是什么？如何对辅导教师进行监控管理和评价？

2. 班主任

班主任需要站在学生的角度，倾听他们的观点，激发和开导他们，并向他们提供生活经验。班主任和学生经常在一起，比学生更有见识，知识更加丰富。一个班主任可能并不是长者或专家，但是他能够或多或少增强学生的自信心、提高学生的能力，可以成为学生很好的朋友、教练、倾听者和精神支柱。在规划班主任的角色和提供的服务内容时，除了基本的聘任、工作流程和管理外，我们要考虑的问题还有：班主任应该具备的知识、班主任和学生的友谊的培养、班主任的学科背景与学生所学专业的关系等。

3. 学习顾问

学习顾问的职责是帮助学生弄清楚他们到底想学什么以及为什么要学，或者帮助学生找到阻碍学习的根本问题所在。咨询的目的是让学生自己做出选择，并帮助学生为达到自己的学习目标而努力。学习顾问需要具备一些基本技能，如倾听技能、复述学生原话的本领、核实学生是否理解的能力、认可与理解学生的反应等。

国内外学习支持服务都非常重视专业化的服务人员的专业能力发展，然而发展不是一次性的活动，而是重要的持续性活动。支持服务的质量很大程度上受人才队伍的专业化和职业化的影响，因此注重服务人员的专业能力发展是推动支持服务持续发展、质量不断提升的关键。辛普森(2013)基于英国开放大学的实践提出一些经过实践检验的有效的专业发展方法，如开展话题讨论活动、角色扮演、激励游戏以及通过游戏为支持服务教师工作任务设定边界，理性接受对学生支持服务的局限和价值。此外，我们基于机构视角，从以下几个方面提出促进服务人员的专业能力发展的措施。

第一，注重数据分析能力培养。

随着教育信息化的深入开展，在线教学平台上保存、记录了学生多样化的学习数据，可以进一步分析和发掘学习偏好、学习时长、学习行为等隐性信息，这对支持服务教师开展工作有巨大的促进作用。因此，辅导教师和相关服务人员的数据分析能力在数据引领的教学中扮演了非常重要的角色。美国“数据质量运动”(Data Quality Campaign)将教师数据素养定义为：教师从地区、政府、学校等其他途径有效、持续、合理合法地获得、分析、使用多种类型的教学数据，以适应远程教育工作者的任务和角色的方式来提升学生学习效果的专业能力。具有较高信息素养和数据素养的服务人员可以将教学过程中不同类型的学习数据转化为满足学生个性化学习需求的服务策略。因此，提供支持服务的相关教师也可以将自己的专业知识和学习数据分析相结合，系统化地收集、分析数据，将学习数据转化为改进支持服务的实践能力，及时发现学生的异常情况并干预、引导及预测，更好地实现精准有效的支持服务。

第二，创新培训模式，注重培训方法和时效性。

支持服务人员的专业化和职业化需要有计划地加以培养。以奥鹏远程教育服务中心为例，其设有专门的培训学院来组织机构内部人员培训，可分为管理人员培训、技术人员培训、一线辅导教师和新员工培训等。培训体系针对不同角色分别有相应的培训课程设置，同时也会根据员工反馈情况和实际业务发展情况进行动态调整。因此，在开展面向支持服务人员的职业培训时，首先要根据服务人员细分角色确定具体的培训目标和内容。对一线支持服务人员而言，最好的培训方式不是观念和理论知识的引导，而是由经验丰富的老员工带领，在工作中逐步掌握工作任务和技巧。这是一种“学徒制”培训方式，经实践证明是最有效的培训方式(严冰，2012)。此外，要针对人员实际能力和机构业务发展需要制订以能力素质模型为基础的培训方案和实施计划，使培训更具有科学性和时效性，不断提升培训水平。

第三，注重激励和评价机制的一体化发展。

在线教育机构不仅要建立定期的评估考核制度和以从业人员能力素质模型为基础的评估与考核体系，还要注重将考核评价与激励制度相结合。激励是满足支持服务人员专业发展需求、提高其积极工作的动机和水平以实现组织目标的过程；评价是通过评定教师工作绩效对其行为进行引导，使之有助于实现组织发展目标的过程(赵秀荣，2016)。二者的目的都是改进支持服务教师的工作效率和专业技能发展，促使个人发展目标和组织目标一致。良好的评价机制同激励机制结合起来，才能起到准确测评的作用，二者是相辅相成的关系。教师专业发展作为在线教育机构人力资源管理的重要环节，需要科学的激励制度调动教师的工作积极性，同时也需要公平、公正的评价机制创造良性竞争环境。

第四，培育合作型的服务组织文化。

组织文化对服务人员的专业发展有促进作用，首先要在服务群体中培育合作型的组织文化。服务型教师专业发展的理想方式建立在群体合作的基础上，专业合作有利于优化服务人员专业发展的探索和研究过程、培植积极的人际关系、克服职业倦怠感的产生、提高教师职业的成就感，从而有利于专业发展目标的实现(赵秀荣，2016)。同时，需要在建立合作型组织文化中引导相关人员树立自主学习的意识，更新学习沟通的方式，在保持专业独立、独立思考的前提下协同工作、集思广益，与服务团队共同研究实践中的问题。可通过使用协同编辑文档商讨方案、开展主题工作坊、小组会议中的头脑风暴等方式，增加相互交流与合作的机会。

三、在线学习支持服务评估与改进

(一)学习支持服务的评估

满足学习者明确或潜在的学习需求既是远程教育服务质量管理的出发点，也是其归宿(丁新，2005)。因此，在建立质量保证体系时，在线教育机构要树立服务意识，重视支持服务系统的建设，并对支持服务进行系统评估。高效的学习支持服务系统是确保远程教育质量的基础，所以远程教育质量保证中对支持服务提供情况的评估应作为远程教育质量评估的重要方面(梁国胜，2007)。学生支持服务的评价工作对于开展服务具有很好的监督和反馈作用，同时评价过程也是各种信息的传递过程，科学的评价方式对于改善学生支持服务工作具有定向引导作用。因此，学生支持服务评价是在线教育活动中的重要环节，是促进在线教育发展、提高教育质量的有效管理方法。学生支持服务评价的目的是在教学全过程中监控学生支持服务的质量，不断改进教学、技术和管理等工作，提供满足学生、教师和学校需要的各种服务(邹范林，2009)。相对于质量标准来说，评价指标比较灵活，可以是阶段性的、局部的，也可以是全面的、系统的。

朱祖林和陈丽(2007)从支持服务评价的角度提出了远程学习支持服务评价模型及

指标体系，将导学、助学、促学作为评价支持服务的三个维度，针对支持服务的类型和功能的不同设计了24个评价指标，为远程教育院校评定其支持服务效果提供了一个参考工具，如表6-9所示。

表6-9 远程学习支持服务评价模型及指标体系

评价维度		评价指标
导学	教学辅导	1. 提供的面授辅导有助于知识掌握和能力提高
		2. 提供的直播课堂、视频点播等视频辅导(导学)有助于知识掌握和能力提高
		3. 提供的网上辅导与答疑有助于知识掌握和能力提高
		4. 提供的个别辅导(电子邮件、电话以及信函答疑)有助于知识掌握和能力提高
	实践教学	5. 实验课有助于观察、分析问题能力的培养和实践操作技能的训练
		6. 课程设计或作业有助于应用所学课程知识和技能解决实际问题能力的培养
		7. 社会调查或实习有助于观察、了解社会和实践动手能力的培养
		8. 毕业设计或论文有助于综合应用所学知识和技能解决实际问题能力的培养
助学	课程资源	9. 编制的印刷教材适合自主学习并有助于知识掌握和能力提高
		10. 提供的音像教材有助于知识掌握和能力提高
		11. 提供的网上课程资源(含计算机课件、IP课件、视频点播等)有助于知识掌握和能力提高
	学习设施	12. 学校提供的网络教室、多媒体教室、网上教学平台等设施能够满足学习者学习的需要
		13. 学校提供的图书馆(含电子阅览室、数字图书馆等)能够满足学习者学习的需要
		14. 学校提供的实验室等实验条件能够满足学习者学习的需要
	学习方式	15. 协作学习(含小组学习)有助于相互激励、相互学习及知识掌握和能力提高，对顺利完成学业具有重要的意义
	咨询服务	16. 学校提供的入学教育能够帮助学生掌握计算机和网络应用技能，尽快适应现代远程教育的学习方式
		17. 学校提供的与学习有关或无关的咨询服务有助于学生缓解工作、生活和心理压力，促进学习动力的保持
	管理服务	18. 学校能够及时、全面、准确地为学生提供有关入学、注册、教学、辅导、考试等方面的信息
		19. 免试入学为学生提供了新的学习机会

续表

评价维度		评价指标
助学	管理服务	20. 学分制有利于学生选择不同的课程和时间进行学习
		21. 师资配备完备并能够满足学习者学习的需要
		22. 学校能够及时提供有关文件、制度
促学	课程考核/评价	23. 平时作业与练习(含网上自测)等形成性考核有助于对知识的理解、掌握和应用，促进学生的自主学习
		24. 期末考试有助于学生系统地掌握知识和应用能力

服务质量评估主要是借助评价标准工具从多维度、多指标开展，可以是远程教育机构自身的行为，如院校的质量管理部门对远程教育服务人员的评估、对学习效果的评估等，也可以是政府或者政府委托的第三方组织对远程教育支持服务的日常工作质量和标准的评估，还可以是支持服务的利益相关方如学习者或公共服务购买方对支持服务的满意度和效用评价等，甚至可以是来自社会的监督与评价，如新闻媒体和公众舆论的监督。学生支持服务质量的评估方式多种多样，通常基于针对性很强的评估指标体系，通过自评和专家组评估包括文件数据与实地考察相结合来加以实现(石磊，2013)，依据不同的分类标准可以分为独立评估、专项评估等。独立评估往往是由专门的认证机构组织的，对远程教育院校进行质量标准评估和认定，如东北财经大学网络教育(东财在线)获得的ISO9001：2000质量管理体系认证。专项评估带有明显的指向性和专项性，实施主体可以是多元的，一般针对特定的项目和环节进行评估，如教育部对中央广播电视大学人才培养模式改革和开放教育试点项目的总结性评估。除以上方式外，学生支持服务的满意度调查也是一种常用的方式，对完善服务的内容、形成服务的文化、提高学生维持率都有重要意义。

此外，服务质量评估越来越基于数据和面向过程。在以往缺乏学习过程数据的时候，在线教育机构对学习支持的评估只能从学生的学习结果入手，对学习过程中学生的学习状态和学习进展的监控十分有限，因此难以支持对学习支持服务过程的监控与优化。在线学习平台中记录的大量学习过程数据蕴含着学生学习投入、学习和认知过程的宝贵信息，在学习分析技术的支持下，能够帮助机构和教师实现更科学、更高效的面向学习全过程、基于数据的精准评估，以提供更加精准且有效的支持服务(李爽，2016)。在服务质量的评估过程中，加强过程的监控和管理是非常重要的。如通过收集过程信息、分析过程、控制过程和改进过程，就能够控制影响质量的相关环节，纠正服务过程中未能达到的预期结果，从而确保服务的质量。因此，在学习分析技术的支持下对学习支持服务进行基于学习过程数据的评估，将是未来在线学习服务评估的主要趋势。它能够增强服务评估的科学性、合理性和有效性，同时也有助于实现改善和促进学习的最终目标，能够支持对学习投入、学习路径和进度的实时监控与自动化评价，对认知过程和学习表现进行深入剖析，实现学习预警、诊断学习问题，提供自动化、个性化反馈和教学干预，从而有力地促进和优化学习支持服务。

(二)学习支持服务的改进

质量评估不仅是对服务质量的总结性评价和认证，而且应该侧重服务于学习支持服务的改进与优化。在科学评估的基础上，在线教育机构便可以对其学习支持服务机制、项目与人员进行局部或全面的改进甚至颠覆性的变革。面对“互联网＋”背景不断演变且竞争激烈的在线教育市场新格局，仅仅改进其局部支持服务技术与方式往往是不够的，在线教育机构还需要通过构建持续的服务改进机制、推动以学习者为中心的组织管理方式变革、采用消费驱动的教育服务供给方式，才能使其学习支持服务持续满足不断提升和变化的教育服务需求。下面，我们对这三点分别进行阐述。

1. 建立持续改进机制

发展总会经历一个持续改进的过程，持续改进是一个组织永恒的目标。在在线教育中，学生对教育机构、教师的服务的要求也在不断地变化和提高。因此教育机构必须建立一种支持改进的机制，保持一种不断探索、不断改进、积极创新的态势，来适应这种变化和提高的要求，最终使支持服务能较好地满足学习者的实际需要，并保证学习者拥有较好的学习体验(梁国胜，2007)。

建立持续改进机制可遵循循环原理，即 ISO9000 质量管理体系的基本方法——PDCA 方法。无论是服务质量管理体系的建立过程还是相关环节的落实过程，都可以运用 PDCA 方法。当完成一个 PDCA 循环后，应继续下一个 PDCA 循环，以达到改进的目的。在建立学习支持服务质量保证体系时，我们也可以借鉴这种方法，先确定学习支持服务质量保证体系的目标和任务，然后分析其质量保证的基本要素，在教学实践中应用，找出问题并进行改进，在持续改进中完善服务质量体系。所以，学习支持服务的持续改进是一个有目标的活动，在其质量评估与改进中有重要的意义，应充分利用质量方针、质量目标、审核结果、数据分析、纠正和预防措施以及管理评审。提高学习支持服务质量是在对服务过程的监控、评估和改进的基础上不断得以实现的，因此在制定学习支持服务质量标准时，应注重持续改进的重要性。

2. 组织管理创新

互联网正在改变着整个社会的服务模式和组织体系，因此组织体系的变革在需求为王的当下必不可少。在线教育机构过往的传统管理方式是自上而下的，信息自上而下地流动，管理层制订战略。一线教师和服务提供者的能力主要表现在遵守组织要求和提供服务，其中提供服务是核心。而在“互联网＋教育”的背景下，以学习者为核心的组织管理方式正好和传统管理方式相反，呈倒三角形的结构，更迫切地要求与学习者密切相连的一线教师和服务提供者拥有快速明确学习者学习需求和学习困难的能力。管理行政人员及研发人员也不再是政策和服务的制定者和决策者，而是对一线支持服务人员反馈的用户信息给予支持和响应，使服务从规模化标准服务向个性化精准服务转变。

3. 变革教育服务供给

"互联网＋"时代对在线教育支持服务供给提出了新的要求，教育的供给主体、方式也发生了深刻的变革，由原来的供给驱动转变为消费驱动的供给服务。余胜泉等提出，"互联网＋教育"的跨界融合使得教育服务供给的内容、方式、形态、结构、决策与监管等方面都产生了深远变革，每个人既是知识和服务的生产者，也是其消费者和享用者，改变了以往教育资源和服务单向度的供给方式，从统一模式的学校教育供给发展到多元教育服务的精准供给。教育公共服务不仅仅发生在教室和学校里，而是终身、全面、按需获得的(余胜泉等，2017)。消费驱动下的教育服务供给，不仅能使其能力和水平提高(体现在供给效率、供给内容质量以及供给流程灵活性的提升上)，同时也能使学生拥有自主选择权的机会增多，其获得感及满意度也大大提升。消费驱动下的多元供给方式若想得到持续健康的发展，需要健全的教育制度来保驾护航，不断完善在线教育服务行业的规范制度，建立统一的质量认证标准，在此基础上进行第三方机构资质认证、建立课程和资源认证制度及实现学分的认证与转换等，从而保证支持服务实践能够在良好的秩序下运行和发展。

学习支持服务评估的出发点是为学习者提供更加全面、优质的支持服务，因此整个学习支持服务质量的提升都建立在对其评估和改进的基础之上，建立持续改进机制是提高其服务能力和水平的重要手段和促进其健康发展的保证。同时，引入市场运行机制、建立以学习者为核心的组织管理方式、改变教育服务供给的方式和内容，是提高学习支持服务质量和效率的关键。

本章小结

通过对本章内容的学习，我们对在线学习支持服务质量有了更加深入的认识，理解了在线学习支持服务质量的评估与保证是保障在线学习质量的关键一环。在线教育支持服务质量既关注服务过程，又关注服务效果；学习支持服务质量保证要逐步建立"以学习者需求为出发点，以提高其满意度为目标"的服务质量保证体系，不仅要解决在线学习中教与学的问题，还要解决与教学相关的各项管理服务的问题；不仅包括学生服务，还包括校外学习中心服务、教师服务(梁国胜，2007)。同时，要以"全面质量管理"理念作为基本的指导思想，并通过质量标准的建立和质量监管活动发现质量工作中的薄弱环节和存在的问题，再采取针对性的质量改进措施，进入新一轮的质量管理

PDCA 循环，以不断获得质量管理的成效。

关键术语

质量
Quality
质量标准
Quality Standard
质量保证
Quality Assurance
质量管理
Quality Management

在线教育质量保证
Online Education Quality Assurance
在线教育服务质量
The Quality of Distance Education Service

数据素养
Data Literacy

学习反思与活动建议

1. 与你的同学组成小组，尝试选取你们能够接触或了解的在线教育机构与远程教育机构，调查他们是否存在一些服务质量标准，以及进行质量管理的有关措施和机制，与其他同伴分享你们的调查结果。

2. 如果请你对某所远程教育院校或某个学习中心进行支持服务系统评价，假设你已经拥有该院校或学习中心支持服务的业务内容和流程的各项资料，会从哪些方式，以及采用怎样的方式进行学习中心的评价？请与你的教师和同伴分享你的思考，并讨论在学习中心评价中哪些内容的评价较为重要。

3. 请选择一个你所完成过的在线学习课程，或从下列参考项目中选择一个在线教育项目(建议选择在前面几章中进行深入体验的项目1，对其学习支持服务进行评价。然后将你的评价框架与评价结果与教师和同伴分享，并结合大家的分享，反思如何构建有效的学习支持服务评价框架。

参考项目：

- 洋葱学院
- 编程猫
- 新东方英语
- 沪江网校
- 英语流利说
- 学堂在线
- VIPKID 少儿英语

补充资料

1. 郑勤华．远程教育的经济问题[M]．北京：中央广播电视大学出版社，2015.

该书综合阐述了远程教育尤其是以互联网技术为依托的现代远程教育的经济学相关问题，也从经济学的视角全面解读了现代远程教育。从教育的经济属性出发，探讨了我国远程教育的发展及面临的主要矛盾，尝试明晰远程教育办学中政府、市场和个人的角色定位，创新构建了学习理论与远程教育市场结构的关系，从而为互联网时代远程教育发展提出了相应的模式和路径，并对微观的机构办学成本核算和绩效改进提出了建议。该书为本章的支持服务质量评估的成本效益提供了新的经济学视角。

2. 丹尼斯·克伯蒂克．远程教育的质量保证[M]. 侯建军，译．北京：中央广播电视大学出版社，2009.

该书作为一本培训者手册，一方面简明扼要地呈现了当前开放与远程教育质量保证的基本概念和基础知识，另一方面较好地总结了当前开放与远程教育质量保证的具体做法和有效实践，从而让读者能够在最短时间内对这个领域有较为系统、全面的认识。该书与本章的服务质量相互呼应，为学习者理解远程学习支持服务的质量保证提供了更加清晰、完整的视角。

3. 沈欣忆，陈丽，郑勤华．我国高等远程教育质量保证标准研究[M]. 北京：北京师范大学出版社，2017.

该书反思了中国高等远程教育质量管理的问题，阐释了高等远程教育质量保证相关实践案例和基本原理，采用系统、科学的研究方法构建了中国高等远程教育质量保证标准。该标准可使各类远程教育机构在质量管理工作中有法可依、有理可循，也为现阶段我国开放大学的转型升级、普通高校网络教育学院的改革与发展提供了可依据的标准。该书为本章的支持服务质量标准和质量保证提供了概念理论和实践案例支撑，为我们从更加全面的视角认识和理解服务质量核心要素提供了参考。

4. 丁兴富．远程教育研究[M]. 北京：首都师范大学出版社，2002.

该书详细地论述了远程教育的历史发展和各个要素。全书主要包括四部分内容，第一部分主要论述了远程教育的历史和发展，第二部分论述了远程教育学科理论基础的基本概念与基本理论，第三部分论述了远程教育学主要分支学科的基本概念、基本理论和相关学科知识内容，第四部分论述了远程教育的管理和评估。书中关于远程教育的管理和评估部分为在线学习支持服务的质量保证与评估提供了有益思路。

Aa 关键术语

中文术语	英文翻译	中文解释
O2O	Online to Offline	指将线下的服务方式与体验与互联网支撑下的线上服务结合，发挥线上线下服务优势，搭建线上线下一体化教育服务平台的服务模式
促进学习	Facilitating Learning	是在线课程学习支持服务的一种服务类型，该类服务针对学习者在课程学习中可能遇到的技能、情感、管理等方面的困难或障碍提供支持活动与资源，帮助学习者有效改进和顺利完成他们的学习
导师制	Tutor System	是指开放大学等远程教育机构在远程学习者入学初期给其分派一名导学教师，帮助其适应远程学习，并在其就读期间提供个别化学术辅导的制度。导师制有效确保了导学与支持的连续性
反思性学习	Reflective Learning	是指在特定学习情境下，学习者在元认知的指导下，自觉对自身认知结构、学习活动及其所涉及的相关因素进行批判性审视，对将要开展的学习活动进行创造性的预见，对学习活动过程中发现的问题进行科学性探究，对整个学习活动过程进行有效的调控，以促进问题解决、学会学习、自我发展的学习活动方式
非学术性支持服务	Non-academic Support Service	是指虽然与学生的课程学习内容、智力、认知没有直接关系，但是与学生的学习具有紧密联系的支持服务形式。它并不针对特定的课程内容，而是在线教育机构从情感、技术、信息、管理等层面对学习者学习和学业具有帮助作用的服务形式
交互距离	Transaction Distance	是指教师与学生之间互动的心理距离。穆尔的交互距离理论中用其来描述教育项目在兼顾和响应学生个性化需求方面的特征
教学交互	Instructional Interaction	是指学习者与学习环境相互交流与相互作用而自身发展的过程，是学与教的过程属性
呼叫中心	Cell Center	一种基于用户数据库和服务知识库等技术，向学生提供自助语言服务、主动信息服务、一站式服务、多席服务、1×24 小时服务、多方式呼叫服务等个性化咨询服务的服务模式

续表

中文术语	英文翻译	中文解释
课程辅导	Tutoring Activities	是在线课程学习支持服务的一种服务类型。该类服务包括由辅导教师组织开展的在线教学、学习指导与辅导活动，既包括预先设计好的师生互动活动，如研讨活动、小组活动、答疑辅导等，也包括教师对自主学习活动的指导和支持，以及教师根据实际学习情况临时调整组织的教学活动
课程辅导教师	Course-tutor	是在线教育机构设置的以促进课程材料学习为职能的学术性支持角色，扮演课程材料编写教师与学生之间的中介，在学生学习课程材料的过程中给予学生持续的关注，弥补标准化开发的课程材料在适应个性化需求方面的不足，其职能也随着在线课程的发展而发生转变
绩效目标导向	Performance Goals Oriented	是指 Dweck 和 Leggett(1988)基于其社会—认知动机模型所定义的一种行为导向。该行为导向的个体受绩效目标这样一种动机目标所驱动，为获得他人对其能力的正向评价而行动
双师服务	Double-Teacher Service	是指在互联网等通信技术的支撑下，实现校内校外教师基于特定合作方式共同为学生提供面授和线上相结合的教学和学习服务的模式。实践中，根据不同的教学与学习需求，存在多种双师服务模式。有些模式中，在线教师是主讲教师，校内教师以提供个性化学习辅导为主；有些模式中，校内教师是主讲教师，在线教师以提供个性化学习辅导为主
数据素养	Data Literacy	是指对媒介素养、信息素养等概念的一种延续和扩展，至少包括以下五个方面的维度：对数据的敏感性；数据的收集能力；数据的分析、处理能力；利用数据进行决策的能力；对数据的批判性思维
系统	System	是指由部分组成的整体，即由相互关联、相互制约、相互作用的若干部分组成的具有特定功能目标的有机整体
虚拟学习社区	Virtual Learning Community	又被称作网上学习社区或在线学习社区(Online Learning Community)，是指在某一特定网络空间中，由学习者和助学者(包括各类教师、组织管理人员等)共同组成的具有持续的师生、生生互动关系的社会集合体及其网络活动区域

续表

中文术语	英文翻译	中文解释
学生支持	Student Support	是指远程教育机构在远程学习者就读期间为促进学生的远程自主学习、提升教育效果与服务质量，对已知学生个体、学生小组和学生社群的认知、情感与系统需求做出响应的所有元素
学习分习	Learning Analysis	运用各种数据采集工具和分析技术，研究教学实践中的学生投入、学习绩效和进展，旨在运用分析结果实时修订课程、教学和评估活动(Johnson et al.，2012)
学习需求	Learning Needs	是学习动机的基本构成要素之一，是主体的一种追求学业成就的倾向，是个体和社会的客观需求在学生头脑中的反映
学术性支持	Academic Support	是指在线教育机构在教学层面以促进和优化学习过程为目的，提供给在线学习者的认知、智能和学术知识等方面的支持
学习目标导向	Learning Goals Oriented	是指 Dweck 和 Leggett(1988)基于其社会—认知动机模型所定义的一种行为导向。该行为导向的个体受学习目标这样一种动机目标所驱动，为提升他们的能力而行动
学习者特征	Learner Characteristics	是指对学习者学习有关学科内容产生影响的心理和社会的特点，它们与具体学科内容虽无直接联系，但影响教学设计者对学习内容的选择与组织，影响教学方法、教学媒体和教学组织形式的选择与运用
学习中心	Learning Center	是指远程教育院校在各地区建设的学生支持服务体系的基层组织机构，是远程教育和远程教学的活动基地，是远程教育教学信息的双向交互通道和教学资源的集散地，是远程教育信息技术设施向社区辐射延伸的节点和终端
学习支持	Learning Support	是指在课程教学活动中从促进学习目标的实现为目的的各类支持活动，包括认知与元认知的支持，也包括增强学生学习自信心、激励学习动机、消除学习孤独感、增强同伴间信任感等情感方面的支持
学业困难	Academic Difficulty	是指学习者在学习过程中遇到的来源于学习环境、自身特征、教育机构等方面的影响学习的阻碍
在线教育服务质量	The Quality of Distance Education Service	是指在线教育机构或院校提供的在线教育服务满足相关利益群体(学习者、家庭、企业、社会等)的明确和隐含需要的能力或特性的总和

续表

中文术语	英文翻译	中文解释
在线教育系统	Online Education System	是指以提供在线教育课程产品与服务为核心功能的由相互关联、相互制约、相互作用的若干部分组成的有机整体
在线教育质量保证	Online Education Quality Assurance	是指在线教育系统为使人们确信在线教育机构能提供合格的教育服务，按照一定的标准和程序，在内部对教育质量进行控制、审核和评估，从而确保质量的所有活动和过程。这种活动和过程的标志或结果就是提供“证据”，以确保用户和消费者对质量的信任。因此，严格说来，质量保证是对外而不是对内使用的
在线学习公共支持服务体系	Public Support Service System for Online Learning	是指在办学机构和服务机构之间架设一个面向多元用户的公共平台，以提供优质的学生支持服务，同时采用“外包”的服务模式对办学机构、服务提供机构以及学习者之间的利益关系进行合理管理，并在优质资源的共建共享过程中发挥统一协调的作用
在线学习者特征	Characteristics of Online Learner	是指影响学习者在线学习过程有效性的人口学、学习心理、学习行为、社会背景等方面的特征
在线学习支持	Online Learning Support	是指教育机构或代理为促进学生在线学习和个性化发展，在学习过程前、过程中和过程后，对已知学生个体、小组和群体的认知、情感与系统需求做出响应的所有活动和元素
在线学习支持子系统	Online Learning Support Sub-system	是在线教育系统的基本构成，是在线教育系统实现其教育服务功能的重要子系统，是在线学习者与在线教育系统双向沟通与互动的主要窗口。该子系统在管理子系统的统一规划与管理下，在数据信息子系统和后勤子系统的支撑下，通过与课程设计开发子系统的互动协作，在学习者的学业期间向其提供个性化学习支持服务，以支持和促进其在线课程学习的顺利完成和不断改善
质量	Quality	是指事物满足需求的程度，包含对事物的价值判断。事物的质量是动态的、发展的和相对的
质量保证	Quality Assurance	是指为使人们确信产品或服务能满足质量要求而在质量管理体系中实施并根据需要进行证实的有计划和有系统的所有活动。质量保证一般适用于有合同的场合，其主要目的是使用户确信产品或服务能满足规定的质量要求。它是质量管理的一部分，致力于提供质量要求会得到满足的信任

续表

中文术语	英文翻译	中文解释
质量标准	Quality Standard	是指对产品的结构、规格、质量、检验方法所作的技术规定
质量管理	Quality Management	是指建立质量方针和质量目标与为达到质量目标所进行的有组织、有计划的活动
自主学习	Self-Regulated Learning	是指学习者在教师的指导下，对自己正在进行的学习活动进行主动、积极、自觉的计划、监控、评价、调整的过程

参考文献

[1]A. McAuley, B. Stewart, G. Siemens and D. Cormier. 2010. The MOOC model for digital practice [EB/OL]. [2019-09-02]http: //www. davecormier. com/edblog/wp-content/uploads/MOOC _ Final. pdf.

[2]Aaron Goldstein . Data Quality Campaign. What's the difference between assessment literacy and data literacy? [EB/OL][2014-07-16][2019-09-02]. http: //edprepmatters. net/2014/07/free-webinar-whats-the-difference-between-assessment-literacy-and-data-literacy.

[3]Abdous, M. 2011. A process-oriented framework for acquiring online teaching competencies[J]. Journal of Computing in Higher Education. 23(1): 60-77.

[4]Ait, A. 2000. Planing student support for open and distance learning[J]. Open Learning. 15(3): 287-299.

[5]Anderson. 2004. Student services in a networked world[M]//Brindley J. E. (eds.). Learner support in open, distance and online learning environments. Oldenburg: Bibliotheks-und Informations system der Universitt Oldenburg, 98-108.

[6]Anderson, E. & Clifton, C. 2001. Strengths quest: helping student , staff and faculty achieve academic, career, and personal success. http: //www. strengthsquest. com, accessed October 18. 2006.

[7]Anderson, T. & Garrison, D. R. 1998. Learning in a networked world: new roles and responsibilties. In distance learners in higher education: institutional responses for quality outcomes. Madison, Wi. : Atwood.

[8]Annual Report 2013/2014 of The Open University in UK. 2014.

[9]Arnold, K. E. & Pistilli, M. D. 2012. Course signals at Purdue: using learning analytics to increase student success. 2nd International Conference on Learning Analytics & Knowledge. New York: ACM.

[10]Aydin, C. H. 2005. Turkish mentors' perception of roles, competencies and resources for online teaching. Turkish Online Journal of Distance Education. 6(3): 58-80.

[11]Baepler, P. 2010. A teaching, technology, and faculty development timeline. Journal of Faculty Development, 24, 40-48.

[12]Baggaley J. 2013. MOOC rampant[J]. Distance Education. 34(3): 368-378.

[13]Baran, E. , Correia, A. P. , & Thompson, A. 2011. Transforming online teaching practice: critical analysis of the literature on the roles and competencies of online teachers. Distance Education. 32 (3): 421-439.

[14]Bawane, J. & Spector, J. M. 2009. Prioritization of online instructor roles: implications for competency-based teacher education programs. Distance Education. 30(3): 383-397.

[15]Berge, Z. L. 1995. Facilitating computer conferencing: recommendations from the Field. Educational Technology. 35(1): 22-30.

[16]Besich M. A. 2005. Learning tactics of successful online learners[D]. Bozeman: Montana State University, 2005.

[17]Boyd, D. 2004. The characteristics of successful online students. New horizons in adult education and human resource development. 18(2): 31-39.

[18]Boyd, E. M. & Fales, A. W. 1983. Reflective Learning: key to learning from experience. Journal of Humanistic Psychology. 23(2): 99-117.

[19]Boyle, F. , Kwon, J. , Ross, C. , & Simpson, O. 2010. Student-student mentoring for retention and engagement in distance education. Open Learning: The Journal of Open, Distance and e-Learning. 25(2): 115-130.

[20]Brindley, J. E. , Walti, C. , & Zawacki-Richter, O. 2004. The current context of learner support in open, distance and online learning: An introduction. Learner support in open, distance and online learning environments. 9: 9-27.

[21]British Association for Open Learning Quality Mark[2002-10-06]. http: //www. bircham. net/baol-the-british-association-for-open-learning. html.

[22]Brockbank, A. & McGill, I. 2006. Facilitating reflective learning through mentoring & coaching. London: Kogan Page Publishers.

[23]Brown, J. S. 2000. Growing up digital: How the web changes work, education, and the ways people learn[2007-07-27]. http: //www. usdla. org/html/journal/FEB02 _ Issue/article01. html.

[24]Browne M. W. , Cudeck R. 1992. Alternative ways of assessing model fit[J]. Sociological Methods & Research. 21(2): 230-258.

[25]Carman J. M. 1990. Consumer perceptions of service quality: an assessment of the SERVQUAL dimensions[J]. Journal of Retailing. 66(1): 33-55.

[26]Cheurprakobkit, S. , Hale, D. F. , & Olson, J. N. 2002. Technicians' perceptions about web-based courses: The University of Texas system experience[J]. The American Journal of Distance Education. 16(4): 245-257.

[27]Clark, H. H. & Brennan, S. 1991. Grounding in communication. In L. B. Resnick, J. M. Levine & S. D. Teasley (eds.) Perspectives on Socially Shared Cognition[M]. 127-149. Washington D. C. : American Psychological Association.

[28]Colman, Dan. MOOC interrupted: top 10 reasons our readers didn't finish a massive open online

course[EB/OL]. [2013-04-05][2016-06-30]. http://www.openculture.com/2013/04/10_reasons_you_didnt_complete_a_mooc.html.

[29]Cyrs, T. E. 2010. Competence in teaching at a distance[J]. New Directions for Teaching & Learning. (71): 15-18.

[30]Dabbagh, N. 2007. The online learner: characteristics and pedagogical implications[J]. Contemporary Issues in Technology and Teacher Education. 7(3), 217-226.

[31]Dabbagh, N. & Bannan-Ritland, B. 2005. Online learning: concepts, strategies, and implications [M]. Upper Saddle River, NJ: Prentice Hall.

[32]Daniel, J. S. & Marquis, C. 1979. Internation and independence: getting the mixture right[J]. Teaching at a Distance. (14): 29-44.

[33]Dare, L. A., Zapata, L. P., & Thomas, A. G. 2005. Assessing the needs of distance learners: a student affairs perspective[J]. New Directions for Student Services. (112): 39-54.

[34]De Salvo, A. 2002. The rise and fall of the university correspondence college, pioneer of distance learning[M]. Cambridge: National Extension College.

[35]Denis, B., Watland, P., Pirotte, S., & Verday, N. 2004. Roles and competencies of the e-tutor [J]. Networked Learning Conference. (4): 5-7.

[36]Deschênes, A. J. & Maltais, M. 2006. Formation *à* distance et accessibilité[M]. Télé-université.

[37]DETC Accreditation Handbook. http://www.deac.org/UploadedDocuments/2016-Handbook/2016-DEAC-Accreditation-Handbook.pdf.

[38]Development of a European Service for Information on Research and Education (DESIRE). 1996, 3.

[39]Dille, B. & Mezack, M. 1991. Identifying predictors of high risk among community college telecourse students[J]. American journal of distance education. 5(1): 24-35.

[40]Drachsler, Hendrik, Hummel, Hans, Koper & Rob. 2007. Personal recommender system for learners in lifelong learning networks[J]. International Journal of learning technology. (3).

[41]Dron, J. 2014. Innovation and change: changing how we change. In Zawacki-Richter, O. & Anderson, T. Online Distance Education: Towards a Research Agenda. 237-256. Edmonton: AU Press, Athabasca Universtiy.

[42]Dweck, C. S. & Leggett, E. L. 1988. A social-cognitive approach to motivation and personality[J]. Psycho-logical review. 95(2): 256-273.

[43]Dweck, C. S. 1999. Self-theories: their role in motivation, personality, and development[M]. New York: Psychology Press.

[44]Earl, L. & Katz, S. Leading schools in a data rich world[M]. Corwin Press, 2006. 23(2): 9-16.

[45]Effective practices snapshot: student services for online learners. https://www.blackboard.com/resources/getdocs/536bbc35-3889-4342-acec-ff7b9682ef72_effective-practices-snapshot-student-services-for-online-learners-higher-ed-edition.pdf.

[46]Elliott, E. S. & Dweck, C. S. 1988. Goals: an approach to motivation and achievement[J]. Journal of Personality and Social Psychology. 54(1): 5-12.

[47]Felfernig A. , Friedrich G, Schmid-Thieme L. IEEE Intelligent systems: special issue on recommender systems introduction[J]. Intelligent Systems IEEE. 2007, 22(3): 1-5.

[48]Field, T. M. , Woodson, R. , Greenberg, R. , & Cohen, D. 1982. Discrimination and imitation of facial expression by neonates[J]. Science. 218(4568): 179-181.

[49]Fini A. The Technological. 2009. Dimension of a massive open online course: the case of the CCK08 course tools[J]. International Review of Research in Open & Distance Learning. 10(5): 1-26.

[50]Fredricks, J. A. , Blumenfeld, P. C. , & Paris, A. H. 2004. School engagement: Potential of the concept, state of the evidence[J]. Review of educational research. 74(1): 59-109.

[51]García-Solórzano, D. , Cobo, G. , Santamaría, E. , Morán, J. A. , Monzo, C. , & Melenchón, J. 2012. Educational monitoring tool based on faceted browsing and data portraits. In Proceedings of the 2nd International Conference on Learning Analytics and Knowledge. 170-178.

[52]Garland, M. R. 1993. Student perceptions of the situational, institutional, dispositional and epistemological barriers to persistence[J]. Distance Education. 14(2): 181-198.

[53]Garrison D. R. , Anderson T. D. , 1999. Avoiding the industrialization of research universities: big and little distance education[J]. American Journal of Distance Education. 13(2): 48-63.

[54]Gokool-Ramdoo, S. 2008. Beyond the theoretical impasse: extending the applications of transactional distance education theory[J]. International Review of Research in Open and Distance Learning. 9(3): 1-17.

[55]Grolnick, W. S. , Ryan, R. M. , & Deci, E. L. 1991. The inner resources for school achievement: motivational mediators of children's perceptions of their parents[J]. Journal of Educational Psychology. 83(4): 508-517.

[56]Gronroos, C. 1984. A service quality model and its market implications[J]. European Journal of Marketing. (18): 36-44.

[57]Grow, G. 1991. Teaching learners to be self-directed: a stage approach[J]. Adult Education Quarterly. 41(3): 125-149.

[58]Guasch, T. , Alvarez, I. , & Espasa, A. 2010. University teacher competencies in a virtual teaching/learning environment: analysis of a teacher training experience[J]. Teaching & Teacher Education. 26(2): 199-206.

[59]Halsne, A. M. & Gatta, L. A. 2002. Online versus traditionally-delivered instruction: a descriptive study of learner characteristics in a community college setting[J]. Online Journal of Distance Learning, 5, 1, Spring, 2002. http: //www. westga. edu/~distance/ojdla/spring51/halsne51. html.

[60]Holmberg, B. 1983. Guided didactic conversation in distance education[J]. Distance education: International perspectives, 114-122.

[61]Holmberg, B. 2005. The evolution, principles and practices of distance education[M]. Oldenburg: Bibliotheks-und Informations system der Universitt Oldenburg.

[62]Hone, K. S. & Said, G. R. E. 2016. Exploring the factors affecting MOOC retention: A survey study[J]. Computers & Education. 98: 157-168.

[63]Inan, F. A. , Yukselturk, E. , & Grant, M. M. 2009. Profiling potential dropout students by individual characteristics in an online certificate program[J]. International Journal of Instructional Media. 36(2): 163-177.

[64]Johnson L, Adams S, Cummins M. The NMC Horizon Report: 2012 Higher Education Edition [EB/OL](2012-09-16). http://www.nmc.org/publications/horizon-report-2012-higher-ed-edtion.

[65]Jonassen, D. 1991. Evaluating constructivistic learning[J]. Educational Technology. 31(10): 28-33.

[66]Jordan, S. & Mitchell, T. 2009. E-assessment for learning? the potential of short-answer free-text questions with tailored feedback[J]. British Journal of Educational Technology. 40(2): 371-385.

[67]Jung, I. & Hong, S. 2014. An elaborated model of student support to allow for gender considerations in Asian distance education[J]. The International Review of Research in Open and Distributed Learning, 15(2): 170-188.

[68]Jung, Y. & Lee, J. 2018. Learning engagement and persistence in massive open online courses (MOOCS)[J]. Computers & Education. 122.

[69]Kaye, A. R. & Rumble, G. 1981. Distance teaching for higher adult education[M]. London: Croom Helm in association with the Open University Press.

[70]Kember, D. 1989. A longitudinal-process model of drop-out from distance education[J]. The Journal of Higher Education. 60(3): 278.

[71]Kennedy, D. & Powell, R. 1976. Student progress and withdrawal in the open university[J]. Teaching at A Distance. (7): 61-75.

[72]Knowles, M. S. 1980. The Model practice of adult education: from pedagogy to andragogy[M]. 2nd edition. New York: Cambridge Books.

[73]Kop, R. 2011. The challenges to connectivist learning on open online networks: learning experiences during a massive open online course[J]. International Review of Research in Open & Distance Learning. 12(3): 19-38.

[74]Kop, R. 2012. The unexpected connection: serendipity and human mediation in networked learning [J]. Educational Technology & Society. 15(2): 2-11.

[75]Kretovics, M. 2003. The role of student affairs in distance education: Cyber-services or virtual communities[J]. Online Journal of Distance Learning Administration. 6(3): 273-294.

[76]Lentell, H. 2004. The importance of the tutor in open and distance learning. In Rethinking learner support in distance education (76-88). Routledge.

[77]Lipman, M. 1991. Thinking in community. Inquiry.

[78]Luigi Colazzo, Andrea Molinari, Marco Ronchetti, Anna Trifonova, 徐瑾. 2008. 支持多种产品的移动学习管理系统[J]. 远程教育杂志(1): 27-32.

[79]MacDonald, J. 2008. Blended learning and online tutoring: planning learner support and activity design[M]. 2nd ed. Burlington: Gower.

[80]Meyer, K. A. 2003. The web's impact on student learning[J]. The Journal. 30(10). http: //www.

thejournal. com/magazine/vault/A4401. cfm.

[81]Mezirow, J. 1991. Transformative dimensions of adult learning[M]. San Francisco: Jossey-Bass.

[82]Moore, M. G. 1993. Theory of transactional distance. In Keegan, D. (Ed.). Theoretical principles of distance education[M]. 22-38. London: Routledge.

[83]Moore, M. G. & Kearsley, G. 1996. Distance education: A system view[M], Belmont: Wadsworth Publishing. 153-171.

[84]Moore, M. G. & Kearsley, G. 2011. Distance education: a systems view of online learning[M]. Wadsworth: Cengage Learning.

[85]Muilenburg, L. Y. & Berge, Z. L. 2005. Student barriers to online learning: A factor analytic study[J]. Distance Education. 26(1): 29-48.

[86]Mungania, P. 2004. Employees' perceptions of barriers in e-learning: The relationship among barriers, demographics and e-learning self-efficacy [D]. University of Louisville.

[87]Murphy, K. L. , Mahoney, S. E. , Chen, C. Y. , Mendoza, D. , Noemi, V. , & Yang, X. 2005. A constructivist model of mentoring, coaching, and facilitating online discussions[J]. Distance Education. 26(3): 341-366.

[88]Olgren, C. H. 1998. Improving learning outcomes: The effects of learning strategies and motivation [J]. Distance learners in higher education: Institutional responses for quality outcomes, 77-95.

[89]Onrubia, J. & Engel, A. 2009. Strategies for collaborative writing and phases of knowledge construction in CSCL environments[J]. Computers & Education. 53(4): 1256-1265.

[90]Open University of Hong Kong. 2010. OUHK quality assurance handbook[M]. Hong Kong: OUHK in house publication.

[91]Ormond Simpson. 2002. Supporting students in online, open and distance learning. Second Edition. Open and distance learning series[M]. Kogan Page, 120 Pentonville Road, London N1 9JN, England: 226.

[92]Parasuraman A. 1988. Communication and control processes in the delivery of service quality[J]. Journal of Marketing. 52(2): 35-48.

[93]Parasuraman, A. , Valrie, A. Z. , & Leonard L. B. A conceptual model of service quality and its implications for future research[J]. Journal of Marketing. 1985(49): 41-50.

[94]Park, J. H. & Choi, H. J. 2009. Factors influencing adult learners' decision to drop out or persist in online learning[J]. Educational Technology & Society. 12(4): 207-217.

[95]Pintrich, P. R. & De Groot, E. V. 1990. Motivational and self-regulated learning components of classroom academic performance[J]. Journal of Educational Psychology. 82(1): 33-40.

[96]Powell, G. C. 2000. Are you ready for WBT? (Paper No. 39)Retrieved July 27, 2007, from the Instructional Technology Forum Website: http: //it. coe. uga. edu/itforum/paper39/paper39. html.

[97]Recker, M. , Walker A. 2003. Lawless K. What do you recommend? Implementation and analyses of collaborative filtering of web resources for education[J]. Instructional Science. (31): 229-316.

[98]Recker, M. , Wiley, D. A. 2000. An interface for collaborative filtering of educational resources

[C]. Proceedings of the 2000 International Conference on Artificial Intelligence, Las Vegas, NV.

[99]Reid, D. 2002. A classification schema of online tutor competencies. In Proceedings of the International Conference on Computers in Education. 1049-1050. Retrieved on 2 October 2008. http: //ieeexplore. ieee. org/iel5/8445/26602/01186147. pdf.

[100]Reid, J. 1995. Managing learner support. In Lockwood, F. (Ed.) Open and Distance Learning Today[M]. 265-275. London: Routledge.

[101]Remedios, R. , Ritchie, K. , & Lieberman, D. A. 2005. I used to like it but now I don't: The effect of the transfer test in Northern Ireland on pupils' intrinsic motivation[J]. British Journal of Educational Psychology. 75(3): 435-452.

[102]Resnick, P. & Varian, H. R. 1997. Recommender systems[J]. Communications of the Acm. 40 (3): 56-58.

[103]Rezabek, R. J. 1999. A study of the motives, barriers, and enablers affecting participation in adult distance education classes in an iowa community college[J]. Adult Education, 246.

[104]Rich, E. 1979. User modeling via stereotypes[J]. Cognitive Science, 3(4): 329-354.

[105]Romero, C. , López, M. I. , Luna, J. M. , & Ventura, S. 2013. Predicting students' final performance from participation in on-line discussion forums[J]. Computers & Education. 68: 458-472.

[106]Rovai, A. P. 2003. In search of higher persistence rates in distance education online programs[J]. Internet and Higher Education. 6(1): 1-16.

[107]Saba, F. 2003. Distance education theory, methodology, and epistemology: A pragmatic paradigm. In Moore, M. G. & Anderson, W. G. (Eds.) Handbook of Distance Education, 3-21. Mahwah, NJ: Lawrence Erlbaum.

[108]Salmon, G. 2004. E-moderating: The key to teaching and learning online. London: Kogan Page.

[109]Schoenfeld-Tacher, R. & Persichitte, K. A. 2000. Differential skills and competencies required of faculty teaching distance education courses[J]. International Journal of Educational Technology. 2 (1): 1-16.

[110]Schunk, D. H. , Zimmerman B. J. 1994. Self-Regulation of Learning and Performance: Issues and Educational Application[M]. Lawrence Erlbaum Associates.

[111]Sewart, D. 1978. Continuity of concern for students in a system of learning at a distance. Hagen: Fern University(ZIFF).

[112]Sewart, D. 1993. Student support systems in distance education[J]. Open Learning: The Journal of Open and Distance Learning. 8(3): 3-12.

[113]Sharpe R. , Baume D. Online tutoring for teaching and course design in higher education[DB/OL]. 2012-05-05.

[114]Shepherd, C. 2003. E-learning's greatest hits. Brighton: Above and Beyond Ltd.

[115]Shuang, L. , Jingjing, Z. , Chen, Y. , & Li, C. 2017. Rethinking distance tutoring in e-learning environments: a study of the priority of roles and competencies of open university tutors in China. The International Review of Research in Open and Distributed Learning. 18(2): 189-212.

[116]Siemens, G. What are Learning Analytics? [EB/OL]. http: //www. elearnspace. org/blog/2010/08/25/what-are-learning-analytics/.

[117]South African Institute for Distance Education[SAIDE]. 1998. Supporting distance learners: a tutor's guide. Braamfonte: SAIDE.

[118]Squire, K. D. & Johnson, C. B. 2000. Supporting distributed communities of practice with interactive television[J]. Educational Technology Research and Development. 48(1): 23-43.

[119]Standards from institute for higher education policy[EB/OL]. [2000-04]. http: //www. ihep. org/assets/files/publications/m-r/QualityOnTheLine. pdf.

[120]Standards from open and distance learning quality council[EB/OL]. [2005-12]. http: //odlqc. org. uk/odlqc-standards/support.

[121]Stevens, C. & Kelly, P. 2012. Change and renewal: The role of a change team in improving student support[J]. Open Learning: The Journal of Open, Distance and e-learning. 27(2): 137-148.

[122]Sun, J. C. Y. & Rueda, R. 2012. Situational interest, computer self-efficacy and self-regulation: Their impact on student engagement in distance education[J]. British Journal of Educational Technology. 43(2): 191-204.

[123]Tait, A. 2004. On Institutional Models and Concepts of Student Support Services; The Case of the Open University UK[A]// Brindley, J. E. (eds.). Learner support in open, distance and online learning environments. Oldenburg: Bibliotheks-und Informations system der Universitt Oldenburg, 283-293.

[124]Tait A. Student support in open and distance learning[M]. In Lookwood, F. Open and distance education. London: Routledge: 232-241.

[125]Tait, A. 1996. Conversation and Community: Student Support in Open and Distance Learning. In Mills, R. & Tait, A. (eds.) Supporting the Learner in Open and Distance Learning. 59-72. London: Pitman.

[126]Tait, A. 1998. Guidance and Counselling in the Open University. In Crawford, M. , Edwards, R. , & Kydd, L. (eds.) Taking Issue: Debates in Guidance and Counselling in Learning[M]. 115-127. London: Routledge.

[127]Tait, A. 2000. Planning student support for open and distance learning[J]. Open Learning. 15(3): 287-299.

[128]Terry Anderson. 2013. Learner Support in Online Distance Education: Essential and Evolving[J]. Online Distance Education, 287-310.

[129]The Institute for Higher Education Policy, Quality on the Line: benchmarks for success in internet-based distance education[EB/OL]. http: //www. ihep. com/Pubs/PDF/Quality. pdf.

[130]The Open University of Hong Kong. 2008. Institutional Review 2008. Hong Kong: OUHK in-house publication.

[131]Thompson, M. Distance learners in higher education[J]// Gibson, C. (eds.). Distance learners in

higher education：Institutional responses for quality outcomes，Atwood Publishing，1998：9-24.

[132]Thorpe，M. 1999. Learner support-planning for people and systems. Overview Essay，H804 Course Guide Block 3. Milton Keynes：Open University.

[133]Thorpe，M. 2002. Rethinking learner support：the challenge of collaborative online learning. Open Learning：The Journal of Open and Distance Learning. 17(2)：105-119.

[134]Tinto，V. 1975. Dropout from higher education：a theoretical synthesis of recent research[J]. Review of Educational Research. 45(1)：89-125.

[135]Varvel，V. E. 2007. Master online teacher competencies. Online Journal of Distance Learning Administration. 10（1）. Retrieved in Spring 2007. http：//www. westga. edu/～ distance/ojdla/spring101/varvel101. htm.

[136]Waite，M.，Mackness，J.，Roberts，G.，et al. 2013. Liminal participants and skilled orienteers：learner participation in a MOOC for new lecturers[J]. Journal of Online Learning and Teaching. 9(2)：200-215.

[137]Wikipedia. Blackboard Inc[DB/OL]. http：//en. wikipedia. org/wiki/Blackboard _ Inc，2012-12-30.

[138]Williams，P. & Peter，E. 2003. Roles and competencies for distance education programs in higher education institutions[J]. American Journal of Distance Education. 17(1)：45-57.

[139]Yang，X. M.，Li，J. H.，Guo，X. S.，et al. 2015. Group interactive network and behavioral patterns in online English-to-Chinese cooperative translation activity[J]. The Internet and Higher Education. 25：28-36.

[140]Yukselturk，E. & Bulut，S. 2009. Gender differences in self-regulated online learning environment [J]. Educational Technology & Society. 12(3)：12-22.

[141]Zeithaml，V. A. 2006. Services marketing：integrating customer focus across the firm[J]. Managing Service Quality. 14(5)：436-437.

[142]Zimmerman，B. J. 1986. Special issue on self-regulated learning[J]. Contemporary Educational Psychology. 11：305-427.

[143]艾伦·泰特，肖俊洪. 2014. 从实地到虚拟空间：重构数字时代远程 e-learning 学生支持服务[J]. 中国远程教育(6)：19-27+95.

[144]艾媒报告：2018 中国在线教育行业白皮书[EB/OL]. https：//www. iimedia. cn/c400/63080. html.

[145]奥蒙德·辛普森. 2013. 远程教育学生支持服务的理论与实践[M]. 刘永权，译. 北京：中央广播电视大学出版社.

[146]奥蒙德·辛普森. 2007. 对远程学习者的支持服务[M]. 第 2 版. 李亚婉，郭青青，李林曙，谭带点，译. 北京：高等教育出版社.

[147]白梅. 2001. 关于网络教育中资源建设的思考[J]. 电化教育研究(12)：48-51.

[148]Christian Gronroos 著，韩经纶，译. 服务管理与营销[M]. 北京：电子工业出版社，2002.

[149]Curtis J. Bonk，Elaine Khoo 著. 陈青，彭义平. 译. 2016. 激励和留住在线学习者的 100 个活动：TEC-VARIETY 应用宝典[M]. 北京：中央广播电视大学出版社.

[150]中央广播电视大学．关于印发《中央广播电视大学现代远程教育公共服务体系建设与管理实施意见》的通知.
[151]曹良亮，衷克定．2012. 在线学习者学习行为特点的初步探讨[J]. 中国远程教育(5)：56-61.
[152]曹伟，刘文君，丁雪华．2014. 远程教育校外学习中心服务质量动态管理实证研究[J]. 中国远程教育(8)：47-51＋64.
[153]曹晓明，何克抗．2006. 学习设计和学习管理系统的新发展[J]. 现代教育技术，16(4)：5-8.
[154]曹晓明，朱春莺．2009. 成人学习者网络学习障碍的成因及对策探析[J]. 中国成人教育(12)：24-25.
[155]曾海军，范新民，马国刚．2008. 网络教育公共服务体系在行动：基于中文文献综述[J]. 中国远程教育(17)：49-56.
[156]常志英．2006. 网络课程中导学策略设计[D]. 河北大学.
[157]陈按福．2004. 中学心理学[M]. 北京：高等教育出版社.
[158]陈会娜，时芝平，邵天颖．2011. 远程学习者自主学习状况的调研——以北京交通大学远程与继续教育学院为例[J]. 北京广播电视大学学报(3)：32-36.
[159]陈丽，龚静．2005. 远程学习者学习技能培养的意义与方法[J]. 开放教育研究，11(3)：38-42.
[160]陈丽，王志军，[加]特里・安德森．2016. 远程学习中的教学交互原理与策略[M]. 北京：中央广播电视大学出版社.
[161]陈丽，仝艳蕊．2006. 远程学习中社会性交互策略和方法[J]. 中国远程教育(8)：14-17.
[162]陈丽，王志军．2016. 三代远程学习中的教学交互原理[J]. 中国远程教育(10)：30-37.
[163]陈丽．2004. 网络异步交互环境中学生间社会性交互的质量——远程教师培训在线讨论的案例研究[J]. 中国远程教育(7)：19-22.
[164]陈丽．2004. 远程教育学基础[M]. 北京：高等教育出版社.
[165]陈丽．2004. 远程学习的教学交互模型和教学交互层次塔[J]. 中国远程教育(5)：24-28.
[166]陈丽虹，潘茂桂．2005. 构建以“学生自主学习”为中心的学习支持服务系统[J]. 重庆广播电视大学学报，17(3)，3-5.
[167]陈丽伶，张秀梅．2007. 远程教育非学术性学习支持服务现状个案研究[J]. 现代教育技术，17(2)，71-76.
[168]陈玲，余胜泉，杨丹．2017. 个性化教育公共服务模式的新探索——“双师服务”实施路径探究[J]. 中国电化教育(7)：2-8.
[169]陈桃利．2013. 个性化学习中的知识推送系统研究[D]. 湖南大学．
[170]陈燕，贺亚锋．2013. 基于自主学习的现代远程教育网上学习监控实证分析[J]. 继续教育研究(9)：68-71.
[171]陈义勤，郝成义．2007. 浅谈远程教育中的非学科性学习支持服务[R]. 国际远程教育高端论坛.
[172]陈义勤．2009. 远程学习者学习困难量表的编制与初步分析[J]. 中国远程教育(6)：38-41＋79.
[173]崔新有．2018. 国家开放大学学习支持服务(实践篇)——基于国家开放大学江苏分部的实践与探索[M]. 北京：国家开放大学出版社.
[174]单志艳．2002. 中学生自主学习及教师相应教学行为的评价研究[D]. 北京师范大学.

[175]邓国民 . 2013. Moodle、Sakai、Drupal 与 Blackboard 的比较研究[J]. 中国电化教育(6): 109-116.

[176]丁霞 . 2010. 网络课程中学习活动管理系统的研究[D]. 山东师范大学 .

[177]丁新，武丽志 . 2005. 远程教育质量：一种服务的观点[J]. 中国远程教育(3): 14-18+78.

[178]丁兴富 . 2001. 远程教育学[M]. 北京：北京师范大学出版社.

[179]丁兴富 . 2002. 论远程教育中的学生学习支助服务(上)[J]. 中国电化教育(3): 56-59.

[180]丁兴富 . 2002. 远程教育研究[M]. 北京：首都师范大学出版社.

[181]丁娅力 . 2012. 论视频会议系统的实现与应用[J]. 数字技术与应用(11): 99+101.

[182]杜若，杨亭亭，殷双绪，张遐 . 2009. 构建中国远程开放教育教学质量标准体系——来自中央广播电视大学的探索与实践[J]. 开放教育研究，15(4): 32-37.

[183]杜永新，牛健，李莹 . 2011. 在困顿与沮丧中艰难前行：电大辍学生的学习体验[J]. 开放教育研究，17(3): 96-105.

[184]尔宝库 . 2013. 开放教育新生入学阶段非学术支持服务的思考[J]. 河北广播电视大学学报，18(1): 22-25.

[185]樊娜，黄雪琴 . 2015. 大数据时代下的个性化学习探讨[J]. 科技风(13): 236.

[186]冯琨 . 2010. 远程学习者学习障碍的调查与分析[D]. 山东师范大学.

[187]冯晓英，李秋劼，陈丽 . 2013.“以学生为中心”的开放大学系统分析框架[J]. 中国电化教育(11): 36-43.

[188]冯晓英 . 2012. 在线辅导的策略：辅导教师教学维度的能力[J]. 中国电化教育(8): 40-45.

[189]高键，张海，王以宁 . 2013. 教育中的大数据如何改变学习？——极具潜力的学习分析技术领域新进展[J]. 中国信息技术教育(Z1): 195-197.

[190]高文超，赵瑞洁，刘朴 . 2018. 教育直播平台调研综述[J]. 天津科技，45(8): 71-72+75.

[191]顾静相，方慕真 . 2007. 远程教育学习支持服务体系构建探索[J]. 中国电化教育(6): 39-43.

[192]顾小清，张进良，蔡慧英 . 2012. 学习分析：正在浮现中的数据技术[J]. 远程教育杂志，30(1): 18-25.

[193]管锦亮 . 2011. 利用社会性软件提供普通高校学习支持服务研究[J]. 河北广播电视大学学报，16(1): 24-26.

[194]桂清扬 . 2003. MLearning——中国外语学习的未来[J]. 外语电化教学(3): 14-17.

[195]郭炯，黄荣怀，张进宝 . 2009. 美国凤凰城大学与我国网络学院比较研究[J]. 现代远程教育研究(6): 32-37.

[196]郭文革 . 2014. 中国网络教育政策变迁 从现代远程教育试点到 MOOC[M]. 北京：北京大学出版社.

[197]韩刘洋，和学新 . 2015. 关于学校理念、学校精神、校风、校训关系的思考[J]. 课程教学研究(11): 31-35.

[198]韩仪，崔乃鹏等 . 2014. 国家开放大学教学过程管理研究[R]. 全国教育科学“十二五”规划 2014 年度课题，“开放大学质量保证体系的研究与实践”子课题 .

[199]汉语大词典编辑委员会 . 2000. 汉语大词典普及本[M]. 上海：汉语大词典出版社，1635.

[200]郝成义，冯霞 .2003. 谈网络学院主要教学环节质量保证过程[J]. 中国远程教育(3)：38-40.
[201]郝玲玲，王大平 .2007. 对远程教学中辅导答疑系统的研究[J]. 天津电大学报，11(3)：24-26.
[202]何克抗，郑永柏，谢幼如 .2002. 教学系统设计[M]. 北京：北京师范大学出版社.
[203]何字娟，李爽 .2008. 网络学习者特征初探[J]. 北京广播电视大学学报(2)：29-32.
[204]李爽，张馨邈，刘超球，王江，吴结. 2015. 广东开放大学教师队伍建设探索[J]. 广东开放大学学报，24(4)：9-15.
[205]洪庆根，李世改，马天翼 .2009. 在线学习导学体系构建[J]. 中国电化教育(6)：45-48.
[206]侯松岩 .2017. 英国开放大学地区中心战略变化探究及启示[J]. 中国远程教育指导(12)：62-69.
[207]侯松岩 .2013. 英国开放大学学生支持服务的实践特点及启示[J]. 北京广播电视大学学报(6)：52-57.
[208]胡剑波，商广娟 .2011. 基于 PDCA 的网络教育质量持续改进模型研究[J]. 航空标准化与质量(1)：30-33.
[209]黄清云 .2000. 国外远程教育的发展与研究[M]. 上海：上海教育出版社.
[210]黄日强，邓志军 .2005. 英国开放大学的特点及发展态势[J]. 职教论坛(34)：58-61.
[211]惠兆阳，梁玉，李淑娟 .2013. 学生进行网络在线学习的障碍：因子分析研究[J]. 中国电化教育(3)：49-55.
[212]纪河，徐永珍，耿晓君 .2006. 成人的网络学习策略研究[J]. 中国远程教育(8)：34-38.
[213]姜惠玲 .2012. 浅谈现代远程教育班主任应具备的能力[J]. 青春岁月(14)：188-188.
[214]姜蔺，韩锡斌，程建钢 .2013. MOOCs 学习者特征及学习效果分析研究[J]. 中国电化教育(11)：54-59.
[215]蒋成凤，罗立红，蒋善民，肖亦平 .2007. 美国凤凰城大学的学习支持及质量管理探究[J]. 开放教育研究，13(2)：100-104.
[216]焦广兰. 2006. 浅析交互影响距离理论及其对学习支持服务的指导意义[J]. 现代教育技术，02：30-32.
[217]教育部 .2002. 关于现代远程教育校外学习中心(点)建设和管理的原则意见(试行)[Z].
[218]赖文华，伍海燕，王佑镁 .2008. 在线学习中的教师辅导策略研究[J]. 现代远程教育研究(4)：36-39.
[219]朗志正 .1995. 质量管理和质量体系要素[M]. 北京：中国标准出版社.
[220]李宝敏 .2010. 远程教育中学习者对网络学习环境需求研究[J]. 中国电化教育(3)：52-57.
[221]李葆萍，陈丽，安宝生 .2007. 我国现代远程高等教育公共服务体系的分析与思考 . 中国电化教育(4)：38-41.
[222]李宏伟 .2002. 技术进化的社会选择[J]. 自然辩证法研究，18(8)：47-49.
[223]李爽，喻忱 .2015. 开放大学远程辅导活动设计与教案撰写 . 北京广播电视大学学报(3)：18-25.
[224]李爽，陈丽 .2004. 中国远程教育专业人员能力模型研究[J]. 中国电化教育(3)：62-68.
[225]李爽，何字娟 .2010. 基于学习参与度调查对远程学习支持服务的反思[J]. 中国远程教育(3)：24-29.
[226]李爽，汤琦，王辞晓 .2014. Wiki 环境下学生远程协作知识建构分析的模型反思与案例研究[J].

现代远距离教育(3)：55-61.

[227]李爽，王增贤，喻忱，宗阳.2016. 在线学习行为投入分析框架与测量指标研究——基于LMS数据的学习分析[J]. 开放教育研究，22(2)：77-88.

[228]李爽，张艳霞，刘永权.2014. 北京开放大学课程辅导教师能力需求与实际现状调查[J]. 中国电化教育(12)：59-66.

[229]李爽，张艳霞，陈丽，张婧婧，刘永权.2014. 网络教育时代开放大学课程辅导教师角色定位与职能转变实证研究[J]. 中国电化教育(9)：50-58.

[230]李爽，李梦蕾，魏顺平. 2019. 大数据与学习分析. 转引自：杨志坚. 中国远程高等教育发展研究报告(2018)[M]. 北京：国家开放大学出版社，52-93.

[231]李爽，喻忱，胡宇霞，李忠信，乐军，李鹏程.2015. 广东开放大学学生支持服务系统设计初探[J]. 广东开放大学学报，24(3)：1-7.

[232]李爽.2011. 远程教育资源建设：从教学资源到学习资源[J]. 中国远程教育(10)：70-72.

[233]李爽.2016. 基于学习分析的在线学生支持[M]. 北京：中央广播电视大学出版社.

[234]侯松岩.2017. 英国开放大学地区中心战略变化探究及启示[J]. 中国远程教育(12)：62-69.

[235]李文剑.2012. 开放学习者的特征研究[J]. 宁波广播电视大学学报，10(2)：94-98.

[236]李贻员.2013. 远程教育交互质量问题研究[D]. 郑州大学.

[237]李远航，王子平.2009. 社会学视角下的虚拟学习社区中社会性交互研究[J]. 现代教育技术，19(9)：75-77.

[238]丽贝卡·弗格森，萨瑞·巴尔齐莱，丹妮·本—兹薇，克拉克·钦，克里斯多西·西罗多，尤塔姆·霍德等. 2018. 创新教学报告2017——面向未来社会需要和学习者关键技能培养[J]. 开放学习研究.23(1)：1-19.

[239]梁国胜.2007. 现代远程高等教育质量保证体系建设的策略研究[D]. 西北师范大学.

[240]梁九义.2011. 基于远程学习者个体需求的教学策略探究[J]. 中国远程教育(3)：32-35.

[241]刘春，庞国彬等.2015. 教育公共服务理论研究溯源：SSCI相关文献的学术渗透图景[J]. 现代教育管理(7)：7-13.

[242]刘庆.2013. 数字化学习资源的个性化推荐与呈现研究[D]. 四川师范大学.

[243]刘述，杨亭亭.2013. 管理学视野下的学习中心支持服务规范研究[J]. 中国远程教育(2)：74-79.

[244]刘永花，丁新.2004. 兰迪·加里森研究[J]. 中国电化教育(10)：35-39.

[245]刘永权，李莹.2012. 破解远程开放教育高辍学率的难题——访英国开放大学奥蒙德·辛普森教授[J]. 开放教育研究，18(5)：4-10.

[246]陆敏艳，陈淑琴.2017. 中国高校绿色校园建设历程及发展特征[J]. 世界环境(4)：36-43.

[247]罗发奋，隋春玲.2007. 国内外远程学习者辍学原因研究概述与探析[J]. 广州广播电视大学学报，7(1)：8-12.

[248]骆莎，黎加厚.2007. 以魔灯(moodle)为媒连接课内外学习——基于魔灯的学习管理系统交互设计初探[J]. 远程教育杂志(2)：4-7.

[249]吕倩.2012. 基于远程学习的技术和情感支持服务研究[J]. 软件导刊(教育技术)(12)：42-44.

[250]马修·皮汀斯基.2005.互联互动的网络学习环境——从网络课程到更广阔的视野[J].开放教育研究(5):6-7.
[251]马东明,冯晓英.2012.在线辅导技术的选择、设计与支持:辅导教师技术维度的能力[J].中国电化教育(9):37-41.
[252]马红亮.2006.虚拟学习社区的社会学分析[J].中国远程教育(9):20-24.
[253]毛利杰,曹效英.2009.基于网络教学平台的学习监控功能研究与设计[J].软件导刊(教育技术)(9):79-81.
[254]毛向辉.2003.Blog将成为教育中的重要工具[J].中国远程教育(2):73-76.
[255]牟智佳,武法提.2015.电子书包中基于学习者模型的个性化学习资源推荐研究[J].电化教育研究(1):69-76.
[256]平凡,杨顺起,吉喆.2011.远程教育公共服务体系建设与运行若干问题的分析[J].电化教育研究(2):49-52.
[257]平培元.2008.试论开放教育网络课程资源的建设策略[J].现代远距离教育(4):44-46.
[258]权朝俊.2013.社会性软件在研究生网络学习中的应用现状及对策研究——以西北师范大学为例[D].西北师范大学.
[259]全国质量管理和质量保证标准化技术委员会秘书处.2002.2000版质量管理体系国家标准理解与实施[M].北京:中国标准出版社,4.
[260]任为民.2001.关于网络学习环境和教学资源建设的再思考[J].河北广播电视大学学报(4).
[261]任为民.2007.学习型社会、数字化学习港与公共服务体系[J].开放教育研究,13(1):9-13.
[262]桑托什·潘达.2008.远程教育的规划与管理[M].上海:上海高教电子音像出版社.
[263]沈欣忆.2015.我国高等远程教育质量保证标准的研究[D].北京师范大学.
[264]石磊.2013.现代远程教育校外学习中心日常工作质量评估体系研究[D].华东理工大学.
[265]史玉玲.2010.网络学习中的信息迷航现象研究[J].软件导刊(教育技术),9(12):68-70.
[266]宋波.2004.关于学习支持服务体系及其职能的探讨[J].山西广播电视大学学报(4):23-24.
[267]孙宝芝,陈丽.2002.远程教育专业人员能力结构及专业课程设置研究[J].中国电化教育(2):58-61.
[268]孙大伟.2005.我国质量认证体系运行机制研究[D].哈尔滨工程大学.
[269]孙绿怡.2009.远程教育从业指南[M].北京:中央广播电视大学出版社.
[270]孙淑艳.2006.网络远程教育中的在线辅导答疑研究:现状、影响因素和改进方案[D].首都师范大学.
[271]孙艳萍,江小青,孙鸿飞,狄晓暄.2012.远程教育导学教师的现状、问题与思考——基于天津、上海、安徽省级电大的实证研究[J].中国远程教育(11):49-53.
[272]孙月亚.2015.开放大学远程学习者在线学习行为的特征分析[J].中国电化教育(8):64-71.
[273]孙昭磊.2010.远程教育下成人学习者特征分析[D].河北大学.
[274]TechWeb. Trustdata报告:在线教育渗透率4年涨11倍7成新增用户选择VIPKID[EB/OL]. http://mp.weixin.qq.com/s/lPbgvIuNlkGCVNOBbYo_Pw,2019-05-14/2019-07-09.
[275]谭明杰,周仲文,邵培基,李莹.2013.中国远程教育学生流失现状及归因[J].现代远程教育

研究(4)：67-72.

[276]陶明华，王斌 . 2010. 网络课程学习过程中监控策略和实施方法的研究[J]. 中国远程教育(3)：60-63.

[277]陶水龙，袁薇，侯彦华，谷良 . 2008. 远程教育教学资源建设策略研究[J]. 天津电大学报，12(4)：58-61.

[278]特里・安德森，董秀华 . 2004. 再论混合权利：一种最新的有关交互的理论定理[J]. 开放教育研究(4)：19-26.

[279]托尼・贝茨 . 2005. 技术、电子学习与远程教育[M]. 祝智庭，译 . 上海：上海高教电子音像出版社.

[280]汪子靖 . 2017. 大学生自主学习 MOOC 低完成率的影响因素研究[D]. 西华师范大学.

[281]王海东 . 2007. 美国当代成人学习理论述评[J]. 中国成人教育(1)：126-128.

[282]王立达 . 2012. 远程教育中学习者对网络学习资源需求的研究[J]. 教师教育论坛(11)：14-17.

[283]王莎莎，王梅 . 学习分析技术研究现状综述[J/OL]. 中国教育技术装备：1-5[2019-09-22]. http：//kns. cnki. net/kcms/detail/11. 4754. T. 20190613. 1046. 004. html.

[284]王晓明 . 2003. 台湾空中大学的支持服务[J]. 中国远程教育(13)：62-65.

[285]王迎，安玉洁，黄荣怀 . 2006. 远程学习者特征模型的构建研究[J]. 开放教育研究，12(1)：47-53.

[286]王永辉，冯丽樱 . 2008. 远程学习：基于齐默尔曼自主学习理论的分析[J]. 湖北广播电视大学学报(1)：7-9.

[287]王永明，徐继存 . 2018. 论在线课程教学系统的建构[J]. 中国电化教育(3)：66-73.

[288]王志军，赵宏，陈丽 . 2017. 基于远程学习教学交互层次塔的学习活动设计[J]. 中国远程教育(综合版)(6).

[289]王志军，陈丽，2014. 联通主义学习理论及其最新进展[J]. 开放教育研究(20).

[290]乌美娜 . 1994. 教学设计[M]. 北京：高等教育出版社.

[291]吴博靖 . 2013. 远程视频直播与互动学习平台的设计与实现[D]. 华中师范大学 .

[292]吴倩倩 . 2011. 网络学习平台中学习监控系统的分析与设计研究[D]. 华东师范大学.

[293]吴秀娟，张浩，倪厂清 . 2014. 基于反思的深度学习：内涵与过程[J]. 电化教育研究，35(12)：23-28.

[294]吴亚婕，冯晓英 . 2012. 在线辅导活动设计：辅导教师组织维度的能力[J]. 中国电化教育(9)：32-36.

[295]武丽志，丁新 . 2008. 学生支持服务：大卫・西沃特的理论与实践[J]. 中国远程教育(1)：25-29.

[296]武丽志 . 2005. 从工业化到服务：远程教育的产业化变迁[J]. 中国远程教育(12)：15-18.

[297]夏晓，王雨桐 . 2012 . 国内外远程学习者辍学研究综述[J]. 河北广播电视大学学报，17(1)：27-30.

[298]谢江田 . 2002. 电大系统学习资源建设的策略选择[J]. 中国远程教育(4)：23-25.

[299]谢洵，郑勤华，陈丽 . 2016.“学习支持服务”第三方质量监测研究[J]. 中国远程教育(6)：28-35

+79-80.
[300]徐学锋，裴纯礼．2001. 教育技术及其在发展和应用中存在的问题[J]. 电化教育研究(10)：6-9.
[301]闫莎莎．2013. 非正式网络学习共同体深度互动影响因素研究[D]. 华中师范大学.
[302]闫志明，唐夏夏，秦旋，张飞，段元美．2017. 教育人工智能(EAI)的内涵、关键技术与应用趋势[J]. 远程教育杂志(1)：26-35.
[303]严冰．2012. 现代远程教育公共支持服务研究[M]. 北京：高等教育出版社.
[304]杨炳华，何俊颖．2018. Internet 视频互动直播教学平台研究[J]. 中国新通信，20(16)：205-207.
[305]杨波，杨可夫．2008. 网络即时通信工具在远程教学辅导答疑中的应用[J]. 中国电化教育(12)：52-55.
[306]杨冬梅，Wang，E. Z. 2013. 面向学生的远程教育模式研究——以加拿大阿萨巴斯卡大学为例[J]. 中国远程教育(1)：33-39.
[307]杨开城．2005. 以学习活动为中心的教学设计理论：教学设计理论的新探索[M]. 北京：电子工业出版社.
[308]杨晓英．2012. 远程教育非学术性学习支持服务现状调查——以 X 远程教育机构为例[J]. 科教文汇(12)：3-4.
[309]杨志和．2014. 教育云的本体设计、开发与评价[J]. 上海电机学院学报，17(5)：269-276.
[310]杨志坚．2019. 中国远程高等教育发展研究报告[M]. 北京：国家开放大学出版社.
[311]姚贞．2009. 基于电子学档的网络学习过程监控研究[D]. 西南大学.
[312]于连科．2009. 远程学习者学习动机、需要与障碍的调查与分析[J]. 理论界(7)：173-175.
[313]余胜泉，李晓庆．2017. 基于大数据的区域教育质量分析与改进研究[J]. 电化教育研究，38(7)：5-12.
[314]余胜泉，万海鹏．2014. 支持课程大规模开放的学习技术[J]. 中国电化教育(7)：7-18.
[315]余胜泉，汪晓凤．2017. “互联网+”时代的教育供给转型与变革[J]. 开放教育研究，23(1)：29-36.
[316]袁松鹤，齐坤，孙鸿飞．2012. 终身教育体系下的远程教育质量观[J]. 中国电化教育(4).
[317]詹妮弗·奥洛克．2008. 开放与远程教育研修丛书——远程学习的辅导：教师手册[M]. 陈青，李爽，肖俊洪，译．北京：中央广播电视大学出版社.
[318]曾海军，范新民，马国刚. 2008. 网络教育公共服务体系在行动：基于中文文献综述[J]. 中国远程教育(17)：49-56.
[319]张德明．2008. 基于管理服务的远程教育品牌建设研究与实践[J]. 开放教育研究，14(5)：9-13.
[320]张凤龙，张志军，王淑娟等．2002. 网络教育质量保证体系概念界定[J]. 中国远程教育 (7)：13-16.
[321]张浩，吴秀娟．2012. 深度学习的内涵及认知理论基础探析[J]. 中国电化教育(10)：7-11.
[322]张婧婧，李爽，陈丽．2015. 国际视角下我国第三代远程教育教师角色定位研究[J]. 北京广播电视大学学报(3)：26-32.
[323]张剑平．2010. 网络学习及其适应性学习支持系统研究[M]. 北京：科学出版社.
[324]张苛．2012. 呼叫中心对提升远程教育学习支持服务质量的作用——基于天津广播电视大学远程接待中心的实践案例[J]. 北京广播电视大学学报(3)：37-40.

[325]张克永，李宇佳，杨雪 .2015. 网络碎片化学习中的认知障碍问题研究[J]. 现代教育技术(2)：96-97.
[326]张伟远，胡军 .2002. 西北地区远程学习者特征和学习障碍的调查报告[J]. 中国远程教育(4)：10-14.
[327]张伟远，黄河笑 .2003. 网上学习的障碍与期望：学习者体验之调查[J]. 开放教育研究(2)：30-33.
[328]张秀梅，丁新 .2003. 对远程教育内部质量保证体系的研究[J]. 中国电化教育(5)：75-78.
[329]张屹，胡小勇，祝智庭 .2003. 网络教育服务质量框架研究[J]. 中国电化教育(2)：68-72.
[330]张勇，潘素萍. 2006. 齐莫曼的自主学习模型理论与启示[J]. 高教发展与评估，22(1)：48-50.
[331]赵国栋，刘强 .2000. 美国远程互联网教育的质量评估[J]. 中国远程教育(12).
[332]赵宏，张馨邈 .2018. 中国成人学习者在线学习情绪影响因素研究[J]. 开放教育研究，24(2)：78-88.
[333]赵宏 .2014. 成人远程学习者自主学习影响因素分析[J]. 中国远程教育(5)：27-31.
[334]赵乐华 .2012. 远程教育学习者网络自主学习现状调查试测与启示[J]. 继续教育(10)：44-46.
[335]赵秀荣 .2016. 基于战略人力资源管理的开放教育教师专业发展研究[D]. 内蒙古师范大学.
[336]中国直播互动教育行业研究报告[A]. 艾瑞咨询系列研究报告(2017 年第 8 期)[C]. 上海艾瑞市场咨询有限公司，63.
[337]中华人民共和国教育部，教育部办公厅关于印发《关于现代远程教育校外学习中心(点)建设和管理的原则意见》(试行)的通知.
[338]衷克定，冯菲 .2009. 远程学习者外在动机内化的探索研究[J]. 开放教育研究，15(3)：85-88.
[339]衷克定，刘洋 .2012. 基于学习风格理论的在线导学策略设计与实践[J]. 开放教育研究，18(3)：83-89.
[340]衷克定，赵海玲 .2007. 基于自我决定理论的远程教师指导行为[J]. 开放教育研究，13(6)：63-66.
[341]周蔚 .2005. 现代远程教育的学习支持服务[M]. 北京：中央广播电视大学出版社.
[342]朱晶 .2006. 网络教育中学习支助服务质量保证的探索[J]. 科教文汇(下半月)(9)：17-18.
[343]朱立明，刘俊强 .2005. 对现代远程教育质量观及质量保证的探讨[J]. 现代远距离教育(3).
[344]朱祖林，陈丽 .2007. 远程学习支持服务评价模型及指标体系的研究[J]. 中国电化教育(2)：42-45.
[345]祝智庭，刘名卓 .2014. “后 MOOC”时期的在线学习新样式[J]. 开放教育研究，20(3)：36-43.
[346]祝智庭 .2001. 网络教育技术标准研究概况[J]. 开放教育研究(4)：12-16.
[347]邹范林 .2006. 现代远程开放教育的非学术支持服务若干问题探讨[J]. 现代远距离教育(6)：59-61.
[348]邹范林 .2009. 远程教育运行机制若干问题探究[J]. 现代远距离教育(2).
[349]邹范林 .2010. 论远程教育非学术支持服务及其策略[J]. 中国电化教育(7)：59-63.
[350]邹范林 .2009. 远程教育保障：学习支持与策略[M]. 北京：中央广播电视大学出版社.